침몰하는
일본은행
?

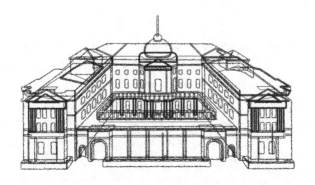

DOKYUMENTO NICHIGIN HYORYU: SHIREN TO KUNO NO SHIHANSEIKI
by Tomohiko Nishino

© 2020 by Tomohiko Nishino

Originally published in 2020 by Iwanami Shoten, Publishers, Tokyo.

This Korean edition published in 2024
by Gagyanal Publishers, Goyang
by arrangement with Iwanami Shoten, Publishers, Tokyo

대한민국 독자 여러분께

제 책이 한국에서 번역 출판됨을 진심으로 기쁘게 생각합니다.
일본은 제2차 세계대전 후 경제 부흥에 성공해 1980년대에는
'저팬 넘버 원'이라는 평가를 받기까지 했습니다. 그런데 1990년대 들어
부동산과 주식의 버블이 붕괴되면서 그후 어둡고 긴 불황의 터널에서
아직도 벗어나지 못하고 있습니다. 이 책은 버블 후유증이 초래한 곤경에서
조기 탈출하기 위해 엔화의 사제司祭인 일본은행이 전개한 다양한 정책과
그럼에도 불구하고 중앙은행의 독립성이 정치에 의해 침해되어 가는
과정을 극명하게 기록한 책입니다.

과거 영국의 경제학자 존 메이너드 케인스는
"화폐 가치를 떨어뜨리는 것보다 더 교묘하고 확실하게 사회 기반을
뒤집어엎는 수단은 없다"《평화의 경제적 귀결》며 통화 관리의 중요성을
설명했습니다. 그러나 일본의 저간의 행보는 적절한 컨트롤이 얼마나
어려운지, 그리고 그 팽창을 한 번 허용하면 되돌리기가 얼마나 힘든지를
강력히 시사하고 있습니다. 일본이 겪은 이 미증유의 경험을
한국의 독자 여러분께 전해 드릴 수 있게 되어 큰 영광입니다.

2023년 12월
니시노 도모히코

침몰하는 일본은행?

기로에 선
중앙은행,

시련과 고뇌의
사반세기

니시노 도모히코 지음
한승동·이상 옮김

가갸날

머리말

수중에 지닌 1만 엔짜리 지폐를 보자. 위조 방지를 위한 정교한 투명 창에 홀로그램, 거기에다 마이크로 문자가 배열된 14색 인쇄의 예술적인 인쇄물이다. 앞면에 후쿠자와 유키치福澤諭吉(1835~1901), 뒷면에 꿩 2마리가 그려져 있는 것은 D호권, 뵤도인平等院(교토부 우지시에 있는 불교사원) 봉황상이 들어 있는 것이 현행 E호권이다. 제조비용은 1장에 20엔 정도인데, 2024년 이후에는 시부사와 에이이치渋沢栄一(1840~1931)의 초상이 들어간 새 지폐로 바뀔 예정이다.

지폐의 원재료에는 일부 일본산 삼지닥나무와 아바카(마닐라삼)가 사용되는데, 감촉도 두께감도 모두 상쾌하다. 이것이 두터운 다발이 되면 신비성이 더해져 말할 수 없는 아우라를 발산하니 신기하다.

국립인쇄국에서 매년 30억 장 정도의 지폐가 제조돼 발주처인 중앙은행, 즉 일본은행에 납품된다. 반입 시점에는 단순한 '인쇄물'이지만 일본은행 지하금고에서 바깥으로 나오는 순간 '통화'로 바뀐다. 팩pack에 담긴 대량의 1만 엔권 지폐가 차례차례 현금 수송차에 실려 시중으로 나가는 모습은 장관이어서 마치 마술을 보는 듯하다.

이 지폐의 총관리자로 헤이세이平成(1989~2019) 초기에 일본은행 총재를 맡은 사람이 미에노 야스시三重野康였다. '헤이세이의 오니헤이鬼平'(鬼平犯科帳의 약칭. 이케나미 쇼타로池波正太郎의 동명 시대소설 또는 그것을 원작으로 한 TV드라마의 주인공)라는 별명을 얻을 만큼 호방한 인품으로 많은 사람의 호감을 샀으나, 한편으로는 버블 붕괴의 장본인으로 지목돼 원망을 사기도 했다.

미에노는 도쿄 태생이지만 유소년기의 대부분을 만주에서 보냈다. 요동반도에 가까운 안산鞍山중학을 나온 뒤 부모 슬하를 떠나 구제舊制 일고一高로 진학했다. 그해 말에 진주만 공격으로 태평양전쟁이 시작됐다.

미에노는 여기에서 인생의 은사인 아토 하쿠미阿藤伯海 교수를 만나 논어를 배웠다. 그러던 중 방과 후에 당시선唐詩選 특별강의를 받게 돼 아토 교수의 자택에도 뻔질나게 드나들었다. 그 공부방에서 만난 순자荀子의 격언이 그 뒤 미에노의 인생훈人生訓이 됐다.

궁불곤우의불쇠 窮不困憂意不衰

'어려운 처지에서 곤혹스러워 하지 않고, 우환이 있더라도 뜻을 꺾지 않는다'는 뜻이다. 인간이 태생적으로 지니고 있는 악惡을 예禮로써 바로잡아야 한다는 '성악설'을 주장한 순자는 이 말을 통해 학문을 닦는 태도를 설파했다. 진정한 학문은 입신출세를 위한 것이 아니라, 세상을 살면서 어려운 처지를 당해도 괴로워하지 않고, 우환을 당해도 좌절하지 않으며, 인생의 복잡한 문제에 직면해도 미망에 빠지지 않기 위해서라는 것이다.[1]

그 뒤 도쿄대학을 나와 전쟁이 끝난 뒤 일본은행에 들어간 미에노는 이 격언에서 중앙은행이 수행해야 할 책임의 엄중함을 발견하였다. 자신의 저서 《붉은 석양 뒤에》 속에 그는 이렇게 썼다.

"곤란한 국면에 처할 때는 언제나 이 문구를 읊조렸다. 어떤 국면에서도 도망가지 말자, 도망가지 말자고 스스로를 타이르면서 이 문구를 되뇌었다."[2]

이윽고 미에노는 이 말을 동료들에게 즐겨 전하게 되었다. 일찍부터 그 재주가 미에노의 눈에 띄어, 나중에 총재가 된 시라카와 마사아키白川方明는 정치적 압력을 받았을 때 뜻밖에도 이 말이 적힌 색지色紙를 받았다. 과거 미에노의 비서를 지내다 부총재가 된 아마미야 마사요시雨宮正佳도 오사카 지점장으로 전출되기 직전에 색지와 함께 "아무리 어려운 처지에 직면하더라도 도망가서는 안된다"는 말을 들었다.[3] 부총재로서 접대비리 사건의 뒤처리에 분주했던 후지와라 사쿠야藤原作弥도 마찬가지로 미에노의 색지를 소중하게 보관했다.

미에노가 후배들에게 이 말을 선물한 것은 중앙은행이라는 존재의 복잡성을 잘 알고 있었기 때문일 것이다. 독점적 통화발행권이라는 '마술'을 지닌 중앙은행에는 그것을 추구하는 욕망과 호기심이 쏠리기 마련이다. 지폐를 마음대로 발행해 통화를 조종하고 싶다는 정치적 야심은 어느 시대에도 존재했고, 그 위험성 때문에 중앙은행은 종종 농락당하고 궁지에 몰렸다. 미에노는 바로 그래서 '궁지에 몰리더라도 꺾이지 마라'고 계속 질타하고 격려했던 것이다.

미에노는 2012년 4월, 88세로 천수를 다했다. 생전에 그 뒤의 전개를 예상하고 있었는지는 모르겠으나, 미에노 사후 일본은행은 결과적으로 '어려운 처지에서 괴로워하고, 우환에 뜻을 꺾은' 것처럼 비친다.

극심한 때리기 공세에 쫓긴 나머지 실현 곤란한 인플레이션 목표를 정부와 약속하고, 터무니없는 액수의 국채와 주식을 떠안았다. 극도로 불어난 재정을 포함한 정상화의 길은 멀고, 믿고 의지할 잠재성장률은 회복될 기미가 보이지 않았다.

그런 아슬아슬한 상황에서 연타를 가하듯 코로나 쇼크가 일어났다. 지난 2020년 2분기의 국내총생산(GDP)은 전후 최대의 하락을 기록했다. 3분기 연속 마이너스 성장으로 '아베노믹스'의 성과는 날아가고, 총리는 건강악화로 갑작스레 자리에서 물러났다. 대불황이 세계를 뒤덮는 가운데 일본은행은 '마술'을 구사하며 거액의 재정지출을 열심히 떠받치고 있다.

이 책은 1996년에 시작된 일본은행법 개정 논의를 기점으로, 제로금리부터 양적완화, 리먼 쇼크(2008년 국제금융 위기), 이차원異次元 완화, 코로나 쇼크, 그리고 아베 신조 총리 퇴진과 스가 요시히데菅義偉 내각 발족에 이르기까지 일본은행의 '시련과 고뇌의 4반세기'를 다큐멘트(기록)해 보려는 시도다.

앞으로 경제와 삶이 원래 자리로 되돌아가면 다행이겠지만, 장차 우리 자손들이 금융경제에서 상상 이상의 곤경에 직면해 '왜 이렇게 되었을까' 하는 의문을 품을 때, 그 답을 찾는 실마리를 남겨 두는 것이 필요하다고 필자는 생각했다. 그것은 아마도 코로나 탓만은 아닐 것이다. 훨씬 이전부터 당국자들이 '최선의 길'로 선택한 여러 정책들이 서로 영향을 주고받으며 당대의 권력이나 경제사회와 화학반응을 일으킨 결과인 것이다.

장래의 검증에 사용될 수 있도록 이 책에서는 뒷북을 치거나 논평하는 것은 삼가고, 그간의 사실을 시계열로 쫓아가는 데 전념했다. 가능한 한 많은 당사자들로부터 이야기를 듣고 공개·비공개 내부문서와 개인 일기, 비망록 등을 긁어모았다. 사실 오인이나 분석의 오류가 있다면 그건 모두 필자의 책임이다. 출처를 분명히 밝히지 않은 서술에도 모두 근거가 있지만, 익명이나 배경설명을 조건으로 한 취재였기에 발언자의 이름이나 자료입수 경로 등은 밝힐 수 없다. 또 회의록이나 기자회견, 문헌 등을 요약 인용한 부분도 있다. 원칙적으로 직함은 당시의 것을 썼고 경칭은 생략했다.

그러면 시계 바늘을 1996년 3월로 되돌린다.

개혁을 표방한 하시모토 류타로橋本龍太郎 내각이 연초에 발족해 오랜만에 경기회복의 밝은 불이 켜지기 시작했다. 와카타 고이치若田光一의 스페이스 셔틀(엔데버호) 탑승으로 온 나라가 들끓고, 25세의 하부 요시하루羽生善治가 2월에 사상 최초로 장기 타이틀 7관왕을 달성했다. 그 한편에서는 '주전'住專(주택금융전문회사)[4]을 둘러싸고 야당이 국회 내에서 피켓시위를 벌이며 세상이 소란스러워지기 시작했다. 그런 시대로 시간여행을 하면서 이야기를 시작하려 한다.

제1장 마쓰시타松下 시대
    일본은행법 개정과 금융위기 1996~1998

제2장 하야미速水 시대
　　　독립성이라는 함정 1998~2003

무너진 권위/ 조직 침체와 이사의 자살/ 환상 속의 미일 회담과 정책 발동/ 고육지책의 제로금리 정책/ 일본은행의 반격과 '청춘 페이퍼'/ '일본은행 이론'에 대한 이론異論

제로금리 해제와 일본은행 비판의 물결/ 샴페인은 독립의 맛/ 양적완화를 향한 외통수/ 하야미 사임 소동의 진상/ 부실채권 처리에 '꼼수'를

제5장 구로다黒田 시대
목표 미달, 그리고 표류 2013~2023

프롤로그

'독립'을 향한
여정의 시작

봄을 알리는 이동성 고기압과 전선이 주기적으로 열도를 통과하면서 수도권에 주말마다 많은 비가 내렸다.

1996년 3월, 니혼바시日本橋 혼고쿠쵸本石町에 솟아 있는 일본은행 본점의 한 방에 깊은 생각에 잠긴 남자의 모습이 보였다.

후쿠이 도시히코福井俊彦 부총재였다. 60세로 일본은행에 뿌리를 둔 직원 가운데는 당시 가장 최고위직이었다. 그런 후쿠이에게 예상도 하지 못한 '결단의 시기'가 다가오고 있었다. 자민, 사민, 사키가케의 연립여당[1]이 은밀하게 제안해 온 일본은행법 개정 논의에 올라타야 하는가, 아니면 거리를 두고 잠시 관망해야 하는가.

후쿠이가 보좌하는 총재 마쓰시타 야스오松下康雄는 대장성大蔵省 출신이었다.[2] 미에노 체제를 이어받은 지 이미 1년 남짓 지났으나 일본은행법 개정을 둘러싸고 예상되는 정부와 조정의 어려움을 생각할 때 이해가 얽힌 마쓰시타보다는 일본은행 출신인 자신이 판단할 수밖에 없다고 후쿠이는 생각했다.

'이것은 천재일우의 기회가 아닐까요'라고 측근 중 한 사람이 의중을 떠보았다. 하지만 후쿠이는 입을 다문 채 아무 말도 하지 않았다. 평소

즉석결단을 내리는 것으로 유명한 후쿠이가 그토록 고민하는 모습을 본 적이 없었다고 측근은 나중에 얘기했다.

버블(거품) 붕괴 뒤 5년이 넘는 세월이 지나고 있었다. 경기는 일시적인 회복세를 보이고 있었으나 금융계는 거액의 부실채권을 떠안은 채 위기의 초입에서 헤매고 있었다.

사태 타개를 위해 대장성은 전년도 말에 주택금융전문회사 처리계획을 마련했다. 하지만 6,850억 엔의 세금 투입을 전격 결정한 일로 여론의 반발이 거세지고 있었다.

국회에서는 야당인 신진당[3] 의원들 다수가 세금 투입에 반대하며 위원회 회의장 앞에서 연좌농성을 벌여 국회의 장기 공전이 이어지고 있었다. 만일 처리계획이 무너지면 금융불안이 재연될지도 모른다. 그처럼 소란스럽고 먹구름이 낮게 드리운 봄날에 일본은행법 개정을 모색하는 움직임이 돌연 떠오른 것이다.

금융경제 기본법인 일본은행법은 1882년(메이지 15년)의 일본은행 조례[4]를 토대로 전시하인 1942년(쇼와 17년) 진주만 공격 다음해에 제정됐다.

> 제1조 일본은행은 국가경제 총력의 적절한 발휘를 도모하기 위해 국가 정책에 따른 통화의 조절, 금융 조정 및 신용제도의 유지·육성을 담당함을 목적으로 한다.
> 제2조 일본은행은 오로지 국가목적의 달성을 사명으로 삼아 운영되어야 한다.

고풍스런 가타카나로 쓰인 법률은 중앙은행을 전쟁수행을 위한 국책기관이라 규정하고, 대장大藏대신에게 일반 감독권, 업무 명령권, 임원 해임권, 예산 허가권 등 강력한 권한을 부여하고, 일본은행을 정부의 지휘 아래 두었다.

패전 뒤인 1949년 연합군총사령부의 지시에 따라 미국의 FOMC(연방
공개시장위원회)[5]를 본뜬 '정책위원회'를 신설하는 법 개정이 이뤄지면서
일단 금융정책은 일본은행의 전결사항이라는 형식이 갖춰졌다. 하지만
업무 명령권과 해임권 등 전시입법의 골격 자체에는 손을 대지 못하고
정책위원회도 형해화되어 '형식적 독립, 실태는 종속'이라는 상황이 이
어졌다. 일본은행은 '대장성 도키와바시常盤橋 지점' '니혼바시 혼고쿠쵸
분실'이라는 야유를 오래도록 받아 왔다.[6]

실제로 중요한 금융정책 운영을 둘러싸고 일본은행은 대장성과 정치
인의 개입에 계속 골머리를 앓아야 했다. 과잉 유동성에 의한 광란적인
물가가 문제가 되었던 1970년대 전반에 사사키 다다시佐々木直 총재 아
래서 정책담당 이사로 근무했던 나카가와 유키쓰구中川幸次는 '자민당'
에서 총재 해임 소문이 흘러나오고, 대장성이 금리 인상을 승인하지 않
았기 때문에 공정이율[7] 인상이 크게 늦춰졌다고 증언하였다.

"총선거가 있으니 올리지 마라, 선거가 끝나자 이번에는 예산편성기
니까 올리지 마라, 그 다음은 예산심의 중이니까 움직이지 말라고 대장
성에서 강하게 얘기했습니다. 정책의 전환점에서 대장성은 금리 인상에
반대하였지요. 실제로 정부의 오케이가 없으면 정책변경을 할 수 없었
습니다."[8]

광란의 물가로부터 15년이 지난 뒤, 이번에는 금융긴축이 늦어져 버
블이 발생하였다. '헤이세이의 오니헤이'라는 별명을 얻은 전 총재 미에
노 야스시의 후일담도 생생하다.

"일반물가가 안정돼 있을 때 공정이율을 올려 경기에 찬물을 끼얹는
것은 싫다는 느낌이 저쪽(대장성)에 매우 강했습니다." "일본이 공정이
율을 올리면, (미국의 주가 대폭락, 블랙 먼데이처럼) 세계 금융자본시장에
혼란이 일어날지 모르니 그 부분을 살펴야 한다고 (대장성이) 얘기했습

니다. 그런 건 나도 신경 썼습니다."

미에노는 '공정이율은 전후戰後의 법 개정으로 일본은행의 전결사항
이 됐지만 사실상 대장성의 승낙을 받아야만 했다'면서, 총재를 퇴임할
때 후임인 마쓰시타에게 이런 말을 했다고 증언하였다.

"(마쓰시타 총재에 대한) 인계 사항은 단 하나뿐입니다. 그동안 일본은
행법에 대해 얘기해 왔는데, 그것뿐이에요." "그 기회가 불쑥 찾아올 수
도 있습니다. 그때는 꼭 실현시켜 주세요."[9]

금융정책에 대한 개입을 법적으로 차단해 독립된 중앙은행으로 다시
태어나고 싶다―. 미에노도 후쿠이도 일본은행맨 누구라도 일본은행
법 개정을 원했다.

그 기회가 예상도 하지 못한 형태로 도래한 것이다. 계기는 주택금융
전문회사 문제를 수습하고 나서 발생한 대장성 때리기였다. 그 부산물
로 마치 호박이 넝쿨째 굴러오듯이 법 개정의 기회가 떨어져 내렸다.

대장성과 관련해 버블 붕괴 뒤에 주계국主計局(예산편성 담당) 간부에
대한 과잉접대와 부업 의혹[10]이 잇따라 발각되었다. 1995년 가을에는 다
이와大和은행 뉴욕지점에서 일어난 거액 손실사건[11]으로 은행국 간부가
'은폐공작'에 가담했다는 혐의를 미국 당국으로부터 받아 그 위신이 크
게 흔들리고 있었다.

거기에 주택금융전문회사 처리에 세금을 투입하는 안이 별안간 튀어
나와 언론의 대장성 비판에 불이 붙었다. 게다가 그 직후인 1996년 1월
사회당의 무라야마 도미이치村山富市 총리가 사임하고 자민당의 하시모
토 류타로가 새 내각을 발족시켰다. 행정개혁을 필생의 사업으로 여긴
하시모토는 대장성을 정점으로 하는 가스미가세키霞ヶ関(도쿄의 관청가)
의 관료기구에 메스를 들이대려고 일찍부터 그 기회를 엿보고 있었다.[12]

하시모토의 뜻을 받아 여 3당은 2월 6일 자민당 간사장인 가토 고이

치加藤紘一를 위원장으로 '대장성 개혁문제위원회'를 만들고, 그 아래 정책 책임자들로 구성된 프로젝트 팀을 설치해 검토를 시작했다. 그 개혁의 첫 번째 대상으로 떠오른 것이 하필 일본은행법 개정이었다.

팀 내에서는 당초 재정과 금융의 분리, 예산편성권의 분리, 세입청의 신설 등 여러 가지 안이 떠올랐으나 어느 것도 구름을 잡는 듯한 장대한 이야기여서 구체적으로 진전되지 못했다. 그에 비해 중앙은행의 독립성 강화는 버블의 재발 방지라는 당시의 정책목표와 합치되고 또한 대장성 권한 축소와도 연결되는 '적당한 테마'였다.

게다가 이 무렵 중앙은행 개혁은 세계적인 조류가 돼 있었다. 유럽에서는 마스트리히트 조약[13]에 근거해 1999년의 통화통합을 목표로 유럽중앙은행(ECB) 설립 준비가 진행되고 있었다. 통화통합 후에는 ECB가 단일통화 유로를 발행해 금융정책을 일원적으로 결정할 예정이었다. 이에 따라 ECB 집행기관이 될 역내 중앙은행들의 독립성을 강화해야 한다는 요구 속에 프랑스, 이탈리아, 벨기에, 스페인에서 차례차례 법 개정이 이뤄졌다. 독일에서도 개정 논의가 시작되고 있었다.[14]

하지만 프로젝트 팀이 일본은행법에 손을 댄 것은 이런 해외의 조류보다는 오히려 국내의 정치적 사정에 따른 것이었다. 하시모토 정권은 발족 당시부터 주택금융전문회사 처리법안을 정기국회에서 처리할 책임을 지고 있었다. 법안 심의를 위해서는 대장성과의 공동투쟁이 불가결한데 공동투쟁과 동시에 조직을 깨려는 것은 이치에 맞지 않는다고 대장성 출신 의원을 포함한 자민당 내에서 반대론이 분출했다. 적어도 주택금융전문회사 처리법을 통과시켜 국회가 폐회할 때까지는 대장성 본체에 손을 댈 수 없었다.

당시 대장성 개혁 프로젝트 팀의 좌장을 맡았던 사민당 정책심의회장 이토 시게루伊藤茂는 일본은행법 개정에 착수한 이유에 대해 "자민당 내에서는 심각해지는 대장성 개혁 공방 분위기를 피하기 위한 속셈도 있었다"고 자신의 저서에 썼다.[15] 대장성 본체의 개혁보다 여당 내의 합의를 얻기 쉬운 쪽으로 방향을 틀었다는 해설이다. 관계자에 따르면, 일본은행법을 이토에게 제의한 것은 자민당 정무조사회장을 맡고 있던 야마사키 다쿠山崎拓였다고 한다.

그런 복잡한 사정을 알아차린 일본은행 내에서는 경계심이 퍼져갔다. 어느 간부는 "부추기는 대로 2층으로 올라갔다가 거기서 사다리를 놓치면 어떻게 되느냐"며 불안감을 드러냈고, 다른 간부는 대장성과의 관계가 꼬이는 게 아닐까 걱정했다. 이사 한 사람은 금융시스템 문제의 해결이 선결돼야 한다며 "일본은행법 개정 따위나 하고 있을 때가 아니다"고 비판했다.

확실히 일본은행법 개정이 용이하지 않다는 것은 과거의 역사가 보여 주고 있다. 1957년부터 1960년까지 금융제도조사회에서 검토했지만 일본은행의 독립성을 둘러싼 의견집약이 이루어지지 않아 결국 법안화되지 못했다. 그 4년 뒤에도 일본은행 총재가 국회에서 개정에 전향적인 답변을 내고, 대장상의 지시로 개정원안이 일단 확정됐지만 대장성 은행국의 무언의 저항과 국회 일정이 순탄치 못해 법안 제출에 이르지 못했다.

이 두 번째 논의에 일본은행 총무부(지금의 기획국) 직원으로 관여했던 사람이 부총재 후쿠이다. 아무리 정치 주도라고 해도 만만한 일이 아니라는 것은 충분히 알고 있었다.

게다가 후쿠이를 괴롭힌 것은 가장 핵심부에 '현행법으로 충분'하다는 의견이 똬리를 틀고 있는 점이었다. 일본은행은 그동안 "운용을 통해 금융정책의 독립성을 실질적으로 유지하고 있다"고 대외적으로 설명해 왔다. 여기서 개정론에 편승해 독립성을 소리 높여 주장했다가 만일 법 개정이 실현되지 않으면 도대체 어떻게 되겠는가. 앞으로 자신들은 독립하지 못했다는 걸 인정하면서 일을 해나가야 할 처지가 될지도 모른다. 그 때문에 어느 이사는 "현행법으로 충분하다"고 했고, 총재인 마쓰시타도 질문을 받으면 계속 같은 대답을 했다.

1996년 3월 27일, 프로젝트 팀의 청문회에 불려 간 이사 야마구치 유타카山口泰는 "일본은행은 할 뜻이 있는지 확실히 하라" "대장성이 두려운가"라고 의원들로부터 추궁을 당했다. 야마구치 자신은 개정에 전향적이었으나 조직 방침이 확정돼 있지 않았기 때문에 명확한 생각을 드러낼 수 없었다. 울분을 풀 방도가 없다는 표정으로 야마구치가 돌아온 것을 당시의 부하들은 선명하게 기억하고 있었다.[16]

하지만 고심 끝에 후쿠이는 은밀히 움직이기 시작했다. 프로젝트 팀 멤버와 개별적으로 만나 일본은행법에 관한 문제의식과 '속내'(본심)를 직접 들어본 것이다. 날짜는 알 수 없지만, 자민당의 가토 그리고 야마사키와도 회담했다. 그 자리에서 가토는 "우리는 할 생각인데, 일본은행은 어떤가" 하고 후쿠이에게 결단을 촉구했다고 참석자들 중 한 사람이 증언했다.

후쿠이가 결심한 것은 일련의 접촉을 통해 의원들에게 다른 계산이 없다는 감을 잡았기 때문이다. 특히 자민당에서 행정개혁을 주도하고 있던 미즈노 기요시水野清 등과의 협의에서 일본은행법에 대한 의식이 높다는 것을 알고 신뢰하게 됐다고 후쿠이는 나중에 회고하였다.

그 뒤 후쿠이 등 간부들은 마쓰시타와 며칠 얘기를 계속했다. 마쓰시타는 그때까지 법 개정에 적극적이지도 소극적이지도 않은 자세를 견지했다. 조직의 장이 '하고 싶지 않다'고 하면 움직임은 거기서 멈춰 버리게 된다. 하지만 마쓰시타가 실은 전향적이라는 것을 알고 간부들은 모두 가슴을 쓸어내린 기억이 있다.

마쓰시타는 금융시스템 문제를 해결하고 나서 임기 후반에 일본은 행법과 씨름해 볼 생각이었음을 그 자리에서 처음으로 밝히며, "조금 앞당겨졌지만 이 기회를 놓치면 더는 불가능할지도 모르오. 여기서 해 치웁시다"라고 말했다. 총재의 고go 사인이 나온 순간이었다.[17]

4월 5일 오후 프로젝트 팀 좌장인 이토, 자민당의 야마사키, 신당 사 키가케의 정조회장 도카이 기사부로渡海紀三郎 등이 일본은행 본점을 시찰하러 왔다. 물론 후쿠이 등과 사전협의를 한 뒤의 방문이었다.

마쓰시타, 후쿠이 등 간부들 앞에서 이토는 "21세기의 금융행정을 내다본다면, 일본은행의 독립성 강화를 중심으로 한 일본은행법의 개 정이 필요하다"는 여당의 방침을 전하고, "낡은 일본은행법의 운용과 조정으로 충분하다고 설명하던 때는 끝났습니다. 적극적으로 개정에 나서야 합니다"고 촉구했다. 동석한 자민당의 미즈노도 "지금이 찬스" 라며 다그쳤다.[18]

마쓰시타는 "금융을 둘러싼 국제정세는 현저히 변화하고 있습니다. 역시 현상現狀에 걸맞은 개정이 바람직합니다. 21세기를 전망한 개정이 됐으면 합니다"라고 말했다. 그리고 마지막으로 잘 부탁한다며 머리를 숙 였다. 이토는 그날의 방문이야말로 55년 만에 전면개정으로 가는 '발화 점'이 됐다고 자신의 저서에 썼다.

후쿠이도 그날 이후 생각을 180도 바꿨다. '만일 법 개정이 실현되지 않을 경우는 어떻게 할 것인가'가 아니라 '반드시 법 개정을 실현시킬 방도는 무엇인가'에 초점을 맞춰 생각하게 됐다. 측근 중 한 사람은 후 쿠이의 당시 생각을 이렇게 떠올렸다.

"과거 두 번의 실패는 되풀이하지 않는다. 그렇게 결심했다."

독립을 추구하는 일본은행의 긴 여정은 이렇게 시작되었다.

제1장 마쓰시타松下 시대

여당의 거센 공세에 당황해 하면서도
오랜 염원인 '독립성'을 지향하며
일본은행법 개정을 향해 돌진한다.
한편으로는 버블 붕괴로 인한 금융위기의
마그마가 지표 가까이 밀려오고 있었다.
두 줄기 흐름이 복잡하게 얽혀
예상도 하지 못한 전개 양상을 보이게 된다.

마쓰시타 시대

I

제1장   미쓰시타松下 시대 I

술잔을 번쩍 들어 올리도록

1996년 봄, 연립여당과의 합의를 거쳐 일본은행은 법 개정 검토에 들어갔다. 기획국[1] 담당이사인 야마구치 유타카 아래 기획과장 이나바 노부오稲葉延雄, 조사역[2] 아마미야 마사요시 등 5명으로 구성된 준비팀이 편성되고 작은 방이 배정됐다.

하지만 검토작업의 중심에 있던 사람은 역시 후쿠이 도시히코였다. 후쿠이는 1960년대 개정 논의에 참가한 일본은행 내의 유일한 경험자였고, 당시의 경위를 잘 알고 있었다. 계속 밀어붙일까 물러설까 하는 고민에서 해방된 후쿠이는 그때부터 이 문제에 남의 갑절이나 되는 정열을 쏟아붓게 된다. 준비팀의 일원이었던 어느 멤버는 "마치 나 한 사람으로도 해낼 수 있다는 듯했다"고 당시의 후쿠이를 회상했다. 다른 부하는 이렇게 그 인상을 술회했다.

"이번에야말로 실현해 보이자고 후쿠이 부총재는 불타올랐다."

느닷없이 시작된 일본은행법 개정 논의는 중앙은행 제도에 대해 고찰하는 매우 드문 기회를 국민들에게도 가져다주었다. 중앙은행의 독립성이란 무엇인가. 어디까지 독립을 인정해야 할까. 애초에 중앙은행이란 무엇인가. 먼저 독립성을 둘러싸고 소개된 것은 세계사 교과서에 나오는 독일의 쓰라린 경험이었다.

제1차세계대전 뒤인 1920년대에 패전 뒤의 재정파탄을 중앙은행이 국채 인수로 충당한 결과, 빵 한 개의 가격이 1조 마르크로 폭등하는 등 천문학적인 '하이퍼인플레이션'이 발생했다. 그 뒤 나치스 정권에서도 중앙은행은 사실상의 전비戰費 조달기관이 돼 제2차세계대전 뒤에 다시 한 번 인플레를 야기했다.

이 두 번의 교훈을 토대로 전후에 발족한 중앙은행 분데스방크에는 정치로부터의 높은 독립성이 부여됐다. 인플레 파이터로 이름 높은 분데스방크의 이념은 그 뒤 유럽 중앙은행으로 이어졌다. 중앙은행이 전쟁수행 도구가 돼 패전 뒤에 심각한 인플레에 직면했다는 점에서 일본도 독일과 같은 경험을 갖고 있다.

이에 비해 미국에서는 베트남전쟁 종결 뒤인 1970년대에 인플레이션과 불황이 동시에 진행되는 '스태그플레이션'이 발생했다. 중앙은행에 해당하는 연방준비제도는 인플레이션 체질의 근절을 위해 맹렬한 금융긴축을 전개하였다. 이사회(FRB) 의장인 폴 볼커Paul Volcker는 정·재계의 맹렬한 반대에도 불구하고 꿋꿋이 밀어붙였는데, 결과적으로 그때의 대응이 1990년대의 성장기반을 쌓았다고 나중에 평가받게 된다.

역사적으로 눈에 띄는 것은, 인플레이션 방지를 위한 금융긴축이 전시체제에서는 물론이고 평시의 민주정치 아래서도 간단하게 받아들여지지는 않는다는 사실이다.

의회제 민주주의 아래서 정기적으로 선거의 세례를 받아야 하는 행정이나 의회는 통화가치의 안정이라는 눈에 보이지 않는 중장기적 성과보다는 눈앞의 선거를 의식한 단기적 성과를 추구하며, 기업가나 대중도 그것을 지지하기 쉽다. 불황이나 실업 때에는 금융완화를 통한 경기 자극을 기대하고, 재정난에 직면한 경우에도 인기 없는 증세보다 금융 완화를 통한 통화 증발로 당면한 어려움을 피해 가고 싶은 유혹에 빠진 다.[3] 그 결과 긴축 조치가 늦어져 물가안정이 무너지고 그때마다 국민생 활이 희생된다.

이런 쓰라린 교훈을 토대로 중앙은행을 정치적 유혹에서 격리시켜야 한다는 주장이 '독립성'이라는 개념을 낳았다. 다만 그 이치를 알면서도 실제로 금융긴축이 시작되면 정·재계는 이에 반발한다. 민주주의와의 궁합相性이 반드시 좋은 것은 아니다. '헤이세이 오니헤이' 미에노 야스 시는 퇴임 뒤에 자비출판한 회고록에 이렇게 썼다.

"이것(긴축)은 연회 때 술잔을 번쩍 들어 올리는 것과 같은 것으로, 정 치에서는 좀체 시행하기 어렵다. 그래서 각국 모두 긴 역사 속에서, 그런 것을 정치 사정에 좌우되지 않도록 중앙은행에 맡기는 것이 좋다는 공 감대가 만들어졌다. … 인류의 경험을 통해 얻은 지혜라고 할 수 있다."[4]

또한 전 FRB 의장 윌리엄 마틴William Martin도 "파티 도중에 펀치 볼(과일을 넣은 칵테일을 담은 그릇)을 치우는 것이 중앙은행의 일"이라고 평했다.[5] 정치적으로 인기 없는 긴축의 어려움은 동서양을 불문하고 마 찬가지다.

하지만 이 문제를 정부 쪽에서 보면 또 다른 관점이 떠오르게 된다.

경제운영에 대해서 의회 즉 국민에 대해 책임을 지는 것은 정부지 중 앙은행이 아니다. 금융정책이 다른 경제정책과 관계없이 결정돼 혼란이 생기면 정부는 의회에 책임을 지울 수 없다. 따라서 금융정책도 정부의 기본방침에 따라야 하며, 정부가 일정한 관여를 하는 것은 당연하다.

전 일본은행 이사 나카가와 유키쓰구는 "이것은 상당히 성가신 문제 로, 아무리 논의해도 결론을 내리기 어렵다"면서 과거 일본은행법 개정 논의에서도 마지막까지 결론짓지 못했다고 술회했다.[6] 실제로 정부와 중앙은행은 어디까지 제휴해야 하며, 또 쌍방의 의견이 서로 다를 때 어떻게 조정할지는 그후 중대한 문제가 되었다.

최대한의 독립성 부여를

중앙은행에는 3가지 역할이 있다고 한다. 먼저 은행권을 독점적으로 발행하는 '발권은행'이라는 것이다. 지폐(은행권)는 법정통화로서 무제한의 강제통용력이 주어져 가장 신뢰할 수 있는 결제수단이다. 제2의 기능은 '은행의 은행'으로서 결제 시스템을 정비 보전하는 것이다. 모든 은행권 결제는 민간 금융기관이 중앙은행 안에 예치한 당좌예금 이체를 통해 이뤄진다. 만일에 일부가 결제불능 상태에 빠져, 그것이 연쇄적으로 퍼져나갈 우려가 생길 경우에는 중앙은행이 '최후의 대출자'로서 자금을 공급해 신용질서를 지킨다. 그리고 세 번째가 '정부의 은행', 곧 국고를 맡기고 세입 세출이라는 돈 출납을 관리하는 것이다.

이 3가지 중에서 제1의 기능은 은행권의 양과 금리를 조정해 통화 가치(즉 물가)를 정하는 권한으로 연결된다. 이것을 독자적인 판단으로 행사할 수 있다면 금융정책은 독립돼 있다고 할 수 있다. 미에노 등의 증언은 한결같이 이 권한이 침해당하고 있음을 가리키고 있다. 하지만 한편으로 어떤 수단을 쓸지를 결정하는 '수단 독립성'만을 중앙은행에 주고, 물가인상률 등의 정책목표는 정부가 정하는 영국과 같은 패턴도 있다.

또 중앙은행이 조직이나 인사, 재무 면에서 정부의 통제를 받고 있지 않은지, 정부의 부채를 충당하는 역할을 떠안고 있지 않은지 등 독립성의 체크 포인트는 다양하게 존재한다. 독립 정도나 형태는 나라의 역사와 정치체제, 또는 민주주의의 성숙도에 따라서도 제각기 다르다.[7]

이런 해외 사례나 과거의 논의도 살펴보면서 일본은행 준비팀은 1996년 5월 13일 당면한 대처방침을 '일본은행법 개정에 대하여'라는 제목의 논문으로 정리했다.

(1) 개정이 필요한 이유

향후 경제의 시장화나 국제화가 더욱 진전될 것으로 보아, 전시입법으로 정부 통제색이 강한 현행법으로는 일본은행에 요구되는 역할을 충분히 수행할 수 없게 될 가능성이 있다.(이하 생략)

(2) 절차에 대한 요망(생략)

(3) 주요 논점에 대하여

① 목적·사명
· '물가의 안정'과 '금융시스템의 안정'을 목적으로 한다.
· 이를 통해 경제의 안정적 발전에 공헌한다.

② 이른바 '독립성'에 대하여
· 민주주의 체제를 전제로, 21세기의 중앙은행에 상응하는 독립성 부여가 요망된다.
· 일반적으로 "업무 자체의 내용과 성질이 정부로부터의 독립성과 중립성이 인정될 만한 합리성을 갖고 있고, 또 다른 면에서 인사권 등을 통해 정부가 이것을 통제할 수 있게 되면, 개개의 구체적인 처분·결정에 대해 정부로부터의 독립성을 인정해도 바로 위헌으로 볼 수는 없다(쇼와 35년〔1960년〕 금융제도조사회 답신)"는 것이다. 일본은행의 사명이나 정책에 중립성이 요구되고, 또한 금융 자유화에 따라 금융정책이 점점 시장원리에 따라 전개될 수밖에 없는(즉 행정적 수단·방법을 쓰지 않는) 상황을 고려하면, 위의 생각을 토대로 최대한의 독립성을 부여하는 것이 바람직하다.

③ 정책위원회(생략)

④ 금융시스템의 안정에 관한 업무
· 일본은행이 수행할 금융기관 실태조사 기능을 명확히 정한다.[8]

구체적인 개정 조항은 언급하지 않은 채 '민주주의 체제를 전제로 한 최대한의 독립성'이라는 표현으로 정부의 통제를 '인사권 등'으로 한정하려 한 것이 핵심이다. 다만 이 시점에 일본은행 내에서는 의견이 '백가쟁명'百家爭鳴의 상태였고, 대장성과의 절충도 시작되지 않았다. 대처방침에 명기한 높은 이상을 어떻게 법률 조문에 새겨 넣을 것인지, 아직 앞길이 불투명했다.

이에 대해 받아쳐야 하는 입장인 대장성은 오랫동안 지속된 대장성 때리기 공세로 수세에 몰려 있었다. 사무차관 오가와 다다시小川是 등 수뇌부는 연립여당의 압력으로부터 조직과 권한을 지켜낸다는 방침을 굳히고, 일본은행법 개정에 대해 "현행법으로 특단의 지장은 없으며 바로 개정할 필요는 생기기 않았다"고 신중한 자세를 내세웠다.[9]

그런데 은행국에서 일본은행법을 관장하는 총무과의 반응은 미묘하게 달랐다. 총무과장 구보노 시즈하루窪野鎭治가 대장성 내에서는 드문 '중앙은행 지지자'였던 것이다. 일찍이 독일대사관에 근무한 경험이 있던 구보노는 일본은행에도 분데스방크와 같은 독립성이 필요하지 않을까 생각하고 있었다. 당초 은행국 내에는 소극론이 강해 개정에 부정적인 상정想定 문답안이 종종 작성됐는데, 구보노는 그때마다 중립적인 자세로 돌아가도록 지시했다고 한다.

하지만 그 시기에 주택금융전문회사 처리법안 등의 국회 대응에 은행국장이 쫓기고 있어서 "대장성 내의 의사소통이 잘되지 않는 상태에서 각자가 제각각 움직이고 있었다"고 다른 담당자는 증언하였다.

이런 대장성의 움직임을 살피면서 일본은행 준비팀은 착착 여당에 대한 사전작업을 진행해 중요한 성과를 거두었다. 법 개정 논의에 시한時限을 설정하게 한 것이다.

금융관련 법안 검토는 대장대신 자문기관인 금융제도조사회에서 하는 것이 관례로 돼 있었다. 하지만 여당 프로젝트 팀인 미즈노 기요시는 총리 아래 새로운 회의를 설치해 개정의 틀을 정하고 조사회에서 논의가 후퇴할 수 없도록 하자고 제안했다. 이 '총리 주도안'에 하시모토 류타로가 달려들었다.

총리가 사적 연구회를 설치한다는 사실을 알게 된 이나바 등은 일정기간 내에 보고서를 마련해 달라고 여당 쪽에 요청하였다. 거꾸로 대장성은 가능한 한 시간을 끌면서 논의해야 한다고 주장했으나 연립여당은 5월 29일 '차기 정기국회에 법안 제출'을 목표로 삼는다는 데 합의했다. 6월 13일에는 전면적인 법 개정을 정부에 요청하는 개혁 지침을 발표했다.[10] 이나바는 "기한이 설정됨으로써 법 개정이 실현될 수 있겠다는 확신을 갖게 됐다"고 나중에 말했다.

이런 신속한 작업에 대장성 쪽 담당자는 "일본은행한테 급소를 찔렸다"고 회고했다. 은행국의 한 간부는 "모든 것은 대장성의 영향력과 권한을 약화시키고자 한 총리관저의 뜻이었다"고 평했다.

7월에 들어서자 은행국 총무과장 구보노와 이나바, 과장보좌 구니에다 시게키国枝繁樹와 조사역 다나카 히로키田中洋樹라는 두 개의 라인으로 물밑 절충이 본격화되었다. 구보노는 이 절충을 통해 쟁점이 상당히 정리됐다고 술회하지만, 일본은행 쪽 참석자는 구보노가 이때 "총재 해임권과 업무 명령권만 빼면 그것으로 충분하지 않을까" 하고 말한 것을 확실히 기억하고 있었다. 독립성의 강화라고 해도 어차피 아직은 그 정도였고 싸움은 이제부터였다.

7월 31일에 하시모토의 사적 자문기관 '중앙은행연구회'가 출범했다. 좌장에는 금융제도조사회 회장이 아니라 하시모토의 모교인 게이오의숙(게이오대) 이사장 도리이 야스히코鳥居泰彦가 취임했다. 도리이에게는 후쿠이가, 다른 위원에게는 이나바 등이 매일같이 '강의'進講를 계속했다.[11] 막연했으나 독립성 강화를 향한 '순풍'이 불고 있는 듯 보였다.

'퓨어 센트럴 뱅크'의 그림자

1996년 여름은 간토關東 이서 지방에서 더위가 맹위를 떨쳐 도쿄 오테마치에서 한때 섭씨 38.7도를 기록했다. 그런 가운데 일본은행 본점에서 '여름 합숙'이라 불린 공부모임이 매일 열렸다.

매일 아침 8시부터 본점 회의실에 이사와 국장 등 주요 간부들이 모여 이나바 등의 준비팀으로부터 법 개정 검토 상황과 상정될 개정 조문에 대해 설명을 듣고, 그것을 토대로 논의를 거듭했다. 후쿠이가 시종 논의를 이끌었으며, 총재 마쓰시타 야스오도 아침 일찍부터 얼굴을 내밀었다. 이나바 등은 여기에서 나온 의견을 토대로 대장성과 절충하고, 중앙은행연구회 위원들에게 사전 정지작업을 벌여 그 성과를 다시 여름 합숙에 가지고 오는 프로세스를 계속 쌓아 나갔다.

'세 번째는 모든 것을 보상한다'는 생각으로 집념을 불태운 후쿠이와 이나바 등의 설득으로 법 개정으로 가는 길이 어쨌든 보이기 시작했다. 그런데 실제로 법안 조문을 쓰고 국회 심의에 임하는 것은 대장성이다. 중앙은행연구회의 보고서가 나온 뒤에는 금융제도조사회에도 다시 의견을 물어야 했다. 대장성과의 합의 없이 법 개정을 실현시키는 건 어차피 꿈 같은 얘기여서, 필연적으로 여름 합숙의 초점은 '합의를 얻기 위해 무엇을 하고, 무엇을 포기할 것인가'로 옮겨 갔다.

언제부터인지 분명하진 않으나 중추부서인 기획국 이외의 분야를 담당하는 간부들은 상층부가 금융정책에만 초점을 맞춰 독립성을 강화하려는 것은 아닌지 의심하기 시작했다. 그런 생각을 빈정거림까지 담아 '퓨어 센트럴 뱅크론'이라고 부르게 됐다.

퓨어 센트럴 뱅크Pure Central Bank(순수 중앙은행)란 중앙은행의 역할을 금융정책에 단순 집중해 금융시스템의 안정이라는 신용유지 정책에 대한 관여를 가능한 한 제한하겠다는 생각의 산물이다. 1990년대에 유럽에서 시작된 중앙은행 개정론의 속에서도 일정한 확장세를 보였다.

본래 물가와 금융시스템의 안정이라는 두 개의 목표를 하나의 정책수단으로 동시에 추구하기는 어렵고, 경우에 따라서는 이해충돌이 발생할 우려도 있다.[12] 개별 금융기관의 위기에 대해 무담보, 무제한의 일본은행 특별융자를 남발하면 일시적인 유동성 공급이라는 '최후의 대출자 기능'을 넘어 손실부담이라는 재정 분야에 발을 들여 놓게 될 우려도 있었다. 어디까지나 물가안정을 최우선으로 생각해야 되는 것 아닌가ᅳ. 상층부 일부에 퍼지는 그런 정책사상을 다른 부국에서는 경계하며 몸을 사렸다.[13]

그 중에서도 신용유지 정책의 사령탑인 신용기구국은 퓨어 센트럴 뱅크와는 반대되는 사상을 갖고 있었다. 1996년 여름 시점에서 금융시스템은 이미 흔들리기 시작했고, 오히려 이 분야에 대한 일본은행의 관여를 강화해야 한다는 것이 현장의 일치된 견해였다.

과장이나 조사역은 "감독권한의 일부를 일본은행도 가져야 하는 것 아닌가" 하고 신용기구국장 마스부치 미노루增渕稔에게 직소했으며, 마스부치는 여름 합숙에서 "구미에는 은행 감독을 수행하는 중앙은행이 있다"고 말했다. 또한 금융기관의 경영을 체크하는 고사국考査局에서도 행정권과 비슷한 '고사권'을 법률에 명기해야 한다고 목소리를 높였다.

하지만 수뇌부는 이런 생각을 받아들이지 않았다. 마쓰시타는 일본은행이 은행행정에 발을 들여 놓는 것에 처음부터 부정적이었으며, 무엇보다 후쿠이가 '행정적인 것'을 이번 기회에 극력 떼어내 일본은행을 '뱅크'(은행)로 재출발하게 해야 한다고 믿고 있었기 때문이다.

"일본은행은 행정기관이 아니다. 뱅크(은행)다."

후쿠이가 기회 있을 때마다 이렇게 거듭 얘기한 것을 많은 간부들은 기억하고 있다. 때때로 "일본은행은 사적私的인 존재다"라고 말하고 나서 "그것은 틀렸다. 일본은행은 공적公的인 존재다"라고 부하들에게 못을 박는 장면도 있었다.

일본은행은 자본금 1억 엔 중 정부가 55%, 민간이 45%를 출자하고, 대장대신이 설립을 인가한 반관반민의 인가법인이다. 통화 발행이나 금융정책의 결정 등 행정적 기능의 일부를 맡고 있으나, 통화는 시장에서의 금융거래를 통해 발행되며, 금융조절도 거래처인 은행 등에 대한 대출이나 국채·어음의 매매를 통해 실행된다. 일본은행은 금융시장의 플레이어이고, 실제로 '은행업무'를 하고 있다.

이 때문에 일본은행은 관민 쌍방의 특징을 함께 지닌 '누에'鵺(일본 전설상의 요괴)와 같은 존재라는 말을 듣거나, 로마 신화의 두 얼굴을 지닌 야누스에 비유되기도 한다.[14] 하지만 후쿠이는 어디까지나 민간적인 측면에 역점을 두고 일본은행의 바람직한 모습을 찾으려 하고 있었다.

냉철한 리얼리즘과 환율 개입권

후쿠이는 시장 메커니즘을 중시하는 자유주의 경제의 신봉자이자 단단함과 부드러움을 넘나드는 실용주의자다. 후쿠이를 모신 부하들은 모두 그렇게 얘기한다.

오사카에서 양산 제조회사를 경영하는 가정에서 태어난 후쿠이는 장사의 다이내미즘을 흡수하면서 소년기를 보냈다. 자택 근처의 공장에 다니면서 양산 재료가 되는 면포의 시장 경기를 배우고, 일본에 오는 외국인 바이어와 부친 간의 한 치의 양보도 없는 상담을 바로 곁에서 목격했다. 자연히 시장을 토대로 세상사를 생각하는 버릇이 들었고, 시장의 다이내미즘이 돌고 돌아 경제 전체를 원활하게 움직이는 구조라고 이해하게 됐다.

도쿄대 법학부를 졸업하고 중앙부처가 아닌 일본은행을 택한 것도 그것이 시장과 연결돼 있기 때문이었다. 일본은행에 들어간 1957년 당시 후쿠이는 신상조서에 "뉴욕이나 런던, 국내라면 오사카에서 일하고 싶다"고 쓰고, "가고 싶지 않은 곳은 영업국입니다. 행정관청 같은 일을 하는 부서는 싫습니다"라고 인사담당자에게 얘기했다.

야누스적 존재인 일본은행에는 행정적인 일과 은행 실무가 곳곳에 혼재하는데, 세력으로는 '기획부서'와 '영업부서'가 오래 경합해 왔다. 어음 매입 시장운영이나 일본은행 대출 등 여러 가지 수단을 사용해 매일매일의 금융조절을 실행하는 영업국은 어느 금융기관에 얼마만큼의 자금을 빌려줄 것인지를 결정하는 절대적인 권한을 가지고 있으며, 이를 지렛대 삼아 매분기마다 시중의 대출 증가액을 통제하는 '창구 지도'를 해 왔다. 어느 쪽이냐 하면, 통제파이고 행정지도의 냄새가 난다. 한편 금융정책의 사령탑인 기획국에는 각 연차年次의 톱클래스가 모여들며, 고도의 금융이론과 정책입안은 물론 대장성과의 조정능력이 요구된다. 이 두 개 집단을 중심으로 치열한 출세경쟁이 펼쳐져 왔다.

후쿠이는 먼저 외국국外国為替局에 배속됐으나 그 뒤 줄곧 기획국에 있으면서, 행정재량적인 영업국에 대해 늘 거리를 둬 왔다. 실제로 후쿠이가 영업국장으로 있을 때 정열을 쏟은 것은 통제를 약화시키는 단기금융시장의 자유화와 창구 지도를 완전히 철폐하는 일이었다.

그런 후쿠이 독자적인 중앙은행론 아래서 먼저 폐지된 것은 외환시장에 대한 개입권이었다.

통화가치의 안정에는 물가의 안정과 환율의 안정이라는 두 가지 측면이 있다. 설사 국내 물가가 안정돼 있더라도 환율이 변동하면 수입 물가나 금리 수준에 영향을 미친다. 이 때문에 환율의 급변을 억누르기 위해 외환시장에 대한 개입이 이뤄지는데, 그 결정권은 대장성이 갖고 있고, 일본은행에는 정부의 대리인으로서 외환자금 특별회계 감정勘定을 통한 시장개입의 실무가 맡겨져 있다.

통화가치의 안정이라는 점에서 환율(환시세)의 영향을 무시할 수 없는 이상, 일본은행도 시장개입 권한을 가져야 한다는 것이 외국국의 주장[15]이었으나, 후쿠이 등은 서둘러 이 주장을 철회했다. 1980년대 후반 환율 안정을 중시한 나머지 금융긴축이 미뤄져 버블이 발생했다. 금융정책의 조타수 역인 기획국은 "환율정책에 관한 한 제대로 된 것이 없다"고 느끼고 있었다.

게다가 개입권한을 침해받기 싫은 대장성 국제금융국이 심하게 반발한 영향도 컸다. 한 관계자는 "대리인을 일본은행에서 도쿄미쓰비시은행으로 변경할 수도 있다는 말까지 하며 외국국 간부에게 압력을 가했다"고 말했다. 결국 8월 하순에 국장급 협의가 열려 환율개입에 대해서는 현상을 변경하지 않기로 결론을 내렸다.

준비팀의 한 사람은 그때를 돌이켜 보면서 "그 문제로 꼬이면 만사 끝장이라고 할 정도로 대장성은 필사적이었다. 기획 라인은 애초에 개입 자체가 유효한 정책 수단이라고 생각하지 않았기 때문에 구애받지 않았다"고 말했다. 대장성의 은행국 간부도 "개입 문제가 조기에 해결된 것이 대단히 컸다"고 증언했다.

일본은행이 재빨리 개입권을 포기한 배경에는 고사考査의 '법정화'를 실현시키고자 하는 다른 의도도 있었다.

'고사'란 일본은행과 거래하는 금융기관을 대상으로 행해지는 현장 조사로, 약 3년에 한 번, 경영의 건전성이 유지되고 있는지를 세밀하게 조사해, 필요에 따라 조언하는 제도이다. 은행법 등에 따른 대장성 검사와는 다르며, 일본은행 고사는 거래처와의 '계약'에 입각해서 이뤄져 왔다. 일본은행법을 개정한다면 '고사권'을 법률에 명기하고, 가능한 한 벌칙규정도 마련해 달라고 고사국은 호소했다.

금융기관의 연쇄적인 파산을 막는 일본은행 특별융자의 발동에 대비해 대출받을 금융기관의 재산과 경영상황은 늘 파악해 두지 않으면 안된다. 이것이 '고사권'의 근거가 됐다. 이에 대해 퓨어 센트럴 뱅크론자 쪽에서는 금융시스템 문제에 깊숙이 개입하는 리스크와 행정권에 가까운 권한을 가지는 것의 문제점을 지적하는 의견이 잇따랐는데,[16] 논의 끝에 "물가안정과 금융시스템의 안정은 떼어내기 어려울 정도로 연결돼 있을 뿐 아니라 금융정책을 실행하기 위해서도 고사는 불가결하다"고 결론지었다. 그런 상황에서 대장성에 개입권을 인정해 주고 그 대가로 '고사의 명문화'를 얻어내려고 했던 것이다.[17]

헌법의 높은 벽

9월에 들어서자 중앙은행연구회의 논의가 점차 열기를 띠기 시작했다. 독립성 강화의 흐름은 처음부터 굳어져 있었으나 막상 구체론으로 들어가면 위원들 사이에 견해가 날카롭게 대립했다. 그 중에서도 '일본은행과 정부의 관계'를 둘러싼 논의는 헌법 해석과도 얽혀 뜨겁게 달아올랐다.

　　헌법 제65조　행정권은 내각에 속한다.

이 조문에 대해 정부는 일관되게 "행정권은 국가 통치권의 작용에서 입법과 사법에 관한 기능을 제외한 것이다"라고 해석해 왔다. '행정공제控除설'로 불리는 헌법 해석이다. 중앙은행은 사법도 입법도 아니므로, 이에 따른다면 행정의 일부가 된다.

은행권의 독점적 발행이나 금융정책의 결정은 국가의 통화주권을 전제로 한 행정권의 행사다. 만일 내각에서 독립한 조직이 행정의 일부를 담당하면 헌법 제65조에 저촉될 우려가 있다. 따라서 일본은행도 내각의 통할 아래 두어야 한다. 이것이 정부 쪽이 갖고 있던 반격의 카드이고, 실제로 전후 두 번의 법 개정 논의 때도 큰 벽이 돼 가로막았다.

9월 11일의 중앙은행연구회 제5차 모임에서 헌법학자 사토 고지佐藤幸治가 이에 반론을 시도했다.

"물가의 안정이라는 전문직 판단이 필요한 분야에서는 정부로부터의 독립성을 인정할 상당한 이유가 있으며, 인사권 등을 통한 정부의 통제가 유보돼 있다면, 중앙은행에 내각으로부터 독립한 행정권한을 부여하더라도 반드시 위헌이라고 할 수는 없다."

사토는 '행정공제설'을 정면으로 비판하며, "일본은행이 내각에서 독립하더라도 국회의 통제를 받으면 헌법 위반이 되지 않는다. 일본은행의 권한은 국권의 최고기관인 국회가 결정하면 된다"고 주장했다. 사토는 일본은행이 추천한 위원으로, 일본은행은 그를 앞세워 정면돌파를 시도하려 했다.

그러나 이 발언에 대해 통산성 사무차관을 지낸 후쿠카와 신지福川伸次가 "중앙은행에 제4권과 같은 형태의 위치를 부여하는 법률을 만일에 만든다면, 헌법상 어떻게 될까"라는 의문을 표시해 헌법논쟁은 그 뒤에도 계속 이어졌다.[18] 최종적으로 연구회의 보고서에는 사토의 생각이 일부 들어갔지만, 결론은 그 뒤의 금융제도조사회로 넘겨졌다.

좌장인 도리이가 이른 단계부터 "정보공개를 통해 독립성을 담보한다"는 개념을 제시하며 논의를 추진한 적도 있는 중앙은행연구회는 11월 12일 '중앙은행 제도의 개혁―열린 독립성을 추구하며'라는 제목의 보고서를 정리해 하시모토에게 제출했다.

보고서는 정부의 광범한 업무 명령권과 임원 해임권은 인정되지 않는다며, 정부와 일본은행의 관계에 대해서도 "정책위원회가 최종적인 판단을 한다"는 쪽으로 정리했다. 다만 "의견이 다를 경우 판단을 일정 기간 유보할 것을 정부가 요청할 수 있는 권한을 포함해 정부의 의견을 정책위원회에 제출하는 방식을 확보하라"는 조건도 붙였다.

게다가 감독권과 예산 인가 등의 구체론에는 들어가지 않았기 때문에 매스컴은 '독립성 강화 불충분'이라고 일제히 비판의 소리를 높였다. 개정의 구체적인 내용은 금융제도조사회라는 제2의 무대로 미뤄지게 됐다.

이 보고서가 제출되기 전날, 소선거구 비례대표병립제로 치른 첫 총선거에서 승리해 자민당 단독의 제2차 내각을 꾸린 하시모토가 새로 한 수를 뒀다. 대장대신 미쓰즈카 히로시三塚博를 총리관저로 불러 '프리free, 페어fair, 글로벌global'을 기치로 내건 일본판 빅뱅을 지시한 것이다.

빅뱅big bang이란 은행·보험·증권의 각 부문별 법률뿐만 아니라 외환법(외환 및 외국무역관리법)과 기업회계까지 한꺼번에 바꾸는 금융제도의 대개혁으로, 영국의 증권제도 개혁을 모방해서 이름 붙였다. 프리란 시장원리가 작동하는 자유로운 시장, 페어는 투명하고 공정한 시장, 글로벌은 국제적이고 시대를 앞서가는 시장을 가리킨다. 이런 캐치프레이즈가 붙은 신자유주의적인 빅뱅 구상은 그 뒤 중앙부처 재편, 재정구조 개혁과 나란히 개혁노선의 슬로건이 된다.

그런데 이 구상은 원래 대장성이 조직 해체를 피하기 위해 총리관저에 제시한 것이었다. 어느 간부는 "일본은행법 개정에서 빅뱅으로 전선을 확대한 것으로, 금융 당국이 열심히 노력하고 있다는 것을 알아주기를 바랐다"고 밝혔다. 여당 주도의 일본은행법 개정은 어느새 '빅뱅의 일부'가 돼 시장원리를 중시하고, 불량채권 처리와 금융 도태를 가속해야 한다는 정책사상을 일본은행 내부에 침투시켜 갔다.

부총재에게 호소하다

"부총재 님 … 일본은행법 개정 작업에 참가하게 됐습니다만, 아무래도 이래도 괜찮은가 하는 기분을 억누를 수 없어서 편지를 써 올리기로 했습니다."

후쿠이 앞으로 한 통의 편지가 송달된 것은 중앙은행연구회 보고서가 나온 직후였다.

"보고서에 대한 여론의 반응은 거의 모두 불충분한 독립성에 그쳤다며 비판적입니다. 그럼에도 불구하고 일본은행이 명확한 의사표시를 하지 않는 것은 이해할 수 없습니다."

편지를 쓴 사람은 일본은행 중추에 있던 30대의 조사역이었다. 법 개정 기회가 도래했는데도 대외적으로 명확한 의사표시를 하지 않고, 대장성과의 물밑 절충으로 개정안을 굳혀 가는 방식에 의문을 표시한 것이었다.

"일본은행이 바람직하다고 생각하는 개정 일본은행법 요강안을 금융제도조사회에 제출하는, 가능하다면 대외적으로도 공표하는 길을 가능한 한 모색해 주시지 않겠습니까? 단순히 대장성에 은밀하게 전하는 것이 아니라 본행의 기본입장을 은행 안팎에서 볼 수 있는 형태로 만들기 위해 지혜를 짜내라는 지시를 내려 주실 수 없겠습니까?"

편지에는 일본은행 내부의 중견 및 젊은 직원 다수가 "불안과 불만을 갖고 있으면서도 겉으로 침묵을 지키고 있다"고 적혀 있고, 1950년 대의 개정 논의 때에도 일본은행은 견해를 대외적으로 공표했는바, 이 번에도 방법은 있을 것이라고 씌어 있었다. 실제로 1950년대의 개정 논 의에서는 당시의 부총재가 금융제도조사회에서 일본은행 시안을 제시 하며 구체적인 개정 요망을 피력했다.

개정 논의의 전개에 초조해 하고 있던 인물이 또 한 사람 있었다. 전 총재인 미에노였다. 미에노는 1994년 말에 퇴임한 뒤에도 고문으로 남 아, 일본은행 내에서 엄중하게 지켜보고 있었다. 그는 아무런 견해도 밝 히지 않는 후배들의 태도를 도무지 납득할 수 없었다.

앞서 말한 편지에도 나와 있듯이 마쓰시타 등 수뇌부는 자신들을 '도 마 위의 잉어'라며 대외적인 발언을 극력 피했으나, 미에노는 그런 자세 를 참을 수 없었다. 도중에 경과를 보고하러 오는 간부에게 예산 인가 권이 남겨진다든지 정책위원회에 정부대표가 출석하는 것은 이상하다 면서, "완전 독립을 노려라. 자네들, 피하지 마라"고 계속 질타했다. 보고 서가 나온 직후에 은밀하게 마쓰시타를 만나 그렇게 진언한 것을 미에 노는 퇴임 뒤에 쓴 《오럴 히스토리oral history 기록》(이 책에서는 이후 '회 고록'史談錄이라고 표기)에서 밝히고 있다.

"좀 더 확실히 얘기하는 것이 좋다고 생각했습니다. 그것을 얘기한 것 입니다. 뭐, 음지에서는 여러 가지로 얘기를 해 왔지만, 그런 것은 음지 에서 얘기하기보다 금융제도조사회나 강연에서 속 시원하게 말하는 게 좋지요."

미에노의 조언에다 언론으로부터도 일본은행의 기본입장을 제시해 야 한다는 압력이 높아지자 마쓰시타는 연말이 다가온 12월 18일의 정 례 기자회견에서 처음으로 깊이 파고든 얘기를 했다. 정책위원회에 정부 대표가 상시 참석하는 것이나 대장상의 감독권한은 필요없다고 목청을 높였다. 하지만 흐름을 바꿀 정도의 뉴스가 되지는 않았다.

일본은행이 스스로 바라는 개정안을 발신하려 하지 않았던 데에는 까닭이 있다.

1950년대의 개정 논의에서 금융제도조사회 안에 반대했던 일본은행은 독자적인 시안을 표명하며 철저히 항전했다. 그 때문에 금융정책을 둘러싸고 일본은행과 정부가 대립할 경우의 해결안에 합의하지 못했다. 정부의 지시권을 인정하는 A안과 의결의 연기 청구만을 인정하는 B안의 두 안을 답신으로 병기함으로써, 결과적으로 법 개정 자체가 무산됐다. 이번에도 스스로 의사표명을 하면 언론이 떠들게 될 것이고 뒤로 물러설 수 없게 돼 전철을 밟을 우려가 있었다.[19]

또 과거의 과잉유동성이나 버블에 대해 한마디로 "독립성이 부족했기 때문에 금융정책이 실패했다"고 말하기 어려운 '집안 사정'도 있었다. 독립성 부족을 호소한 서두의 미에노 증언은 어디까지나 일본은행 내부를 향한 구술기록일 뿐, 세간을 향해 '우리는 독립돼 있지 않다'고는 입이 열 개라도 얘기할 수 없었던 것이다.[20]

그렇게 해서 움직임이 둔해진 일본은행과는 대조적으로 대장성은 착착 반격의 태세를 갖춰 갔다.

보고서 제출 다음날 은행국에 법 개정을 위한 준비실이 설치되고, 대신관방大臣官房과 이재국理財局, 국제금융국의 응원부대를 포함해 총 15명이 모였다. 그 중에서 과장보좌인 구니에다 시게키國枝繁樹와 함께 법안 작성의 중책을 맡은 사람이 나중에 사무차관이 되는 사토 신이치佐藤愼一다. 사토는 주택금융전문회사 문제 대응을 위해 주계국에서 은행국으로 파견된 뒤 9월부터 일본은행법 개정작업을 맡았다.

은행국장인 야마구치 기미오山口公生로부터 법안 작성을 위임받은 사토는 방대한 과거 자료와 보고서를 읽고 대장성 배후에 있는 내각 법제국에 빈번하게 발걸음을 옮기게 된다. 심의회 등의 보고서에는 법률에 적합하지 않은 표현이 섞이는 수가 있어서 그대로는 법률로 쓸 수 없기 때문이다.

헌법의 파수꾼인 내각 법제국은 내각이 제출하는 모든 법안을 심사하고 헌법이나 다른 법률과의 모순이나 어긋남이 없는지 사전에 체크한다. 대장성 관련 법안은 제3부가 관장하고, 대장성 OB인 사카타 마사히로阪田雅裕가 부장직을 맡고 있었다. 사토 등에 따르면 중앙은행연구회 회의가 열리던 중 방어에 급급했던 대장성은 이때부터 "(개정 가부의) 선을 긋고 다시 시작했다"고 한다.

대장성은 당초부터 일본은행의 독립성을 한정적으로 보고 '통화 및 금융 조절' 이외에는 신용질서 유지를 포함해 자신들의 감독 아래 두는 것이 당연하다고 생각했다. 거기에다 기획정책에 관해서도 정부의 경제정책과 긴밀히 제휴해야 하는 만큼 그 제휴 범위 내에서 독립성이 부여되는 것으로 해석하고 있었다. 하지만 '통화 및 금융 조절'은 금융정책에 한정되는 개념이 아니라 모든 업무를 포함한다는 것이 일본은행의 이해였다.

금융제도조사회는 11월 19일의 총회에서 학자와 저널리스트[21]로 구성되는 일본은행법 개정 소위원회를 설치하고, 26일부터 본격적인 심의에 들어갔다. 일본은행에서는 오사카 지점 부지점장이었던 미타니 다카히로三谷隆博가 준비팀에 합류해 옵서버로서 소위원회에 참석했다.

소위원회에서는 중앙은행연구회 보고의 개요 설명에 이어 주제마다 6명의 위원이 자유토론을 벌여 거기에서 정리된 결론을 사무국이 보고서에 반영시켰다. 또 그것과 병행해서 일본은행 조사역인 다나카와 대장성 과장보좌인 구니에다의 절충이 매일처럼 이뤄졌고, 거기에서 합의할 수 없는 사항을 다음 소위원회에 넘기는 방식이 채택됐다.

그 때문에 쌍방이 대립하는 주제에 대해 위원들이 무엇을 주장하고 어디에서 의견을 접는가는 지극히 중요한 문제로, 대장성도 일본은행도 각자의 견해를 반영하기 위해 수면 아래서 치열한 '설명 전쟁'을 펼쳤다. 회를 거듭할수록 소위원회는 더욱 열기를 띠어 갔다.

'독립성'의 천왕산

새해인 1997년 1월. 개정 논의는 최대의 고비를 맞았다.

그때까지의 절충으로 합의로 가는 길은 보이기 시작했으나 아무래도 조정이 되지 않는 항목이 몇 개 남았다. 의결 연기권, 예산 인가권, 감독권, 그리고 긴급시의 지시권이었다. 어느 것이나 정부와 일본은행의 관계를 규정하고 그 뒤의 정책운영을 좌우하는 중요사항이었다.

막바지에 접어든 소위원회에서 예산 인가권과 감독권을 둘러싼 논의를 벌이던 중 내각 법제국 제3부장인 사카타가 앞길을 가로막았다. 중앙은행의 독립에는 금융정책뿐만 아니라 예산과 조직의 독립이 불가결하다는 위원에 대해 옵서버인 사카타는 이렇게 말했다.

"행정책임은 내각이 연대해서 국회에 대해 지는 것으로 돼 있습니다. 헌법상 행정은 내각의 손을 떠날 수 없고, 그것을 통해서만 국회에 대한 책임을 질 수 있습니다." "예산에 대한 정부의 통제를 벗어날 경우 헌법상의 요청을 충족시키고, 내각의 관할 아래에 있다고 할 수 있을지 전혀 자신이 없습니다." "일본은행의 독립성은 오로지 금융정책에 관한 독립성입니다. 일본은행에는 주주총회도 외부감독도 없습니다. 누가 어떻게 체크할 것입니까? 누구의 감독도 필요없다는 건 말이 안됩니다."

위원장인 다치 류이치로館龍一郎도 "아무런 체크를 받지 않아도 된다는 것에는 의문이 있다"고 했고, 이어서 예산 인가에 대해 은행국 심의관인 나카이 세이中井省가 쐐기를 박았다.

"아무래도 인가권이 불필요하다고 한다면, 헌법 개정에 대해 논의가 있어야 합니다. 실제로 프랑스에서는 헌법을 개정해 중앙은행의 독립성을 강화했습니다."

암반과 같은 '행정공제설'에 대해 위원 사이에서 "지금의 법제에 맞지 않으니까 안된다고 한다면, 나는 앞으로 이 모임에 나오고 싶지 않다"는 불만이 분출하는 장면도 있었다.

금융정책의 독립성에 대해서도 정부 쪽은 반격의 손을 늦추지 않았다. 답신안에는 정부 경제정책과의 정합성을 확보하는 의무가 명기돼 최선을 다해 "늘 정부와의 연락을 긴밀하게 한다"는 구절이 추가됐다.[22] 대장성은 나아가 정책위원회에 두 사람의 정부대표를 참석시켜 독자적인 의안을 제출할 수 있는 권한과 금융정책 결정을 일정기간 연기할 수 있는 '의결 연기권'을 동시에 명기하려고 획책해 일본은행과 격렬하게 충돌했다.

의결 연기권은 독일에 같은 규정이 있다는 것이 그 논거였으나, ECB 발족에 따라 규정 자체가 폐지되는 쪽으로 방향을 잡고 있었다. 그 때문에 일본은행은 여당 간부와 소위원회 멤버에게 사전 정지작업을 벌여 의결 연기권이 아니라 의결 연기를 청구한 다음 정책위원회의 판단을 기다리는 '의결연기 청구권'으로 낙착되도록 했다.

하지만 여기에서도 내각 법제국이 "청구권이라는 개념은 청구서와 마찬가지로 요구받으면 지불할 의무가 생긴다"고 지적했기 때문에 막바지에 '의결연기를 요구할 권리'로 쓰는 것으로 가까스로 얘기가 정리됐다.[23]

실은 이런 대장성의 반격을 후쿠이 등은 파악하고 "독립은커녕 실질적으로 지배를 강화하려 하고 있다"며 위기감을 키우고 있었다. 그런 상황에서 1월 21일의 금융제도조사회 총회에서 후쿠이는 발언 기회를 요구해 기울어가는 흐름을 되돌려 놓으려고 이렇게 호소했다.

"중앙은행의 독립성, 투명성이라는 중앙은행연구소 보고의 원칙을 관철해 주기 바랍니다. 특히 의결연기 청구권, 긴급시의 지시권에 대해서는 원칙에 따른 검토를 요청합니다. … 금융정책은 은행권의 발행이나 대출, 공개시장운영 등 시장에서의 업무를 통해 매일 실행되는 것으로, 정책과 업무는 밀접해서 분리할 수 없습니다. 일본은행은 관청이 아니라 은행이며, 그 인적 물적 자원을 효율적으로 사용하기 위해 예산의 자주성도 중요합니다."

10분 가까운 연설을 후쿠이는 이렇게 마무리지었다.

"현행 법제와 타협해야 한다는 것은 알고 있지만, 지금은 패러다임 시프트paradigm shift(인식체계의 대전환)의 국면에 있습니다. 일본은행이 (대장상의 인가에 근거를 둔) 인가법인이라는 이유로 제도를 만들 것이 아니라 새로운 관점을 담을 수 있도록 끝까지 추구해 주기 바랍니다."

반년 이상의 논의 중에 일본은행이 공적인 장소에서 구체적인 요망을 호소한 것은 그것이 최초이자 최후였다. 그 호소로 예산 인가권에 대해서는 "금융정책과 관계없는 부분"으로 한정하고,[24] "대장상이 예산을 인가하지 않을 경우에는 그 이유를 공표한다"는 내용이 추가됐다.

하지만 긴급시의 지시권만은 마지막까지 결론이 나지 않았다.

대장성은 재해나 공황 등의 비상시에 일본은행 특융을 지시할 수 있는 권한에 집착했다. 신용질서 유지는 정부의 책임이고, 긴급할 때 마음대로 제일 쓰기 쉬운 수단이 특융이었기 때문이다. 특히 은행국은 일본은행이 '퓨어 센트럴 뱅크론'을 방패로 특융 발동에 신중을 기하려는 것 아니냐며 경계했다. 그리하여 2월 초순에 은행국장과 일본은행 이사가 직접 회담해 긴급시의 협력을 '확인'하는 것으로 지시권을 보류하기로 결정했다.

하지만 그 대신에 '손실보전 조항'이 삭제됐다. 구 일본은행법 부칙에는 일본은행이 채무초과에 빠질 경우 정부는 손실보전을 해야 한다고 씌어 있는데, 후쿠이 등은 "업무 명령권이나 지시권에 반대하면서 정부에 손실보전을 요구하는 것은 이치에 맞지 않다"고 판단하고 삭제를 결단했다. 대장성 간부도 "두뇌 운동으로는 생각했으나 통화발행 이익으로 사후적으로 메워지고, 정부와 일본은행은 어떤 의미에서 연결결산이니까 문제없다고 생각했다"고 증언했다. 나중에 수면 위로 떠오르게 되는 일본은행 재무 문제는 그 시점에서는 아직 '두뇌 운동'에 지나지 않았다.

그리고 또 한 가지, '독립성'이라는 키워드도 마지막에 삭제됐다. 내각 법제국이 "이 말은 제4권력이라는 말을 듣게 될지도 모른다. 누구로부터 독립했는가 하는 논의가 되기 때문에 법률에는 쓸 수 없다"며 대장성에 수정을 지시했고, 대신에 '자주성'이라는 말이 사용됐다. 후쿠이는 강하게 난색을 표했으나 의미는 바뀌지 않는다는 설명을 듣고 마지못해 납득했다고 한다.[25]

치열한 공방 끝에 2월 5일 금융제도조사회 보고서가 정리되어, 55년 만의 일본은행법 전면 개정안이 국회에 제출됐다. 그 요점은 다음과 같다.

1. '은행권의 발행' '통화 및 금융의 조절' '자금결제의 안정 확보'를 일본은행의 목적으로 하며, 금융정책의 자주성을 존중한다는 것을 명기한다(독립성 강화).

2. 정부의 경제정책에 부합하도록 충분한 의사소통을 도모할 것을 일본은행에 의무화한다. 정부는 필요에 따라 정책위원회에 출석해 의안 제출과 의결 연기를 요구할 수 있으나, 채택 여부는 정책위원회가 결정한다(정부와의 제휴).

3. 일본은행 임원회의를 폐지하고, 최고의사 결정기관으로 정책위원회의 기능을 강화하며, 금융정책을 논의하는 회의를 정기적으로 개최한다.

4. 총재와 2명의 부총재, 6명의 심의위원은 내각이 임명하며, 중의원과 참의원 양원의 동의를 얻어야 한다. 임원의 해임 사유를 한정하고, 금융정책을

이유로 한 해임을 금한다.

　5. 금융정책을 논의하는 회의의 의사議事 요지를 신속하게 공표하며, 상당 기간이 경과한 뒤에 의사록도 공표한다. 반년에 1회를 목표로 국회에 대한 업무보고를 의무화한다.

　6. 대장상의 일반감독권을 법령 위반 체크 등으로 한정하고, 일본은행 감리관제도도 폐지한다. 대장상이 예산을 인가하지 않을 경우는 그 이유를 공표한다.

마쓰시타는 "금융정책의 독립성과 업무운영의 자주성이 충분히 발휘되도록 궁리하였다. 유럽과 미국 중앙은행에 비해 손색없는 법률이 됐다"고 환영했다. 전시입법의 골격이 남아 있는 속에서 운용을 통해 견뎌 온 일본은행에 독립성 강화를 향한 중요한 한 걸음인 것은 분명했다. 준비팀의 이나바는 "최선이라고 할 수는 없겠으나, 얻어야 할 것은 얻었다. 지금까지 논의가 전혀 진척되지 못했던 것을 풀고, 새로운 지혜를 짜내서 해결할 수 있었다"고 말했다.

대장성 쪽은 자신들에 대한 격렬한 때리기에서 시작된 일본은행법 개정의 흐름을 헌법 해석의 틀 안에 수렴해 '정부와의 제휴'를 의무화함으로써 경제통합 질서를 지켜냈다는 쪽으로 받아들였다. 간부 한 사람은 "일본은행은 어느 시점에 독립성을 쟁취한 기분이 됐고, 거기서부터 지키기에 들어갔다. 고비를 맞을 경우에 대비해 좀 더 양보하는 카드도 준비했으나 뽑아들지 않고 끝났다"고 나중에 내막을 밝혔다.

자민당의 불만, 시위를 떠난 화살

'독립성'과 '제휴' 어느 쪽이 우선하는지 분명하지 않은 애매한 결론이긴 했으나, 자민당에서는 독립을 요구하는 일본은행에 대한 불만이

팽배했다.[26]

2월 21일의 중의원 대장大蔵위원회에서 자민당의 와타나베 요시미渡辺喜美는 "도대체 누구에게 일본 중앙은행은 책임을 지는가 하는 중대한 문제에 대해 (금융제도조사회는) 답하고 있지 않다"고 비판했고, 대장정무자관[27] 나카무라 쇼자부로中村正三郎는 "일본은행이 수행하는 행정대행적인 일은 정부의 경제정책에 따르는 것이어야 하며, 정부의 경제정책을 지원하는 존재여야 한다"고 호응했다. 의회제 민주주의에서 나라의 정책을 결정하는 것은 정부 여당이며, 일본은행의 독립성은 그 범위 내로 한정된다는 것이 의원들의 '상식'이었다.

4월에 들어 일본은행 개정안의 국회심의가 시작된 뒤에도 자민당은 압력을 늦추려 하지 않았다. 그것은 법안 자체에 대한 클레임claim이 아니라 일본은행 직원의 대우를 흔드는 형태로 시작됐다.

4월 25일의 중의원 대장위원회에서 자민당 의원은 이렇게 말문을 열었다. "국민의 최대 관심사는 우리나라에서 가장 높다는 총재의 급여, 이른바 연봉입니다. 총재가 5,133만 엔, 부총재가 3,714만 엔입니다. 덧붙인다면 내각 총리대신이 4,488만 엔…"

자민당의 흔들기는 계속됐다. 연봉 2,000만 엔이 넘는 간부직원의 수와 일본은행이 전국에 보유한 골프 회원권 42개의 실태를 밝히라면서, 호화로운 지점장 관저와 아카사카에 있는 '히카와료'氷川寮[28] 등의 자산처분이나 급여 수준 재고 등 철저한 구조개혁을 요구했다.

총재인 마쓰시타에 대해서도 "판공비가 너무 많다" "역대 총재의 초상화 제작비가 장기 근속표창을 받은 국회의원의 것보다 훨씬 높다"는 등 용서없는 비판이 쏟아졌고, 마지막에는 총리인 하시모토에게서까지 이런 빈정거림을 들어야 했다.

"(초상화가) 천 수백만 엔이라고 들었습니다. (장기 근속표창을 받은) 제

아버지(하시모토 류타로의 아버지 하시모토 료고(橋本龍伍)는 1949년부터 1962년까지 6선의원을 지냈다)의 그림은 50만 엔인데, 일본은행 총재의 그림은 그렇다니, 가격에 그렇게 차이가 난다며 우리 애한테 호되게 놀림을 당했습니다. 바라건대 그런 질문을 아이한테 받지 않아도 되도록 일본은행의 여러분이 노력해 주시기 바랍니다."[29]

독립 얘기를 하려면 몸부터 단정히 하라ㅡ. 여당의 질문 공세에 일본은행은 그저 참을 수밖에 없었다.

일본은행의 수익은 은행권의 독점 발행에 의한 통화발행 수익이 떠받쳐 준다. 이것은 지폐의 액면에서 제조비용을 뺀 단순한 차액이 아니라, 일본은행이 통화를 발행할 때 민간 금융기관이 매입하는 국채나 대출금 등의 이자 수입을 통해 생긴다. 평시에 연간 6,000억 엔에서 8,000억 엔 정도이지만, 여기에서 지폐의 제조비나 인건비 등 필요경비를 뺀 모든 금액을 국고에 납입하는 것이 의무로 돼 있다.

실은 이 필요경비 중에서 간부직원의 급여문제는 일본은행에 최대의 약점이고, 일본은행이 소리 높여 독립성 강화를 외칠 수 없었던 또 하나의 사정이었다.

복수의 관계자들 증언에 의하면, 버블기에 높이 치솟았던 대형은행들의 대우에 맞추려고 일본은행은 간부직원의 급여를 몰래 인상함으로써 공표되는 이사의 연봉보다 국장급 연봉이 상회하는 '역전 현상'까지 일어났다. 게다가 그런 실태가 드러나지 않도록 1인당 평균 연봉에 직원 수를 곱해서 산출하는 급여예산에 대해 사실과 다른 데이터를 대장성에 전달해 장기간에 걸쳐 인가를 받아 왔다.

마침내 이런 '은폐공작'을 견딜 수 없게 된 경리 담당자가 후쿠이에게 실정을 알리며 조속한 시정을 진언했다. 놀란 후쿠이는 즉시 재검토를 지시해 극비의 '적정화 작업'이 시작됐다. 극소수로 구성된 팀은 '과거의 보고와 실태 사이의 괴리'를 상세하게 조사해 어떤 수순으로 해소해 갈 것인지 일본은행법 개정 논의와 함께 묶어 검토를 서둘렀다.

그런 작업의 한편에서 자민당으로부터 잇따라 화살이 날아왔다. 바닥을 알 수 없는 정치에 대한 두려움과 함께 대장성이 뒤에서 조종하고 있는 것은 아닌가[30] 하는 억측도 일본은행 내에서 나왔다.

급여를 둘러싼 '흔들기'가 계속되는 가운데서도 결국 개정안은 5월 22일 참의원에 송부돼 6월 11일에 통과됐다. 중의원과 참의원 양원에서 각기 6개 항목의 부대결의를 만들어, "정부 경제정책과의 정합성 확보"와 "급여는 국민의 이해를 얻을 수 있는 적정한 것이 되도록 노력하고, 보유자산의 정리 등 근본적인 구조개혁 계획 작성"을 요구했다.

중앙은행의 존재방식을 둘러싼 논의가 깊어지면서 개정법은 겨우 5, 6일 만에 신속하게 통과됐다.

상처투성이의 골인이었지만, 55년 만의 개정을 이뤄낸 일본은행 준비팀은 큰 성취감에 젖었다. 그런 이나바를 고문인 미에노가 부른 것은 개정법 통과 직후였다. 수고했다는 위로의 말을 하려나 하고 찾아갔더니 천정 높은 고문실은 미에노의 분노로 가득 차 있었다.

"이나바 군, 가장 중요한 것이 빠져 있지 않은가."

미에노가 지적한 것은 일본은행의 국채 인수를 금지하는 규정이 없다는 것이었다. 금지하기는커녕 개정법 제34조에 "대장성 증권 기타 융통증권의 응모 또는 인수"를 할 수 있다는 내용까지 적혀 있었다. 중앙은행의 독립성 가운데 가장 중요한 재정 파이낸스 금지가 명기돼 있지 않다고 미에노는 이나바를 질책했다.

이나바 등은 당초 단기자금융자채권인 대장성 증권에 대해서도 장기 국채와 마찬가지로 일본은행의 인수를 금지하고, 시중 공모방식으로 바꿔야 한다고 주장했다.

하지만 대장성 이재국은 "만일 국고에 구멍이 뚫린다면 어떻게 해 줄 건가"라며 완강하게 거부했다. 교섭 창구였던 은행국은 이 문제를 소관 외의 일로 여겼고, 재정부국도 함께 논의를 시작하면 출구에 도달할 수 없을 것이라고 우려했다. 생각 끝에 이나바 등은 이 문제를 법 개정의 틀 안에서 처리하는 것을 단념하고 별도 협의를 갖기로 했다.

구상하고 있던 법 개정의 모습에서 상당히 멀어진 결과에 미에노의 생각은 복잡했다. 퇴임 뒤의 회고 인터뷰에서 처음에는 "결과 오케이로 80점 정도의 성과"라고 했다가, 마지막이 되자 "물론 좀 미비한 점도 있었지만 그래도 내 생각에 75점 정도"라고 미묘하게 평가를 낮추었다.[31]

이에 대해 후쿠이는 "그 이상 무엇을 더 하겠나 하는 부분까지 얻어 냈다"고 단기 결전을 총평하면서 "이제부터는 운용의 묘를 살릴 수 있을지 여부에 달렸다고 생각했다"며 말을 매듭지었다.[32]

다만 현재 일본은행의 인적 자산과 역량으로 독립의 중책을 어디까지 감당할 수 있을지 일말의 불안도 느꼈다. 5월 7일 중의원 대장위원회에서의 답변이 후쿠이의 속내를 말해 준다.

"중앙은행이 확실하게 정책운영을 수행하고, 또 실적을 올려 가는 그런 것이 아니면, 아무리 법률이 훌륭하게 정비돼도 신뢰받을 수 있는 중앙은행이 될 수 없다. 이 점을 충분히 자각하고 앞으로 한층 더 노력해 적절한 금융정책 운영에 임하겠다."

21세기를 앞두고 중앙은행의 새로운 토대가 이렇게 구축됐다. 하지만 후쿠이도 지지하는 '빅뱅' 사상 아래서, 예상을 뛰어넘는 금융 도태의 파도가 밀려들 기세를 보이고 있었다.

II

조직 개혁과 닥쳐오는 위기

1997년 6월 18일, 개정 일본은행법이 공포돼 니혼바시 혼고쿠쵸의 일본은행 본점은 점점 바빠졌다.

다음해인 1998년 4월 1일 시행일까지 조직, 인사, 급여, 윤리규정 등 재검토해야 할 항목은 산처럼 많았다. 후쿠이를 중심으로 농밀한 논의가 시작됐다. 그 중에서도 가장 시급한 것은 정책위원회의 개혁이었다.

전후에 발족한 정책위원회는 불명예스럽게도 '슬리핑 보드'sleeping board로 불렸다. 구법舊法 하의 멤버는 총재와 "금융업, 상업 및 공업, 농업에 뛰어난 경험과 식견을 가진" 4명의 임명위원으로 구성되었다. 당시에도 법적으로는 최고의사 결정기관이었으나, 그 실태는 정부총재와 이사로 구성되는 '임원회의' 결정을 추인하는 기관이 돼 있었다.[33] 법 개정에서 그 임원회의의 폐지가 결정됐기 때문에 명실상부한 최상위 기관으로 다시 만들어야 했다.

당시 임명위원은 고이노 시게루濃野滋(상공업 대표), 고토 야스오後藤康夫(농업 대표), 다케토미 스스무武富将(대형은행 대표) 등 3명으로, 1명이 결원이었다. 개정법이 공포됨에 따라 금융정책을 결정하는 '금융정책결정회의'를 시행하라는 얘기가 나오자 1997년 7월 11일에 첫 '리허설'을 가졌다.

임명 위원 방에는 회의 이틀 전에 자료가 전달되었다. 당일에는 국내외의 동향과 금융정책을 판단할 때의 유의점에 관한 사무국의 설명을 듣고 나서 자유토의가 진행됐다.

3시간에 걸친 논의 뒤에 고이노가 "정말로 사전 조정도 없이 곧바로 논의를 시작하는 겁니까" 하고 묻자, 의장대리를 맡은 이사 야마구치 유타카가 "그렇습니다" 하고 쌀쌀맞게 대답해 일순 웃음이 터져 나왔다. 1주일 뒤에는 회의록과 회의요지 시안이 작성되어, 문체와 회의 진행방식에 대해 위원들은 하나하나 확인을 받아야 했다. '슬리핑' 시대와는 달리 분주해지자 고토는 "꽤 중노동"이라고 일기에 썼다.[34]

리허설 모임은 그 뒤 8월 6일, 9월 12일에도 열렸다. 그리고 4회째인 9월 26일의 정책위원회에서 대규모 조직개편이 동시에 결정됐다.

검토의 주내용은 금융정책을 담당하는 기획국과 신용질서를 담당하는 신용기구국, 그리고 경영관리국 등 주요 3국을 '실'로 격하하는 것이었다. 동시에 행정적 색채를 띤 영업국을 폐지하고, 내외 시장을 통합해 다루는 '금융시장국'으로 바꾸는 엄청난 작업이었다.

후쿠이 자신은 일찍부터 "신법新法 하의 조직은 예컨대 이사와 국장을 겸하는 식으로 해서 가능한 한 플랫flat(평평)하게 하겠다"고 위원들에게 밝혔다. 주요 부국을 정책위원회의 '스태프staff적인 조직'으로 격하하고, 전통 있는 영업국을 폐지한다는 후쿠이 주도 하의 대개편은 독립성 강화 대신에 '자기개혁'을 요구받은 끝에 내린 고뇌에 찬 결단이기도 했다.

그런데 그런 조직론과는 비교도 되지 않는 '충격파'가 밀려오고 있었다. 7월에 태국의 통화 바트가 폭락하고 필리핀, 말레이시아, 인도네시아로 통화위기가 확산됐다. 일본 국내에서도 총회꾼에 대한 이익 공여 사건으로 4대 증권과 다이이치칸교은행에 대한 도쿄지검 특수부의 수사가 시작돼 불길하게 확대돼 갔다. 나아가 일본채권신용은행의 기부금 구제[35]로 일단 진정됐던 금융 불안이 준대형 증권인 산요증권에서 다시 불붙기 시작했다.

산요증권은 버블 붕괴로 6년 연속 적자에 빠졌고, 거액의 불량채권을 안고 있는 비금융 계열사에 대한 채무보증까지 서고 있었다. 그 때문에 1994년부터 주거래 은행과 노무라증권 그룹, 생명보험의 지원을 받아 재건을 시도하고 있었으나, 이들 계획은 성공하기 어려울 것으로 증권업계는 보고 있었다.

그대로 파산시킬 수는 없다고 생각한 대장성 증권국은 준대형 업체인 고쿠사이증권[36]에 구제 합병시키려고 획책했다. 증권업무과장 고테가와 다이스케小手川大助를 중심으로 열심히 설득을 계속했으나 합병공작은 9월 하순에 실패로 끝났다.[37] 일본은행이 금융정책결정회의 마지막 리허설을 가지면서 조직개편 결정을 내린 바로 그 무렵이다.

그런 고테가와를 일본은행 쪽에서 지원하고 있던 사람은 영업국 증권과장인 요시자와 야스유키吉澤保幸였다. 영업국 경력이 길고 민간 금융계 사정에 밝은 요시자와는 요령이 좋아 후쿠이 등 일본은행 수뇌부만이 아니라 대장성 증권국장인 나가노 아쓰시長野庬士와 고테가와한테서도 신임을 얻고 있었다.

은행과 달리 결제기능을 갖지 못한 증권회사에 대해 일본은행은 '금융시스템의 외연'으로 설정해 놓고 개별 경영문제에 깊이 관여하지 않는 태도를 취해 왔다. 하지만 요시자와는 독자적인 판단으로 산요증권 처리에 관여하게 된다.

"나가노와 고테가와를 남자로 만들고 싶다ㅡ." 요시자와는 거리낌없이 그렇게 말했다.

한편 합병공작 실패를 지켜본 대장성의 나가노는 거기에서 과감한 방침전환을 시도한다. 산요증권을 법적으로 정리해 재생을 도모하겠다는 것이었다.

1997년 10월 10일, 나가노는 증권국 심의관과 과장, 과장보좌 등을 구단시타의 합동청사에 소집해 '비밀 합숙'을 가졌다. 그 단계에서 법적 정리에는 파산법과 회사갱생법의 두 가지 안이 있었으나, 어느 쪽이든 모두 법원에서 자산보전 명령이 떨어져 투자자에 대한 예금 반환이 일시적으로 중단됐다. 채권자 평등원칙이 철저한 일본의 도산법倒産法에서는 투자자만을 다른 일반 채권자와 분리해 보호할 수 없기 때문에 그것이 걸림돌이 될 것으로 보였다.

합숙 도중에 나가노가 다음과 같은 말을 흘린 사실을 참석자들은 기억하고 있다.

"어떻게 분리가 잘 안되려나." "되면 갱생법이 좋은데."

2박3일의 합숙을 거쳐 나가노가 산요증권을 법적으로 정리하도록 정식으로 지시한 것은 10월 17일이었다.

증권업무과장 고테가와는 도쿄 지방재판소에 비공식 상담을 하러 갔다가 증권회사 대상의 예금보험에 해당하는 '기탁증권 보상기금'에 고객 자산의 상당액을 인수시킬 수 있다면, 자산보전명령 대상에서 제외할 수 있다는 감촉을 얻었다. 그렇다면 법적 정리의 장애물을 제거할 수 있다.

그 자리에는 일본은행의 요시자와도 동석하고 있었다. 재판장은 기탁증권 보상기금의 자금운용에 문제가 생기는 '최악의 경우'를 우려하면서 요시자와에게 "왜 일본은행 특융을 시행하지 않습니까" "증권회사의 파산은 정말로 금융시스템에 영향을 주지 않습니까" 하고 거듭 몰아붙였다.

하지만 요시자와는 결제 시스템과 직접 관계가 없는 증권회사에 특융을 낼 수는 없고, 산요증권에는 힘있는 주거래은행이 있다며 물러서지 않았다. 결국 일본은행이 아니라 도쿄미쓰비시 등 3개 은행에 보상기금의 자금운용을 맡기는 것으로 갱생법 적용 환경이 정리됐다.

파산법과 달리 회사갱생법이라면 '재건'의 이미지를 전면에 내세울 수 있다고 고테가와도 요시자와도 생각했다. 대장성과 일본은행에서 극비 준비가 시작되면서 법적 정리 예정일이 시시각각 다가왔다.

디폴트는 '판도라의 상자'

그런데 그런 요시자와를 멀리서 바라보던 일본은행 내부에서 불안한 소리가 흘러나오기 시작했다.

"악마의 시나리오"ㅡ. 언제부터인지 이런 말을 사람들은 두런거리게 됐다.

정성껏 쌓아올린 합병구상이 붕괴되면서 마치 홀린 듯 법적 정리를 향해 나아갔다. 금융기관에 갱생법이 적용된 예는 없었기에 어디에서 무엇이 발생할지 몰랐다. 문자 그대로 "악마에게 이끌린 시나리오가 아닐까" 하고 금융시스템을 담당하는 신용기구국은 걱정했다.

특히 법적 정리에 들어갈 경우 산요증권이 단기 금융시장에서 조달한 '콜 자금'이 회수 불가능해지는 리스크가 최대의 불안요소였다. 합병구상이 무너진 뒤 산요증권의 자금운용이 순식간에 악화해 콜 자금의 '대출자'에서 '대출받는 자'로 바뀌었기 때문이다.

콜이란 금융기관들이 매일 자금을 서로 융통하는 단기 금융시장에서 오가는 자금을 말한다. 국채를 담보로 하는 유담보 콜도 있으나, 금융 자유화에 따라 거래의 주력은 무담보 콜로 옮겨 갔다. 금융 프로들이 서로를 신용하면서 매일 무담보로 거액의 대출·차입이 이루어진다. 만일 도산하는 경우가 있더라도 콜만은 상환하고 도산한다. 그것이 프로들끼리의 암묵의 룰로 여겨지고 있었다.

만일 법적 정리에 따라 디폴트(채무 불이행)가 일어나면 다른 문제 은행으로 불안이 연쇄적으로 퍼져 금융시스템 전체가 흔들리지 않을까 하고 신용기구국은 불안해했다. 하지만 영업국의 반응은 달랐다.

'산요증권은 큰 자금을 대출받는 쪽이 아니다. 설사 디폴트가 일어나더라도 소액에 그쳐 혼란을 막는 것은 어렵지 않다. 일본은행은 빅뱅을 지지하고 있으니 시장에 일정한 자기책임을 요구하는 것은 당연하다.'

하지만 이런 강경론의 이면에 또 다른 '사정'이 잠복해 있다는 것을 신용기구 라인은 알지 못했다.

"디폴트 회피 명목으로 이상한 움직임을 벌이지 마라"는 지시가 수뇌부에서 영업국으로 내려갔다. 한 관계자는 회사갱생법 적용으로 디폴트가 발행할 리스크가 있다고 사전 상담한 영업국 간부에게 부총재 후쿠이가 "디폴트를 인정하지 않는 건 있을 수 없다"며 일갈했다고 증언했다.

실은 10월 30일 한 단자회사의 간부가 영업국 증권과의 요시자와에게 탐색 전화를 한 일이 있었다.

"산요증권, 괜찮겠지요? 내일 콜을 계속합니다만."

단자회사 사이에도 산요증권의 경영난은 소문이 나 있었다. 요시자와는 "내게 묻지 마세요"라고 하고는 그 길로 금융시스템을 담당하는 간부의 방으로 갔다. 회사갱생법의 극비계획을 알고 있는 이 간부에게 요시자와는 확인을 요구하듯 물었다.

"이대로 가면 판도라의 상자를 열게 됩니다. 정말 괜찮겠습니까?"

간부는 잠시 생각한 뒤 이렇게 대답했다고 한다.

"무담보 콜도 있고 일본은행법도 있어서 이상한 움직임은 할 수 없네. 어쨌든 지금은 움직이지 말도록."

움직여선 안되는 진짜 이유, 그것이 새 일본은행법이었다. 5개월 뒤의 시행을 앞두고 있던 중요한 이행기에 '불투명한 행정지도와 같은 행위'를 해서는 안된다는 것이 수뇌부의 의중이었다. 게다가 자기책임 원칙을 부르짖는 '빅뱅 사상' 아래서 설사 콜이라도 무담보라면 일정한 리스크가 있어야 한다는 탁상공론이 하필 이런 절박한 시기에 나온 것이다.

이런 사정도 있어서, 나중에 큰 문제가 되는 산요증권 디폴트에 대해 일본은행 내부에서 집중적인 검토가 이뤄진 적은 없었다. 당초 '악마의 시나리오'를 염려했던 신용기구국도 한정적인 혼란이라면 봉쇄할 수 있다는 낙관론으로 서서히 기울고 있었다.

대장성 증권국도 10월 25일, 26일의 휴일을 반납하고 회사갱생법 적용의 영향을 시뮬레이션했으나 디폴트는 큰 의제로 다뤄지지 않았다. 나중에 증권국장 나가노는 "콜 시장은 일본은행의 앞마당과 같은 것이기 때문에 잘할 것이라고 생각했다"고 했고, 다른 간부는 "회사갱생법을 선택한 이상 어느 정도의 혼란은 각오하고 있었다"고 말했다. 만일의 경우를 위해 정말 괜찮은지 일본은행 담당자에게 확인을 요청했으나 "빅뱅에서는 자기책임이 당연한 것 아닙니까, 하고 거꾸로 야단을 맞았다"고 한다.

10월 31일 밤, 산요증권의 자금운용을 감시하고 있던 요시자와가 "11월 4일은 아무래도 안되겠다"고 대장성에 속보로 전했다. 나가노는 바로 결단했다. "좋아, 3일에 합시다."

때마침 11월 1일부터 3일까지는 연휴였다. 이틀에 걸쳐 준비를 하고 3일인 축일祝日에 신청 발표하면 시장의 혼란도 방지할 수 있다고 나가노 등은 어림짐작했다. 누구 한 사람 경험한 적 없는 금융기관의 법적 정리를 위한 레일이 깔렸다.

　문화의 날인 11월 3일 도쿄는 아침부터 쾌청했다. 회사갱생법의 적용 신청을 위한 역사적인 회의는 오전 10시에 궁성 해자에 면한 팔레스호텔에서 시작됐다. 산요증권 사장인 이케우치 다카시池内孝, 담당 변호사, 대장성의 나가노, 고테가와, 일본은행 영업국장인 다케시마 구니히코竹島邦彦, 요시자와, 그리고 대주주인 노무라증권, 주거래은행인 도쿄미쓰비시, 다이와, 일본채권신용은행의 임원들이 참석했다.

　이케우치가 "이번에 회사갱생법 적용을 신청하게 됐습니다. 여러분에게는 불편을 드려 대단히 죄송합니다"라고 고개를 숙였고, 담당 변호사가 투사자 보호를 위해 주거래은행 세 곳의 자금운용 지원이 불가결하며, 자금이 지원되지 않으면 갱생법이 적용되지 못해 금융시스템이 대혼란에 빠진다며 은행의 협력을 압박했다.

　산요증권은 그 뒤 임시 이사회에서 회사갱생법의 적용을 신청하기로 결의했고, 오후 4시 지나서 담당 변호사가 도쿄 지방재판소에 들어갔다. 재판장이 주거래은행 3행에 기탁증권 보상기금에 대한 자금운용 지원을 약속하게 해 담당 변호사의 신청서를 수리했을 때 시계바늘은 오후 5시를 지나고 있었다.

　도쿄 지방재판소의 자금보전 명령을 받아 대장성 증권국은 업무정지 명령을 발동했고, 그 순간 총자산 4,500억 엔, 종업원 2,700명을 거느린 준대형 증권사의 '법적 정리'가 확정됐다. 부채 총액은 3,736억 엔이었다. 상장 증권회사로는 첫 도산이었다.

　전인미답의 법적 처리를 실현하고, 나가노는 분명히 기분이 고양돼 있었다. 당시의 담당자도 나가노가 몹시 기분이 좋았다는 것을 선명하게 기억하고 있다. 오후 8시에 시작된 기자회견에서 나가노는 "일반산업에서 행해지는 방법을 증권회사에서도 쓸 수 있게 됐다는 점에서 선택지가 넓어진 의미는 크다"며 뿌듯해 했고, 그 뒤 부하를 치하하듯 "구단시타의 합숙은 평생 기억에 남을 거야"라고 말했다.

다음날인 11월 4일, 단기 금융시장은 놀라울 정도로 조용했다. 나가노는 어느 담당자에게 "어때, 잘된 거지"라며 기쁜 듯이 떠벌였다. '잘됐다'는 건 콜 시장의 디폴트 문제를 가리킨 것이었다. 나가노 자신이 내심 마음에 걸리는 듯했다.

하지만 그것은 아무 일도 일어나지 않았기 때문이어서가 아니었다. 사상 최초의 디폴트는 이미 일어났다. 다만 시장이 그 중대성을 아직 알아차리지 못하고 있었다.

거꾸로 거슬러 올라가 10월 31일의 단기 금융시장―. 산요증권은 빠듯한 자금 부족을 메우기 위해 10억 엔을 다음날 결제되는 무담보 콜로 조달했다. 자금공급을 단행한 것은 군마 중앙신용금고였다. 그리고 채권대차거래 시장에서도 산요증권은 미야자키현의 미야코죠 농협에서 83억 엔을 조달했다.

약정 성립 직전에 단자회사 간부가 요시자와에게 다시 "괜찮은 거지요"라고 전화를 걸었다. 그대로 두면 채무 불이행에 빠지게 되지만 위쪽의 지시로 말참견하는 것은 금지돼 있었다. 요시자와는 "아무 말도 할 수 없다"고 말할 수밖에 없었다. 다른 간부도 "그저 입 다물고 지켜볼 뿐이었다"고 했다.

산요증권이 막다른 고비에서 조달한 자금은 회사갱생법 절차의 개시에 따라 상환불능이 됐다. 당국자들이 우려하고 있던 전후 최초의 디폴트로 '판도라의 상자'가 열렸다.

뒤를 돌아보면서 총리 하시모토는 "결과로서의 보고였던 것 같다. 이런 선택을 하면 디폴트가 일어날 수 있다는 보고는 아니었다"고 했고,

총재 마쓰시타도 퇴임 뒤의 회고록에서 실무진의 사전설명은 없었고 "판단을 내려야 하는 회의에 참석한 적은 없었다"고 단언하면서 이런 지론을 얘기했다.

"자본주의는 신진대사의 세계이다. 금융은 시장 메커니즘을 살리면서 실패한 것을 걸러내고 새로 생기는 것을 지원한다. 무슨 일이 일어나면 큰일이라며 정태적으로 받아들이는 것이 아니라 다이내믹하게 받아들인다. 때로 그런 일이 일어나는 것은 피하기 어렵다. 좋은 일이라고 생각하진 않지만 피하기 어렵다."

다쿠쇼쿠은행 파산과 월드컵 축구의 밤

디폴트 발생 정보는 대지에 물이 스며들 듯이 조금씩 시장에 퍼져 갔다.

산요증권 도산 다음날인 4일, 은행 간의 시장은 콜레이트(콜 자금 대차 이율)가 강세를 보인 정도로, 큰 혼란은 일어나지 않았다. 5일에는 단자회사 사장이 영업국장인 다케시마를 찾아가 "일본은행은 은행 사이에 이루어지는 거래를 지키겠다고 했는데 어떻게 된 일이냐"고 힐문했다. 날이 지나면서 디폴트 소문은 확산됐고, 11월 둘째 주에 들어가자 시장의 공기가 일변했다.

자금 딜러들이 신용 리스크를 우려하는 바람에 위험한 곳에 대한 자금 방출이 딱 끊어졌다. 신용기구국의 담당자는 "단기 금융시장에는 샐러리맨 딜러밖에 없기 때문에 어느 시점까지는 자금이 돌았다. 그것이 돌연 예고도 없이 멈췄다. 마치 진자(추)가 일거에 반대방향으로 흔들리는 듯한 느낌이었다"고 회고했다.

위축된 시장의 타깃, 그것이 홋카이도다쿠쇼쿠은행이었다.

다쿠쇼쿠은행은 그해 4월에 홋카이도은행과 합병하기로 기본합의를 마쳤으나 그 뒤 그것을 구체화하는 교섭에서 대립이 발생해 9월 들어 합병 연기를 발표했다. 경영난 소문에 휩싸인 다쿠쇼쿠은행은 그 뒤 예금 해약 열풍이 불자 일본은행 영업국에 자금운용을 상담하지 않으면 안될 처지가 됐다. 주가도 합병 연기 뒤에 100엔이 무너졌고, 10월 8일에는 80엔 아래로 떨어졌다. 신용평가는 '투기적' 수준으로 내려가 예금 감소와 주가 하락이 거듭되는 악순환이 심화되었다.

대장성 은행국은 다쿠쇼쿠은행 파산이라는 최악의 사태에 대비해 산요증권에서 디폴트가 발생한 직후 홋카이도은행에 영업양도의 '인수자'가 되도록 타진했다.

그리고 운명의 11월 14일이 찾아왔다. 그날은 일본은행에 대한 지급준비금 적립 마지막 날이었다.

지급준비금이란 민간 금융기관에 대해 예금 지급의 준비에 충당하도록 예금 등 채무의 일정비율을 강제적으로 중앙은행에 예치하게 하는 제도다. 일본은행은 매일 금융조절을 통해 지급준비금 적립의 속도에 영향을 주고, 그것을 통해 시장금리를 유도한다. 14일 금요일은 10월분 지급준비금 적립 마지막날에 해당했다.

"다쿠쇼쿠은행이 자금부족에 빠질지도 모른다."

영업국은 아침부터 이상한 긴장감에 사로잡혔다. 다쿠쇼쿠은행은 10월분 적립 부족에 더해 당일 결제자금조차 부족했다. 다쿠쇼쿠은행은 조달 희망금리를 조금씩 올리면서 열심히 자금을 모으려 했으나 응하는 곳이 좀체 나오지 않았다. 경우에 따라서는 그날 결제가 불가능해 산요증권에 이어 디폴트에 빠질 우려도 있었다.

영업국이 힘껏 지원한 결과 어떻게든 그날의 결제자금은 확보할 수 있었으나, 오후 2시 전에 지급준비금 적립이 소요액보다 100억 엔 정도 부족할 것이 확실해졌다. 예금액 계산 착오로 지급준비금을 적립하지 못해 과태료를 물은 은행은 과거에도 있었으나 순수하게 자금운용난으로 적립 부족상태에 빠진 예는 없었다.

과태료는 수백만 엔에 그치지만, 그보다 시장에서 자금을 모을 수 없었던 사실이 중대했다. 다쿠쇼쿠은행은 그래도 필사적으로 조달하려 노력했으나 영업국은 "터무니없는 금리를 붙이면 자금을 모을 수 있겠지만, 그렇게 해도 다음주 초에는 버티지 못합니다. 이제 포기하는 게 낫습니다"고 조언했다. 신용기구국장 마스부치 미노루도 다쿠쇼쿠은행 임원에게 "각오를 해야 할 때입니다. 대장성에 얘기하러 가세요"라고 지시했다.

다쿠쇼쿠은행은 모든 것을 단념했고, 오후 5시에 적립 부족이 확정됐다. 신용기구과장 나카소 히로시中曾宏가 결심한 듯 수화기를 들고 대장성 은행과장 나이토 준이치内藤純一에게 전했다.

"다쿠쇼쿠은행이 아웃입니다. 다음주 초의 돈을 마련할 수 없습니다."

대장성 은행과는 소란스러워졌다. 자금운용 파탄이라는 최악의 사태가 공교롭게도 대형 20개 은행 중에서 발생한 것이다. 만일에 대비해 홋카이도은행에 영업양도를 타진했으나 처리 준비는 돼 있지 않았다.

은행국은 어쩔 수 없이 11월 15일, 16일 토, 일요일을 반납하고 준비에 착수할 수밖에 없었다. 예금보험을 사용하려면 먼저 영업양도처를 결정해야 했기 때문에, 이미 타진이 끝난 홋카이도은행이면 어떻겠느냐고 다쿠쇼쿠은행장인 가와타니 사다마사河谷禎昌에게 타진했다. 그러나 가와타니로부터 "홋카이도은행으로는 은행 내부가 수습되지 않습니다. 호쿠요은행으로 부탁합니다. 일본은행에서도 그렇게 얘기하고 있습니다" 하는 예상도 못한 역제안이 들어왔다. 갑자기 나온 '호쿠요은행'이란 이름에 은행국 간부는 당황했다고 한다.

실은 일본은행 신용기구 라인은 2개월 전부터 호쿠요은행장인 다케이 마사나오武井正直와 접촉하고 있었다. 합병교섭을 둘러싸고 다쿠쇼쿠 은행과 홋카이도은행이 서로 자기 의견만 고집하는 것을 본 일본은행 은 "다쿠쇼쿠은행이 파산할 경우 홋카이도은행을 인수자로 하기는 어 렵다"고 보고 같은 홋카이도의 호쿠요은행에 손을 써 놓았던 것이다. 사 전 접촉을 지시한 것은 총재 마쓰시타 야스오였다고 한다.

11월 16일 일요일 오후, 도쿄의 팔레스호텔에서 다쿠쇼쿠은행 이사 회가 조용히 열려, 호쿠요은행에 대한 영업 양도가 의결됐다. 그날 밤 말 레이시아에서 열린 월드컵 축구 아시아지구 최종예선에서 일본대표가 이란을 상대로 극적인 승리를 거두고 본선 첫 진출이 확정됐다. 다쿠쇼 쿠은행 처리 대응에 쫓겨 극도의 피로에 젖은 상태에서 텔레비전을 통 해 '환희의 순간'을 지켜봤다고 많은 당국자들이 증언했다.[38]

11월 17일 아침, 전날 밤 승리의 여운에 온 나라가 취해 있을 때 가와 타니는 기자회견에서 깊이 고개를 숙였고, 마쓰시타는 일본은행 특융 을 발동하겠다는 뜻을 표명했다. 창립 100주년을 목전에 두고 다쿠쇼 쿠은행은 금융계에서 홀연히 자취를 감췄고, 홋카이도의 본점과 지점 에는 예금 해약을 요구하는 사람들의 긴 줄이 늘어섰다.

야마이치 특융은 옳은가 그른가

그것은 다쿠쇼쿠은행의 자금 부족이 확정된 14일 오후 5시 무렵의 일이다.

4대 증권의 하나인 야마이치증권에서 돌연 대장성 증권국장 나가노 와 일본은행 이사 혼마 다다요本間忠世에게 면회를 요청했다. 대장성에는 사장인 노자와 쇼헤이野澤正平, 일본은행에는 회장인 사오토메 쇼지五月 女正治가 각각 몰래 찾아갔다.

나가노의 기억에 따르면, 노자와는 먼저 구조개혁 계획이 마련됐다고 길게 설명을 늘어놓은 뒤 구조개혁이 필요하게 된 것은 약 2,600억 엔의 '잠정 자산평가손실'이 발견됐기 때문으로, 신용보전을 위해 외국자본과의 제휴 가능성도 찾고 있다는 등 빠른 말로 보고했다. 나가노는 보고가 끝난 뒤 "얘기가 지리멸렬했다"고 부하에게 말하며, 재조사를 지시하고 바로 귀가했다. 그런데 일본은행에서의 진행은 달랐다.

혼마와 만난 사오토메는 잠정 자산평가손실의 존재와 자금운용 상황에 대해 털어놓고 설명하면서 '도와 달라'고 호소했다. 혼마와 자리를 함께한 요시자와가 주거래은행인 후지은행에 담보를 잡히고 지원을 요청하면 된다고 조언했으나, '담보는 이제 없다'며 사오토메는 고개를 저었다. 면담이 끝난 뒤 요시자와는 얼굴이 파래져서 신용기구과장 나카소에게 달려가 목소리를 짜내듯 말했다.

"야마이치에서 이제 문제가 터졌습니다. 어쨌든 특융을 해주는 방향으로 움직여야 되지 않겠습니까?"

야마이치는 영국과 네덜란드 등에 은행 자회사를 갖고 있고, 그밖에 해외 현지법인도 있었다. 만일 본사가 파산하면 자회사의 신용도 붕괴해 세계 금융시장이 패닉 상태에 빠진다고 요시자와는 호소했다. 증권회사에 특융을 해 줘서는 안된다고 얘기할 수 있는 상황이 이미 아니었다.

야마이치증권의 경영위기는 산요증권이나 다쿠쇼쿠은행보다 더 깊은 지층에서 조용히 진행되고 있었다.

그해 5월에는 오사카증권거래소에 상장된 증권회사로 (야마이치와) 계열관계에 있던 오가와증권이 야마이치의 지원을 받지 못해 면허제 시행 뒤 첫 '자진 폐업'으로 내몰렸다. 야마이치의 체력 저하가 거듭 드러나자 요시자와는 그 무렵부터 자금운용을 꼼꼼하게 체크하는 초기 경계태세에 들어갔다.

야마이치의 신용은 그 뒤 서서히 부식되어 갔다. 평가손실 가능성이 있는 유가증권을 다른 회사에 전매[39]하는 등 손실을 은닉했다는 소문이 퍼져 주간지에서도 여러 번 보도됐다. 여름에는 노무라증권 등에 이어서 총회꾼들에게 이익을 제공한 사건이 표면화됐고, 9월에는 전 사장들이 체포됐다. 잇따른 불상사로 고객들이 가속적으로 빠져 나가며 10월 이후에는 자금운용이 더 어려워졌다.

하지만 그때 대장성의 고테가와도 일본은행 영업국도 야마이치 구원을 위해 움직이지는 않았다. '손실 은닉' 소문은 신경이 쓰였지만, 총회꾼 사건 수사가 시작됐기 때문에 잘못 손을 빌려줬다가는 '위법행위'에 가담한 것으로 보일지도 모른다며 경계했던 것이다. 증권국의 다른 간부는 "경영규모가 너무 커서 속을 들여다보기가 겁났다"고도 했다.

신용불안을 불식시키려고 야마이치는 외국자본과의 제휴를 모색했으나 모조리 실패했으며, 10월 6일 주거래은행인 후지은행에 잠정 자산평가손실의 존재를 보고하고 지원을 요청했다. 그러나 후지은행이 계속 애매한 태도로 미적거리는 사이에 산요증권이 11월 3일 도산하면서 사태는 일변했다.

산요증권에서 발생한 디폴트는 다쿠쇼쿠은행에 이어 야마이치의 자금운용도 직격했다. 채권대차시장에서의 디폴트에 농협이 말려들었기 때문에 대출을 통한 농림계통 금융기관의 야마이치에 대한 신용공여가 일제히 막혔다. 이를 추격하듯 6일, 미국 신용평가회사가 야마이치증권이 발행한 채권을 평가절하하는 쪽으로 재검토하겠다고 발표했으며, 11일에는 후지은행이 야마이치에 대한 융자에 담보보전을 시행한다고 통보했다. 버블 붕괴로 거액의 불량채권을 안고 있던 후지은행에는 이미 야마이치를 지원할 여력이 남아 있지 않았다.

그런 중에 야마이치 주식은 굴러 떨어지듯 급락해 마침내 14일 한때

100엔 아래로 떨어졌다. 극도의 곤경에 처한 사장 노자와가 그날 오후 후지은행장에게 직접 지원을 호소했으나 후지은행 측은 차갑게 뿌리쳤다. 노자와 등이 당국에 달려가 호소한 것은 이미 의지한 곳을 다 잃고 난 뒤였다.

11월 15일, 대장성 증권업무과장 고테카와는 야마이치 쪽으로부터 상세한 설명을 듣고, 2,600억 엔의 '잠정 자산평가손실'이 나중에 장부 외 채무로 불리는 손실 은익이라는 것을 확인하고는 깜짝 놀랐다. 게다가 일본은행의 요시자와한테서 자산의 상당부분이 이 손실을 은폐하기 위한 파이낸스에 사용돼, 그대로 잠정 자산평가손실을 처리하면 자기자본 비율이 마이너스로 전락한다는 얘기를 들었다.

야마이치는 1965년(쇼와 40년)의 제1차 경영위기 때 특융을 받은 것부터 시작해 일본은행에 '빚'이 있어서 일본은행에 정기적으로 보고하는 의무를 대대로 실천하고 있었다.[40] 보고하는 곳이 영업국 증권과였기 때문에 요시자와는 야마이치의 자금운용을 정확하게 파악하고 있었다. 이 때문에 대장성 증권국은 다음날인 16일 이른 아침에 요시자와에게 과장보좌를 보내 야마이치의 자산내용을 합동으로 다시 검토하기로 했다. 그 결과 잠정 자산평가손실을 야마이치 본사에서 전액 처리하면 1,009억 엔의 자산초과가 되지만, 당장의 자금운용은 절망적이어서 어떻게 변통하더라도 28일이면 파산한다는 것을 알았다. 재건책을 강구하기에는 너무 시간이 없었다.

다쿠쇼쿠은행의 파산이 발표된 17일 월요일 요시자와 등의 조사 결과를 토대로 대장성 증권국장 나가노는 소수가 참가하는 대책회의를 열었다. 검토는 18일 심야까지 이어졌다.[41]

나가노 등은 당초 일본은행의 특융 발동을 기대했다. 1965년과 마찬가지로 무담보, 무제한의 융자가 나오면 당면한 위기를 회피할 수 있고 구제를 위한 길도 열릴 것이다. 하지만 전화를 받은 이사 혼마는 "부정행위가 있는 곳에 특융을 할 까닭이 없다"며 일절 상대하지 않았다.

구제가 무리라면 산요증권처럼 회사갱생법은 쓸 수 있지 않겠느냐고 나가노가 묻자, 고테카와는 "산요와는 규모가 다릅니다. 위법행위도 있어서 도쿄 지방재판소는 아마 받아들이지 않을 겁니다"라고 고개를 가로저었다. 산요증권에 비해 고객수가 훨씬 많고 위법행위까지 있어서 기탁증권보상기금을 통한 '부채 인수'가 불가능하기 때문에 갱생법 적용 가능성은 제로에 가깝다는 것이 고테카와의 진단이었다.

증권회사이면서 유럽에서는 은행 업무에도 손을 대고 있었기 때문에 디폴트 발생만은 어떻게든 피해야 했다. 하지만 손실 은닉이라는 위법행위가 발각된 이상 증권회사로서의 존속을 용인할 수도 없었다. 다행히 요시자와 등의 조사로 1,009억 엔의 자산초과, 최악의 경우에도 482억 엔 정도의 자산초과는 확보할 수 있다는 전망이 제시됐다.

문제점을 하나하나 정리해 가던 중에 증권거래법에 의거한 '자진 폐업'밖에 길이 없다는 결론에 도달했다고 대책회의 참석자는 회고했다. 하지만 나가노는 여전히 결론을 내리지 않았다.

그런 극비 검토상황을 나중에 알게 된 요시자와는 문득 이런 생각이 떠올랐다.

'5월에 오가와증권이 자진 폐업한 것은 혹시 장래에 대비한 예행연습이었던 것은 아닐까. 생각해 보면 산요증권 때도 법적 처리로 이끈 것은 나가노였다. 만일 손실 은닉이 없었다면 야마이치에도 회사갱생법으로 대처하려고 나가노는 생각하고 있었던 게 아닐까…'

11월 19일 수요일. 사흘째 대책회의에서 나가노는 참석자들의 의견을 들은 뒤 장시간 지론을 편 뒤 "자진 폐업밖에 없겠군" 하고 결론을 내렸다. 시계는 오전 10시를 가리키고 있었다.

그 뒤 다시 국장실을 방문한 사장 노자와에게 나가노는 정좌하며 말했다.

"감정을 섞지 않고 담담하게 말하겠습니다. 검토한 결과 자진 폐업을 선택했으면 좋겠습니다. 금융기관으로서 이처럼 신용이 없는 회사에 면허를 줄 수는 없습니다." "사장님에게는 쓰라린 결단이 되겠지만 증권시장을 혼란시키지 않도록 노력해 주십시오."

노자와는 새파래져서 "국장님, 어떻게든 도와주세요"라며 호소했다고 야마이치 사내 조사보고서[42]에 기록돼 있다.

무정한 통고를 끝낸 나가노는 국회로 가 오후 5시 반부터 대장상 미쓰즈카 히로시에게 보고했다.

"손실 은닉이라는 법령위반이 있어서 법원은 회사갱생법을 받아들일 수 없습니다. 야마이치 정도 규모의 회사를 도우려면 일본은행이 움직이는 수밖에 없는데, 부정행위가 있는 이상 공적자금을 활용할 수도 없습니다. 일본은행도 반대하고 있고, 시간적으로 갱생법으로 처리할 여유도 없습니다."

그날 밤 나가노는 대책회의 멤버를 국장실로 불러 모아 "오늘 사장에게 자진 폐업을 결단하도록 통고했네. 이제부터가 큰일이야. 그래도 나를 믿고 따라주기 바라네"라고 말했다. 좀처럼 큰소리치지 않는 나가노의 한 마디에 참석자들은 떨리는 기분이었다고 한다.

야마이치 증권주는 그날 43엔 떨어진 대폭락을 기록했다.

11월 20일, 목요일 낮. 총리관저로 간 나가노는 당직기자에게 들키지 않고 집무실에 몰래 들어갔다. 그리고 야마이치증권의 현황과 자진 폐업밖에 방법이 없다는 것을 총리에게 보고했다.

하시모토는 그 말을 듣자마자 '농담 아니냐'는 듯한 표정을 짓더니 이내 얼굴색 하나 바꾸지 않고 이렇게 되받았다.

"자진 폐업이라. 어쩔 수 없군. 어쨌든 혼란이 없도록."

실은 이 보고 직전에 나가노는 대장성에서 야마이치의 노자와 담당변호사를 다시 면담했다. 변호사는 그날 아침 도쿄 지방재판소에 출석해 회사갱생법에 대한 사전상담을 요청했으나 냉정하게 거절당했다. 그 때문에 증권국장에게 자진 폐업의 방침변경을 촉구하러 왔던 것이다.

야마이치의 사내 조사보고서에 따르면, 변호사는 회사갱생법으로 가는 길을 열기 위해 대장성의 지원과 장부외채무의 공표를 연기해 달라고 요청했다. 하지만 나가노는 빅뱅을 추진해 온 입장에서 공표 시기의 연기라니, 당치 않은 얘기라고 생각해 이렇게 통고했다.

"어제 저와 노자와 사장이 만나 얘기한 내용이 국회의원 주변으로 흘러나갔습니다. 야마이치에서 흘러나간 것이라고 생각할 수밖에 없습니다. 24일에 대장성이 발표하니 준비해 주세요. 그러지 않으면 야마이치 주식을 산 투자자들로부터 손해배상(소송)이 제기될 겁니다."

그리고 문제의 발언이 나왔다.

"고객의 자산 환불 자금에 대해서는 대장성 주도로 특별 금융조치를 취할 작정입니다. 이것은 내각의 판단입니다."

대장성의 일개 국장이 '내각의 판단'이라는 말을 입에 올린 것은 나중에 국회에서 큰 문제가 됐다. 면담에 동석했던 야마이치의 임원은 "내각의 판단이라고 분명히 말했다"고 했으나 나가노 자신은 나중에 "금융위기를 일으키지 말라는 것이 내각의 판단이라고 말했던 것"이라고 해명했다. 다만 총리의 결재가 내려진 것은 그 면담 뒤의 일이기에, 적어도 그 시점에서는 '너무 나간 발언'이었던 것이 분명하다.

마찬가지로 '특별 금융조치'에 대해서도 똑같이 얘기할 수 있다. 고객의 자금을 혼란 없이 환불하고, 안팎의 이미 약정한 거래를 결제하기 위해서는 일본은행의 윤택한 유동성 공급이 불가결했으나, 야마이치에 대해 특융을 발동할지 여부는 그 면담 시점에는 아직 백지상태였던 것이다.

나가노가 하시모토에게 보고를 마쳤을 무렵 야마이치에 대한 특융을 둘러싼 긴급회의가 일본은행 본점에서 열리고 있었다. 부총재 후쿠이가 소집해, 이사인 혼마, 신용기구국장 마스부치, 영업국장 다케시마, 기획국장 미타니 다카히로川瀬隆弘, 증권과장 요시자와, 신용기구과장 나카소가 부총재실에 나란히 얼굴을 드러냈다.

후쿠이는 "증권회사가 금융시스템과 어떤 관계가 있는가"라며 다케시마를 힐문했다. 마스부치도 후쿠이와 마찬가지로 특융은 불필요한 것 아니냐고 주장했다. 특융에 관한 권한은 신용기구국에 있지만, 요시자와의 거듭된 요청에도 불구하고 신용기구국은 일관되게 특융 발동에 반대하는 주장을 폈다.

특융 발동의 조건은 다음의 4가지로 되어 있었다. ① 결제 시스템을 통해 다른 곳에 연쇄반응을 일으킬 '시스템상의 위험'을 야기할 우려가 있다. ② 다른 곳에 자금 대출자가 없어 일본은행의 자금공여가 필수불가결하다. ③ 모럴 해저드(도덕적 해이) 방지를 위해 관계자의 책임이 명확하게 돼 있다. ④ 일본은행의 재무 건전성도 배려해야 한다.[43] 일시적인 자금운용 지원이어야 할 특융이 손실 구멍을 메우는 데 사용되거나 남용되지 않도록 신용기구국이 쌓아올린 일종의 '방어벽'이었다.

이 4가지 조건에 비춰보면 결제기능을 갖지 않은 증권회사에 특융을 하지 말라는 것이 된다. 나카소는 나중에 마쓰시타의 회고록에서 녹취자 역할을 수행할 때 "증권회사라는 것 때문에 특융을 해야 한다는 안 같은 것은 가져갈 수 없었다. 그러나 그것은 (총재의) 결단이라는 그럴싸한 절차를 만들기 위한 것이 아니었을까 하는 생각이 든다"고 말했다.

결국 첫날 회의는 '특융 불필요'가 다수를 점한 상태에서 끝났다.

보고를 받은 대장성의 나가노는 기겁을 했다. 일본은행법 개정을 주도한 후쿠이와 기획국은 반대하겠지만, 혼마나 영업국, 신용기구국이 찬성으로 돌아서고 마지막에는 총재의 결단에 맡기는 쪽으로 나가노 등은 계획하고 있었다. 그러나 이대로 특융이 발동되지 않으면 자진 폐업은 불가능해진다. 자산보전 움직임이 일거에 확산되면서 시장이 대혼란에 빠질 게 뻔했다.

그날 저녁, 나가노는 이사인 혼마와 전화로 2시간 이상이나 얘기를 나눴다.

"정말로 특융을 하지 않을 작정입니까? 만일 하지 않는다면 그것은 마쓰시타 총재의 판단이라고 총리에게 보고하겠습니다.""총리가 직접 전화를 할지 모르겠습니다. 그래도 괜찮겠지요?"

위협으로도, 간청으로도 들릴 수 있는 어투였다.

"일본은행이 직접 야마이치에 특융을 하지 않는다면, (주거래은행인 후지, 닛폰코교日本興業, 도쿄미쓰비시 등) 3행을 경유해서 하면 되지 않습니까?"

혼마가 일본은행은 움직일 수 없다고 대답하자, 나가노는 "그러면 제가 하겠습니다"라고 주력 3행에 대한 사전 정지작업을 해 놓겠다고 약속했다. 나가노가 전화를 하는 동안 옆 소파에는 은행국장 야마구치 기미오가 진을 치고 있었고, 옆방에서는 재무관인 사카키바라 에이스케榊原英資가 초조하게 결과를 기다리고 있었다. 대장성 금융부국의 간부 전원이 마른 침을 삼키며 지켜보고 있었다.

나가노 등이 새파랗게 질린 데는 이유가 있었다. 야마이치가 안고 있는 2,600여 억 엔의 잠정 자산평가손실 중에서 해외부분이 1,065억 엔이고, 그 대부분에 중국의 외환 전문은행인 '중국은행'이 손을 대고 있었던 것이다. 증권국 간부는 나중에 "특융이 나오지 않았다면 아시아의 주요국들이 대혼란에 빠졌을 것"이라고 말했다. 영업국도 그 중국은행 문제를 언급하면서 회의에서 특융을 호소했다. 경우에 따라서는 '일본발 세계 금융위기'가 일어날지도 모른다고 걱정했다.

11월 21일 금요일, 야마이치 특융을 해야 할지 마쓰시타의 재가를 요청하는 '회의'가 8층 총재실에서 열렸다. 넓은 방 중앙에 놓인 10여 명이 앉을 수 있는 회의용 탁자에 전날과 동일한 멤버들이 마쓰시타를 에워싸듯 둘러앉았다.

첫날과 마찬가지로 후쿠이 등이 반대로 돌아섰다. 증권회사와 금융시스템은 무슨 관계인가? 규모가 크다는 이유로 증권회사에 특융을 주면 제동이 걸리지 않는다. 만일 손실이 날 경우 도대체 어떻게 할 작정인가─. 반대파의 지적에는 하나하나 이유가 있었다.

'특융 신중론'은 실은 그것이 처음은 아니었다. 1개월 전에 제2지방은행인 교토공영은행이 파산했을 때도 발동을 보류하자는 안이 신용기구국에서 검토됐으나, 대장성의 반대로 뒤집혔다. 새 일본은행법 제정 뒤 일본은행에서는 '퓨어 센트럴 뱅크론'이 더 강해져 기획국 쪽에서 "왜 신용조합까지 특융이 필요한가"라며 의문을 표시한 적도 있었다. 증권회사에 대한 특융 따위는 당치도 않다는 공기가 행내 전체를 뒤덮고 있었다.

후쿠이 등의 거듭되는 반대의견에 영업국의 요시자와 등은 특융을 해 주지 않으면 해외시장이 대혼란에 빠진다, 야마이치는 1,009억 엔의 자금초과 상태여서 특융이 회수불능되는 상황은 생각할 수 없다고 반박하면서, "만일 손실이 발생할 때는 증권국이 책임지겠다"는 말까지 보탰다.

실은 대장성의 고테가와 요시자와는 만일 특융에 손실이 생길 경우에는 '기탁증권 보상기금'을 증액해서 보전하고, 그래도 부족하면 대장성 소관의 재단에 자금을 출연하게 한다는 '밀약'을 주고받았다. 하지만 아무런 사전 정지작업도 없었던 '구두 약속'은 결국 밀약의 형태를 갖추지 못했다. 사실 그 2년 뒤인 1999년, 일본은행은 특융 회수불능 문제에 직면하게 된다.

영업국의 설명을 들은 신용기구국장 마스부치는 자산초과라는 전망에 의문을 표하면서도 마지막은 총재의 판단에 맡기는 자세를 보였다. 마쓰시타가 최악의 경우를 상정해 "얼마나 (일본은행이) 덮어 쓰게 되느냐"고 묻자, 요시자와는 "나빠도 300억, 아마 100억 정도겠지요"라고 대답했다.

회의가 계속되는 동안 찬성, 반대 양론이 마지막까지 밀고 당기기를 계속했다. 조용히 듣고 있던 마쓰시타가 긴박한 분위기를 누그러뜨리듯 마지막에 입을 열었다.

"여러분의 의견은 잘 알겠습니다. 그러나 위기를 눈앞에 두고 실험을 할 순 없습니다. 내 책임으로 특융을 하겠습니다."

총재의 결단으로 모든 것이 결정됐다. 마쓰시타에게는 이날 아침 미쓰즈카에게서 특융을 요청하는 전화가 걸려 왔다. 회의 뒤에 작성된 일본은행 품의서에는 특융 발동 이유가 다음과 같이 기록돼 있다.

'야마이치증권…이 폐업 및 해산을 원활하게 할 수 없는 사태가 벌어질 경우 다른 증권회사 고객들의 불안심리가 확산돼 시장거래에 혼란이 일어나는 등 우리나라 금융시스템 및 해외 금융시장의 안정이 위협받을 우려가 크고, 나아가 실물경제에도 큰 영향을 끼칠 우려가 있다.'

'야마이치증권은 … 이번 장부외채무의 존재와 관련한 의혹을 고려하더라도 채무초과 상황이 되진 않을 것으로 생각되는 점…에 비춰 볼 때, 본건에 관한 본행 공여자금의 회수에 대한 우려가 제기될 만한 사태는 없을 것으로 생각된다.[44]

품의서 첨부자료에는 야마이치그룹의 청산 잔고에 대해 '480억 엔

자산초과'로 기록돼 있었다. 마쓰시타는 퇴임 뒤의 회고록에서 "여러 문제가 있지만 누군가 악당이 돼 결론을 내리지 않으면, 이번 사태는 좀 견디기 어려울 수 있겠다는 느낌 아니었을까"라고 술회했다.

후쿠이는 나중의 취재에서 당시를 이렇게 돌아봤다.

"몸을 던져 반대했다는 기억은 없지만, 당연한 듯 (특융을 하라고) 말하는 건 이상하다고 생각했다. 야마이치의 경우는 해외에도 큰 영향을 줄 것이라는 건데, 그것은 막을 수 있는 범위에서 막아야 한다고 생각했으나, (특융 발동에) 어떤 문제가 있고, 어떻게 하면 해외에 대한 폐해를 줄일 수 있을까 하는 논의나 합의도 없는 채로 당연히 그래야 한다는 의견은 이상했다."

거내 증권회사의 자진 폐업을 향한 임전태세는 여러 가지 알력을 남겼으나 21일 저녁까지 모두 정리됐다. 미국 신용평가회사가 야마이치 채권을 '투자 부적격'으로 평가절하한 것도 바로 그 무렵이었다. 사흘 연휴 뒤인 25일에 자금운용이 파탄날 것이 확실한 정세였다.

그날 심야에 나가노는 대장상인 미쓰즈카에게 전화를 걸어 극비정보 두 가지를 전했다.[45]

—내일 신문에 야마이치의 자진 폐업 기사가 나온다. 거기에서 장부 외채무의 존재를 공표한다.

—실제 파산처리는 장부외채무 공표로부터 2일이 지난 24일에 실행한다.

1997년 11월 22일, 토요일. 나가노가 말한 대로 《일본경제신문》이 조간에 '야마이치증권, 자진 폐업으로'라는 제목으로 사실을 폭로했다. 그 회사 계열의 전자정보 단말기에서 기사를 읽은 뉴욕의 관계자가 도쿄에 전화를 걸어 오전 3시에는 이미 충격파가 퍼져나가고 있었다.

"전면 부정, 하여튼 전면 부정이다."

일본은행 증권과의 요시자와는 무의식 중에 고함을 질렀다. 그 시간에 구미 시장이 아직 열려 있었기 때문이다. 불충분한 형태로 소문이 선행할 경우 금융 증권시장이 패닉에 빠져 야마이치의 해외자산을 차압하겠다는 움직임까지 나올까봐 요시자와는 조바심이 났던 것이다.

결국 구미시장은 정보를 소화할 수 없는 상태에서 거래를 마쳤다. 오전 8시부터 열린 야마이치 이사회는 임원들의 맹반대로 결론이 나지 않았으나, 나가노는 아무런 동요도 없이 단독 기자회견을 열고 '장부외 채무'의 존재를 담담하게 공표했다. 동시에 "시장이 무리한 경영을 책망하는 형태로 움직이는 것은 빅뱅을 하고 싶어하는 인간으로서 바람직한 방향이라고 생각합니다"라는 말도 덧붙였다.

11월 23일, 근로감사의 날. 대장성 증권국은 다시 구단시타의 합동청사에 대책실을 설치하고 자진 폐업 준비를 진행했다. 일본은행은 구미의 중앙은행에 상황을 설명하며 협력을 요청했다. 해외 금융당국이 야마이치의 해외 현지법인에 대해 하나라도 '파산 인정'을 하면 모든 신용이 붕괴될 수도 있었다. 신용기구과장 나카소와 구미 주재 참사들은 "해외 채권자들이 손실을 입는 일은 없다"고 몇 번이나 설명했다.[46] 네덜란드 당국이 일본은행 특융 구조를 좀체 이해하지 못해 담당자가 곤혹스러워한 장면도 있었다고 당국자는 회상했다.

한편 증권과장 요시자와는 후지은행 담당자에게 내외로 가는 송금을 상세하게 지시하면서 특융 실무를 도맡아 진행했다. 야마이치 쪽으로부터 해외의 은행 자회사나 현지법인을 중심으로 한 자금 흐름에 대한 설명을 듣고 사전에 면밀한 송금계획을 짰다.[47]

대체휴일인 다음날 11월 24일 오전 6시, 야마이치증권 이사회는 겨우 30분 만에 자진 폐업을 위한 영업정지를 결의했다. 대장성에 넘쳐나던 매스컴을 피하기 위해 영업정지 신고서는 지하철 가스미가세키역 개

찰구에서 넘겨주었고, 그 순간 거대 증권회사는 무너졌다. 연결부채 총액 6조 7,000억 엔, 예금자산 24조 엔. 당국자조차 예상할 수 없었던 매그니튜드(진도)와 맹스피드의 거대한 파산이었다.

미쓰즈카의 기자회견은 오전 10시 반, 노자와의 회견은 오전 11시에 시작됐다. 미쓰즈카는 고뇌에 찬 표정으로 장관 담화를 읽었고, 노자와는 "우리가 나쁜 것이지 사원들은 나쁘지 않습니다"라며 눈물로 사죄했다. 나가노는 그날 밤 친한 부하에게 "이것은 고의나 과실에 관계없이 발생한 결과에 대해 책임을 져야 하는 문제다. 나는 물러나겠다"고 말했다.[48] 총리 하시모토는 "장부외채무가 있다는 걸 알 도리가 없다. 이것은 질책당할 일일지는 모르겠으나 (총리가) 개별 문제의 내용을 너무 물어서는 안된다고 정말로 생각했다"면서 야마이치 파산이 최대의 오산이었다고 나중에 밝혔다.

11·26사건의 공포

산요, 다쿠쇼쿠, 그리고 야마이치로 이어진 잇따른 금융기관의 파산으로 국민의 불안은 최고조에 달했다. 그런 극도의 긴장상태 속에서 와카야마 지방은행에서 '사건'이 일어났다.

야마이치가 영업을 정지한 대체휴일인 11월 24일, 와카야마시에 거점을 두고 있는 기요은행의 오사카부 남부 지점을 중심으로 ATM(현금자동출납기) 현금인출이 급증한 것이다.

기요은행은 그 전주 금요일에 9월 중간결산을 발표하면서 당해 연도 전 기간에 300억 엔 적자를 볼 것이라는 전망치를 발표했다. 단호한 불량채권 처리를 통해 경영불안을 불식시키겠다는 노림수였으나 야마이치 파산으로 시끄러워진 연휴 기간 동안 기묘한 소문이 퍼지기 시작했다.

"기요은행이 중대한 발표를 할 모양." "아무래도 내주 초에 문을 닫을 듯."

아무 근거도 없는 이야기가 본점이 있는 와카야마시 중심부에서 난카이전철을 따고 북쪽으로 퍼져나가 오사카부 지점 ATM에 예금자들이 쇄도했다. '이대로 가다가는 연휴가 끝나면 큰일 나겠다'는 정보가 대장성 긴키近畿 재무국에 들어오자 일본은행 오사카 지점에 긴장이 고조됐다.

연휴가 끝난 11월 25일 화요일, 걱정했던 행렬이 아침 일찍부터 늘어섰다. 기요은행장은 은행국에 전화를 걸어 '현금 지원이 필요하다'며 위기를 호소했고, 긴키 재무국은 현장에 잇따라 지시를 내렸다. "점포 바깥에 고객 줄을 세우지 말도록." "몇 시간이 걸려도 좋으니 반드시 지불하라."

기요은행의 본점과 지점은 예금을 찾는 고객으로 넘쳐났다. 기다리고 있는 사이에 '지금 빨리 인출하는 게 좋다'고 휴대전화로 지인에게 얘기하는 고객도 있어서 소동은 더욱 확산돼 갔다.

기요은행의 현금 인출액은 그날만 1,000억 엔을 넘었다. 그래도 현금이 부족하지 않았던 것은 기슈紀州 방면에 현금 공급을 원활하게 하기 위해 일본은행이 은행권을 기탁했던 곳이 우연히도 기요은행 본점이었기 때문이다. 일본은행 쪽도 내규를 유연하게 해석해 기요은행의 당좌예금 잔고와 다음날 아침 콜 시장에서 조달 가능한 자금의 합계액까지 은행권을 방출했다. 결국 한도를 넘기 직전까지 일본은행의 공급액이 불어난 가운데 고객에 대한 환불이 끝난 것은 한밤중인 11시가 지나서였다.

당시 기요은행 임원이었던 히사야마 미노루久山稔에 따르면, 피크 때의 인출액은 총예금의 4% 가까이까지 갔는데, "와카야마현에서는 쇼와 초년(1920년대 후반) 금융공황 때의 기억을 지닌 예금자가 많아, 혼란

을 막을 수가 없었다"고 저서에 썼다.[49]

소동이 일어난 다음날인 11월 26일, 열도는 아침부터 차가운 비에 휩싸였다. 서일본에서는 때로 벼락을 동반했고, 와카야마에는 순간 최대 풍속 30m를 넘는 강풍이 휘몰아쳤다.

오전 10시 지나 대장성 은행국의 야마구치 기미오에게 일본은행 이사인 혼마가 긴급하게 전화를 걸었다.

"이미 들으셨겠지만, 큰일이 벌어지고 있습니다. 지점에서 연락해 온 것입니다만, 전국에서 예금을 인출하려고 몰려드는 사람들이 줄을 서고 있는 것 같습니다."

그날 이른 아침, 미야기현의 제2지방은행 도쿠요시티은행이 경영 파탄 상태에 빠져, 센다이은행 등에 영업을 양도한다는 발표가 나왔다. 도쿠요시티은행의 공표 불량채권 비율은 10.4%, "주가가 하락하는 가운데 예금 유출 등이 일어나 자금운용이 정지된 상황"[50]이 됐다.

도쿠요시티은행이 영업 양도를 발표한 것은 오전 8시 전이었다. 판에 박은 듯한 경영진의 사죄 장면이 텔레비전으로 보도됐다. 11월 들어 4건째, 10일 사이에 3번째 금융 파산이었다. 예금자의 불안은 일거에 폭발했고, 혼란은 와카야마에서 전국으로 퍼져갔다.

"은행 점포 앞에 사람들이 줄을 서고 있다"는 소식은 먼저 일본은행 지점에서 영업국으로 전해졌다. 대장성에도 기요은행에 이어 신탁은행과 시중은행 간부에게서 "큰일이 벌어지고 있다" "위기가 닥쳤다"고 비명을 지르는 전화들이 속속 걸려 왔다. 무더기 예금인출 소동은 와카야마를 시작으로 우쓰노미야, 도미야마, 삿포로, 도쿄, 나고야, 오사카, 후쿠오카 등 적어도 8개 도시에서 동시다발적으로 일어났다.

신용기구국장 마스부치의 기억으로는 특히 심했던 곳은 기요은행과 야스다신탁은행, 그리고 도치기의 아시카가은행이었다. 기요에서는 2일

째에도 700억 엔의 예금이 유출됐고, 아시카가은행은 현금이 부족해 도쿄미쓰비시은행에 지원을 요청했다. 도쿄역에 가까운 야스다신탁은행 본점은 고객들로 넘쳐났고, 삿포로 지점에는 오전에만 500명, 다음날인 27일까지는 2,000명이 넘는 사람들이 쇄도했다.[51]

일본장기신용은행에서도 삿포로와 나고야 지점에 금융채 해약을 요구하는 행렬이 생겼고, 하루에 사상최다인 400억 엔이 유출됐다. 일본채권신용은행도 그날을 경계로 자금운용난에 직면해 대장성 은행국과 일본은행 담당자가 결제시각 전에 정기적으로 연락을 취할 수밖에 없었다.

소동의 원인을 조사해 보니, 지방의 라이벌 은행이 내부에서 발동한 '경계경보'가 불씨가 됐거나, 야마이치와 관계가 있는 은행이 위험하다고 지목당하거나 하는 근거 없는 소문이 퍼진 결과였다. 주식시장에서의 '풍설 유포'는 더 심해 은행·증권주가 붕괴상태에 빠지면서 소문을 부정하는 기자회견이나 은행장 코멘트가 잇따랐다.

단기 금융시장도 얼어붙었다. 당국에서 콜을 비롯한 은행간 거래는 전액 보증한다는 이례적인 조치를 발표했으나, '소문이 있는 곳'에 대한 자금 대출은 전면 중단됐다. 시장 전체에 7,700억 엔이나 되는 자금이 남아 있었는데도 콜레이트는 오전 9시 거래 개시 직후부터 상승했고 그 뒤 더욱 치솟았다.

일본은행 영업국은 2년 반 만의 큰 폭으로 금융완화 조절을 시행해, 자금 추가공급으로 콜레이트를 누르려고 했으나, 상승 압력은 해소되지 않았다. '소문이 있는 곳'은 콜 자금을 끌어들이기 위해 서둘렀으나, 자금 대출자는 주지 않으려 했다.

일본은행 담당자는 "오래 이 일을 해 왔지만, 정말 두렵다고 생각한 것은 11월 26일이 처음이었다"고 말했다. 대장성 간부도 "지옥의 심연을 들여다봤다"며 고개를 움츠릴 정도의 위기였다. 시장의 불안은 그 뒤에도 이어져 11월 28일에는 1조 2,000억 엔의 자금을 공급했음에도 불구하고 금리가 올라갔다. 영업국이 다시 3조 7,000억 엔을 공급하자 금리가 급락하는 바람에 이번엔 2조 엔을 흡수하는 우격다짐 행위까지 벌여야 했다. 도쿄미쓰비시나 스미토모 같은 대형은행이 생각한 대로 자금을 확보하지 못해 비명을 지른 날도 있었다.

대장성 은행국장 야마구치에게 혼마는 전화로 "여기까지 왔으니 어쨌든 강한 조치가 필요하다"며 에둘러 공적자금 검토 의사를 표명해 달라고 촉구했다. 하지만 야마구치는 공적자금 건의라고 받아들이지 않고 대장상과 총재의 긴급 공동담화를 준비하도록 부하에게 지시하고는 국회로 향했다.

중의원 대장위원회에 참석하고 있던 미쓰즈카는 어느 은행에 사람이 얼마나 줄을 서 있는지를 적은 메모를 건네받고 '무더기 예금인출 소동이냐'며 일순 몸을 떨었다. 옆에 앉아 있던 야마구치는 "절대로 줄을 서지 않게 하라"고 전화로 계속 열심히 지시했다.

하지만 그날의 위원회는 긴장감이 없었고, 여당 쪽 참석자 수가 부족해 오후 심의를 5시 반까지 열 수 없었다. '대기 시간'을 활용해 미쓰즈카와 마쓰시타, 야마구치 세 사람은 당면한 대응책을 협의했고, 총재와 동행한 나카소가 전화로 일본은행 본점에 3자회담 결과를 계속 전달했다. 신용기구과의 조사역은 은행과 담당자와 전화를 연결해 놓은 채 공동담화 작성을 서둘렀다. 그 경과는 후쿠이, 혼마, 마스부치 3자 회의장에 시시각각 메모로 전달됐다. 실로 시간과의 싸움이었다.

위기를 막기 위한 공동담화는 이렇게 해서 오후 6시, 대장성과 일본은행에서 동시에 발표됐다.

'금융기관의 예금이나 기타 자금의 환불이 지체되는 일이 없도록 대장성과 일본은행은 풍부하게 그리고 주저 없이 자금을 공급할 생각이 니, 국민 여러분께서는 장난이나 뜬소문에 속지 마시고 냉정한 행동을 취하시도록 강력하게 요망하는 바입니다.'

공동담화를 낼 때 대장성은 대장상과 함께 마쓰시타도 같은 시각에 기자회견을 열도록 재촉했으나, 마쓰시타는 "그럴 필요는 없다"며 완강 하게 받아들이지 않았다. 대장성에서는 "왜 총재는 기자회견을 하지 않 는가"라는 불만의 소리가 터져 나왔다.

일본은행 쪽 관계자에 따르면, 마쓰시타는 그렇게까지 사태가 악화 됐음에도 불구하고 아직 '공적자금'을 결단하지 못하는 옛 둥지 대장성 이 답답해 견딜 수가 없었다. 총재 담화는 이미 몇 번이나 발표했기에 내용에 큰 차이가 없는 것을 되풀이해 내놓을 필요는 없었다. 일본은행 특융 다음은 대장성이 땀을 흘릴 차례라고 생각했다고 한다.

마쓰시타가 짜증을 내는 것도 무리는 아니었다. 전례 없는 연쇄파산 으로 10월 말에 3,725억 엔이었던 특융 잔고는 11월 말에는 3조 8,215억 엔이라는 기록적인 수준에 도달했다. 그 중에서 다쿠쇼쿠은행에 대한 특융이 2조 2,200억 엔, 그리고 야마이치 1조 1,000억 엔, 도쿄요시티 1,115억 엔이었다.

특융은 어디까지나 최종처리까지의 '연결 융자'이지, 파산에 따르는 손실을 인수하는 것이 아니다. 이 때문에 일본은행은 "위기 수습에는 공적자금이 불가결"하다고 열심히 설득했다. 신용기구국 직원이 분담해 서 자민당 의원 쪽을 돌아다니며 계속 여러 가지 아이디어를 제공했다. 그럼에도 주저하는 대장성을 거들떠보지도 않고 전 총리 미야자와 기이 치宮澤喜一와 가지야마 세이로쿠梶山静六 등이 미적미적 일을 시작해 30조 엔에 이르는 공적자금의 틀을 도입하기로 결정한 것은 그 20일 뒤였다.[52]

당시 아시아 통화위기는 대만, 홍콩, 한국에도 전파돼 각지에서 통화와 주가 폭락이 줄지어 일어났다. 여기에 일본의 위기가 겹쳐 저팬 프리미엄Japan premium(일본 금융기관에 부가하는 추가 금리)이 급속히 확대되면서 일부 대형은행들이 달러 자금을 조달할 수 없는 긴급사태에 빠졌다. 달러를 단기 차입할 수 없는 은행은 엔으로 외화를 조달할 수밖에 없게 되고, 그것이 엔 자금운용에도 영향을 주기 시작했다. 자금 부족 리스크를 겁낸 은행은 자기방어를 위해 대출을 억제하려고 거래 기업에 압력을 가했으며, 그것이 '대출 억제, 대출 중단 및 회수'로 이어졌다.[53] 일본은행의 대량 자금제공에도 불구하고 '의도하지 않은 금융긴축'이 이런 식으로 전국으로 퍼져 나갔다.

신용불안이 절정에 도달한 그 시기를 신용기구국장 마스부치는 '금융시스템 붕괴 위기'라고 했고, 나카소는 국제결제은행에서 의뢰한 논문에 "아마도 그날이 금융시스템 붕괴에 가장 가까이 다가간 날이었을 것이다"라고 썼다. 마쓰시타는 회고록에서 위기에 처한 당시의 심경을 "누가 이 자리에 있든 이것은 이제 할 수밖에 없는 일이라고, 나는 그렇게 확신했다"고 말했다.

무더기 예금인출 사태는 그 뒤에도 오키나와와 간사이에서 계속 일어났으나, 이윽고 썰물처럼 진정돼 갔다. 면도날 위를 걷는 듯한 위기를 일본은 몇 번이나 견뎌냈다.

제2장 하야미速水 시대

독립성이라는 함정
1998-2003

'독립'을 앞두고 발각된 접대비리 사건으로
중앙은행의 위신은 땅에 떨어진다.
그 뒤에도 대규모 금융파산의 영향으로 불황이 확산되고,
일본은행은 전례 없는 제로금리의 세계로 내몰린다.
독립성을 과잉 의식한 새 총재는 제로금리 조기해제에 몰두해
결국 정부와 전면전을 벌이게 된다.

하야미 시대

1998년	4월	신일본은행법 시행
	7월	참의원 선거에서 자민당 대패. 와카야마和歌山 카레 사건
	8월	러시아 경제 위기
	10월	일본장기신용은행 일시 국유화
	12월	일본채권신용은행 일시 국유화
1999년	1월	유럽 단일통화 '유로' 도입
	2월	일본은행 제로금리 정책 도입 결정
	3월	닛산자동차-프랑스 르노 제휴 합의
	10월	자민·자유·공명당 연립정권 출범
2000년	3월	홋카이도 우스산 분화
	4월	오부치 게이조小渕惠三 수상 뇌경색으로 쓰러져
		모리 요시로森喜朗 내각 발족
	9월	시드니 하계 올림픽
	11월	미국 대통령선거에서 조지 부시 승리
2001년	1월	중앙부처 개편(1부 12성청 체제)
	3월	일본은행 양적완화 정책 채택 결정
	4월	고이즈미 준이치로小泉純一郎 내각 출범
	9월	9·11 테러 사건
2002년	5월	한일 월드컵 축구대회
	9월	고이즈미 수상 방북, 첫 북·일 정상회담
	10월	'금융회생 프로그램' 결정

I

무너진 권위

1998년, 도쿄는 평온함 속에서 새해를 맞이했다. 일본은행 증권과장 요시자와 야스유키는 시무식 날에 동기인 나카소 히로시에게 '조용한 정초正初를 맞이한 것은 오랜만'이라고 말을 걸었다. 야마이치증권 사태를 해결하기 위해 마련한 특융잔고도 비로소 줄어들기 시작했고, 정치권의 주도 하에 공적자금 도입 방침도 굳어졌다. 위기 극복에 노력한 보람을 일본은행 관계자들은 조금씩 느끼고 있었다.

신일본은행법 시행 준비도 가속화되고 있었다. 1월 16일부터 새 법 시행에 앞서가는 형태로 금융정책결정회의를 개최하는 한편 후쿠이 도시히코 부총재는 새로운 심의위원을 인선하기 위해 뛰어다녔다. 전 도넨東燃주식회사 사장 나카하라 노부유키中原伸之나 오차노미즈 여자대학의 시노쓰카 에이코篠塚英子 교수 등을 후보로 하는 비공식의 타진이 시작되었다.

그런 연초에 한 가지 걸리는 일이 있었다.

전년 여름 도쿄지검 특수부가 시작한 접대비리 사건 수사의 행방이었다. 한 간부는 부하로부터 '일본은행도 무관하지 않은 것 같다'는 귀띔을 받아 불안한 예감이 들었다고 회상했다. 만약을 위해 대책팀을 만드는 것이 좋겠다고 후쿠이에게 진언하는 사람도 있었다.

노무라증권과 다이이치칸교은행이 총회꾼들에게 이익을 제공한 사건에서 비롯된 수사는 그후 대장성 관료 접대비리 의혹으로 발전하였다. 은행의 과잉 접대라는 '뇌물'로 금융행정이 왜곡되고, 그 결과 부실채권 문제가 심화된 것 아니냐는 줄거리였다.

특수부는 노무라증권과 다이이치칸교은행에서 압수한 자료를 토대로 대장성 관료들이 은행과 증권사의 대장성 담당 직원들에게서 과도한 접대를 받은 사실을 포착하고, 9월에는 대형은행 담당자를 불러 관련 자료를 임의제출하도록 했다. 노골적인 현금이나 금품수수는 확인되지 않았다. 설령 그렇다고 해도 접대만으로도 금액이 일정액 이상이고 그것이 직무와 관련돼 있다면 뇌물수수 구성요건이 될 수 있다. 과거의 판례도 있어 특수부는 접대에 초점을 맞춰 수사를 진행하고 있었다.

오랜 준비기간을 거쳐 연초인 1월 18일 특수부는 대장성 낙하산 출신의 일본도로공단 이사를 노무라증권에서 뇌물을 수수한 혐의로 체포하고, 8일 뒤인 26일 수사관 50여 명을 대장성으로 보냈다. 1973년의 쇼쿠산殖産주택상호주식회사 사건 이후 25년 만의 대장성 강제수사였다. 금융검사부와 은행국을 대상으로 9시간 가까이 진행된 압수수색을 통해 공무원 1종시험 합격자가 아닌 금융검사관 2명이 다이이치칸교은행 등 4개 은행에서 과도한 향응을 받은 사실이 확인돼 수뢰 혐의로 체포되었다.

대장상 미쓰즈카 히로시는 사표를 제출했고 사무차관 고무라 다케시小村武도 다음날 사임했다. 그후 금융거래관리관이 자살하는 비극이 발생하는 등 대장성의 위신은 소리를 내며 무너져 갔다.

'일본은행 간부에게 접대 공세 – 두 사람 접대비 400만 엔 넘어'

이런 큰 활자의 제목이 《요미우리신문》 1면을 장식한 것은 2월 7일이었다. 일본은행 현직 간부가 지난 5년간 시중은행을 비롯한 최소 5개은행으로부터 총 400만 엔이 넘는 식사와 골프 접대를 받았다는 내용이었다. 그 다음날 《마이니치신문》도 "일본은행에서는 고급 요정 등에서의 접대를 '도봉'どぼん이라는 은어로 부르며 많은 간부들이 저항 없이 접대를 받았다는 후속 보도를 내보냈다.

특수부는 대장성, 도로공단, 국회의원 수사와 병행해 일본은행 접대사건도 조사하였다. 일본은행 직원은 공무원에 준하는 지위를 갖고 있어 뇌물을 받으면 수뢰죄가 성립한다. 직무와 관련된 과잉 접대가 있으면 대장성 관료와 마찬가지로 적발하는 것이 마땅하다는 '검찰 특유의 균형감각'(수사 관계자의 말)이 특수부를 밀어붙였다.

언론보도가 나가자 일본은행은 조사역 이상의 간부 600명을 대상으로 접대사실이 있는지를 청취하였다. 그후 수사 대상 간부의 실명이 주간지에 실리기도 하고 '체포자 명단'이라는 괴문서가 나돌기도 했다. 3월에 들어서면서 대장성과 일본은행 출입구에 많은 보도 카메라맨이 늘어서서 디데이를 기다리게 되었다. 날이 흐리고 쌀쌀하던 3월 5일 대장성 증권국의 1종시험 출신 총무과장보좌와 비고시 출신의 증권거래검사관이 도쿄지검에 불려가 단순 수뢰 혐의로 체포됐다.

그리고 그 6일 뒤 마찬가지 단순수뢰 혐의로 체포된 사람이 증권과장 요시자와였다. 강제수사는 일본은행 본점에도 미쳐 100명 가까운 수사관이 북문을 통해 본점 압수수색에 들어갔다. 1882년 일본은행이 설립된 이후 처음 있는 일이었다.

42세의 요시자와는 장래가 촉망되는 간부 후보 중 한 명이었다. 대장성이나 금융계와 연결되는 폭넓은 인맥을 갖고 있었으며, 증권과장이 되고 나서는 산요증권이나 야마이치증권의 처리를 도맡았다. 하지만 그 실력 때문에 금융기관들이 경쟁하듯 그와 접촉하고 싶어했으며, 윗선에서도 요시자와를 영업국에서 내보내려 하지 않았다. 요시자와가 처해 있던 상황이 재앙이 된 것인데, 영업국에서 조사역을 맡고 있던 3년간 닛폰코교은행과 산와은행으로부터 총액 431만 엔 상당의 접대를 받았다고 한다.

그런데 당시 일본은행에는 윤리규정이 없었고 접대도 금지돼 있지 않았다. 오히려 금융권의 살아 있는 정보를 모으기 위해 외부와의 접촉을 독려하는 분위기가 팽배해 있었다. 한 영업국 경험자는 "이상하다고 느꼈지만 이것도 은행의 속내를 알아내기 위한 업무"라고 결론지었다고 말했다.[1]

실제로 접대 총액에서 요시자와에 버금가는 직원이 여러 명 있었다. 영업국 간부는 "요시자와가 조직의 희생양이 되었다"며 사람들의 눈을 아랑곳하지 않고 눈물을 흘렸으며, 또 다른 직원은 "내가 수사 대상이 돼도 이상하지 않았다"고 뒤늦게 털어놨다.

중앙은행의 권위는 실추됐고, 총재인 마쓰시타 야스오는 이날 저녁 하시모토에게 전화를 걸어 사의를 전했다.

차기 총재 취임이 확실하다고 여겨지던 후쿠이도, 당초는 연임하고 싶다는 의사를 주위에 흘리고 다녔지만, 같은 접대비리 사건으로 대장상과 차관이 동시 사임한 전례를 따라야 한다고 대장성 등으로부터 지적받았다. 그리하여 일본은행에 뿌리를 두고 있는 최고 감독자로서 책임을 면할 수 없다고 판단해 3월 13일 총리관저에 사의를 표했다. 그 결과 신일본은행법의 시행을 눈앞에 둔 시점에 정·부총재가 임기를 9개월 남겨놓고 나란히 인책 사임하는 특수한 상황이 빚어졌다.

이에 따라 총리 하시모토는 접대 사건에 대한 반성을 토대로 대장성과 일본은행이 아닌 민간에서 후계 총재를 뽑으려고 분주히 움직였다. 측근들에 따르면 하시모토의 '의중에 있던 사람'은 도쿄전력 회장 나스 쇼那須翔였지만 이내 거절당했고, 게이단렌 회장인 이마이 다카시今井 敬에게도 고사당했다. 그후 세 번째 후보로서 전 총재 미에노 야스시의 천거에 의해 부상한 사람이 종합상사 닛쇼이와이日商岩井의 고문 하야미 마사루速水優였다.

72세의 하야미는 일본은행 OB로 미에노와 동기였지만, 1981년에 국제담당 이사 자리를 퇴임한 후 닛쇼이와이의 경영에 오랫동안 종사하였으며, 경제 동우회 대표간사도 맡고 있었다. 미에노의 설득을 하야미가 수락함으로써 3월 20일자로 그의 취임이 전격 결정되었다. 부총재에는 일본은행법 개정에 관여한 언론인 후지와라 사쿠야와 4월 1일 발령으로 기획담당 이사 야마구치 유타카가 선임되었다.

3월 19일 저녁 본점 9층 대회의실에서 마쓰시타와 후쿠이가 직원들에게 퇴임인사를 했다. 마쓰시타는 "행원들 속으로 친밀하게 들어가 그 속사정을 몸으로 느낄 기회는 적었다"며 억울함을 억누르듯이 이별을 고했다. 이어서 인사에 나선 후쿠이는 눈물을 글썽이며 잠긴 목소리로 이렇게 말했다.

"그동안 금융시장 개혁을 비롯해 일본은행을 세상의 스탠더드(기준)에 맞추려고 해 왔지만 목표를 이루지 못했습니다."

오랜 숙원이었던 법 개정을 성취해 그 시행을 눈앞에 두고서 후쿠이는 '세상 속을 헤매겠다'며 일본은행을 떠났다. 한편 총재실을 떠나는 마쓰시타의 손에는 담당부서에서 작성한 신일본은행법 안내서가 쥐어져 있었다고 한다.

조직 침체와 이사의 자살

요시자와의 체포로 일본은행 직원들은 차례차례 특수부에 불려가 조사를 받게 되었다.

한 직원은 담당 검사로부터 '모든 것을 밝히지 않으면 증인으로 재판에 부르겠다. 당신 이름이 세상에 알려지면 좋겠느냐'며 고압적인 추궁을 당했다. 요시자와 이외에도 '표적'이 있다는 것을 검사의 연이은 말끝에서 느낄 수 있었다고 직원들은 말했다.

도쿄지검의 조사가 끝나자 이번에는 일본은행 경영관리국의 조사가 기다리고 있었다. '검찰이 무엇을 물었고 어떻게 대답했는가' 보고하라는 요구에 답변을 거부하고 곧장 귀가한 직원도 있었다. 상층부는 '수사가 이디까지 번질지' 알아보느라 안간힘을 쓰고, 직원들 사이에는 수사에 대한 공포감과 의심이 의심을 낳는 분위기가 팽배했다. 그러면서 구치소에 들어가 있는 요시자와에게는 하루빨리 죄를 인정해 줄 것을 열심히 '설득'했다.

요시자와는 처음에는 접대 받은 곳에 정보 누설 등 편의를 제공한 일이 없다며, 기소 내용에 대해 싸울 자세를 내비쳤다. 하지만 경영관리국의 간부나 변호사는 '특수부가 기소하면 99% 이상의 확률로 유죄가 된다. 여기서 싸우는 것보다 빨리 인정하고 다시 시작하는 게 낫다'고 설득했다. 수사를 오래 끌고 싶지 않은 일본은행의 의중을 눈치챈 요시자와가 죄를 인정하는 방향으로 돌아선 것은 4월 3일이었다. 일본은행은 즉시 요시자와를 징계해 면직 처분했다.[2]

신일본은행법은 그런 침체 분위기 속에서 시행됐다. 개정팀 팀원들을 비롯해 누구 하나 '독립의 새벽'을 축하할 기분이 들지 않았다.

통신사 기자에서 부총재가 된 후지와라는 이 시기를 '소화작업의 나날'이라 칭하며 "한창 타고 있는 불을 끄느라 정신이 없어 후쿠이 씨가 목표로 한 신생 중앙은행의 꿈은 얼어붙은 그대로였다"고 회고하였다. 수사의 출구는 아직 보이지 않았지만 새 집행부는 빨리 이 문제를 매듭 짓고 재출발해야 한다고 생각했다.

2월 들어 시작된 내부조사는 마무리 국면에 접어들었지만 향응을 받은 간부가 다수에 달해 누구를 어떻게 처분할 것인가 하는 기준도 존재하지 않았다. 단지, 대장성에서 100명 가까운 처분이 검토되고 있다는 소식이 들리자,[3] 일본은행도 엄격하게 대응해야 한다는 소리가 수뇌부에서 강해져 갔다.

4월 1일 정책위원회에서 98명에 대한 처분이 결정되고, 그 개요가 즉시 발표되었다. 요시자와의 전 상사 5명이 견책과 감봉, 간부직원 36명이 견책, 39명이 계고, 18명이 엄중주의 처분되었다. 개중에는 내부정보를 거래처에 누설했다고 답한 직원도 여러 명 있었던 것으로 알려졌다.

처분 대상자의 성명은 요시자와의 전 상사를 제외하고는 밖으로 알려지지 않았지만, 발표를 앞두고 상당수의 국장이 처분에 불복해 내부관리담당 이사 가모시다 다카유키鴨志田孝之를 몰아세웠다. 일본은행에서 접대를 금지하기는커녕 오히려 '장려'했는데도 불구하고 처분하는 것은 부당해 승복할 수 없다는 것이었다. 그 같은 반발에 대해 가모시다 등은 설명이 궁해 꼼짝할 수 없었다. 이 밖에도 눈물을 흘리며 정상을 호소하거나 '나를 처분할 거면 저 사람도 똑같이 처분하라'고 압박하는 간부도 있어 인사당국은 사건처리에 골머리를 앓았다.

전례 없는 사건과 대량 징계로 일본은행 내부는 금세 위축됐다. 은행 등 외부와의 접촉은 단절되고 언론을 멀리하였다. 지점장들은 현지 기업과의 교류를 기피하게 되었다. 정책위원 고토 야스오後藤康夫는 퇴임후의 회고록에서 당시의 모습을 이렇게 말했다.

"이 접대 문제는 문화대혁명이라고 일컬어졌다. 그때까지 일본은행에서는 민간의 생생한 정보를 얻기 위해 금융기관과의 교제나 접촉 같은 것을 오히려 장려하는 기풍이 있었다. 그런 속에서 불상사가 생겼으니 역시 문화대혁명적인 충격이 있었다고 생각한다."

더 몰아붙이려는 듯 처분 발표 사흘 후에 TBS가 '급여 부풀리기 의혹'을 보도했다. 고임금 실태를 덮기 위해 사실과 다른 데이터를 대장성에 전달해 예산 인가를 받았다는 내용으로, 일본은행법 개정 논의 때 내부에서 지적된 문제였다. 접대에 이어 급여 문제가 도마 위에 오르자 국회 답변이 궁해진 이사 가모시다는 5월 2일 새벽 휘갈겨 쓴 메모를 남기고 목을 매어 자살했다.

"정말 싫증이 났습니다. 한계에 다다랐습니다. 이런 식으로 끝내는 건 마음이 불편하지만 용서해 주십시오. 일본은행의 여러분, 지인, 벗들께 큰 신세를 졌습니다. 깊이 감사드립니다."

황금연휴 직전, 국회에서 돌아오는 차 안에서 가모시다는 "연휴가 끝나면 개운해질 겁니다"라고 말한 뒤 갑자기 휘파람을 불기 시작해 동승하고 있던 후지와라를 놀라게 했다고 한다.[4] 관계자는 나중에 "급여에 대해 국회에서 추궁당하면 앞뒤 맥락이 맞지 않는 부분이 있었습니다. 가모시다 씨는 급여 문제의 과거 경위를 자세히 알지 못하는데다 행내에서 고립무원이었습니다"라고 이야기했다. 뜻밖의 사태로 일본은행은 움츠러들고 잠시 사고 정지의 상태에 빠졌다.

한편, 신일본은행법이 시행되면서 정책위원회는 극적으로 '진화'하고 있었다.

심의위원에는 구법시대부터 위원으로 있던 고토와 다케토미 스스무武富將, 고이노 시게루濃野滋(4월 8일자로 도쿄대 교수 우에다 가즈오植田和男로 교체)에 더해 새로이 나카하라 노부유키, 시노쓰카 에이코, 신일본제철 부사장 미키 도시오三木利夫가 선임됐다.[5] 여기에 정·부총재 3명을 더한 9명이 '보드'board라고 불리는 정책위원회를 구성했다.

정책위원회는 월 2회 금융정책결정회의를 개최하였으며, 기타 업무에 관한 사항을 심의 의결하는 정례회의도 매주 화요일과 금요일 두 차례 가졌다. 심의위원들에게는 매번 방대한 자료가 건네지고 사무국의 사전 설명이 뒤따랐다. 그 밖에도 수많은 '스터디 모임'과 '간담회'가 준비되었다. 너무 바쁜 나머지 심의위원 가운데 한 명이 점심식사 도중에 "아, 책이 보고 싶다. 바빠서 읽을 시간이 없네"라고 탄성을 질렀다고 한다.

구법과 신법의 이행기에 위원을 맡았던 고토는 회고록에서 이렇게 증언하고 있다.

"신법 시행 전과 후에는 많은 것이 달라졌다. … 빈번하게 설명회나 간담회가 열리고 매일같이 여러 가지 자료가 건네지지만, 종일토록 회의실을 전전하다 보니 읽고 싶은 자료가 쌓여, 집에 가져가서 읽은 적도 꽤 있다."

정책위원회를 떠받치는 사무당국의 의식도 달라졌다. 정·부총재와 이사가 참여하는 '임원회의'가 폐지되고, 정책위원회의 권한이 법적으로 강화되었어도 은행 측에서 방침을 정해 심의위원들에게 강요하는 형태가 되지 않을까 하는 의심을 사지 않으려고 집행부는 여러 가지 노력을 기울였다. 우선 정책결정회의 이외의 자리에서는 금융정책에 대한 논의를 하지 않기로 합의하였으며, 사무당국은 정책 선택지를 제시할 뿐 사전 교섭을 하지 않기로 했다. 기획담당 이사가 된 구로다 이와오黑田巖는 '집행부 안으로 유도해서는 안된다'고 기획국에 여러 차례 못을 박았다. 정책위원회를 구성하는 9명 중 일본은행 표는 정·부총재 3표밖에 안된다. 즉 남은 6명 중 2명 이상의 찬성을 얻지 못하면 집행부안은 부결되는 셈이다. 이른바 사외이사가 보드의 3분의 2를 차지하는 이례적인 의결구조 아래 심의위원들의 힘은 현격히 높아졌다. 그와 동시에 매회 모임에서 일정한 합의를 이뤄 금융정책 운영 방침을 정하는 중책도 맡게 됐다.

사전 교섭도 없이, 어떻게 회의를 진행시켜 의결에 반영할 것인가—. 의장 하야미에게는 사무국에서 상세한 회의 진행 메모가 전달되고, 위원들도 나름의 탐색을 거쳐 회의에 임하게 되었다. 급기야 집행부가 무엇을 제안하는지 모른 채 정책결정회의에 들어가는 것에 위원들이 불안을 느끼고, '집행부는 어떻게 생각하느냐'고 미리 캐묻는 사람도 생겼다. 집행부와 다른 의견을 가진 위원은 자신의 안에 대해 사전에 사무국 측의 견해를 물은 뒤 의안 작성을 의뢰하였다.

당시 기획1과장을 맡고 있던 야마모토 겐조山本謙三는 "위원들은 자신의 의사결정이 집행부에 의해 왜곡되었다고는 생각하지 않을 것이다. 그 점에서만은 사무국이 신중하게 처신했다"고 말했다. 만장일치가 계속되던 정책결정회의에서 집행부의 제안에 처음 반대표가 나온 것은 6월 12일이었다. 반대표를 던진 사람은 미키와 나카하라였다. 완화추진파인 나카하라는 이때부터 계속 반대표를 던져 집행부와의 갈등이 차츰 심화되었다.

환상 속의 미일 회담과 정책 발동

새로운 금융위기의 파도가 찾아온 것은 바로 그런 모색기 무렵이었다. 6월 5일 발매된 월간지에 '장은日本長期信用銀行 파산으로 전율의 은행 퇴출이 시작되다'라는 기사가 실렸고, 이를 따르듯 영국《파이낸셜타임스》가 8일 일본장기신용은행의 경영 문제를 크게 보도하였다. 거액의 부실채권을 안고 있는 일본장기신용은행의 주가는 해외에서의 맹렬한 매도를 계기로 며칠 사이 폭락했고, 금융채 해지가 전국에서 잇따랐다.

더욱이 운이 나쁘게도 '일본장기신용은행 위기'는 그동안 의지해 온 대장성 은행국이 소멸하는 시점과 딱 겹쳤다. 하시모토 내각이 추진한 재정·금융 분리의 핵심으로 대장성에서 은행, 증권, 보험의 검사·감독 부문을 분리해 금융감독청을 6월 22일 신설하기로 되어 있었다. 금융 행정이 이관되는 바로 그 시점에 부실채권 처리의 허술함과 재무 체질의 허약함을 '해외 투기꾼들이 노린'(대장성 간부) 것이었다.

자금 사정이 어려워진 일본장기신용은행은 급히 스미토모신탁은행과 접촉하였으며, 금융감독청이 출범한 22일 일본장기신용은행장 오노키 가쓰노부大野木克信가 전화로 정식 합병을 신청하였다. 스미토모신탁은행 측은 내부 조정에 시간이 걸렸지만 대장성과 일본은행 신용기구국의 강력한 뒷받침을 받아 6월 26일 주주총회 후의 임시이사회에서 부실채권을 인수하지 않는 조건으로 합병 협의에 들어가기로 결정했다. 자금이 고갈되기 직전의 아슬아슬한 상황에서 일본장기신용은행은 당면한 위기를 벗어났다.

그후 7월의 참의원 선거에서 자민당이 대패하자 하시모토 류타로를 대신해 오부치 게이조小渕恵三가 '경제회생내각'을 발족시켰다. 그 핵심이 되는 대장상에는 총리를 지낸 미야자와 기이치宮澤喜一를 앉혔다. 78세의 미야자와는, 전년 가을의 대형 연쇄 파산이 신용 경색과 도산·실업의 증대, 그리고 소비자 심리의 위축을 통해 일본 경제에 큰 타격을 주었다고 피부로 느끼고 있었다. 이 때문에 총자산이 26조 엔이나 되는 거대 은행을 무너지게 두어서는 안된다고 마음먹고 일본장기신용은행과 스미토모신탁은행의 합병 실현에 남다른 에너지를 쏟아부었다. 그런 미야자와를 존경하고 합병 추진에 공감해 힘을 보탠 사람이 신임 총재 하야미였다. 17년 만에 친정으로 돌아온 하야미는 '전통과 권위'를 중시하는 전형적인 구식 일본은행맨이었다. 총재로서의 권위를 유지하려 하는 한편으로 대장상 미야자와의 위광에 대해서도 경외감을 갖고 있었다. 취임 직후 미야자와의 전화를 받은 하야미는 '장기신용은행을 무너지게 해서는 안된다'는 인식에 일치해, 그후 매일같이 장관실에 전화를 걸어 미야자와의 조언을 구하거나 자신의 생각을 세세하게 보고했다고 미야자와의 측근은 말했다.

8월 17일의 중의원 예산위원회에서 하야미는 일본장기신용은행 문제에 대해 이렇게 답변했다.

"국내외에서 큰 규모로 운영하는 금융기관이 파산하는 경우에는 대내외 시장에 매우 큰 혼란을 초래할 것이라고 쉽게 상상할 수 있습니다. … 대형은행의 파산에 대해서는 매우 신중하게, 그러면서도 가급적 빨리 손을 쓸 필요가 있다고 생각합니다."

민주당 대표 간 나오토菅直人의 질문에 맞장구치는 형태로 하야미는 곧바로 말을 이었다.

"갑자기 파산이 발생하면 역시 해외에 미치는 영향이 매우 커서 … 가교 은행을 반드시 거치지 않더라도 시장의 토대 위에서 논의가 이루어져, 합병이 성사되거나 시장 베이스에서 경영권 매매가 이루어지는 것이 … 바람직합니다."[6]

일본장기신용은행을 무너지게 놔두면 안된다는 미야자와를 엄호하려는 의도였지만, 아이러니하게도 이 답변으로 정부 제안인 '가교 은행 방식'이 대형은행에 적용되기 어렵다는 전망이 확산되면서 '일시 국유화'를 주장하는 민주당이 힘을 얻었다. 게다가 파산을 피해야 할 필요성을 너무 강하게 호소하는 바람에 일본장기신용은행 문제에 대한 공포심을 넓히는 결과가 되었다.

실은 오랫동안 일본은행을 떠나 있던 하야미는 최신 파산처리법을 충분히 이해하지 못했다고 신용기구국 담당자들은 증언했다.

1996년 이후 예금보험법 개정에 의해 파산 금융기관을 영업 양도할 경우 예금보험기구는 인수 은행에 손실 전액을 자금지원할 수 있도록 되어 있었지만, 이 '특별자금 지원'의 구조를 하야미는 모르고 있었다. 일본장기신용은행이 파산하면 페이오프pay-off(파산한 금융기관의 예금자에게 일정액만 환불 보증하는 제도)로 이행할 것이라고 직감적으로 생각한 하야미가 지나치게 걱정한 것은 당연했다.

그후 오부치와 미야자와가 스미토모신탁은행장을 총리관저로 불러 합병 결단을 촉구했지만 협상은 불발됐다. 일본장기신용은행 처리를 둘러싼 여야 대치는 점차 격화되고 있었다.

하야미의 국회 답변이 진행된 8월 17일, 경제위기에 허덕이던 러시아 정부가 갑자기 대외 민간채무 90일 동결과 자국 통화 루블화의 평가절하를 일방적으로 선언했다.

거액의 단기자본이 안전한 미국 국채로 역류하면서 외환위기는 아시아에서 러시아를 거쳐 멕시코, 브라질로 단숨에 확산되었다. 이에 따라 8월 31일 뉴욕 증시는 사상 두 번째 큰 낙폭을 기록했다. 그 여파로 미국 대형 헤지펀드 LTCM이 파산 위기에 직면하는 등 국제 금융시장은 대혼란에 빠졌다.

당면한 긴급사태를 타개하기 위해 미야자와와 로버트 루빈 미국 재무장관의 미일 재무장관 회담이 9월 4일 샌프란시스코에서 개최되었다.

세계 시장이 주목하는 회담을 앞두고 미야자와는 한 가지 교묘한 장치를 생각했다. 재무장관 회담에 중앙은행 총재를 초청한다는 아이디어였다. 앨런 그린스펀 연준 의장은 같은 날 강연차 샌프란시스코를 방문할 예정이었다. 하야미를 데리고 가면 과거 유례가 없는 4자회담이 성사된다. 위기 회피를 위한 재정 당국과 중앙은행의 제휴를 어필하고, 이것을 지렛대 삼아 일본장기신용은행 처리를 둘러싼 여야간 협의도

유리하게 진행할 수 있을 것이라고 미야자와는 계산했다.

그러나 일본은행 사무국은 하야미의 방미에 강한 난색을 표했다. 미야자와 대장상 아래서의 미일 공조라는 구상이 80년대 후반의 '악몽'을 상기시켰기 때문이다.

미야자와가 1986년부터 88년까지 첫 번째 대장상을 맡고 있을 무렵, 일본은행은 플라자 합의(1985년 9월 뉴욕의 플라자호텔에서 미국, 영국, 프랑스, 서독, 일본의 재무장관과 중앙은행장들이 모여 달러화 약세를 유도하기로 한 합의) 후의 급격한 엔고를 억제하기 위해, 기준금리 인하에 대한 다른 나라의 협조를 여러 차례 구하는 상황에 몰렸다. 그후에도 국제 공조 노선 때문에 금융 긴축 전환이 늦어져 버블을 부풀리는 결과가 되었다. 일본은행법 개정으로 독립성을 부여받은 직후에 협조 재연으로 오해받을 만한 행동은 가급적 피하고 싶었다. 하야미는 정중한 거절 전화를 걸었고 대신 부총재 야마구치를 파견하게 되었다.[8]

하지만 하야미가 샌프란시스코행을 거절한 진짜 이유는 일본은행 자신이 이 무렵 금융완화 검토를 은밀히 진행하고 있었기 때문이다. 미일 재무장관 회담 닷새 뒤인 9월 9일 열린 정책결정회의에서 하야미는 콜레이트를 사상 최저인 연 0.25% 안팎으로 인하하는 의장제안을 내놓았으며 8대 1의 찬성 다수로 의결되었다.

이 결정에 후속하는 형태로 FRB도 9월 29일, 10월 15일, 11월 17일 3개월 연속 금리인하를 실시했다. 만약 권유받은 대로 하야미가 방미했다면 미야자와 주도 혹은 미일 공조에 의한 금융완화로 인식될 뻔했다.

신일본은행법 아래서 취한 이 첫 번째 정책 변경은 '디플레이션의 악순환'에 빠지는 것을 미연에 방지한다는 명목으로 가결됐지만,[9] 일본은행 내에서는 고개를 갸웃거리는 움직임도 적지 않았다. 한 가지 이유는 한 달 전 정책결정회의에서 나카하라가 내놓은 같은 내용의 제안을 8대 1로 부결시켰기 때문이며, 다른 한 가지 이유는 '0.5% 하한설'을 너무 쉽게 넘긴 데 따른 의문이었다.

마쓰시타 시대인 1995년 9월에 공정이율을 사상 최저인 0.5%로 인하했을 때, 당시 집행부는 '이것으로 완화는 중단'이라고 판단해, 1997년 가을의 금융 위기 때에도 0.5%의 '하한'을 계속 유지해 왔다.[10] 더 이상의 인하는 제로금리라는 경험하지 못한 세계로 이어져 금융정책 자체의 유효성이 상실될 수 있다고 경계했던 것이다. 통상적으로 금리는 제로 이하로는 떨어지지 않는다. 만약 마이너스 금리가 되면 가계나 기업은 예금을 현금으로 바꾸려 해 금융시스템이 붕괴될 수 있다. 게다가 제로금리 아래서 물가가 계속 떨어지면 명목금리에서 예상 인플레이션율을 뺀 '실질금리'가 상승해, 금융정책에 의한 경기부양 효과는 상실된다. 일본은행은 이러한 '제로금리 제약'으로 나아가는 리스크를 가능하면 피하고 싶었다.

그럼에도 불구하고 하야미 체제 하에서의 콜레이트 인하는 "여기서 손을 쓰지 않으면 곤란하다는 느낌에 스르르 결정됐다"고 기획실 관계자는 회상했다. 또 "당시의 정책 변경은 0.25%씩이어서 이제 다음에는 제로금리구나 싶었다"고 털어놨다.

기획담당 이사 구로다도 '0.5% 하한'을 강하게 의식해, 추가완화에 위화감을 품은 사람 중 하나였다. 심의위원과 의견을 나누던 어느 자리에서 그런 이야기를 꺼냈더니 '(완화에 반대라면) 제대로 문서를 작성하고 자료도 내달라'는 반론을 들었다. 구로다 자신이 '정책 유도'를 삼가하도록 부하들에게 지시한 적도 있어, 그 이상의 논의는 보류했다고 한다.

구로다 밑에서 기획실 참사를 맡고 있던 이나바 노부오는 당시 금융정책의 향후 전개에 대해 금융시장과장 아마미야 마사요시와 논의한 기억을 갖고 있다.

"여기까지 왔으니 다음엔 제로가 되겠지. 그럴 경우 제로를 계속할 것 인가 아니면 국채를 대량 매입할 것인가 하는 선택이 되지 않을까. 나로 서는 전자 쪽에서 버티며 견뎌내겠네."

구로다와 이나바가 막연하게 품었던 불안은 곧 적중하게 된다.

고육지책의 제로금리 정책

하야미를 움직이도록 밀어붙였던 일본장기신용은행 위기는 결국 참 의원에서 과반수가 깨진 자민당이 야당안을 통째로 수용하면서 9월 말 마무리됐다. 일본장기신용은행은 10월 23일 금융재생법에 따른 '특별 공적 관리'(일시 국유화) 개시 결정을 받았다. 아울러 일본채권신용은행 도 금융감독청의 검사 결과에 의해 12월 13일 일시 국유화가 결정되었 다. 일본장기신용은행과 일본채권신용은행이라는 대형은행이 잇따라 파산 처리된 충격은 컸다. 자기 방어를 위해 자산 건전화를 서두르는 은 행의 대출 기피 현상이 전국 규모로 확산되었다. 디플레이션 압력은 커 지고 경기는 더욱 얼어붙었다. 심의위원 나카하라는 금융완화가 미흡 하다며 11월 27일 정책결정회의에서 처음으로 '인플레이션 목표'를 제 안했다.[11] 큰 차이로 부결됐지만 이후에도 그는 끝없이 같은 제안을 이 어갔다.

그런 암울한 연말에 장기금리가 급상승하는 예상 밖의 사태가 벌어 졌다. 발단은 11월에 미국 신용평가회사 무디스가 일본 국채를 최상급 인 Aaa에서 강등한 것이었다. 충격이 가팔라지는 가운데 오부치 내각의 적극 재정으로 국채가 더 많이 발행될 것이라는 관측이 확산되고, 한편 대장성 이재국은 연초부터 자금운용부를 통한 국채 매입을 중지하기로 결정하였다. 결과적으로 국채 수급 악화 우려로 장기금리가 급상승(국채 가격은 하락)하였다.

나중에 '자금운용부 쇼크'로 불린 이 시장의 반란에는 몇 가지 실수가 얽혀 있다. 우선 국채 매입 중지 정보가 사전에 시장에 유출됐다. 이를 알아차린 이재국은 황급히 회견문을 작성했지만 미야자와는 12월 22일 기자회견에서 회견문을 읽지 않고 '대수롭지 않다. 대단한 뉴스인가 하고 묻는다면 그렇지 않다'고 운을 뗐다. 또한 오후 강연에서 하야미도 '너무 걱정할 필요없다'고 재차 확인하였다. 때마침 국채 대량발행 계획이 공표되어 수급 악화에 대한 경계감을 강화하고 있던 시장은, 당국이 한마음으로 금리 상승을 용인했다고 받아들여, 국채 선물이 10년 만에 하한가를 기록하는 폭락이 연출되었다.

시장의 동요는 연초인 1999년 1월 들어서도 계속되어 장기금리는 한때 2%를 돌파하였다. 여기에 미국과 일본 간의 금리차 축소로 엔고·달러 약세가 가속화되고 더불어 주가도 급락하는 트리플 약세로 발전하였다. 어떻게든 해결해 달라는 비명이, 당연하다는 듯 일본은행으로 향했다. 수급악화가 장기금리 상승의 원인이라면, 일본은행이 국채를 직접 인수하거나 공개시장운영을 통해 시장 매입을 늘리면 된다는 주장이 나가타쵸永田町에서 나왔다.

일본은행은 황급히 반박했다. "(국채 인수는) 재정의 절도가 없어져 악성 인플레이션을 초래한다" "국내외 모두의 신인도를 잃는다" "재정의 절도를 잃게 할 우려가 생긴다는 의미에서 (국채 매입 운영의 증액도) 인수와 큰 차이가 없다"는 내용의 자료를 자민당 의원들에게 배포하였다.

신일본은행법으로 독립성을 얻은 일본은행은 그 대가로 정치인과 직접 대면해야 했다. 그동안 대장성에 맡겨졌던 국회 대책도 중요한 임무가 돼 국회 내 연락실이 급히 설치됐다. 원내나 의원회관 복도를 달리는 일본은행 직원들의 모습이 눈에 띄기 시작했다.

전 농림수산성 사무차관이었던 심의위원 고토는, 그런 움직임을 "보고 있으면 조마조마했다"고 말했다. 고토는 정책 결정부터 법안이나 예산에 이르는 과정에서 행정부와 국회의원 사이에는 "일종의 거래 관계 같은 것이 다소 있다"고 지적하며, "좋든 나쁘든 기브 앤드 테이크의 여지가 있는 행정부보다 중앙은행에는 어려운 측면이 있다"고 말했다.[12]

사실 열심히 설득 공작을 벌였음에도 불구하고 국채 인수를 요구하는 자민당의 목소리는 높아질 뿐이었다. 일본은행은 점점 궁지로 몰렸다.

1999년 2월 8일 당시 정권 최대의 실세로 꼽히던 노나카 히로무野中広務 관방장관은 "중앙은행으로서 스스로 시장의 국채를 매입하는 등 여러 방도를 통해 현재의 심각한 경제상황을 타개할 책임이 있다"고 발언하였다. 하야미는 다음날 중의원 대장위원회에서 즉각 반박했다.

"국채를 신규 인수하겠다는 생각은 전혀 갖고 있지 않습니다. … 중앙은행이 한 나라의 국채를 인수하면 그 나라의 재정 절도가 상실되고, 또 악성 인플레이션을 초래한다는 것은 지금까지의 국내외 경험을 살펴볼 때 분명합니다."

그러면서 하야미는 전시중의 국채 인수가 초인플레이션으로 이어졌던 사실과 1차대전 후 독일의 교훈도 소개하며 "한번 이것을 시작하면 도중에 그만둘 수 없다는 것을 역사가 증명합니다. … 일본은행은 국채 인수를 선택지로 전혀 생각하고 있지 않습니다. 있을 수 없다는 것을 분명히 말씀드리고 싶습니다"라고 말했다. 신일본은행법을 방패 삼아 기세 좋게 나간 것이다.[13]

그러자 다음날 노나카는 "일본은행은 공연히 자신들의 직무나 법규에 매달릴 것이 아니라 이 나라 경제가 어떻게 될 것인가를 최우선해 긴급사태에 대응해야 한다"고 격한 말로 응수하며 하야미를 더욱 몰아붙였다. 일본은행 집행부는 노나카의 배후에 공개시장운영을 통해 국채 매입 증액을 기대하는 대장성 이재국이나 추가완화를 주장하는 경제기획청이 존재함을 감지하고 있었다.

이 당시 기존의 틀을 넘어선 과감한 금융완화를 요구하는 목소리가 미국에서도 커지고 있었다. 경제학자 폴 크루그먼이 1998년 논문을 발표하면서 디플레이션 하에서 금리가 0에 가까워지면 전통적인 금융정책으로는 효과가 없기 때문에 일본은행은 인플레이션 기대를 창출하도록 '무책임할 것을 확실히 약속'(credibly promise to be irresponsible)해야 한다고 주장해 큰 반향을 일으켰다. 명목금리가 0이 되더라도 사람들의 인플레이션 기대가 높아지면 실질금리가 낮아지고 경기는 살아난다는 지적으로, 그 비장의 카드로서 일본은행이 높은 인플레이션 목표를 설정하고 국채를 매입함으로써 화폐를 대량 공급해야 한다는 문제제기가 일본 정치인과 경제학자 일부 속에 침투하기 시작했다.[14]

하야미는 순식간에 몰리는 입장이 되었지만, 국회에서 입씨름하듯 장기국채의 인수는 물론, 공개시장운영을 통해 매입을 늘리는 것에 대해서도 절대반대의 자세를 고수하였다. 난처한 상황에서 기획 라인[15]이 당면한 정치적 압력을 피할 이른바 궁여지책으로 생각해 낸 것이 '제로금리 정책'이었다.

이 무렵 부총재 야마구치가 "얼른 제로금리로 만들어 버리면 더 이상 이런저런 말을 듣지 않게 되지 않느냐"고 마중물을 던졌던 것으로 기획실 간부들은 기억한다. 이에 기획실 측은 "제로로 하면 그에 따른 또 다른 요구가 올 겁니다. 이것으로 끝이라는 것은 없습니다"라고 야마구치에게 대답했다.

한편 금융시장과장 아마미야는 '제로금리 제약'을 극복하기 위해 국채 매입을 늘리는 방안에 일찌감치 관심을 갖고 있었다. 기획과 조사역으로 일하던 1995, 96년에는 통화량 관리 가능성을 보고서로 정리해 상사에게 제출하기도 했다. 아마미야는 금리를 중시하는 이념을 존중하면서도 외부 의견에도 겸허히 귀기울여야 한다고 주장했다. 장기국채에 대해서도 "사보지 않으면 효과가 있는지 없는지 모르잖습니까"라며 참사역 이나바 노부오 등에게 여러 차례 도전적인 질문을 던졌다.

검토 결과 기획 라인은 '장기금리를 억제하기 위해 필요한 것은 국채 매입을 늘리는 것이 아니라 콜레이트 인하'라는 결론을 내리고, 이 같은 사실을 하야미에게 상세히 보고하였다. 다만 '갑자기 제로금리로 내리면 콜 시장에 자금을 공급할 사람이 없어 시장이 혼란스러워진다'는 우려가 금융시장국에서 나오자, 콜레이트의 유도 목표를 일단 0.25%에서 0.15%로 낮춘 다음 '시장 상황을 감안해 가며 점진적인 하락을 유도'하기로 했다. 기획 라인 중 한 명은 "그런 무책임한 일이 있을 수 있느냐고 금융시장국이 떠들어대 어쩔 수 없이 0.15%의 스텝을 취하기로 했다"고 나중에 증언하였다.

그렇지만 정치권에 밀려 답을 찾고 있던 하야미에게는 딱 맞는 '구조선'이 됐다. 정책결정회의를 앞두고 하야미는 기획1과장 야마모토에게 물었다. "이게 통할까?"

야마모토는 잠시 생각한 다음에 "제가 보기로는 더는 다른 방안이 없는 것 같습니다"라고 대답했다.

1999년 2월 12일, 8시간에 이르는 정책결정회의 논의를 거쳐 하야미의 제안은 8대 1의 찬성 다수로 가결되었다. 국채 매입 운영액은 현상을 유지하기로 했다.

0.15%라는 스텝이 들어가면서 이것이 제로금리 정책인지 대외적으로는 모호해졌지만,[16] 심의위원들은 집행부가 제로를 목표로 하고 있음을 분명히 인식하고 있었다. 그 옳고 그름을 둘러싸고 전원이 고민하고 불안해했음이 나중에 공개된 회의록에 기록되어 있다.

고토 위원: "동화의 세계 앨리스의 나라 같은 원더랜드에 본행이 발을 들여놓게 된다. 그 원더랜드의 세계가 잘 보이지 않는다."

다케토미 위원: "한없이 제로에 가까운 금리라는 것이 어떤 모습이 될지 예측되지 않는다."

후지와라 부총재도 "여기까지 오면 시장에서 미지의 탐험인 셈"이라며 불안감을 토로했고, 하야미 자신도 "충분한 효과를 볼 것이라고는 솔직히 말할 자신이 없다" "역시 경험해 보지 못한 일이고 무슨 일이 일어날지 조금은 불안하다"고 말했다. 이론가로 이름이 높던 야마구치도 "앞으로 어떤 방식으로 나아갈 수 있을지는 역시 달리면서 생각하는 수밖에 도리가 없지 않느냐"고 말했다.

이 자리에 참석했던 사람 중 하나는 "금리 제로의 세계가 정말 실현될지, 문제는 생기지 않을지 누구나 불안해하며 논의했다"고, 힘들게 더듬이질해 가며 합의에 이른 사실을 뒤늦게 털어놓았다.

그로부터 나흘 뒤, 시장에 혼란이 없는 것을 지켜본 하야미는 "제로로 할 수 있다면 제로로 하면 된다"고 한 발 더 내디뎠다. 미야자와도 이날 자금운용부에 의한 국채 매입의 재개를 표명해 장기금리는 급격히 하락했다.

일본은행이 연일 대규모 자금 공급에 나섬에 따라 콜레이트는 3월 3일 한때 0.02%까지 하락했다. 거래에 드는 수수료를 빼면 실질적으로 제로가 되어 선진국에서는 전례 없는 제로금리 정책이 마침내 실현되었다. 국채 관리 정책에서 일어난 몇 가지 실수가 '자금운용부 쇼크'를 야기했고, 돌고 돌아 마침내 제로금리의 세계로 일본 경제를 이끈 것이다.

그 한 달 뒤 제로금리 효과를 최대한 높이기 위한 목적으로 '디플레이션 우려가 불식될 때까지 제로금리를 지속한다'는 사실을 대외적으로 공약해 시장의 기대에 힘을 실어주는 새로운 조치가 취해졌다. 나중에 '시간축時間軸 효과'라고 불리는 아이디어를 낸 사람은 심의위원 우에다 가즈오(2024년 현재 일본은행 총재 — 옮긴이)였다.

3월 25일의 정책결정회의에서 우에다는 "(제로금리) 공약의 정도를 좀 더 강하게 시장에 발표하는 방법이 있다"고 제창하였다. 다음 회의에서 부총재 야마구치가 같은 견해를 나타냈으며, 하야미가 이것을 정리해 기자회견에서 공표하기로 했다. 우에다는 도쿄대 교수 시절부터 일본은행 금융연구소나 조사통계국과 교류가 있었기 때문에 일본은행 내부를 잘 아는 심의위원의 한 사람이었다.

우에다는 현장과의 논의에서 제로금리 정책의 '해제 조건'을 제시해 그것이 오래 지속될 것임을 명백히 하면 단기금리와 함께 비교적 긴 기간에 해당하는 장기금리도 떨어져 정책 효과를 극대화할 수 있다는 생각을 일찍부터 내비쳤다. 관계자에 따르면 당초 이 구상은 심의위원들이 쉽게 이해하지 못했다고 한다. 하지만 나중에 '시간축 효과'라는 명칭이 붙으면서 추가적인 정책 수단으로 확립되었다. FRB도 9년 뒤의 리먼 쇼크 때 금융정책 정보를 미리 제공하는 '포워드 가이던스'forward guidance로 채택했다.

덧붙여서 '시간축'이라고 명명한 사람은 기획1과장에 취임한 아마미야였다. 아마미야는 양적완화 가능성에 대해 오래전부터 상층부에 여러 건의를 했고, "그런 경험을 토대로 제로금리 제약 하에서 어떤 정책을 펼 수 있을지 항상 생각하게 됐다"고 나중에 술회했다. 제로금리 정책을 둘러싸고는 무엇보다 새 법 아래서 정치적 압력에 굴복했다는 비판이 일본은행 내부에서도 제기되었다. 한편 '디플레이션 우려가 불식될 때까지'라는 정의가 모호해 1년 뒤 큰 혼란을 초래하게 되었다.

일본은행의 반격과 '청춘 페이퍼'

제로금리 도입을 위한 논의가 진행되던 무렵 장기국채 인수가 아닌 정부단기증권(FB)[17]이라는 또 다른 인수 문제의 매듭을 짓기 위한 움직임이 전개되었다. 신일본은행법이 통과된 직후에 전 총재 미에노가 이나바를 불러 질책한 바로 그 건이었다.

FB는 국가 일반회계나 특별회계의 일시적인 자금 부족을 보완하기 위해 발행되는 단기 할인채로 일본은행이 전액을 인수해 왔다. 패전 직후인 1947년에 제정된 재정법은 제5조에서 "모두 공채의 발행은 일본은행으로 하여금 인수하게 하고, 또한 차입금의 차입에 대해서는 일본은행에서 차입해서는 아니된다"[18]고 한 반면에, 제7조에서 "국가는 국고금의 출납상 필요한 때에는 대장성 증권을 발행하거나 일본은행에서 차입금을 일시 빌릴 수 있다"고 규정하고 있다. 즉 재정 파이낸스의 길을 열어주는 '장기신용공여'는 원칙적으로 금지되지만 세입·세출의 차이로 생기는 일시적인 자금부족을 메우기 위한 '단기신용공여'는 허용되고 있는 셈이다.

그런데 재정상의 사정으로 FB 발행금리가 시장 실세보다 낮게 설정돼 시중에서 소화가 되지 않자 일본은행은 어쩔 수 없이 전액을 떠안았다. 일시적인 자금조달일 뿐 재정 파이낸스는 아니라는 게 대장성의 설명이지만, 전문가들은 '재정 파이낸스와 기본적으로 다르지 않다'고 비판했다.[19]

그 중에서도 초점이 된 것은 대장성이 외환시장에서 외화를 구입하기 위한 자금, 즉 재정투융자 조달에 개입 충당되는 FB(외화자금증권外国為替資金証券. 줄여서 外為証券 또는 為券이라고도 부름)였다. 80년대 중반 이후 엔화 매도·달러 매수 개입 과정에서 일본은행의 인수액은 눈덩이처럼 쌓여, 법 개정 논의 시점의 FB 발행 총액 26조 엔 가운데 그 대부분을 외화자금증권이 차지했다. 이 때문에 일본은행은 FB를 일반공모입찰로 전환해 달라고 호소했지만, 개입자금의 기동적인 조달과 FB의 저리 발행을 노린 대장성과 타협하지 못해 오랜 현안으로 남아 있었다.

그런 만큼 느닷없는 일본은행법 개정은 제도 재검토의 호기가 되었다. 개정에 즈음하여 기획국이 작성한 내부 문서에는 "본행이 실질적으로는 거액의 장기 파이낸싱을 실시하고 있다고 보이는 것. … 이러한 자금 공여는 재정법 등의 취지에 맞지 않는 것 아닌가"라고 쓰여 있고, 또한 외화자금증권의 '시장금리에 의한 발행'을 요구해 나간다고 대처 방침이 명기되어 있다.[20]

이에 따라 이나바 등 법 개정 팀도 당초 FB 문제의 전면 해결을 목표로 했다. 그러나 대장성은 국제금융국이 개입자금을 시장에서 조달하면 정보가 유출될 수 있다며 난색을 표했다. 이재국도 국고관리 차원에서 반대 입장을 고수하였으며, 여기에 주계국도 가세하였다. 논의를 시작하게 되면 중요한 일본은행법 개정이 착지할 수 없게 될 우려가 있었다. 이 때문에 이나바 등은 FB 문제를 법 개정의 테두리 안에서 다루는 것을 단념하지 않을 수 없었다. 개정후 미에노가 이나바를 꾸짖은 것도 '절호의 기회를 놓쳤다'고 생각했기 때문이다.

하지만 이나바 등은 전혀 다른 방법을 생각하고 있었다. 새 법이 통과되면 대장대신의 업무명령권이 없어지기 때문에, 그 시점에 일본은행이 'FB는 원칙적으로 인수하지 않겠다'고 선언하면, 대장성은 싫더라도 일반공모입찰로 전환하지 않을 수 없게 될 것이라고 예상했던 것이다.

사실 새 법이 시행된 뒤 일본은행은 대장성 이재국과의 절충에서 시장금리에 의한 발행을 요구해, 공모입찰로 조달할 수 없는 경우에만 인수에 응하기로 최종 합의했다. 일본은행법과 함께 오랜 숙원의 하나로 여겨졌던 FB의 일반공모입찰은 1999년 4월에 시작됐다.

법 개정후에도 대장성에 계속 밀린 일본은행으로서는 독립성을 높이는 견실한 발걸음이 되었다.[21]

제로금리 도입후 반년이 지났다. 전날까지 30도를 넘는 혹독한 늦더위가 계속되고 있던 1999년 9월 16일 아침, 대장상 미야자와가 하야미에게 전화를 걸어 회담을 갖자고 제의했다.

6월까지 1달러=120엔 부근에서 안정세를 보이던 환율이 엔화 강세로 돌아서 9월 중순에는 1달러=103엔을 깨는 수준이 되고, 주가도 크게 하락했기 때문이다. 앞으로의 경기를 걱정하는 수상 오부치에게 미야자와는 '내게 맡겨 주세요'라고 말하며 일본은행을 정조준했다. 추가 금융완화를 실시하게 하고, 그것을 토대로 미 재무부에 외환시장에 협조 개입해 줄 것을 압박하려고 생각했던 것이다. 때마침 파리에 출장가 있던 재무관 구로다 하루히코黑田東彦에게서 '협조 개입의 전제는 일본은행이 금융완화를 실시하는 것'이라는 감촉이 국제국을 경유해 미야자와에게 전해졌다.

그리고 이 엔고円高에 부수해 '비불태화'非不胎化라는 생소한 말이 나돌게 된다.

엔화 매도·달러 매수 개입으로 단기금융시장에 풀린 엔화 자금이 자금 수급에 미치는 영향을 중립화하기 위해 통상 중앙은행은 개입액에 상응하는 자금을 일상적인 금융 조절로 흡수한다. 이를 '불태화'不胎化라고 한다. 반면 개입에 따른 잉여자금을 흡수하지 않고 방치하면 그만큼 완화가 진행된 것과 같은 효과를 갖는다. 이것을 '비불태화'라고 부르며, 미 재무부와 대장성 국제국이 추가완화책으로 실시하라고 일본은행에 압력을 가하고 있었다.[22]

금본위제가 채택되던 시절 국내에 금이 과잉 유입돼 '인플레이션의 씨앗'이 발아하지 않도록 개입하는 것을 불태화 정책이라고 불렀다. 일본은행은 '금본위제라면 몰라도 관리통화제 더구나 제로금리 하에서 비불태화는 의미가 없다'며 이 같은 주장을 상대하지 않았다. 미야자와 자신도 "비불태화라니 정말 효과가 있습니까"라며 고개를 갸웃거렸지만, 엔고 저지로 이어진다면 무엇이든 좋으니 일본은행이 움직여 주면 좋겠다고 생각했다.

미야자와와 하야미의 회담은 오후 4시부터 팔레스호텔 9층 회의실에서 열렸다. 참석자들에 따르면 '지금의 엔화 강세는 지나치다'는 데는 서로의 인식이 일치했다. 하지만 미야자와가 '뭔가 고려해 달라'며 의중을 털어놓자, 동행한 기획1과장 아마미야 등은 '비불태화 개입은 논리적으로 이상하다'고 주장하였다. 별다른 합의 없이 회담은 50분 정도 만에 끝났다.

대장상과 총재가 만나 위기감을 공유하고 있음을 내외에 알리는 것이 미야자와의 의도인가 하고 대장상 측근들은 고개를 갸웃거렸다. 하지만 미야자와 본인은 '일부러 외출해 세상사람이 지켜보는 가운데 회담까지 가진 이상, 나머지는 실무선에서 추가완화 실현을 위해 움직일 것'으로 믿고 있었다. 다음 정책결정회의는 5일 후인 9월 21일에 예정되어 있었다. 대장성 관료들은 크게 당황해 일본은행을 설득하기 시작했다.

미야자와는 그후에도 하야미에게 '진정'陳情을 계속했다. 회담 다음날에는 총리관저 월례 경제각료회의에 동석했을 때 추가완화를 타진했고, 정책결정회의 전날 밤에는 비서관을 시켜 일본은행 본점에 친필 편지를 보냈다. "금융완화를 단행하면 협조개입 환경이 조성될 것이라고 미 재무부는 말합니다. 고려해 주시지 않겠습니까?" 마지막까지 미야자와는 호소를 계속했다.

부탁받은 하야미의 마음도 크게 흔들렸다. 전부터 미야자와를 경애

하며 정책 결정 때마다 가장 먼저 전화로 보고하는 사이였다. 엔고로 고뇌하는 대장상의 마음을 아플 만큼 잘 알았다.

"뭔가 할 수 있는 방법이 없는가?" 하야미는 기획 라인에 거듭 물었다.

하지만 기획 라인은 '이 문제는 현상유지밖에 없다'며 강도 높은 설득을 이어갔다. 한 간부는 완화 쪽으로 기우는 하야미를 '필사적으로 붙들었다'며 당시를 이렇게 회고했다.

"신일본은행법이 시행되면서 접대 사건으로 입은 상처 속에서 어떻게 정부와 일정한 간격을 유지할지 고민하는 중요한 시점에 대장성이 추가완화를 시도해 왔다. 거기서 밀리면 일본은행의 독립성 따위는 없어질 줄 알았다."

수면 아래서 치열한 공방이 계속되는 가운데 몇몇 주요 신문에서 일본은행이 추가완화를 향해 움직인다고 대대적으로 보도하였다.[23] 시장의 완화 기대는 끝없이 커져 갔다.

9월 21일은 주목받는 정책결정회의가 열리는 날이었다. 경제지 1면에는 '양적완화 결정으로'라는 제목이 펄럭였지만, 하야미는 고민 끝에 기획 라인의 아슬아슬한 설득에 꺾여 현상유지를 선택했다. 추가완화를 기정사실화하고 있던 시장에는 놀라움이 퍼졌다. 하야미는 종료후 곧바로 대장성 미야자와에게 전화했다.

"편지까지 주셨지만 심사숙고를 거듭한 끝에 이렇게 결정했습니다."

미야자와는 어깨를 떨군 채 이날 밤, 수상 오부치에게 전화로 이렇게 사과했다고 한다.

"대장상이 미덥지 못해 죄송합니다. 모든 책임은 제게 있습니다."

한편 대장성에 한 방을 먹인 일본은행은, 회의가 끝난 다음 〈당면한 금융정책 운영에 관한 생각〉이라는 제목의 이례적인 문서를 공표했다. 현상유지였음에도 불구하고 굳이 이유를 설명하려 한 것은 신일본은행법의 '열린 독립성'을 의식한 것이지만, 동시에 시장과 여론의 반응을 살피기 위한 것이기도 했다.

문서에는 더 이상 양적완화를 하더라도 "금리는 물론 금융기관이나 기업행동, 혹은 환율 등의 자산가격에 가시적인 효과를 준다고 볼 수는 없습니다"라고 적혀 있다. 아울러 다음과 같은 주장이 담겨 있다.

— 실체적인 효과가 없더라도 시장이 '추가 자금 공급'에 어떤 기대를 가지고 있다면, 그것을 이용해 보는 것은 어떨까 하는 생각도 존재합니다. 그러나 그러한 방법의 효과는, 있다 하더라도 일회성일 뿐 오래 가지 않을 것입니다. 중앙은행으로서 목적과 정책 효과에 대해 제대로 설명할 수 없는 정책을 취할 수는 없습니다.

— 일본은행은 환율 자체를 금융정책의 목적으로 삼고 있지 않습니다. 금융정책 운영을 환율 통제라는 점에 직접 연결시키면 잘못된 정책 판단으로 이어질 위험이 높다는 것은, 버블기의 정책 운영에서 얻을 수 있는 귀중한 교훈입니다.[24]

공손하지만 단정적인 문체 속에는 독립성에 대한 강한 자부심과 금융정책을 환율에 적용해서는 안된다는 버블기의 반성이 배어 있다. 일본은행법 개정 논의에서 가장 먼저 외환 개입권을 포기한 것도 이번의 대장성과 같은 꼼수를 물리치기 위한 의도였다.

이 문서를 밤샘 작성한 사람은 기획1과장 아마미야였다. 평이하고 간결한 문체에 대해 행내에서는 칭찬하는 소리가 높았지만, 아마미야 자신은 나중에 이것을 '청춘 페이퍼'라고 불렀다. 독립성을 의식한 나머지 어깨에 힘이 들어가 대장성과 부딪힌 '청춘기'를 상기시키는 문서이자, 동시에 '풋내 나는 원칙론'에 매달려 시장과의 소통 방식에 과제를 남긴 페이퍼이기도 하다고 생각했기 때문이다. 위신에 먹칠을 당한 대장성은 이 문건에 거세게 반발했으며, 총리관저와 자민당에서도 비판의 목소리가 나왔다. 한 대장성 간부는 '통치기구의 일원이라고는 생각되지 않는 서생書生과 같은 대응'이라고 말했다. 그 중에서도 국제국은 '환율 안정을 목표로 하려는 정부를 뒤에서 쐈다'고 분노하며, 완강한 자세를 유지하는 일본은행에 대한 불신감을 키웠다. 그 중심에 있던 사람이 재무관으로 막 취임한 구로다였다.[25]

하야미도 실은 일본은행에서 국제통으로 과거 '미스터 런던'[26]이라는 별명을 얻은 적이 있다. 다만 대장성 국제통과는 달리 확고한 입장의 엔화 강세론자였다. 하야미는 자주 1960년대 영국 파운드화의 위기를 예로 들며 자국 통화가 강한 것은 좋은 일이다, 엔저를 바라는 것은 나라를 파는 것과 같다는 발언을 서슴지 않았다. 퇴임후 펴낸 책(《強い円 強い経済》)에는 그러한 신념이 담겨 있다.

"통화는 강하고 안정적이며 사용하기 편리해야 신뢰를 얻는다. … 그리고 그 나라 통화의 강세는 그 나라의 국력과 발언력에 직간접적인 영향을 미친다."

이에 대해 일본은행 간부들은 '엔고가 좋다느니 나쁘다느니 일률적으로 말할 수 없다'고 여러 차례 고언苦言했고, 하야미와 가까운 간부도 '해외 수요 주도로 경기 회복을 모색하고 있는 이때 엔고가 좋다는 등으로 말하면 안된다'고 직언했지만, 하야미는 '자네들은 아무것도 모른다'며 한 발짝도 물러서지 않았다.

그런 하야미의 고집이 정책결정회의 나흘 뒤 워싱턴에서 열린 7개국 재무장관·중앙은행 총재 회의(G7)에서 말썽을 일으켰다.

구로다 재무관 등의 사전 절충으로 G7 성명에는 "엔고 우려를 공유한다"는 문구가 담겼으며, 이어 "우리(G7)는 이런 잠재적인 영향을 고려하면서 정책이 적절하게 운영될 것이라는 일본 당국의 발언을 환영한다"고 밝혔다. 각국의 이해를 바탕으로 한 장래의 금융완화를 '함축'한 표현으로, 실제로 구미 각국에서는 일본 측이 추가완화를 시사한 것으로 받아들이고 있었다.

그런데 G7회의가 끝난 뒤의 기자회견에서 이 부분에 대해 질문을 받은 하야미는 나흘 전 일본은행이 내놓은 설명문건과 '하는 말은 같다'고 무심코 대답했다. 우직하다고 할 수 있는 이 메시지는 즉각 보도됐고, 로렌스 서머스 미 재무장관이 이를 물고 늘어졌다.

"합의사항과 다르다. 다시 한번 G7을 열어도 좋다."

맹렬한 항의를 받은 대장성 측의 연락에 놀란 하야미는 '서머스 씨에게 사과할까'라는 말까지 꺼내며, 결국 그날 안에 다시 회견을 가져야 했다. 동행한 일본은행 간부들조차 굴욕적 회견이라고 평가한 전대미문의 헤명극은 하야미에게 총재로서의 위엄에 큰 상처를 입혔다.[27]

'일본은행 이론'에 대한 이론異論

아마미야 마사요시가 밤새 써내려간 〈당면한 금융정책 운영에 관한 생각〉은 당연히 개인적 견해가 아니라 일본은행 내에서 길러진 정책사상의 이른바 결정체이다.

전 총재 마에카와 하루오前川春雄나 미에노 야스시, 그리고 후쿠이 도시히코 등을 포함해 일본은행에서는 '도쿄대 법학부 출신'이 오랫동안 영향력을 행사해 왔다. 당사자의 역량 덕분이기도 하지만, 그 이외에도 교섭 상대인 대장성을 도쿄대 법학부 출신이 꿰차고 있는 것, 이론보다는 정치적인 조정력이 요구된 점이 배경이라고 생각되어 왔다. 그러나 시대가 변천함에 따라 구미의 표준적인 이론을 구사해 금융경제를 분석하고 스스로의 언어로 설명할 수 있는 힘도 요구되었다. 이에 경제학부 출신의 준재들도 주목을 받아 부총재 야마구치 유타카를 비롯해 초대 신용기구과장 시라카와 마사아키, 금융연구소 소장 오키나 구니오翁邦雄, 그리고 아마미야 등이 이론 구축의 중추를 차지하게 되었다.

특히 오키나는 조사통계국 과장이던 1990년대 초에 조치대 교수 이와타 구니오岩田規久男와 큰 논쟁을 벌여 일찌감치 이목을 집중시켰다.

먼저 논쟁을 시작한 것은 이와타로, 1992년 9월 12일 발행《주간동양경제》에 〈'일본은행 이론'을 포기하라〉는 제목의 논문을 기고했다. 이와타는 단기금리 운영을 중시하는 일본은행의 전통적인 이론을 비판하며, 민간 금융기관에 공급하는 자금공급량base money[28]을 줄인 까닭에 금융기관에서 시중으로 유통되는 통화 공급량이 급감해 자산 디플레이션에 빠졌다고 지적했다. 인플레이션도 디플레이션도 '화폐적 현상'이므로 금리가 아닌 자금공급량을 직접 관리하는 '양적 금융정책'으로 전환해야 한다는 주장이었다.

이에 대해 일본은행의 오키나는 그 다음달 발매된 같은 잡지에 〈'일본은행 이론'은 틀리지 않다〉는 논문을 기고해, 이와타의 주장은 비현실적으로 하이파워드 머니high-powered money(현금과 지급준비금)를 일본은행이 통제할 수 없다고 반론을 제기하였다. 그러자 이와타가 재반론을 펴면서 이후 한동안 논쟁이 계속되었다. '오키나·이와타 논쟁'으로 알려진 일본에서는 드문 경제논쟁이자 결과적으로 신일본은행법 하에서 끝없이 전개된 금융정책 논쟁의 '기점'이 됐다.

이때 이와타의 논문을 흥미롭게 읽은 인물이, 다음해 1993년의 중의원 선거에서 국회의원으로 당선된 야마모토 고조山本幸三였다. 전 대장성 관료 야마모토는 도쿄대 경제학부 고미야 류타로小宮隆太郎 제미나르에서 연구하며, 1960년대 과잉유동성에 대해 통화 공급량 컨트롤의 관점에서 일본은행 비판을 전개한 고미야의 논문에 감명을 받았다.[29]

신생당新生党의 초선 의원이 된 야마모토는 1994년 2월 18일 중의원 예산위원회에서 지나친 버블 퇴치로 일본 경제가 심각한 통화 부족에 빠졌다고 당시의 총재 미에노를 공격하였다.

"일본은행은 하이파워드 머니 공급량을 급속히 떨어뜨렸고, 그 결과 통화 공급량이 줄어들었습니다. 겉으로는 (공정이율을 낮춰) 금융완화라면서 실제로는 전혀 완화하지 않고 있습니다."

급격한 금융긴축에 의해 통화 공급량의 신장이 1990년 가을부터 급격히 저하되더니, 1992년 가을에는 마이너스로 떨어졌다. '이와타 이론'에 따라 양의 중요성을 강조하는 야마모토에게 미에노는 "하이파워드 머니라는 것은, 이제 이것은 석가모니에게 설법하는 것과 같습니다만, … 일본은행이 컨트롤할 수 없는 것이라고 생각합니다"라고 응수했다. 버블 붕괴 이후 국회에서 이른바 양적완화 시비가 거론된 것은 이때가 처음이었다. 야마모토는 이어서 그 4개월 뒤 예산위원회 공청회에 이와타를 참고인으로 불러 이런 말을 주고받았다.

이와타: "통화 공급을 경시한 채 일본은행이 적절하다고 생각하는 명목금리를 너무 고집하는 것이 … 잘되지 않는 원인이 아닐까 판단하고 있습니다."

야마모토: "일본은행은 일본은행의 신용을 늘리거나 혹은 매입 운영을 통해 통화 공급량을 늘려야 합니다."[30]

이와타와 야마모토의 주장은, 일본은행이 금융시장에서 공개시장운영을 통해 어음이나 국채의 매입을 늘려 양의 확대를 도모해야 한다는 것이었다. 하지만 일본은행은 이것을 '이단' 취급해 제대로 상대해 주지 않았다. 이와타도 야마모토도 서서히 고립되어 갔다.

하지만 그로부터 몇 년 뒤, 아이러니하게도 신일본은행법 시행후에 디플레이션이 발생한데다 1998년에 발표된 '크루그먼의 논문' 때문에, 이단으로 치부되었던 이와타의 양적 금융정책이 다시 각광을 받으면서,

자금공급량 증대로 경기회복을 꾀해야 한다는 '리플레파'[31] 학자들이 이와타 주위에 모이게 되었다.

야마모토도 "크루그먼의 논문에 용기를 얻어 살아났다"고 회고하였다. 야마모토가 발신하는 정보는, 일본은행 집행부와 대립하고 있던 심의위원 나카하라 노부유키의 눈에도 띄었다. 나카하라는 우연히도 야마모토가 대학 시절에 소속돼 있던 영어 동아리의 선배였다. 나카하라의 부름에 야마모토가 흔쾌히 응함에 따라, 일본은행 집행부에 의문을 품은 스터디 그룹의 외연이 확장되었다.

이 밖에도 미국 주류경제학을 공부한 경제학자들이 이 무렵 속속 무대에 등장해 통렬한 일본은행 비판을 시작했다. 한 명은 1999년 7월에 대장성 부재무관이 된 히토쓰바시대 교수 이토 다카토시伊藤隆敏, 다른 한 명은 오부치 정권에서 경제전략회의 위원이 된 게이오대 교수 다케나카 헤이조竹中平蔵이다.

미국 하버드대 대학원에서 서머스와 동급생이었던 이토는 물가상승률에 목표치를 두는 '인플레이션 목표' 도입을 일찌감치 제창했고, 이에 착안한 재무관 구로다의 초빙으로 부재무관에 취임했다. 구로다는 나중에 이런 원고를 월간지에 게재하였다.

"무엇보다 제가 이토 교수로부터 영향을 받은 것은 인플레이션 목표론이었습니다. … 그에게서 거듭 인플레이션 목표를 권유받았고, 그가 부재무관이 된 뒤에는 중앙은행의 책임을 명확히 해 독립성을 확보함과 동시에 인플레이션 기대를 안정화하는 데 그것이 얼마나 유익한지 상세한 설명을 들었습니다."[32]

한편 다케나카도 하버드대 유학 때 "디플레이션은 화폐적 현상으로 해결하기 위해서는 돈의 양이 중요하다"는 논의를 서머스 같은 사람들과 나눴다. 또한 경제학자 벤자민 프리드먼의 강의를 들으면서 "중앙은행은 정부로부터 독립되어야 한다. 다만 거기에는 두 종류의 독립성이 있다"는 이야기에 정신이 번쩍 들었다며 다음과 같이 말했다.

"어떤 정책수단을 사용할지는 전문성이 높은 영역이라서, 이 점에서 중앙은행은 독립적이어야 합니다. 하지만 정책목표에 대해서는 민주주의 하에서 정부나 의회가 결정해야 마땅하다는 지극히 자연스러운 결론에 이르렀습니다."

잉글랜드은행에서 실제 채택하고 있던 인플레이션 목표와 '수단의 독립성' 이론을 내걸며 다케나카는 바로 정권의 중추로 뛰어올라갔다.

미국에서 쏘아올린 비판의 화살을 당초 일본은행은 그렇게 무겁게 받아들이지 않았다. '무책임함을 확신시키는 약속'이라는 크루그먼 일파의 가시를 품은 표현이 신성한 정책 제언으로는 울림이 없었던 것이다. 기획 라인에 있던 간부는 "구체적인 방법이나 효과에 대해 쓰여 있지 않고, 검증도 되지 않았다. 독도 약도 되지 않는다는 생각이었다"고 회고하였다.

다만 크루그먼 논문을 계기로 일본은행 비판이 일제히 분출한 것은 사실이며, 일본은행은 이 무렵부터 주류경제학의 영향력에 점차 밀리게 되었다.[33] 경제의 세계화와 디지털화가 급물살을 타는 한편으로 일본 경제의 침체가 두드러지면서, '글로벌 스탠더드'라는 이름의 미국 이론을 물리칠 만한 힘이 사라진 것이다.

위기감을 느낀 부총재 야마구치는 1999년 3월 금융연구소 소장 오키나에게 "일본은행이 국민이 납득할 수 있는 책임을 다하고 이론과 금융정책의 거리를 더욱 가깝게 하는 방안을 찾아 달라"고 의뢰하였다.

오키나는 금융정책에 대해 제언하고 있는 국내외 경제학자들의 주장을 정리 분석해 다양한 각도에서 검토한 다음 같은 해 7월, 〈제로·인플레이션 하의 금융정책에 대하여〉라는 제목의 논문을 발표하였다.

① 인플레이션 목표는 수치 설정이 어렵고 달성도 어렵다, ② 초과 지급준비금을 쌓아도 통화 증가로 쉽게 이어지지 않는다, ③ 양적완화를 끝없이 추진하면 효과는 미미한 반면 나중에 큰 부작용이 나타난다는 등 '일본은행 이론'의 거의 모든 구성요소가 담긴 논문이다. 여기에 야마구치와 아마미야 등의 의견이 덧붙여져 두 달 후 〈당면한 금융정책 운영에 관한 생각〉이 작성되었다.

한편 물가에 관한 '일본은행 이론'도 논란이 됐다. 물가 하락에는 수요 감소에 따른 '나쁜 하락'과 기술혁신과 유통 혁명이 가져오는 '좋은 하락'이 있으며, 통계상 마이너스라고 해서 디플레이션이라고 부르는 것은 부적절한 경우도 있다고 일본은행은 거듭 주장했다. 하지만 '좋은 하락은 없다'고 생각하는 경제기획청 이코노미스트들이 반발해 나중에 정부의 '디플레이션 선언'을 초래하는 결과가 되었다.

물가안정을 '인플레이션도 디플레이션도 아닌 상태'[34]로 정의한 것도 일정한 물가 상승을 기대하는 성장지향적 정부·여당의 비위를 거슬렀다. 일본은행 고위 관계자 중 한 명은 "인플레이션도 디플레이션도 아닌, 즉 제로%라는 생각은 글로벌 인식과 거리가 있어, 그곳을 출발점으로 삼은 것이 문제였다"고 나중에 평가했다.

II

제로금리 해제와 일본은행 비판의 물결

하야미 마사루는 독실한 크리스천이다. 접대 사건의 와중에 총재를 맡은 것도 "곤경에 처한 일본은행을 업고서 신법이 뿌리내리도록 이끄는 일을 내게 시키려는 신의 소명일지 모른다"는 생각에서였다. 그는 주말 예배는 물론 총재실에서도 기도를 거르지 않았다. 총재실 안쪽 작은 방에는 두 개의 족자를 걸려 있었다. 하나에는 '주 안에서 평안하라', 다른 하나에는 '두려워 말라, 내가 너와 함께 하나니'라고 쓰여 있었는데, 하야미는 어려움을 겪을 때마다 이 성구를 떠올렸다고 한다.[35]

하야미는 또 무엇보다 독립성을 중시하는 전통적인 센트럴 뱅커 central banker이기도 했다. "중앙은행장의 임무는 '통화의 존엄성을 지키는 파수꾼'으로서의 직책을 다하는 것"이라는 오래된 격언을 종종 소개해,[36] 직원들로부터 '타임캡슐을 타고 온 인플레이션 파이터'라는 야유를 받기도 했다.

엔고론을 비롯한 확고한 신념에 입각한 발언이 종종 정부나 국회와 갈등을 빚어 측근들은 해명하고 사과하느라 바빴다. 또 금융정책 사령탑이었던 야마구치 유타카와도 잘 맞지 않아 정·부총재의 '불화'를 점차 많은 직원들이 알게 되었다. 하야미의 측근은 "17년 만에 친정으로 돌아와 보니 모든 것이 변해 있어 불안을 느끼고 있었다. 은행 내에 상담할 상대도 없고, 하야미 총재는 내내 고독했다"라고 회고했다.

그런 하야미가 제로금리 해제에 의욕을 보이기 시작한 것은 2000년 연초였다. 1년 가까운 제로금리와 미국 IT(정보기술) 산업의 버블 수혜로 일본 경제는 회복세를 강화하고 있었다. 신흥 IT 기업을 중심으로 주가가 오르고, 컴퓨터 오작동으로 사회생활이 혼란스러울 것으로 우려됐던 '2000년 문제'도 경미한 트러블로 극복할 수 있었다.

모처럼 밝은 새해를 맞이해 국제국 동기모임에 참석한 하야미는 연금생활을 하는 동료들로부터 '제로금리를 언제 해제할 것이냐'는 부추김을 받았다. 그는 이튿날 곧바로 "슬슬 (해제를) 연구해 봐야겠네"라고 말해 주변을 당황하게 했다.

하지만 하야미의 마음을 움직인 것은 동기들이 아니라, 10년 후배 후쿠이 도시히코였던 것 같다. 접대 사건으로 부총재직을 사임한 후 후지쓰총연 이사장으로 가 있던 후쿠이는 하야미가 가장 의지하는 어드바이저였다. 일찍이 하야미가 런던에 부임해 있을 때, 후쿠이는 파리에 주재해 닉슨 쇼크를 함께 체험한 사이였다. 총재가 된 하야미는 정책 판단에 망설임이나 의문이 생기면 주저하지 않고 후쿠이 사무실로 전화를 걸었다. 대장성과의 '비불태화 논쟁' 때도 후쿠이는 "비불태화 같은 것은 전혀 의미가 없습니다. 일본은행으로서 제대로 말해야 합니다"라고 하야미를 부추겼다. 제로금리에 대해서도 후쿠이는 이렇게 조언했다.

"제로금리를 오래 지속하면 중앙은행 스스로 금리 기능을 봉쇄해 경제의 신진대사 메커니즘이 무너집니다. 이런 결점이 생기지 않도록 적시에 해제해야 합니다."

하야미도 같은 생각이었다. 제로금리는 비정상으로 애초에 장기금리 상승을 억제하기 위한 '긴급 대피 조치'에 불과했다. 후쿠이의 진언에 따라 빨리 정상화하지 않으면 안된다는 생각이 하야미의 머릿속에서 부풀어 올랐다. 2000년 4월 12일의 정례 기자회견에서 하야미의 의욕은 말이 되어 쏟아졌다.

기자: "제로금리 정책의 해제 조건이 갖추어져가고 있다고 보십니까?"

하야미: "이야기하신 대로입니다."

기자: "시장은 일본은행이 올해 안의 어느 시점에 제로금리 해제를 가시화할 것이라고 받아들이는 분위기인데, 그것이 별로 잘못된 생각은 아니라고 보십니까?"

하야미: "그렇게 받아들이는 사람도 많다고 생각합니다. 그게 잘못됐다고는 생각하지 않습니다."[37]

회견에 동석한 기획 라인 참석자들은 깜짝 놀랐다. 예상문답에는 없는 '결의 표명'이었기 때문이다. 미디어는 아연 활기를 띠며, '언제 해제할 것인가'에 초점을 맞추었다.

금융정책의 조타수인 기획 라인이 일신된 것은 그런 와중이었다. 기획담당 이사로 전 신용기구국장 마스부치 미노루, 심의역(현 국장)에 시라카와 마사아키가 취임하였다. 경험이 풍부한 두 사람의 투입으로 '해제가 가까워졌다'는 분위기가 한층 고조되었지만, 마스부치도 시라카와도 그러한 행내 공기에는 위화감을 느꼈다고 한다.

마스부치는 "타이밍이 늦었다. 할 거면 진작 풀었어야 했다"고 주변에 털어놨고, 시라카와도 금융기관 부실이 경기회복의 발목을 잡고 있다고 부하들에게 지적했다.

다만 두 사람이 부임한 단계에서 이미 해제로 가는 레일은 깔려 있었다. 하야미뿐만 아니라, 부총재 후지와라 사쿠야나 심의위원 사이에 해제를 지지하는 고리가 확산되었으며, 기획1과도 잔뜩 앞으로 기울어 있었다. 시라카와와 마찬가지로 신중론이었던 부총재 야마구치도 더는 하야미와 논쟁을 벌이지 않았다.[38]

대장상 미야자와 기이치도 제로금리 해제에는 부정적이었다. 경기회복 움직임은 있지만 소비자물가지수(CPI) 성장세는 마이너스가 이어지면서 디플레이션 우려도 사라지지 않고 있었다. 부하들과의 논의에서 미야자와는 "하야미 씨의 마음은 안다"면서도 "잘되고 있으니 굳이 평지에 난을 일으킬 필요는 없다"고 거듭 말했다.

"디플레이션 우려를 불식시킬 때까지"라는 제로금리 해제 조건이 모호해 당국자들의 판단에 간극이 생기기 시작했다.

샴페인은 독립의 맛

2000년 7월 하야미는 월내 해제를 목표로 미야자와에게 친필 편지를 보냈다. 제로금리가 얼마나 비정상적이고 부끄러운 일인지 절절히 호소하는 문구에는 해제 결의가 가득 차 있었다. 하지만 7월 12일 대형백화점 소고가 민사재생법 적용을 신청하면서 환경이 급변했다. 이튿날 시장의 동요와 주가 급락을 본 미야자와가 이번에는 하야미에게 전화를 걸어 오키나와 주요국 정상회담을 앞두고 있으니 모리 요시로 총리의 얼굴을 봐서 이번에는 보류해 달라고 요청했다.

예기치 못한 소고 쇼크는 마스부치와 시라카와에게도 반격의 호기를 주었다. 마스부치는 즉시 총재실로 뛰어가 잠시 상황을 지켜보도록 설득했다. 하야미는 마지못해 이에 응했지만 의욕은 조금도 시들지 않았다. 미야자와와 나눈 전화통화에서 '7월은 안되지만 8월 이후 결정에는 양해를 구했다'고 일방적으로 해석한 것이다. 미야자와는 물론 8월 이후에도 인정할 생각이 없었다.

신일본은행법은 "일본은행의 통화 및 금융 조절에서 자주성이 존중되어야 한다"(제3조)고 독립성을 강조하는 한편, 정부와 긴밀히 제휴하도록 다음과 같이 정하고 있다.

> 제4조 일본은행은, 그 실시하는 통화 및 금융의 조절이 경제정책의 일환을 이루는 것임을 감안하여, 그것이 정부의 경제정책 기본방침과 정합적인 것이 되도록 항상 정부와 연락을 긴밀히 하고 충분한 의사소통을 도모해야 한다.

또 정부에는 정책결정회의 상시 출석과 의결연기 청구권이 주어지고, 이를 지렛대 삼아 무언의 압력을 가하는 구조가 마련됐다.[39] 개정 논의에서 최대 쟁점이 됐던 '정부와 중앙은행의 의견이 엇갈릴 경우'가 지난해 비불태화 논란을 전초전 삼아 드디어 현실화되었던 것이다.

미야자와는 '8월에 할 생각이다. 국회 내에서 나를 바라보는 하야미 씨의 눈이 그렇게 호소하고 있다'고 주위에 이야기하며, 대항조치의 검토를 지시했다. 대장성은 해제 반대가 대세였지만 의결연기 청구권까지 사용할 필요는 없다는 의견도 처음에는 강했다. 개정 법안의 국회 심의에서 대장성 측은 의결연기를 청구하는 경우로 ① 예기치 못한 제안이 나와 정부의 견해가 분명하지 않을 경우, ② 설명을 요구받은 정부 측이 준비가 되지 않은 경우라고 답변했다.[40] 이번에는 제로금리라는 논점이 이미 명확해 어느 경우에도 해당하지 않았다.

하지만 비불태화 논쟁에서 한방 맞은 재무관 구로다 하루히코는 강경했다. 구로다는 총무 심의관 하라구치 쓰네카즈原口恒和를 자기 방으로 불러 엔고 시정에 비협조적인 하야미를 비판하면서 "제로금리 해제는 잘못됐네. 망설이지 말고 의결연기를 청구하세. 내게는 이 건에 대한 권한이 없어서 이렇게 자네한테 얘기하고 있는 것이네"라고 거듭 말했다.

8월 4일, 조기 해제에 신중한 입장을 갖고 있던 야마구치는 강연에서 "시장의 불안심리에 탄력이 붙을 리스크는 없는지 주의 깊게 살펴볼 필요가 있다"라고 발언했다. 이것이 해제 보류를 시사했다고 보도되자, 하야미는 강하게 반발해 7일 열린 참의원 예산위원회에서 "디플레이션 염려를 불식할 수 있다고 저는 전망하고 있습니다"라고 단언했다. 이 발언으로 야마구치 등도 결의를 굳히지 않을 수 없었다.

하야미의 결의 표명은 정부·여당의 반발을 불러, 다음날 아침의 월례 경제각료회의에서 정조회장 가메이 시즈카亀井静香 등이 불만을 터뜨렸다. 하지만 하야미는 '어떻게 할지는 지금부터 논의해 결정한다'며 전혀 상대하지 않았다. 9일에는 인플레이션 목표를 요구하는 야마모토 고조, 와타나베 요시미渡辺喜美 의원이 이코노미스트들과 함께 해제 반대 긴급성명을 내고 일본은행에 가서 제출하는 사태로까지 발전했다.

또 총리 모리도 해제에 절대반대의 자세였는데, 미야자와는 '내게 맡겨 달라'고 부드럽게 못을 박았다. 미야자와는 모리의 의향을 재확인한 8월 어느 날 자신의 방으로 간부들을 불러 모은 뒤 말했다.

"총리대신의 뜻은 확고하오. (해제를) 그만두라는 총리의 방침에 반해 일본은행 총재가 하는 일은 없어야 합니다. 의결연기 청구권을 발동하세요."

미야자와는 정부와 중앙은행의 연계 필요성을 강조하며 '이에 동의한다면 정부도 잘못을 공유하게 될 것'이라고까지 했다. 하라구치는 그런 엄중한 분위기를 일본은행 측에 전했다. 하지만 이사 마스부치는 '의결연기 청구만은 참아 달라'고 말할 뿐, 하야미의 일념에 난감한 모습이었다고 한다.

도쿄의 최고 기온이 33도를 넘은 8월 1일, 금융정책결정회의에서 하야미는 제로금리를 해제하고 콜레이트 유도 목표를 0.25%로 올릴 것을 제안했다. 무라타 요시타카村田吉隆 대장성 정무차관 등 정부 측이 의결 연기를 청구했으나 부결되고, 하야미 제안이 찬성 다수로 가결됐다.

부결은 됐지만 최대급 반대표명인 의결연기 청구권이 발동됐다는 소식을 들은 구로다는 '잘했다'며 노골적으로 기뻐했다고 한다. 구로다는 나중에 이렇게 회고했다.

"(미야자와 대장상은) 일본은행과 대립하거나 하는 일은 보통 하지 않는 사람인데, 이 점에 대해서는 역사의 판단을 받자며 … 반대 의견을 표명하자고 했습니다. … 디플레이션이 계속되어 물가가 떨어지고 있는데, 왜 제로금리 정책을 해제하는지 전혀 이해가 안됐으니까요."[41]

반면 정부와 여당의 반대를 무릅쓰고 제로금리 해제를 이뤄낸 하야미는 한껏 신이 났다. 미에노 시대 이래 10년 만의 금리 인상이었다. 함박웃음으로 기자회견을 마친 하야미는 저녁 무렵에 '뒤풀이'를 하자며 8층 총재실로 집행부 주요 멤버들에게 모이라고 말했다. 후지와라, 마스부치, 시라카와, 아마미야 등이 올라오자, 샴페인을 꺼내 축배를 들었다. 잔을 들고 기뻐하는 그 모습은 '독립'의 손길을 느끼는 듯했다.[42]

참석자의 상당수는 하야미의 고양된 말투에서 위화감을 느꼈으며, 찬성표를 던져야 할지 당일까지 고민하던 야마구치는 '신중하지 못하다'고 화를 내며 그 자리에 얼굴을 보이지 않았다고 한다.

양적완화를 향한 외통수

노인네의 완고한 고집이라 할 수 있었던 하야미의 결단은 그러나 역효과를 낳았다. 미국에서 IT 버블이 터지고 일본에서도 9월 이후 주가

하락이 이어지면서 경기에 변조가 발생한 것이다. 하야미는 잠시 어쩔 줄 몰라 하며 점점 입이 무거워졌다. '그렇게 자신만만하게 했는데 그린스펀이 그 정도였냐'며 투덜대기도 하고, '아니, 그린스펀을 원망해도 소용없지'라고 스스로에게 타이르는 것을 주변 사람들은 여러 차례 들었다.

하지만 나가타쵸의 분노는 FRB 의장이 아니라, 당연히 하야미 본인을 향했다. 총리의 뜻을 무시한 '독단'에 대한 비판은 무시무시했다. 9월 28일의 중의원 예산위원회에서 야마모토 고조는 "내각 총리대신이 이렇게 바보 취급을 당한 정책 결정은 본 적이 없다" "일본은행 총재, 퇴임하실 의향은 없습니까"라고 하야미를 몰아붙였다. 자민당 내에서도 하야미 책임론이 점차 강해져 갔다.

정부 측에서도 경제기획청 장관인 사카이야 다이치堺屋太 가 12월 1일의 기자회견에서 "정부가 (해제는) 시기상조라고 한 것은 현재와 같은 상황을 상정하고 있었기 때문이다"라고 지적했다. 사실 의결연기 청구때 경제기획청 참석자들이 미국 주가 선행지수의 불확실성을 이유로 들기도 했는데,[43] '그거 봤느냐'며 일본은행 비판이 터져 나왔다.

일본은행은 궁지에 몰리면서 초조감을 더했다. 망연자실한 하야미를 아랑곳하지 않고, 부총재 야마구치는 1월경부터 '역방향의 한 수'를 생각하기 시작했다. 기획담당 이사인 마스부치도 정책위원회의 판단을 기다리기보다는 스스로 안을 내놓고 적극적으로 나서는 유형이었다. 마스부치 역시 독자적으로 작전을 짜기 시작했다.

일본은행이 가야 할 길은 크게 두 가지였다. 하나는 제로금리로의 회귀, 다른 하나는 금리운영과 결별하고 자금의 양을 운영목표로 삼는 '양적완화'로 이행하는 길이었다.[44]

제로금리 복귀는 간단하고 이해하기 쉽지만, 그러면 완화는 거기서 중단될 수밖에 없다. 해제에 찬성표를 던진 심의위원들이 난색을 표할 가능성이 높아 하야미 책임론으로 발전할 것으로 예상됐다. 반면 양적완화는 그 효과를 판단하기 쉽지 않지만 필요에 따라 확대할 수 있는 '정책 확장성'이라는 이점이 있었다. 동시에 총재나 심의위원의 체면도 지켜진다. 야마구치와 심의역 시라카와는 양 자체의 효과에 회의적이었지만, 기획1과장 아마미야는 정책 확장성이라는 개념을 제안하며 마스부치와 함께 양적완화를 주장했다. 기획 라인은 논란을 거듭하며 차분히 나아갈 길을 살폈다.

새해가 시작되었다. 2001년 1월부터 금융기관끼리 일본은행 인터넷 사이트[45]에서 방대한 수의 자금결제가 이루어지는 세계 표준 '실시간 총액결제 방식'(RTGS)이 시행되었다. 이전까지는 금융기관이 일본은행에 요청한 이체 지시를 일정 시간 축적해 수불受拂 차액만 시점별로 결제했다. 이 '지정시간 순결제 방식'을 고쳐 이체 지시 즉시 건별 결제가 이루어지도록 했다. 한 금융기관 파산에 의한 결제 불이행이 다른 금융기관에 연쇄 영향을 미치는 시스템 리스크를 줄이는 것이 목적으로, 소소하지만 중요한 인프라 정비였다.

이 시스템이 본격 가동된 1월 3일, 뉴욕 주가가 급락하면서 연준이 긴급 금리 인하에 나섰다. 6일에는 1부12성청으로 중앙부처가 재편되면서 대장성은 '재무성'으로 명칭이 변경되었다. 국내 경기가 순식간에 나빠지고 정부 여당을 중심으로 양적완화 대망론이 높아졌다. 이런 가운데 마스부치 등은 '외통수' 같은 완화 계획을 세워 실행에 옮겨갔다.

모든 기점은 1월 19일의 정책결정회의였다. 기획 라인은 의장 하야미에게서 "시중 유동성 공급방법 측면에서 개선을 꾀할 여지가 없는지 검토해 다음 회의까지 보고하라"는 지시를 받았다. 이를 통해 '제안권'을 얻은 기획 라인은 2월 9일의 다음 회의에 롬바드 대출Lombard loan(보완대출) 제도 도입을 상신해 승인을 얻었다. 게다가 그 롬바드 대출 적용금리인 공정이율의 0.15% 인하를 실현시켰다. 롬바드 대출이란 금융기관이 미리 차입한 적격담보 범위 내에서 일본은행으로부터 수시로 대출을 받을 수 있는 제도다.[46] 겉으로는 1분기 말을 넘기기 위한 자금운용 대책과 시장 안정화가 목적이었지만, 또 하나 중요한 노림수가 숨겨져 있었다.

복수의 담당자는 "롬바드는 양적완화로 가는 첫걸음이었다"고 증언했다. 금융정책 운영 목표를 금리에서 양으로 변경하면, 연도 말 같은 때 특수 요인으로 콜 금리가 요동칠 수 있다. 하지만 롬바드 제도를 활용하면 공정이율로 자금을 조달할 수 있기 때문에, 이 금리 수준이 실질적인 상한선이 된다. 장차 양적완화로 이행할 경우 예상되는 금리의 급변을 억제하기 위해 미리 '덮개'를 씌워둔 것이다.

하지만 롬바드 제도가 양적완화의 전제임을 기획 라인은 하야미에게도 심의위원에게도 알리지 않았다. 그 의도를 알아차리면 경계를 받아 각하될 우려가 있었기 때문이다.

일본은행의 정책금리가 콜 금리로 변경된 1990년대 후반 이후 공정이율은 점차 유명무실해지고 있었지만, 롬바드 제도 도입으로 콜 금리 상한선을 긋는 새로운 역할이 주어졌다. 그로 인한 인하는 소폭이나마 일정한 완화 효과가 있기 때문에 '일본은행이 열심히 노력하는 이미지'로 비칠 수도 있다고 기획 라인은 생각했다. 단지 아무리 재주를 부려도, 제로금리를 해제한 지 반년 만에 방향을 바꿀 수밖에 없었던 것은 틀림없는 사실이다. 그 때문에 일본은행은 '해제는 잘못이었다'고 평가하지 않을 수 없게 되었다. 미야자와는 이날 "일본은행은 판단착오의 책임을 피할 수 없겠지요"라고 주변에 흘렸다고 한다.

이어지는 2월 28일의 정책결정회의에서 파란이 일어났다. 경제지표 악화로 오전 심의에서 대다수 위원이 추가완화를 요구한 반면, 하야미한 명만이 '오늘은 현상 유지가 좋다'고 발언한 것이다. 이대로 두어서는 의장 제안이 반대 다수로 뒤집힐 수도 있었다. 당황한 기획 라인은 점심 시간에 하야미를 설득했다. 그리하여 오후 심의에 재할인율과 콜레이트를 0.1% 인하하는 안을 하야미에게 내게 해 가까스로 체면을 유지한 것이다. 겉으로 의장 제안 형식을 취하고 있지만, 실상은 오전과 오후 총재의 의견이 확 바뀌는 '조령모개'였다. 일본은행 간부는 "집행부는 필사적으로 설득했다. 총재의 뜻을 따르다가 조직 자체가 무너지면 견딜 수 없다고 생각했다"고 증언했다.

이날 회의에서 하야미는 완전히 지도력을 상실했다. 하지만 제로금리로의 단순 복귀만큼은 싫다며 이후에도 완강히 저항을 이어갔다. 양적 완화를 요구하는 정부와 자민당의 목소리는 한층 강해져 갔다. 기획 라인은 하야미와 정부·자민당이라는 '양측 모두가 수용 가능한 패키지'를 마련하기 위해 서두르는 한편, 주저하는 하야미 설득에 총력을 기울였다. 작업에 관여했던 사람은 "모든 것이 총재를 설득하기 위한 과정이었다"고 말했다.

패키지에는 우선 콜레이트의 제로% 부근 인하를 기본으로, CPI 상승률이 안정적으로 제로% 이상이 될 때까지 완화를 이어가는 '시간축 정책'과 공개시장운영을 통한 장기국채 매입 증대라는 새로운 내용을 포함시키고, 마지막으로 '양'률을 추가하기로 했다. 담당 간부는 "양을 넣지 않으면 총재도 세상도 납득하지 않기 때문에, 그 부분을 마지막으로 넣었다"라고 털어놓았다. 유도목표에 대해서는 현금과 일본은행 당좌예금의 합계액인 본원통화가 아니라 일본은행이 직접 통제할 수 있는 당좌예금 잔고로 했다.

양이라는 코팅을 하면서도 실질적으로는 제로금리로의 회귀였다. 하지만 하야미에게는 끝까지 그렇게 말하지 않고, 어디까지나 양적완화

라고 설명했다. 하야미가 마지못해 납득한 것은 3월 10일경이었다고 한
다.[47] 한편 행내 최고 이론가인 야마구치는 양의 확장 효과에 의문을 품
고 끝까지 제로금리 복귀가 순리라는 주장을 굽히지 않았다. 정책결정
회의 당일에도 막판까지 심의위원들을 설득했다고 관계자는 증언했다.
3월 16일 경제기획청이 전후 첫 '디플레이션 선언'을 내놓으면서 일본은
행은 결정적으로 궁지에 몰렸다. 당좌예금 잔고를 5조 엔 수준으로 끌
어올리는 역사적인 양적완화가 결정된 것은 그 사흘 후였다.

3월 19일의 정책결정회의에서 야마구치는 집행부의 일원으로서 찬
성표를 던지면서도, 이런 발언을 남겼다.

"환상을 이용하려고 그런 설명을 하면 할수록 위험도 함께 커집니다.
… 그 위험을 우리는 충분히 염두에 둘 필요가 있습니다."

시장의 기대에 응해 작용하려는 이후 정책운영에 대한 최대한의 경
고였다. 결정 후에 열린 행내 국장회의에서는 제로금리와 양적완화가 혼
재하는 '부정합하고 알기 어려운 정책'이라는 비판이 제기됐고, '보신을
위해 제로금리로 되돌리지 않은 판단은 잘못됐다'며 기획 라인 간부에
게 직접 항의하는 사람까지 나타났다. 또 나중에 열린 기획 라인 위로
모임에서 후쿠이 전 부총재가 '양적완화는 의미 없다'고 비판해 동석한
기획담당 간부들과 격한 언쟁을 벌였다. 반면 과감한 양적완화를 호소
해 온 '리플레파'는 이 결정으로 아연 활기를 띠게 되었다. 일찍부터 인
플레이션 목표 설정과 양적완화를 계속 제안해 2년 가까이 정책결정회
의에서 고립됐던 심의위원 나카하라 노부유키는 이날 일기에 기쁨을
이렇게 적었다.

'120년 전통의 금융정책을 포기하고 양을 조작대상으로 하는 결정을
내렸다. 만 2년에 걸친 나의 제안이 거의 모두 실현된 셈이다. 내가 할
일은 끝났다. 하야미 씨 이하 마스부치 등 기획 라인이 양의 세계로 염

치도 없이 전향.'[48]

하야미 사임 소동의 진상

양적완화를 결단한 하야미는 그 다음주 미야자와에게 면회를 신청했다. 국회 개회중이라 미야자와의 형편이 여의치 않아 세 번째 일정 조율을 거쳐 회담이 성사되었다. 4월 10일경 하야미가 즐겨 찾는 아카사카 장어요리점에서 모임을 가졌다.

"체력적으로 힘이 듭니다. 죄송하지만 총재직을 그만두고 싶습니다."

하야미는 사임을 신청했다. 구 일본은행법에서는 대장상에게 파면권이 있어 5년 임기 도중에도 총재를 해임할 수 있었지만, 신법에서는 본인의 뜻에 반한 해임은 불가했다.[49] 하야미의 임기는 아직 2년 가까이 남아 있었다. 그런데도 하야미는 퇴임하고 싶다며, 동시에 '후임은 아무래도 후쿠이 군이면 좋겠다'라고 부탁했다. 이어서 경제동우회 대표간사로 있을 때부터 모리 요시로와 부딪치고, 그 전 총리 오부치 게이조 시대까지 포함해 총리관저와 잘 맞지 않는 것을 한탄했다고 한다.

20년 후에 확인된 일이지만 하야미는 1998년 3월 총재로 취임하면서 '2년이 지나면 후쿠이에게 물려주겠다'는 뜻을 동기 미에노 야스시에게 전달했었다. 갑작스러운 사의 표명으로 보이지만 실은 진작부터 준비돼 있던 시나리오였다.

하야미에게 총재 취임은 접대 사건이 초래한 이른바 '해프닝'이며, 본래라면 후쿠이가 맡았어야 한다고 생각했다. 정책운영을 둘러싸고 하야미가 종종 후쿠이에게 상담을 한 것도 그런 신뢰감의 표시였으며, 하야미의 마음을 알게 된 부총재 후지와라도 매월 후쿠이를 방문해 일본은행의 근황을 보고했다. '임기 도중 퇴임, 다음은 후쿠이'라는 것은 하야미, 미에노, 후지와라 세 사람 사이의 암묵적 합의사항이었던 것이다.

2000년 8월 제로금리 해제후 정부와 자민당에서 하야미 책임론이 터져 나오면서 일본은행 내부에서도 '총재 퇴진을 권고해 달라'는 호소가 미에노에게 전해졌다. 마음 약한 미에노는 하야미에게 편지도 쓰고, 때로는 직접 만나 행내의 불만을 하야미에게 전하며, 사임 시점도 논의한 것으로 알려졌다.

하야미 도중 퇴임설은 이윽고 일본은행 상층부에 서서히 퍼져 나갔다. 양적완화를 둘러싸고 후지와라가 "이것은 하야미 총재가 퇴임하는 계기가 될 것"이라고 무심코 말하거나, 완화 결정 직후 기획 라인 사람이 대장성 측에 조기사임 가능성을 누설하기도 했다.

한편 미야자와도 하야미의 속마음을 살피고 있었던 모양이다. 장어 요리점에서의 요청에 대해 미야자와는 "알았습니다. 여기서 결정할까요" 하며 응했고, 금명간 총리관저를 방문해 사의를 전달한다는 구체적인 절차까지 그 자리에서 상세히 논의했다.

그런데 재무성으로 돌아와 비서관에게 계획을 들려줬더니, "장관님, 하야미 총재가 그만둘 수는 있습니다. 하지만 후임을 결정할 수가 없습니다. 모리 정권 말기에 총재 인사에서 국회의 동의를 구하는 것은 불가능합니다"라는 응답이 돌아왔다. 지지율이 떨어진 모리는 자민당 내의 목소리에 밀려 퇴진을 결심하였다. 그리하여 당 총재 선거가 막 시작되려는 참이었다.

미야자와 자신도 일본은행법 개정으로 정·부총재 임명에 국회 동의가 필요해진 것을 깜빡 잊고 있었던 것이다. 미묘한 정치상황으로 인해 생각을 바꾼 미야자와는 황급히 하야미에게 전화를 걸었다.

"미안합니다. 없던 이야기로 해주십시오."

미야자와는 후쿠이 선임에 힘쓸 것을 하야미에게 약속하고, 이후 정계 실력자인 자민당 아오키 미키오青木幹雄 참의원 간사장의 동의를 얻었다. 이어 고이즈미 준이치로小泉純一郎 내각에서 관방장관이 된 후쿠다 야스오福田康夫에게 '차기 총재는 후쿠이'라는 사실을 전달하고 자리에서 물러났다.[50]

반면 고이즈미 정권의 탄생을 지켜본 하야미는 일단 표명한 사의를 흐지부지한 채 남은 임기를 마치게 된다. 고이즈미가 내세운 신자유주의적 '구조개혁 노선'에 기대하는 한편으로, 미야자와의 후임이 된 시오카와 마사쥬로塩川正十郎가 '나보다 젊은데 그만두고 싶다고 말하지 말라'고 설득한[51] 것이 영향을 미쳤다고 하지만, 무엇보다 후계 지명한 후쿠이 본인이 중도 퇴임을 말린 효과가 컸던 것 같다.

후쿠이는 퇴임후의 회고록에서 이런 에피소드를 이야기하였다.

"2001년 봄 무렵이 되자 자신이 도중에 그만두게 되면 나보고 물려받으라고 몇 번이나 말했다. 나는 … 신법에 의한 일본은행 총재는 완전 신분보장의 존재, 즉 정부에 의해 파면되지 않는다는 것이므로, 그 의미를 엄중히 해석해 절대 스스로 그만두어서는 안된다, 그 직무상의 책임은 죽어도 마친다는 뜻이기 때문에 도중에 피곤하니까 그만둔다는 것은 … 용서받을 수 없다고 말씀드렸다."

하야미는 5월 정책위원회에서 "걱정을 끼쳤지만 건강해졌으니 열심히 하겠다"고 말해 주위를 놀라게 했다. 밀약을 주고받을 정도로 하야미가 갈망했던 후쿠이 총재 구상이 결실을 맺는 것은 2년이 지난 뒤의 일이었다.

부실채권 처리에 '꼼수'를

2011년 봄 높은 지지를 받은 고이즈미 정권의 출범에 따라 경제재정

자문회의를 핵으로 하는 관저 주도의 정책결정 프로세스가 서서히 형성되었다. 하지만 정작 경제는 악화일로를 걷고 주가 하락이 이어졌다. 국채 발행 30조 엔 한도 설정을 비롯해 고이즈미가 재정 규율에 중점을 두면서 경기대책으로 금융정책에 기대하는 목소리가 부쩍 높아졌다.

특히 경제재정정책담당 대신으로 발탁된 다케나카 헤이조는 직접 정책결정회의에 참석해 '구조개혁과 금융정책의 조화'를 호소하거나, 히토쓰바시대학 선배인 하야미를 동창회관으로 불러 인플레이션 목표의 필요성을 설득했다. 한편 참의원 선거 뒤인 8월 9일에는 자민당의 야마모토 고조가 '일본은행법 개정연구회'를 설립해 인플레이션 목표의 설정과 총재 해임권의 부활을 요구하는 활동을 개시했다.

이에 대해 하야미는 "토지, 비료, 햇볕 등이 식물이 자라는 환경을 만들어주지 않는 한 아무리 물을 뿌려도 철벅철벅할 뿐"[52]이라며 추가완화보다는 부실채권 처리 등 구조개혁이 선행돼야 한다고 거듭 주장했다. 다만 사임 소동이 보도된 이후 그 지도력은 한층 약해져 있었다. 집행부는 정치권과 나카하라 등 완화파 위원들의 의향을 관찰하며 8월 14일 회의에서 당좌예금 잔고를 6조 엔으로 올리는 추가완화를 단행했다.

9·11테러가 터지면서 국내외 경기는 갈수록 얼어붙고 부실이 다시 팽창하기 시작했다. 그동안 누계 80조 엔 이상을 처리해 왔음에도 불구하고, 경기침체에 따른 신규 발생분에다 종합건설회사, 부동산, 유통, 제2금융권 등 대규모 대출처의 연명을 위해 금융기관들이 '땜질식 처방'에 나서는 바람에, 그것이 경기악화와 함께 부실화된 것이다.

은행주를 중심으로 일본 주식이 매도되면서 디플레이션의 악순환이 우려되는 가운데 12월 19일 당좌예금 잔고를 10조~15조 엔으로 올렸다. 기획 라인은 당초 어떻게든 10조 엔대를 넘기고 싶지 않았지만, 완화파 위원들의 기세를 보고 의장안을 다시 만들어 정책결정회의 휴식

시간에 하야미를 설득했다고 한다.

당초부터 양의 효과에 의문을 품어 온 야마구치 부총재는 이 10조~15조 엔을 당좌예금 목표의 '상한선'으로 삼아야 한다고 생각했다고 나중에 털어났다. 야마구치의 뜻에 따라 양적완화를 검증하는 프로젝트가 그후 만들어져, "금융기관의 유동성 불안을 불식시키는 점에서 큰 효과를 발휘했지만 자금공급량의 증가가 경제활동의 활성화로 반드시 이어지지는 않았다"는 보고서가 1년 뒤에 나왔다.[53]

점차 늘어나는 부실채권의 최종 처리는 재정구조 개혁과 함께 고이즈미 정권의 핵심정책으로 자리잡게 됐고, 그 비장의 카드로 야나기사와 하쿠오柳澤伯夫가 금융담당 대신으로 재등판했다. 금융감독청은 2000년 7월 금융청으로 변경됐고, 2001년 1월부터는 금융부문 규제부터 파산처리까지 모든 것을 담당하는 조직으로 바뀌었다.

1999년에 금융기관 공적자본 투입을 주도한 야나기사와는 부실채권을 일정 기간 내에 대차대조표에서 제외할 것을 금융기관에 의무화한다든지 대규모 대출처에 대한 충당 여부를 조사하는 '특별검사'도 실시하는 등 여러 방법을 썼지만, 중요한 성과를 거두지는 못했다. 경제정책을 담당하는 다케나카는 그런 야나기사와를 비판하며 예방적 강제적으로 공적자금을 재투입하고 금융기관을 일시 국유화해서라도 처리를 단행해야 한다고 주장했다. 금융정책에 대한 비판을 피하려 했던 하야미도 다케나카와 함께 공적자금 재투입이 필요하다고 목소리를 높였다.

하지만 야나기사와는 재투입 반대 입장을 고수했다. 양측의 의견 대립이 계속되는 가운데 주가는 더 떨어져, 결산기가 끝날 때마다 주식을 많이 보유한 은행들의 경영 불안이 가속화되었다. 은행 대출도 메가뱅크를 중심으로 큰 폭으로 감소하고, 신용중개 기능의 저하로 중소·영세기업의 원성이 터져 나오면서 곳곳에서 자살자가 속출했다.

2002년 들어서도 경제가 정체돼 닛케이 평균주가는 7월 24일 마침내 1만 엔 선이 무너졌다. 일본은행법 개정을 담당한 이나바 노부오와 기획1과장 아마미야가 모두 고사국으로 이동한 것은 정확히 그 한 달 전이었다. 고사국장이 된 이나바는, 참사역인 아마미야와 함께 임팩트 있는 부실채권 대책을 강구하기 시작했다.

대형은행이 보유한 주식을 일본은행이 매입한다는 놀라운 구상이 이나바의 머릿속에 떠오른 것은 8월 추석 연휴가 끝난 뒤였다.

이나바는 과거 영업국에서 금융조절을 담당하던 시절 어음, 국채, 회사채, 양도성예금, 기업어음(CP) 등 온갖 금융상품을 실제로 사고팔고 한 적이 있었다. 그 경험을 바탕으로 '주식을 사는 오퍼레이션은 할 수 없는 것일까' 생각했다. 중앙은행은 금융기관에서 금융상품을 사들이고 그 대가로 은행권을 발행한다. 이 은행권의 신용을 유지하기 위해 매입 자산은 안전성이 높은 국채가 바람직하다고 한다. 그러나 이나바는 '리스크를 최소화하면서, 주식을 매입하는 오퍼레이션을 통해 경제 상황을 호전시킬 수 있는 좋은 방법이 있을 것'이라며, 아마미야에게 구체적인 방안 검토를 지시했다.

구상을 들은 아마미야 또한 '국채에만 국한하지 않고, 일본 내에서 보유하고 있는 금융상품의 비율을 참고해, 일본은행의 자산도 구성되어야 하는 것 아닌가'라고 이전부터 생각하고 있었다. 무엇보다 '중앙은행의 첫 오퍼레이션'이라는 울림이 신선하고 매력적이었다.

2002년 9월 4일, 세계적인 주가하락에 휘말리듯 평균주가는 한때 9,000엔 아래로 떨어지고, 자민당 내에서 ETF(상장투자신탁) 매입을 요구하는 목소리가 터져 나왔다. 9일 오후 총리관저에서 열린 경제재정자문회의에서 하야미는 필사적으로 불을 끄기 위해 달렸다.

"주식을 일본은행이 은행권의 자산 담보로 산다는 것은 중앙은행으로서는 예도 없고, 역시 이건 할 일이 아니라고 생각합니다."[54]

그 하야미가 이나바로부터 주식 매입 구상을 보고받은 것은 바로 이 자문회의 직후였다. 하야미는 입을 열면서 첫마디로 "주식을 사는 것은 안돼. 주식은 안된다고 방금 말하고 왔네"라며 인상을 찌푸렸다. 중앙은행의 주식 보유는 '꼼수'로 비쳤다.

그래도 이나바는 포기하지 않았다. 9월 13일 스위스 출장에서 귀국한 야마구치에게 설명하자, 야마구치는 '도대체 무슨 생각이냐'고 놀라면서도, 설명을 듣는 내내 이해와 흥미를 드러냈다. 양적완화는 '천장'에 가까워진 반면에 추가책이 부족했기 때문이다.

야마구치에게는, 금융시스템담당 이사 미타니 다카히로三谷隆博한테서도 예기치 않게 비슷한 아이디어가 전달되었다. 미타니 또한 대량의 주식 보유가 은행 경영을 불안정하게 하고 있다며 주식의 가격 변동 리스크를 은행에서 분리해야 한다고 생각하고 있었다. "주가가 떨어졌기 때문에 자기자본비율이 악화되고, 그래서 다시 주식을 파는 악순환을 어딘가에서 끊어야 한다"고 미타니는 말했다.[55] 이나바의 구상에, 미타니는 말할 필요도 없이 찬동했다.

9월 14일부터 16일까지 히카와 분관에서 고사국, 기획국,[56] 신용기구국 담당자가 집결해 막바지 작업이 진행됐다. 그리고 9월 17일 아침, 이나바가 제일 먼저 하야미를 마주했다.

"총재님께서 말씀하시는 부실채권 처리에도 속도가 붙고, 주가 안정을 통해 실물경제에 좋은 영향을 미칠 수 있습니다."

하지만 하야미는 완고한 태도로 의견을 받아들이지 않았다. ETF 구입을 요구하는 정치적 압력이 나온 시점으로 움직이지 말아야 한다, 재무 건전성이라는 중앙은행의 원칙에 어긋난다며 양보하지 않았다.[57]

이나바는 "금융 조절을 위해서 혹은 오퍼레이션으로서 사는 것은 아

니라고 하면 괜찮지 않습니까? 이것은 금융정책이 아니라 금융시스템
의 안정을 통해 실물경제에 좋은 영향을 주는 방안입니다"라고 반복하
며, 마지막으로 이렇게 압박했다.

"일본은행에는 2조 엔이나 되는 자기자본이 있습니다. 리스크 관리를
행하면서 그 일부라도 사용해 금융기관의 리스크를 대신하면, 공적자
금에 의한 자본 주입과 같은 효과가 있습니다. 이걸 사용해 그들에게 부
실채권 처리를 압박하면 되잖습니까?"

구조개혁론자인 하야미는 금융기관의 자본부족이 부실채권 처리 지
연으로 이어지고 있다며, 야나기사와 금융담당상에게 공적 자본 투입
을 거듭 촉구했다. 이나바는 '그렇게 말하려면 먼저 스스로 모범을 보여
야 한다'고 진언했다. 이 말 끝에 눈을 감고 가만히 생각에 잠겨 있던 하
야미가 마침내 수긍한 것을 측근 가운데 한 명은 기억하고 있다.

하야미의 재가가 떨어진 다음의 움직임은 신속했다. 이날 오후 정책
결정회의가 끝난 뒤 연이어 열린 정례 정책위원회에서 이나바는 '본행
의 주가변동 리스크 경감방안'이라는 제목의 보고를 했다. 정책결정회
의가 아닌 정례회의에 의안을 올린 것은 주식 매입이 금융정책의 일환
이 아니기 때문이지만, 동시에 정부 측으로 정보가 유출되는 것을 막으
려는 의도도 있었다. 신일본은행법은 정부의 정책결정회의 참석을 허용
하고 있지만, 정례회의에는 정부 관계자가 나오지 않는다. 주식 매입이
기밀을 요하는 정책인만큼 취급에 세심한 주의가 필요했다.

회의가 열리자 심의위원들 사이에서 '은행이 주식을 팔지 어떨지'라
는 의문이 터져 나왔고, PKO(주가유지정책) 같아 보인다는 정책에 대한
이견도 제기되었다.

이에 대해 후지와라 부총재는 '금융시스템 문제에 관해 일본은행이
무엇을 할 수 있을지 늘 고민해 왔는데, 집행부에서 독자적인 시책을 낸

것을 보고 한편으로 감동했다'고 평가했다. 일본은행법 개정으로 신용질서는 정부의 책임으로 정의됐고, 일본은행 내에도 '퓨어 센트럴 뱅크론'이 뿌리 깊게 깔려 있었다. 그런만큼 후지와라는 '신용질서 공헌책'을 정당하게 평가해야 한다고 생각했다. 하야미도 '일본은행도 할 수 있는 일은 하기 때문에, 부실채권 처리를 진행시켜 달라는 뜻으로 받아들이는 것이 중요하다. 그렇게 가져가면 성공이라고 생각한다'[58]고 말했다.

다음날 정책위원회 확인을 거친 대외공표문 〈금융시스템의 안정을 위한 새로운 방안에 대하여〉가 결정됐다. 매입 대상은 보유 주식액이 자기자본을 초과하는 은행 15곳이었다. 매입 한도는 2조 엔으로, 신탁 방식으로 산 주식은 최장 10년간 보유하고 원칙적으로 의결권은 행사하지 않는 구조였다. 매입에는 재무성의 인가가 필요해 이날 아침 일찍 재무성에 보고했다. 재무대신 시오카와도 사무차관 무토 도시로武藤敏郎도 놀라움을 감추지 않으며 즉석에서 환영의 뜻을 나타냈다.

'비상사태 선언' 격인 일본은행의 결정은 정부 측을 몰아갔다. 공적자금 재투입을 둘러싼 다케나카와 야나기사와의 논쟁이 갈수록 거세진데다, 미국으로부터 부실채권 조기 처리를 압박받은 고이즈미는 9월 30일 야나기사와를 해임하고 다케나카에게 금융담당상을 겸직하도록 하는 깜짝 인사를 단행했다. 금융권을 뒤흔든 '금융재생 프로그램'(다케나카 플랜)이 마련되는 것은 그 한 달 뒤다.

깜짝 놀랄 만한 방안을 마련한 이나바 등은 다음으로 '디스카운트 캐시 플로우'Discount Cash Flow(DCF)라고 불리는 미국식 충당방식을 일본은행 고사考査에 도입하는 일로 분주했다. 부실채권을 대충 분류하는 것이 아니라 개별 채권마다 '할인 현재가치'를 산출한 다음 그에 걸맞은 충당금이 쌓였는지를 평가하는 방법은 다케나카 플랜에도 그대로 적용돼 부실채권 처리를 촉진시키는 원동력이 됐다.

제3장 후쿠이福井 시대

반전공세, 양의 팽창과 수축
2003-2008

쌓이고 쌓인 '불평'을 해소하기 위해
새 총재는 정부와의 공조를 중시해
과감한 양의 확장으로 방향을 튼다.
때마침 세계 경제의 회복과 겹쳐
일본은행의 반전공세는 성공한 것처럼 보였다.
그러나 그후 양적완화책의 해제를 놓고
다시 당시의 권력과 대치하게 된다.

후쿠이 시대

2003년	3월	이라크 전쟁 개전
	4월	일본우정공사 출범
	5월	리소나은행에 공적자금 투입 결정
	11월	아시카가은행 일시 국유화
2004년	1월	육상자위대 이라크 파견
	7월	참의원 선거에서 자민당 패배, 민주당 약진
	8월	아테네 하계 올림픽
	10월	니이가타현 주에쓰中越 지진
2005년	2월	라이브도어, 닛폰방송 주식 대량 취득 판명
	4월	페이오프 본격 해금. JR후쿠치야마선 탈선 사고
	9월	중의원 선거에서 자민당 압승
	10월	우정郵政 민영화 관련 6법 통과
2006년	1월	일본우정日本郵政 발족. 라이브도어 분식결산 사건
	2월	토리노 동계 올림픽
	3월	양적완화 해제
	6월	무라카미펀드의 무라카미 요시아키 대표 체포
2007년	7월	참의원 선거에서 민주당 승리(비틀림 국회)
	10월	우정 민영화를 통한 '일본우정그룹' 출범
2008년	3월	전후 처음으로 일본은행 총재 공석

미야자와의 '구두시험'

2003년 들어 대량살상무기 확산 위험을 빌미로 미국이 이라크에 대한 압박을 강화하면서 일촉즉발의 긴박감이 감돌았다. 중국에서는 사스SARS(중증급성호흡기증후군) 바이러스에 의한 신종 폐렴이 광동성에서 각지로 확산되면서 경계감이 높아졌다. 한편 일본 경제의 저공비행은 이후에도 계속되었다. 평균주가는 8,000엔대에서 얼어붙은 채였다. 하야미 마사루 총재의 후임 인선은 그런 어려운 환경에서 진행되었다.

하야미 마사루는 구일본은행법 아래서 선임되었기 때문에 신법에 의한 총재 선출은 이번이 처음이었다. 인사권자는 총리 고이즈미 준이치로이지만 관방장관 후쿠다 야스오, 재무대신 시오카와 마사쥬로, 경제재정정책담당대신 다케나카 헤이조도 영향력을 가질 것으로 예상되었다. 또 구법 시대에는 현직 총재의 뜻이 존중된 사례[1]가 있었지만 신법 아래서 어떻게 될지는 미지수였다.

2년 전의 사임 소동이 상징하듯 하야미는 시종일관 후지쓰총연 이사장인 일본은행의 '전 프린스' 후쿠이 도시히코를 밀고 있었다. 하야미는 미야자와 기이치에게 직접 호소하였을 뿐 아니라 시오카와에게도 편지를 써서 '후쿠이를 부탁'했다고 측근에게 밝혔다.

후쿠이를 민 것은 하야미뿐만이 아니었다. 경제재정자문회의 민간의원을 맡고 있던 재계인사 우시오 지로牛尾治朗와 부총재 후지와라 사쿠야는 관방장관 후쿠다와 정기적으로 만나 "이 난국을 극복하려면 금융 전문가가 필요합니다. 그것은 후쿠이 이외에는 생각할 수 없습니다"고 거듭 호소하였다.

접대비리 사건으로 인책사임을 피할 수 없었던 후쿠이지만, 그후 경제동우회 부대표 간사로서 활동의 장을 넓히며 활발한 정보 발신을 계속하고 있었다. 동시에 후지와라를 통해 일본은행의 내부 움직임도 파악해 언제든 등판할 수 있는 '스탠바이 상태'였다.

하지만 정부 부처 사이의 조율은 한 가닥으로 모아지지 않았다. 굴지의 인플레이션 목표론자인 다케나카는 일찌감치 고이즈미에게 총재 인사의 중요성을 강조하며 '진짜 금융 전문가를 뽑아야 한다'고 진언하였다. 당시를 뒤돌아보며 다케나카는 말했다.

"중앙은행이 정부로부터 독립해 존재하는 것은 금융이 어렵고 전문가가 필요하기 때문입니다. 그리고 국회의 절차를 거치지 않는 신속한 결정이 필요한 분야이기 때문이기도 합니다. 그런데도 일본은행 임원이나 심의위원 중 금융 박사학위를 가진 사람은 거의 없습니다."

다케나카는 금융담당상을 겸직하게 된 다음 일본은행 히카와 분관에서 하야미를 만났다. 그리고 인플레이션 목표를 명시한 정책협정의 체결을 요구했으나 즉각 거부당했다. 그는 후쿠이와도 자주 만나 논의했다. 하지만 '인플레이션 목표도 하나의 수단이지만 지금의 정책효과를 보고 판단하는 게 좋다는 식으로 관료적으로 도망쳤다'고 술회하였다. 다케나카는 미국에서 반상식인 정책사상을 일본은행이 받아들이지 않는 것은 구미 주류경제학에 대한 감도가 둔하기 때문이라고 생각해 고이즈미에게 기회 있을 때마다 건의하였다.

"진정한 금융 전문가를 뽑아야 합니다."

다케나카가 민 사람은 내각부 정책총괄관 이와타 가즈마사岩田一政였다. 이와타는 정부를 대표하는 관청 이코노미스트로 일찍부터 인플레이션 목표의 필요성을 지적하였으며, 2001년 3월의 '디플레이션 선언'에서도 주도적 역할을 하였다.

한편 자민당 내에서는 디플레이션 극복과 구조개혁을 모두 성취하기 위해 종래의 상식을 넘어선 '비전통적 금융정책'을 펴야 한다는 의견이 급속히 높아지면서, 리플레파 전 심의위원 나카하라 노부유키를 밀어붙이는 목소리가 나오기 시작하였다.

또 재무성은 재무성대로 다른 움직임을 보이고 있었다. '일본은행의 다음 사령탑은 우리 쪽에서'라는 주장 속에 몇몇 사무차관 경험자가 리스트업되었으며, 가장 강력한 후보로 현직 사무차관 무토 도시로가 거론되었다. 하지만 대장성 시대부터의 호된 비난이 여전히 계속된 까닭에 총리관저가 주도하는 고이즈미 정권에서 재무성 출신이 일본은행 총재로 부임하는 인사 관행이 부활되기는 매우 어려운 일로 생각되었다.

그러던 중 고이즈미에게 직접 압력을 가하기 위해 움직인 사람은 미야자와 전 재무상이었다. 2003년 1월 21일 아침 미야자와는 직접 총리관저에 전화로 면회를 신청하였다. 그리고 오후 4시 25분 신축된 총리관저 집무실에서 고이즈미와 마주했다.

"요즘 인플레이션 목표 같은 이야기가 나오는데 아주 주의해서 하는 게 좋습니다. 학자들은 관념적이어서 잘 모르면서도 생각나는 대로 여러 가지 이야기를 하는데요. 관념만으로 일을 처리하면 엄청난 부작용이 생길 겁니다. 국채는 폭락하고 금리가 급상승할 수 있어요. 거듭거듭 신중히 생각하시는 게 좋아요."

　미야자와가 고이즈미에게 전하고 싶었던 말은 정부 여당 내에서 고조되는 '리플레이션론'에 가담해서는 안된다는 이야기였다. 사실 한 달 전에 열린 경제재정자문회의에서 하마다 고이치浜田宏一 전 예일대 교수는 "디플레이션은 특별한 화폐적 현상이므로 대책의 제1차 수단은 금융정책이지 구조개혁이나 재정정책이 아니다"며, ① 일본은행 당좌예금이 아닌 광의의 통화 공급을 운영목표로 설정해야 하고, ② 환율에 대한 불태화 개입을 유예해야 하고, ③ 2년후 2~3%의 인플레이션 목표 달성을 선언해야 한다고 고이즈미에게 진언한 바 있다.[2]

　진지하게 귀를 기울이는 고이즈미에게 미야자와는 말을 이어갔다.

　"인플레이션 목표 등을 정하지 않아도 일본은행의 당좌예금 잔고 혹은 국채 매입액을 늘린다든지 회사채나 외채를 사는 방법도 있습니다. 지금의 연장선상에서 할 수 있는 일이 있으니, 하등 물가상승률을 얼마로 하겠다는 등의 말을 할 필요는 없어요."

　한 박자 쉬고 나서 미야자와는 의미심장한 말을 입에 올렸다.

　"지금 문제가 되고 있는 일본은행도 마음에 걸립니다."

　사실 미야자와는 그 전날 후쿠이와 몰래 만났다. 이 자리에서 미야자와는 '전통적인 금융정책의 틀에서 무엇을 할 수 있느냐'고 물었고, 후쿠이에게서 들은 답변을 고스란히 고이즈미에게 전달했다. 미야자와는 인플레이션 목표에 대해서도 물었다. 후쿠이는 "스스로 자신을 얽어매는 것은 싫지만 공적인 일을 할 때는 자신의 행동을 남들에게 확실하게 보이도록 하는 것이 좋다고 생각합니다"라는 함축적인 말을 들려줬다.

　'구두시험' 내용을 전하면서 미야자와는 마지막으로 총재 인사에 대해 한마디 언급했다.

　"총리, 정통파가 좋습니다."

구체적인 이름은 거론하지 않았지만 후쿠이가 최적이라고 미야자와는 진언하고 총리관저를 떠났다.[3]

총재 선출일은 2월 5일이었다. 이날 오후 7시 고이즈미는 경제재정자문회의 민간의원과의 만찬을 명목으로 우시오와 오쿠다 히로시 도요타 자동차 회장, 그리고 다케나카를 관저로 불렀다. 후쿠다도 동석하였으며 10분 정도 늦게 시오카와가 합류하였다.

모두 모이자 고이즈미가 말을 꺼냈다.

"다음 일본은행 총재로 누가 적합한지, 여러분의 솔직한 의견을 듣고 싶습니다."

회식이라는 이름의 '인사검토회의' 자리였다.

먼저 우시오가 '후쿠이가 좋다'고 치고 나가자 오쿠다도 '재계는 후쿠이를 지지한다'고 말을 받았다. '민간인이 좋다'고 늘 말하던 고이즈미의 뜻에 부합하려는 듯 두 사람은 '후쿠이는 일본은행 출신이지만 경제동우회에서 적극적으로 활동하는 민간 경제인'임을 강조하였다.

반면에 다케나카는 '총재 자리에는 진정한 전문가가 필요하다'며 이와타 가즈마사를 추천하였고, 마지막으로 시오카와는 재무차관을 갓 퇴임한 무토가 적임이라고 말했다. 고이즈미는 잠자코 귀를 기울였다.[4]

며칠 뒤 후쿠다 관방장관은 만찬 참석자들에게 전화를 걸었다. 후쿠다는 온화한 어조로 말했다.

"여러 가지를 고려해 총리와 상의하였습니다. 총재는 후쿠이, 부총재는 이와타와 무토 두 분을 모시기로 했습니다."

전화를 받은 다케나카는 '그럴 듯하게 보탠 다음 셋으로 나누는 후쿠다다운 판단'이라며 쓴웃음을 지었다.

총리 측근에 따르면 고이즈미는 당초 깜짝 인사를 구상하며 다른 민간인을 발탁하려고 했다. 의중에 두었던 사람은 자신이 가장 신뢰하는 평론가 다나카 나오키田中直毅였지만, 다나카 또한 '후쿠이가 적임'이라고 진언하였다. 게다가 후쿠다도 시오카와[5]도 미야자와의 제의를 존중해 후쿠이를 밀었다. 그래서 고이즈미도 결국 동의했다고 한다.

2월 24일 열린 인사검토회의에서 인사안이 내정되어 국회 동의 절차로 넘어갔다. 고이즈미는 "정부의 생각을 이해해 줄 사람이라는 기준을 가장 중시했다"며 정부와 일본은행의 '연계 강화'가 목적이라고 강조했다.

후쿠이 내정 소식을 들은 하야미는, "아아, 다행이라고 소리를 지르며 마치 자신의 일처럼 기뻐했다"(측근)고 한다.[6]

'프린스'의 스타트 대시

후쿠이는 그동안 총재 인사에 대해 질문을 받을 때마다 '자신은 불상사에 책임을 지고 그만두었기 때문에 다시 원래의 직장으로 돌아간다는 것은 조금도 생각하지 않고 있다'고 말해 왔다.

내정후 처음 고이즈미와 만났을 때는 "총재가 되자마자 여러 방면에서 책망을 듣고 꼼짝 못할지도 모릅니다. 그렇다고 내팽개치지 마십시오" 하고 당부했다.[7] 이어서 국회에 처음 불려갔을 때도 "불상사의 책임을 지고 사임한 몸입니다. 지금도 그 책임을 매우 무겁게 느끼고 있습니다"라고 몸을 낮추며 이야기를 시작했다.

그렇게 조심스럽게 말을 하면서도 후쿠이의 심중에는 기약하는 바가 있었다. 내정된 지 얼마 지나지 않은 3월 상순의 일이었다. 브리핑하러 간 일본은행 기획 라인의 간부에게 후쿠이는 갑자기 이런 질문을 던졌다.

"임시회의를 개최한 적이 있소?"

임시회의란 긴급 금융정책결정회의 개최를 말한다. 신일본은행법에 의하면 회의는 개최일을 사전에 공표하고 원칙적으로 월 2회 정도 개최하도록 되어 있었다.[8] 필요하다면 임시 개최도 가능하지만 금융시장에 과도한 충격을 주거나 불필요한 억측을 초래할 염려가 있어 그때까지 한 번도 열린 적이 없었다.

'개최한 적이 없다'는 간부의 대답에 후쿠이는 '개최하면 안 좋은 것이냐'고 다시 응수하였다. 그 다음에도 '외채를 사면 안되느냐' '주식 매입을 늘리겠다'고 다그치듯 말을 계속했다.

기획 라인은 감이 왔다. 신임 총재는 하야미 총재와 전혀 다른 일을 하려고 한다. 이는 하야미 시대와의 단절이다.

미국과 영국의 이라크 폭격이 초읽기에 들어가면서 평균주가는 3월 10일, 20년 만에 처음으로 8,000엔 아래로 떨어졌다. 국회 동의를 받은 후쿠이는 만반의 준비를 갖춘 뒤 중의원에서 결의를 표명하였다.

"독립성은 신일본은행법에 의해 확실히 보장되어 있습니다. … 수비적인 자세로 임할 생각은 저에게 없습니다. 오히려 적극적으로 정책행동을 펼침으로써 그것이 평가를 받게 된다면 독립성이 얼마나 좋은지 국민 여러분이 알게 될 것입니다."[9]

이 자리에서 후쿠이는 여당이 요구하는 인플레이션 목표의 중요성에도 이해를 표하고, 정치권이 요구하는 ETF(상장투자신탁)와 REIT(부동산투자신탁) 등의 매입에도 여지를 남겼다. 원리원칙을 고집하지 않는 새 총재의 유연성과 당참을 느끼게 하는 소신 표명이었다.[10]

3월 20일, 세계가 마른침을 삼키며 지켜보는 가운데 미국과 영국은 이라크에 대한 군사 작전을 개시하였다.

각의가 폐회되고 난 다음 고이즈미로부터 임명장을 받은 후쿠이는 망설이지 않고 스타트 대시하였다. 후쿠이의 머리에 들어 있던 것은 정책결정회의 임시 개최, 은행 보유 주식의 매입 확대, 그리고 중견·중소

기업의 자산을 뒷받침하는 '자산담보증권'(ABS) 매입이라는 3종 세트였다. 임시회의 소집을 통해 새 체제의 기동력을 보여주고, 그 여세를 몰아 주식 매입의 확대와 기업금융 원활화 방안을 한꺼번에 결정하려고 했다.

다만 임시결정회의는 전례가 없는 일이라서 복수의 심의위원이 저항하였다. 후쿠이의 '독주'를 경계한 측면도 있었지만, 회의의 정기 개최는 일본은행의 투명성을 확보하기 위한 것이기 때문에 그 규칙을 스스로 어기면 안된다는 위원들의 주장에는 일리가 있었다. 회고록에 의하면 후쿠이는 '스타팅 블록에서 뛰쳐나와 총재만 뛰는 것은 이상하니 한 번만 허락해 달라'고 읍소해 그럭저럭 설복시켰다고 한다.[11]

은행 보유 주식의 매입은 현장의 신용기구국 라인이 이의를 제기하였다. 취임 전부터 매입 확대 의향을 보인 후쿠이에게 담당이사 미타니 다카히로가 "범위를 더 이상 늘려도 팔러 오는 곳은 없습니다. 의미가 없습니다"라고 반대했지만, 후쿠이는 받아들이지 않았다. 미타니를 주축으로 하는 사무국은 히카와 분관에 모여 반대 방침을 재차 확인하고 후쿠이 설득을 시도했지만, 이렇게 반격당했다.

"나는 은행 보유 주식을 다 사도 된다고 생각합니다. 그래도 여러분이 그렇게 말한다면 3조 엔으로 참을 테니 그것만 하게 해주시오."

할말을 잃고 곤혹스런 표정을 짓고 있는 간부들에게 후쿠이는 웃으며 말했다.

"비록 의미가 없더라도 일본 경제를 위해 일본은행이 발 벗고 뛰는 모습을 보이고 싶습니다. 뭐, 경기부양책 같은 것이지요."

주식 매입 확대안을 놓고는 정책위원회에서도 심의위원들로부터 반대 의견이 나왔다.

나카하라 신中原眞 위원: "아주 긴급하고 부득이한 경우가 아니면 확대해서는 안됩니다."

다야 데이조田谷禎三 위원: "주가 대책으로 받아들여질 수 있는 정책에는 찬성할 수 없습니다."

결국 7 대 2로 의결되었지만 후쿠이는 반대표를 전혀 개의치 않았다. 그리고 4월 8일의 정책결정회의에서는 부실채권에 의한 금융중개 기능의 저하로 기업금융에 경색이 일어나고 있다며 3탄이 되는 중견·중소기업의 외상매출채권을 보증하는 ABS를 매입하기로 결정했다. 은행 보유 주식에 이어 민간채무 매입이라는 질적 금융완화의 세계에도 발을 들인 것이다. 다만 이 제안에 대해서도 스다 미야코 위원이 반대표를 던지면서 나카하라 노부유키가 퇴임한 2002년 3월 이후 16차례 이어져온 정책결정회의 만장일치의 전통이 다시 무너지게 되었다.

후쿠이의 질주는 계속 이어졌다. 4월 30일의 정책결정회의에서는 당좌예금 잔고 목표를 5조 엔 올려 22조~27조 엔으로 하는 방안이 만장일치로 의결되었다. 취임한 지 불과 40일 만에 주식 매입, ABS 매입, 양적완화 확대 등을 잇달아 결정한 것이다.

독립성을 의식한 나머지 때로 격렬하게 정부와 대립했던 하야미 시대와는 달리 후쿠이는 정치나 시장의 의향을 미리 읽고 한 발 앞서 움직였다. 불편한 관계를 정상화하고, 공조를 강화하려는 총리관저 측의 제안을 받아들여 총리와 총재의 '정례회의'에 응한 것도 후쿠이가 아니면 내릴 수 없는 판단이었다.

퇴임 후의 회고록에서 후쿠이는 '정책은 선수를 쳐야만 필승'이라는 생각을 마음에 새기며 이라크전쟁을 스타트 대시에 이용했음을 솔직히 인정하였다.

"이것은 새 체제로서는 어떻게 보면 절호의 기회일지 모른다. 우선 전시체제를 펼치자. 똑바로 앞으로 나아가는 하나의 큰 계기로 이용하면 된다. … 육상경기로 치면 100m 달리기의 출발선에서 스타팅 블록에 탄력이 붙는 느낌으로 할 수 있는 것 아니냐는 생각이었다."

호사스러운 롯폰기힐즈가 문을 열면서 수도권에 재개발의 물결이 도래한 것도 이 무렵의 이야기다.

리소나은행 구제를 점프대로

2003년 황금연휴는 흐린데다 기온도 오르지 않았다. 평균주가는 연휴가 시작되기 직전에 7,607엔 88전으로 버블 이래 최저가를 경신하였다. 싸늘한 위기감이 일본 열도를 뒤덮고 있었다.

그런 황금연휴가 끝난 뒤의 일이다. 금융시스템을 담당하는 일본은행 간부에게 한 통의 전화가 걸려왔다. 상대는 금융청 국장이었다.

"리소나가 위험합니다. 함께 신일본감사법인을 설득해 줘야겠습니다."

메가뱅크의 하나인 리소나은행은 다이와은행과 아사히은행이 합병해 그해 3월 갓 출범한 은행이었다. 다만 두 은행 모두 다량의 부실채권을 안고 있어 경영 체력이 부족한 '약자 연합'으로 치부되고 있었다. 금융청도 일본은행도 '언젠가 위기대응이 필요한 은행'이라며 감시를 계속하고 있었다.

그런 리소나은행이 1분기 결산에서 과소자본 상태에 빠졌다는 소식이 5월 6일 금융청에 들어왔다. 리소나를 회계감사하는 신일본감사법인이 이연법인세자산[12]의 축소를 통보하면서 리소나의 자기자본비율이 4%인 국내 기준을 밑돌 것이라는 충격적인 보고였다. 당황한 금융청은 신일본감사법인에 '재고'를 촉구하기 위해 일본은행의 협조를 요청하였다.

신일본감사법인의 판단은 리소나 측이 전망한 5년치 이연법인세자산 중 3년치밖에 인정되지 않는다는 것이었다. 리소나의 향후 수익계획에 신일본측이 의문을 품었기 때문으로, 이 감사방침에 따르면 2003년 3월 말의 자기자본비율이 2%대로 급락해 국내기준인 4%를 밑돈다. 하지만 5년치를 인정받으면 4%를 달성할 수 있다. 리소나에게는 그야말로 생사의 갈림길이었다.

감사법인을 감독 지도하는 권한은 일본은행에는 없다. 다만 일본은행이 대형 감사법인 회계사들에 대한 연수를 제공하는 까닭에 신일본과도 나름대로 파이프는 있었다. 금융청은 그 점에 주목해 협조를 구했다. 하지만 일본은행 간부는 이렇게 말하며 타일렀다.

"감사법인을 설득하는 것은 사리에 맞지 않습니다. 설득한다 해도 해결책이 되지 못합니다. 이번에 지나가더라도 리소나는 조만간 벽에 부딪치고 말겠지요. 단지 문제를 미루는 것일 뿐입니다."

결국 일본은행은 움직이지 않았다. 협력을 부탁받은 간부는 "그래도 어떻게든 신일본을 설득하기 위해 금융청은 여러 가지 수단을 동원했다. 상당히 압박이 심했다"고 증언하였다.

또 금융청 관계자도 "수뇌부가 (리소나 처리에) 소극적이어서 고미 히로후미五味廣文 감독국장 외에는 처음에는 나서는 사람이 없었다"고 털어놓았으며, 다른 담당자는 "원만하게 넘길 수 없을까 하고 (상층부는) 기대했는데, 하지만 그런 발상으로 하면 안 될 것으로 현장에서는 생각했다"고 말했다.

이 같은 미온적인 대응의 배경에는 금융청 수뇌부에 대한 '맹렬한 정치적 압력'이 작용했다는 증언이 있다. 옛 다이와은행은 국회 내에 지점을 두고 있어 '국회의 주거래 은행'으로 불렸다. 그 정치적 브랜드의 장래를 걱정하는 소리가 진작부터 나가타쵸 일각에서 일고 있었다.

실무자들과 대조적으로 금융담당상 다케나카는 '감추지 않는다' '원칙을 굽히지 않는다' '법대로 한다'는 자세를 바꾸지 않았다. 전년 가을의 금융회생 프로그램 확정시 자민당의 저항을 이겨낸 실적[13]을 등에 업고 그는 감독국과 감사법인을 계속 질타하였다. 열쇠를 쥔 신일본감사법인은 잠시 양보 조짐을 보이면서도 감사 방침을 바꾸지 않았다. 결국 5월 15일 리소나 측에 이연법인세자산 축소가 통보되었다.

이틀 뒤 고이즈미는 예금보험법 제102조[14]에 따른 '금융위기대응회의'를 처음 소집해 사상 최대인 2조 엔 규모의 공적자금 투입을 결정하였다. 이연법인세자산 축소로 인해 자기자본 비율이 2.07%까지 낮아진 리소나은행은 정부 관리 아래 들어가 사상 첫 '특별지원은행'으로 인정되었다.

황금연휴가 끝난 지 불과 10일 만에 정리된 공전의 '구제 쇼'에 대해 총리 측근들은, 그동안 주저히던 다케나키가 자본 투입의 필요성을 호소하며 '하늘에서 떨어진 듯한 느닷없는 위기에 순응했다'고 술회하였다. 고이즈미 정권에도 성공하느냐 실패하느냐의 대승부였던 것이다.

그렇다고는 해도 채무 초과도 아니고 자금난에 빠진 것도 아닌 은행이 '위기 인정'을 받았으니 의문의 목소리도 분출되었다. 다케나카는 "지금 위기라는 것은 아니다. 파산이 아니라 회생이다"라고 강조했다. 후쿠이도 "위기를 미연에 방지하기 위한 대응"이라고 설명했지만, '위기가 아니라면서 공적자금을 투입하는가' '실상은 채무초과 아닌가' 하는 의문이 그후에도 지속되었다.

게다가 리소나의 주주 책임을 둘러싸고도 당국 간에 약간의 논쟁이 벌어졌다. 공적자금을 투입하는 이상 리소나 주주에게도 일정한 책임을 물어야 한다고 생각하는 후쿠이 등과 이를 미뤄야 한다는 금융청 사이의 이견이었다.

금융위기대응회의의 결정에 따라 일본은행 정책위원회는 일본은행법 제38조에 기초한 특융特融 발동 방침을 정했다. 특융을 발동하기 위해서는 '도덕적 해이를 방지하는 관점에서, 관계자의 책임을 명확히 하는 등 적절한 대응이 강구되어야 한다'는 것이 조건의 하나였다. 이를 바탕으로 후쿠이는 기자회견에서 이렇게 말했다.

"도덕적 해이가 생기지 않도록 하는 것은 하나의 큰 조건입니다. … 주주의 책임을 어떻게 질 것인가 하는 점에 대해서는 언젠가 어떤 형태로든 답이 나오지 않을까 생각합니다."[15]

금융재생법 아래서 일시 국유화된 일본장기신용은행이나 일본채권신용은행의 경우에는 100% 감자가 이루어져 기존 주주의 권리가 제로가 되었다. 경영자나 주주의 책임을 묻지 않으면 경영윤리가 황폐화되고 경제의 활력이 훼손된다.

이에 금융청 실무자들은 "이런 환경에서 감자 등을 하면 주식시장이 폭락한다"며[16] 당초 감자 쪽으로 기울어 있던 다케나카를 필사적으로 압박하였다. 애당초 파산한 채무초과 은행도 아닌데 강제감자를 요구할 수는 없다고 판단했던 관계자는 "몇 할 감자하면 주주 책임을 다할 수 있는지 애초에 답이 나오지 않는 문제였다"고 말했다.

결국 리소나는 자본금을 줄였지만 공적자금 증자도 함께 이루어져 주식 수량을 줄이지 않는 '장부상의 감자'에 그쳤다.

일본은행의 신용기구 라인도 이 안에 이해를 표했다. 하지만 후쿠이에게 설명할 때는 "일본장기신용은행이나 일본채권신용은행의 주식은 국유화로 휴지조각이 되었는데 리소나만 예외로 하는 것은 이상하다"고 불만을 나타냈으며, 심의위원들도 문제점을 지적하였다. 그후 후쿠이는 다케나카에게 전화를 걸어 도덕적 해이의 문제점을 호소했다고 한다.

다만 좋든 나쁘든 감자 보류가 해외 기관투자가들을 중심으로 일본 주식에 대한 '매수 안정감'을 높인 것은 사실이다. 리소나 구제를 계기로 평균주가는 반전 상승세로 돌아섰고, 일본 경제는 또다시 위기를 벗어나게 되었다.

한편 도덕적 해이를 우려한 후쿠이의 호소는 반년 뒤 아시카가은행 처리에 영향을 미쳤다. 지방은행 가운데 상위에 위치하고 있던 아시카가은행은 11월 들어 리소나와 마찬가지로 이연법인세자산에 대한 엄격한 감사에 내몰렸다. 하지만 금융청이 마련한 처리방안은 자본투입에 의한 구제가 아니라 파산 선언후 국가가 전 주식을 강제 취득하는 일시 국유화였다.

아시카가은행 처리에 대해 당국자 가운데 한 명은 "분명히 리소나 구제의 반동이었다"고 평가했다. 일본은행 간부도 "도덕적 해이가 확산되지 않도록 다음에는 엄격하게 해야 한다는 조언이 다케나카 대신에게 전해져 아시카가은행에 대한 엄격한 검사로 이어졌다"고 풀이하였다.

한편 5월의 리소나 소동은 후쿠이에게 '스타트 대시 제2탄'의 기회를 주었다. 금융위기대응회의가 개최된 다음주 월요일에 공교롭게도 정책결정회의가 예정되어 있었다. 후쿠이가 총재로 취임한 시점에서 당좌예금 잔고의 정책 목표액은 15조~20조 엔[17]이었다. 후쿠이는 월요일 시작된 회의에서 이 목표액의 인상, 즉 양적완화 확대를 위해 교묘한 의사운영을 선보였다. 이라크전쟁이 단기간에 종결되면서 많은 심의위원들이 현상유지 경향을 보이자 후쿠이는 휴식시간을 제안해 흐름을 차단하였다. 그리고 논의가 재개된 뒤 의장임에도 불구하고 양을 늘리겠다는 뜻을 내비쳐 심의위원들을 양적완화에 찬성하는 방향으로 돌려세웠다. 그리고 7대 2의 의결을 끌어냈다.

후쿠이는 일본은행법 개정의 중심인물이다. 금융정책에 대해 열띤 논의를 펼쳤을 뿐 아니라 일정한 합의를 이끌어내기 위해 무엇이 필요한지 잘 알고 있었다. 총재 취임후 후쿠이는 심의위원들과의 술자리에서 이런 이야기를 했다고 회고록에서 밝혔다.

"(정책)결정회의는 국회와는 다릅니다. 국회는 여야가 있어 미리 정해진 주의·주장을 놓고 서로 부딪치게 되죠. 우리 같은 경우는 무조건 끝까지 주장을 밀어붙이지 말고 하나의 결론을 도출하기 위해 기여한다는 의식을 가져야 합니다. 하나의 결론을 내기 위한 토의의 장으로 만들고 싶습니다."

바로 이날 모임이 그랬다. 당초 논의의 흐름에서는 5대 4의 표결도 예상되는 아슬아슬한 전개였지만, 회의록에 의하면, 휴식시간을 갖고 난 다음 심의위원 사이에서 "여기서 표결하면 6대 3이나 5대 4로 부결되고 만다. 중요할 때 그렇게 부결한 경우는 없었다" "부결되면 시장이나 신인도에 어떤 영향을 미칠지 다소 걱정스러운 면이 있다"는 등의 소리가 나오며 찬성파가 서서히 증가해 갔다.

당시를 회고하며 후쿠이는 휴식시간에 설득에 나선 것은 아니라면서, "여러분의 의견이 갈린 채 마지막에 나보고 결정하게 하고 싶냐는 얼굴로 한 사람 한 사람 바라보는 것입니다. 그게 정말 좋은 결정인가 하는 암묵적인 물음을 던지는 것이죠" 하고 감추어진 내막을 공개하였다. 다행스럽게도 상황은 그가 생각한 대로 전개되었다.

대규모 개입과의 기묘한 하모니

하야미 체제에서 양적완화가 도입된 2001년 봄, 당시 민간인이었던 후쿠이는 기획 라인을 위로하는 자리에서 "양적완화는 의미가 없다"고 비판해 당시의 담당 간부와 심한 말다툼을 벌인 바 있다.

후쿠이는 전통적인 '일본은행 이론'의 중추에 앉아 양의 효과에 일관되게 회의적이었다.[18] 하지만 자신이 총재에 취임하자 주저하지 않고 양의 확대로 방향을 틀었다. 후쿠이가 주도한 양적완화 확대는 4, 5월에 이어 10월과 다음해인 2004년 1월에도 실시되었다. 그 결과 당좌예금 잔고 목표액은 취임시의 '15조~20조 엔'에서 '30조~35조 엔'으로 두 배 가까이로 늘어났다. 하야미 시대에 흔들렸던 중앙은행의 신인도를 되찾으려면 과감한 정책 전환이 불가피하다고 판단했기 때문인데, 그 결단력에 부하들은 혀를 내둘렀다.

특히 후반 두 차례의 결정은 기획 라인이나 심의위원 일부의 반대를 정면돌파하는 형태로 이루어져, 모두 후쿠이의 결단력이 돋보이는 정책 결정회의가 되었다. 이라크전쟁이나 리소나 문제 등 완화의 필요가 있던 처음 두 차례와 달리 10월회의에서는 경제 정세의 판단을 상향조정 하면서 '경기회복을 뒷받침한다'는 이례적인 이유로 추가 방안을 제안하였다. 후쿠이는 '(경기) 하방 리스크에 대한 대응 차원의 추가완화조치는 아니다'고 다짐하면서 위원 설득을 시도했다.

다음해인 2004년 1월회의에서는 경기침체 위험을 인식해 이렇게 말하며 추가완화의 필요성을 호소한 사실이 회의록에 기록되어 있다. "경제가 … 경우에 따라서는 더 좋아질 가능성까지 내포하고 있다면 그 싹을 소중히 여겨 가능한 한 통화정책 측면에서도 뒷받침해 나가겠다는 것이 취해야 할 자세 아닐까요."

이에 일부 위원들은 경기회복을 인식해 추가완화를 해서는 안된다며 10월회의에서는 3명, 2004년 1월에는 2명이 반대표를 던졌다. 기획담당 이사 시라카와 마사아키 역시 결정에 앞서 '더 이상 양의 확대는 보류해야 한다'고 강력히 건의했다. 하지만 후쿠이는 전혀 받아들이지 않았다.

억지라고 할 수 있는 양적완화 확대는 시간이 지남에 따라 시장에 도는 억측(단순히 정부의 환율정책을 뒷받침하기 위해 완화하고 있는 것 아닌가)을 넓혀갔다.

후쿠이가 취임했을 무렵 외환시장에서는 이라크전쟁에 따른 미국의 재정악화 우려에다 리소나 구제를 계기로 대량의 외국자금이 주식시장에 유입되면서 엔고·달러 약세 기조가 강해지고 있었다. 그리하여 재무부는 엔고 저지를 위해 5월부터 본격적인 엔 매도·달러 매수 개입을 개시하였다. 개입은 거의 이틀에 한 번꼴로 계속되어 다음해 2004년 3월까지의 개입액이 33조 엔이라는 공전의 규모에 달했다.

이러한 대규모 개입[19]과 후쿠이류 완화에는 '공동보조'를 보여주는 기묘한 족적이 남아 있다.

월별 개입액이 많았던 것은 2003년 5월(3.8조 엔), 9월(5조 엔), 2004년 1월(6.8조 엔)과 3월(4.5조 엔)이었다. 이를 뒤따라가듯 당좌예금 목표액 인상도 2003년 5월, 10월, 2004년 1월처럼 거의 비슷한 시기에 이루어졌다. 더 세밀히 따져보면 누적 개입액이 3조~5조 엔에 달했는데, 그 클라이맥스 시기에 하루 1조 엔이 넘는 거액의 개입이 이루어지면 그 1~2주 후에는 어김없이 추가완화가 실시되었다.

    5월 19일 1조 401억 엔 개입 → 5월 20일 재2차 추가완화
    9월 30일 1조 667억 엔 개입 → 10월 10일 제3차 추가완화
    1월 9일 1조 6,664억 엔 개입 → 1월 20일 제4차 추가완화

엔화 매도·달러 매수 개입이 실시되면 영업일 기준 2일 후에 정부에서 민간은행으로 엔화가 이체되고 일본은행 당좌예금은 그만큼 팽창한다. 반면에 개입자금을 마련하기 위해 정부단기증권(FB)이 발행되면 당좌예금 잔고는 같은 액수만큼 감소한다. 따라서 외환개입은 금융조절에 중립적이며 재무성이 제창하는 '비불태화 개입'은 난센스라는 게 하야미 시대부터 일본은행의 일관된 주장이었다.[20]

하지만 일본은행법 개정 논의에서 재무성 측은 "개입자금의 시장조

달은 정보관리 측면에서 문제가 있다"고 주장했고, 일본은행은 FB의 일시적 인수를 용인했다. 이 규칙에 따라 일본은행이 FB를 인수함으로써 정부의 FB 시중 발행을 '뒤로 미룰' 수 있다면 그 사이에 당좌예금 잔고를 크게 부풀릴 수 있다.

아울러 FB 발행기한 안에 추가완화가 이뤄지면 시중에 풀린 엔화를 흡수하지 않고 그대로 '방치'하는 것이 가능해진다. 부총재 이와타는 자신의 저서에 이렇게 썼다.

"단기증권은 만기 3개월 기한으로 매주 발행되기 때문에 단기증권이 발행될 때까지 한시적으로 정부에 대한 일본은행의 여신이 이루어진다. 따라서 시간적 차이를 갖고 개입 자금은 불태화된다. 그런데 … 만일 일본은행이 개입정책을 실시하는 동안 양적완화 정책을 강화해 목표로 하는 당좌예금 잔고를 증가시키면 일본은행은 새로운 목표를 달성하기 위해 시장에 유입된 개입자금을 회수할 필요가 없다."[21]

실제로 대규모 개입이 2004년 1분기에 집중 실시되었는데 FB 발행에 따라 자금 흡수의 대부분은 2004년 이후로 미뤄졌다.[22] 이 때문에 후쿠이식 완화는 과거에 미야자와가 하야미에게 꺼낸 '비불태화 정책' 그 자체라는 견해가 확산되었다.

과거 비불태화 논쟁에서 여지없이 패한 경험이 있는 구로다 하루히코는 이 대응에 대해 "개입자금을 적극 활용해 금융 양적완화를 확대해 나간 것은 신선하다" "그동안의 '비불태화 개입'은 정부와 일본은행의 협조 성공사례라 할 수 있다"[23]고 극찬하였다.

구로다 등에게 비불태화의 필요성을 설명한 존 테일러 미 재무차관도 퇴임후 회고록에서 엔저 유도를 위한 개입에도 불구하고 미국 정부가 '관용적인 입장'을 취한 것은 "양적완화를 지원하는 미국 정부의 노력의 일환이었다. … 강한 반대를 제기하지 않고 사실상 용인해 일본이 쉽게 통화 공급량을 늘릴 수 있도록 했다”고 밝힌 바 있다.[24] 이와타 부총재도 양적완화 확대와 개입정책이 같은 시기에 이뤄진 것은 ‘우연의 일치’라고 나중에 술회하였지만, 자신의 저서에서는 이 두 가지를 동시에 시행할 경우 ‘비불태화 개입’의 실시와 같은 효과가 발생하게 된다고 설명하였다.

이 기록적인 대규모 개입을 직접 지휘한 사람은 재무관 미조구치 젠베溝口善兵衛지만 전체 구상을 짜낸 사람은 다름아닌 구로다였다고 정부 고위 관계자는 증언하였다. 구로다는 2003년 1월 재무관 자리를 미조구치에게 넘긴 뒤 같은 해 3월 내각관방참여가 되어 총리관저에 자리를 잡았다. 그래서 고이즈미 총리나 아베 신조 관방부장관 등에게 ‘아무리 개입해도 일본은행이 불태화되기 때문에 효과가 없다며 비불태화 개입의 필요성을 열심히 설파하고 다녔다’고 한다.

구로다는 금융완화와 환율개입, 그리고 국채관리정책의 협조가 필요하다고 일찍부터 호소하였다. 2002년 말에는 인플레이션 목표 설정과 장기국채 등의 대량매입을 일본은행에 요구하는 공동 논문을 영국《파이낸셜 타임즈》에 기고하고, 2003년 4월에는 정부 심의회에서 “10년 국채뿐만 아니라 폭넓은 자산에 대한 공개시장운영을 과감히 실시하는 것이 디플레이션을 극복하기 위해 필요하다”고 발언하는 등 일관되게 일본은행 비판을 계속하였다.[25]

한편 개입 지휘관을 지낸 미조구치는 나중에 정리한 수기에 이렇게 적고 있다.

“후쿠이 총재 하의 일본은행은 ‘비불태화’ 논의는 난센스니 하는 등의 끝이 보이지 않는 논란에 몰입하지 않고 이른바 어른스런 대응으로 묵묵히 디플레이션 극복에 매진하였다. … 미 당국은 이는 부분적인 ‘비불태화 개입’으로서 자금공급량의 확대에 도움이 됐다고 평가하였다.

… 정부와 일본은행이 하나의 패키지로 명시적 합의를 이루어 취한 조치는 아니었지만, 양측이 디플레이션 극복을 위해 각자의 입장에서 필요한 조치를 과단성 있게 시행해 간다는 공통된 생각이 그 배후에 당연히 있었다."[26]

그 기간 동안 일본은행과의 정책 조정에 임한 재무성 간부는 "재정도 금융도 다 나온 상황에서 유일하게 남아 있던 것은 환율정책이었다. 일본은행은 '협력은 하겠지만 자주성을 보장해 달라'는 입장이었다"고 말해, 양측 사이에 느슨한 합의가 있었음을 알 수 있다.

총재 선정과정에서 미야자와의 구두시험이 보여주듯이 후쿠이는 디플레이션 탈피라는 고이즈미 정권의 목표에 최대한 협력할 것을 일찌감치 약속하였다. 또 엔고론자였던 하야미와는 대조적으로 후쿠이는 '기본적으로 엔고 공포증'(측근)을 갖고 있었고 재계의 이해자이기도 했다. 실제로 국회에서도 "일본은행이 유동성을 많이 공급하면 … 개입후 환율시장에 미치는 영향의 정도도 더 강해진다. 결과적으로는 쌍방의 공명 효과는 있다"고 답변하는 등, 엔고 저지를 향한 정부와의 공조를 자주 어필해 보였다. 엔저 정책에 힘을 보태줄 테니 나머지는 맡겨달라는 것이 후쿠이 등이 세운 전략이었던 것 같다.

확실히 이 '암묵적인 정책조화'는 엔고·달러 하락을 막고, 외수外需가 주도하는 수출 의존형 경기회복을 강력히 뒷받침했다고 많은 사람들이 평가하였다. 당시 총리비서관이었다가 나중에 재무사무차관이 된 단고 야스타케丹吳泰健는 "고이즈미 정권에서 가장 효과가 있었던 경제정책이 개입과 완화의 협조였다"고 말했다. 이와타 부총재도 "개입정책과 앞뒤가 잘 맞도록 금융정책을 운영하는 것은 개입정책의 효과를 높여줄 뿐만 아니라 금융정책의 효과도 높이는 길이라고 생각했기 때문에 환영할 만한 '우연의 일치'였다"고 앞서 서술한 자신의 저서에 기술하였다.

이례적인 정책조화야말로 후쿠이에게 총리관저가 보내는 튼튼한 신뢰의 바탕이 되었다.

그렇다고는 하지만 이 전략에 대한 일본은행 내부의 해석은 복잡했다. 환율개입이 지속되면 당좌예금 잔고가 누적돼 목표액 상한선에 근접하게 된다. 금융 조절이 점차 어려움에 봉착하면서 몰리듯 목표 상향으로 움직이게 된 기획 라인을 관계자들은 착잡하게 지켜보고 있었다.[27] 일본은행이 '대정부 거래'의 상세내용을 공표하게 된 것은 대규모 개입이 종료되어[28] FB를 대량으로 인수할 필요가 사라진 2004년 5월부터이다. '불투명한 거래는 앞으로 피하고 싶다는 의사 표시'라고 일본은행 내에서는 받아들였다.[29]

한 기획 라인의 간부는 "정책협조였다고 재무성이 말하고 싶으면 말하게 두면 된다고 총재는 생각하였다. 양을 확대해도 의미가 없다고 내심으로 생각했지만, 《주신구라》忠臣蔵의) 오이시 구라노스케大石内蔵助처럼 본심을 숨겼다"고 술회하였다.

거슬러 올라가면 비불태화 논쟁이 최초로 고조되던 1999년 여름 후쿠이는 하야미의 상담을 받은 적이 있다. 후쿠이는 "비불태화 같은 것은 전혀 의미가 없습니다. 일본은행으로서 제대로 말해야 합니다"라고 조언하였다. 그로부터 4년 뒤 그는 디플레이션 극복을 위해 노력하는 신생 일본은행의 모습을 널리 알리기 위해 애써 속내를 감추고 정부와의 공조를 연출해 보였다.

이 '환율을 위한 금융완화'에 대해 후쿠이 본인은 퇴임후에 "그렇게 말하고 싶으면 하세요라고 생각했죠. 굳이 정부와 쓸데없이 대립할 필요는 없어요. 저는 그다지 논리에 연연하지 않습니다"라고 웃으며 인터뷰에 대답했다. 다만 후쿠이가 당시 무엇보다도 경기 회복을 중시해 대규모 완화를 상당기간 지속할 각오였음은, 그의 다음 증언에서도 명백하다.

"만일 앞으로 경기가 비교적 순조롭게 된다고 해도 완화는 상당히 천천히 할 것이다. 왜냐하면 제로금리 시대에, 사실은 마이너스 금리이거나 실질금리가 경제실상에 맞지 않는 상황을 지나오고 있기 때문에 … 지금 시대에 빚진 부분은 나중에 비하인드 더 커브로 돌려주어야 한다. … 추가완화로, 왜 이런 완화를 하느냐 하는 정도까지 해 두지 않으면 최초의 성과는 불가능하지 않을까, 그렇게까지 설명하지는 않았지만 마음 같아서는 그랬다."

후쿠이가 사용한 '비하인드 더 커브'behind the curve란 '놓치다, 뒷짐질치다'라는 의미로 경기 과열이나 물가 상승에 뒤처지는 형태로 정책금리를 올리는 것을 말한다. 의도하지 않았으나 늦어 버리는 경우와 전략적으로 늦추는 경우가 있지만, 후쿠이는 분명히 후자를 의식해 사용하였다. 디플레이션에 의해 충분히 완화되지 않았던 '빚'을 다 갚을 때까지 완화를 계속한다는 것이 후쿠이류 완화의 정책사상이었다.

금융시장에서는 경기가 회복국면으로 진입한 것이 확인된 2003년 여름 이후 '양적완화의 출구'를 둘러싼 논란이 불거지면서 장기금리가 급상승했다. 이에 따라 후쿠이는 10월 정책결정회의를 마치고 나서 '전년대비 소비자물가지수 상승률의 기조가 0% 이상이 되어 다시 마이너스가 될 것으로 전망되지 않을 것' 등을 완화해제 조건으로 삼겠다고 공표[30]해 출구론을 봉쇄하였다. 어디까지나 '비하인드 더 커브'로 완화를 계속하는 것이 지금은 중요하고, 그 이외의 출구는 뚫을 수 없다고 전망하고 있었던 것이다.

II

제3장   후쿠이福井 시대 II

일본은행을 '뱅크'로

후쿠이 도시히코의 '스타트 대시'는 금융정책뿐만이 아니었다. 조직
에 스며든 오랜 폐단을 털어내고 시대변화를 선점하려면 일본은행 자체
를 과감히 변혁해야 한다고 스스로 다짐하였다.

'일본은행은 뱅크다.'

일본은행법 개정 논의가 시작될 무렵부터 후쿠이는 이 문구를 반복
하였다. 금융시장의 플레이어로 살아가기 위해 일본은행은 행정과는 다
른 유연한 조직과 인사체계가 필요하다는 게 후쿠이의 지론이었고, 그
생각을 '뱅크'라는 표현에 담아냈다. 행정적인 색조를 지닌 영업국을 폐
지한 1998년 봄의 기구 개혁도 당시 부총재였던 후쿠이가 주도하였다.

민간 부문으로 전출하고 나서 후쿠이의 뱅크론은 한층 첨예해졌다.
후지쓰총연 이사장으로 경제동우회에서 인맥을 넓히고 몇몇 기업의 비
상근 이사를 맡으면서 타고난 경영자 마인드가 자극을 받은 것이다. 회
고록에서 후쿠이는 이렇게 말했다.

"조직의 경직화와 관청만큼은 아닐지라도 수직적 관계의 폐해, 그리

고 새로운 업무가 등장했을 때 기존 조직의 틀 안에서 업무를 배정하려다 보니 가끔 밥그릇 싸움이 벌어진다. … 정말 사람을 효율적으로 활용한다든가, 새로운 프로젝트를 만들어내는 일, 그 프로젝트를 실현하기 위해 조직을 유연하게 바꿔나가야 하는 점에서는 아주 녹록지 않은 조직이라고 생각했다. 그래서 상당히 큰 개혁이 필요하다는 느낌을 계속 가지고 있었다."

총재에 취임한 지 두 달 뒤 후쿠이는 조직 활성화 프로젝트를 시작해 일본은행을 뱅크로 바꾸는 제도 설계에 착수하였다. 내부관리담당 이사인 고바야시 에이조小林英三를 중심으로 심의역 와다 데쓰로和田哲郎, 에토 기미히로 衛公洋 등 5명으로 구성된 사무국을 설치해 2003년 가을부터 전면적인 조직 검토가 시작되었다.

프로젝트가 우선 주목한 것은 신용기구국이었다. 1990년 미에노 야스시 총재가 주도한 조직개혁으로 신설된 이 국은 신용유지정책의 기획 입안을 도맡아 수많은 금융위기를 극복하는 지혜 주머니 역할을 해왔다.

부실채권이 아직 널리 인식되지 않았던 1993년 봄, 〈현재의 금융시스템 문제에 대한 대응〉이라는 제목의 보고서가 일본은행 임원회의에 보고된 적이 있었다. 위기의 싹이 부풀어 오르는 가운데 언젠가는 발본책이 필요하다고 생각한 초대 신용기구과장 시라카와 마사아키가 쓴 것이었다.

보고서에는 대형은행의 부실채권 총액이 '30조~50조 엔'이며 그 가운데 30%가 손실될 가능성이 있다는 당시로는 놀라운 전망치가 제시되어 있었다. 또한 상황을 그대로 방치하면 금융기관의 유동성 불안, 신용중개 기능의 저하, 거시경제 회복 및 확대의 제약, 해외 불신감의 증대 등 여러 문제를 초래할 것이라고 예측하였다.

그 다음 향후의 해결책으로 '민간 차원의 구조조정과 자기자본 조달

노력' '예금보험의 자금지원, 공적자금의 투입' '채무인수 금융기관의 설립' 등 세 가지 방향성을 제시하였다. 공적자금 도입에 신중한 대장성은 당시 거의 관심을 보이지 않았지만, 그후의 위기 대응은 이 '시라카와 보고서'가 초석이 되었다.

그후 금융위기가 표면화하기 시작한 1995년 여름 이후, 구일본은행 법 제25조에 근거한 특융이 차례차례 발동되었다. '최종 대부자' 기능을 담당한 특융은 그해 7월부터 2003년 11월까지 총 21회 발동되었으며, 그 외에도 1994년 12월에 파산한 두 신용조합(東京協和, 安全)의 인수(東京共同銀行)를 위한 출자와 주택금융전문회사 처리를 위해 신설된 '신금융안정화기금'[31]에 출연하는 등의 역할을 하였다. 특융 발동을 기안하는 권한은 신용기구국에 있었는데, 공적자금 도입의 지연을 커버하는 형태로 금융시스템을 가동해 특융을 거듭 발동하는 점에 대한 일본은행 내부의 시선은 싸늘했다.

특히 마쓰시타 야스오 총재의 결단으로 실행된 야마이치증권 특융은 나중에 야마이치가 파산을 신청해 채무초과에 빠지면서 결국 1,111억 엔이 부실화되었다. 일본은행이 결산에서 이 손실을 처리하게 되면서 특융 발동시의 판단을 둘러싸고 후계 총재 하야미 마사루가 담당 간부를 질책해 신용기구 라인은 번번이 난처한 입장에 놓였다.

이 부문에서 오래 일한 간부 중 한 명은 "신용기구국은 이른바 도깨비 같은 존재였다. 순수 중앙은행의 가치관으로 보면 이단아로 비쳤을 것이다. 그렇게까지 할 필요가 있느냐는 말을 많이 들었다"고 말했다.

이런 '고난의 역사'에 더해 금융시스템을 둘러싼 환경 자체도 크게 달라지려 했다. 중국과 러시아 등 BRICs[32]로 불리는 신흥국 경제가 2003년경부터 '테이크오프'(이륙)하면서 외국에서의 수요가 급속히 증대하였다. 여기에 후쿠이류 완화와 환율개입이라는 정책조화 효과가 더해져 경기의 발걸음은 다달이 눈에 띄게 좋아졌다.

또한 2003년 5월의 리소나 구제를 계기로 평균주가가 반전 상승하고, 다케나카 헤이조가 주도한 금융회생 프로그램을 계기로 대형은행들이 대규모 증자 및 합병, 재편으로 움직였다. 최대 현안이었던 부실채권은 경기회복과 함께 오셀로게임처럼 '정상화'되어 종식의 길이 보이기 시작했다.

부실채권이 문제시되기 시작한 1993년 1분기부터 2004년 1분기까지 사이에 전국의 은행이 떠안은 부실채권 처분 손실액은, 일본은행 등의 데이터에 의하면 누계 93.6조 엔에 이르렀다. 여기에 예금보험기구가 부담한 파산 금융기관에 대한 금전보전액 18.6조 엔을 더한 부실채권 처리 총비용은 112조 엔, GDP의 20%나 되는 금액이었다.

이 가운데 국고부담, 즉 세금투입액은 10.4조 엔에 달했다. 결과적으로 거액의 국민부담이 발생했는데[33] 부실채권 처리가 산을 넘어 위험이 줄어들면 신용기구국의 역할도 작아진다. 사실 2003년 11월의 아시카가은행 처리를 마지막으로 특융은 발동되지 않았고, 2005년 1월말에는 융자 잔액이 제로가 되었다. 후쿠이의 제안에 따라 진행된 이사급의 합숙 자리에서 행내 자원배분을 어떻게 할 것인가를 주제로 전원투표를 했더니, '금융시스템 분야를 줄이고 기획 라인에 인재를 모아야 한다'는 의견이 대세를 차지했다. 이를 반격하고 나선 사람은 이 부문의 담당이사가 된 이나바 노부오였다. 이나바는 "지금까지 소극적인 뒤처리에 머물렀지만 이제 일본은행은 금융 서비스의 고도화 지원이라는 새로운 역할을 완수해야 한다"고 주장하였다. 그는 2005년 3월, 〈페이오프 전면 해금[34] 이후의 금융시스템 측면에 대한 대응〉이라는 제목의 지침을 발표하였다. 결국 신용유지정책의 축이 '위기관리 중시'에서 '금융고도화 지원'으로 옮겨지고, 이를 발판으로 '금융고도화센터'가 설립되었다.[35]

2005년 7월, 신용기구국은 고사국과 합쳐져 '금융기구국'으로 새 출범하게 되었다. 금융기구국 내에 설치된 금융고도화센터는 새로운 역할의 상징적 존재이자 신용기구 라인의 인력 감소를 최소화하는 방파제가 되었다.[36]

그런데 국局의 재편 이상으로 후쿠이가 관심을 집중한 것은, 국이나 과課라고 하는 고정적인 조직 자체를 폐지해 프로젝트마다 팀을 자유자재로 편성하는 아메바와 같은 조직 만들기였다. 후쿠이는 처음에는 국도 과도 모두 폐지하려고 생각했다. 하지만 적어도 국만은 남겨달라는 비명이 현장에서 터져 나와 과만 폐지하게 되었다. 그럼에도 과장 자리의 소멸은 젊은 직원들의 동기부여에 적지 않은 동요를 주었다.

과를 대체할 새로운 조직을 어떻게 부를지에 대해서도 간부들의 의견은 분분했다. 프로젝트 사무국이 처음에 생각한 안은 '비즈니스 유닛' 줄여서 '유닛'이었다. 대기업의 예를 본뜬 호칭이지만 외국어 표기는 어색하다며 국장들이 반론을 제기해, 결국 '담당'이라는 아무런 특별함이라고는 없는 명칭이 채택되었다. 이에 따라 과장은 '담당총괄'로 불리게 되었는데 이 역시 젊은 층 사이에서는 불평이 컸다.

과 제도의 폐지는 항상 새로운 프로젝트를 발견하고 정해진 시간축안에서 이를 실현해 나갈 수 있도록 하겠다는 후쿠이류의 경영술이었다. '일부 현장을 제외하고는 가급적 군대조직을 짜지 않음으로써 루스 스크럼loose scrum의 형태로 누구든지 공을 잡을 수 있는' 조직을 목표로 하였다. 상의하달의 군대조직 그리고 수직적 관계가 관통하는 관료기구와는 전혀 다른 조직을 지향하고 있었던 것이다.

회고록에서 후쿠이는 일본은행의 실체를 '자본금 1억 엔의 영세기업, 게다가 정부가 극도의 영향력을 갖고 있는 이상한 조직'이라고 평가한 뒤 이런 조직론을 펼쳤다.

"영세기업의 운영방식은 항상 수평적 조직이 아니면 이길 수 없다. … 처음부터 조직을 수직적으로 세분화해 경직적으로 움직이면 승산이 없다."

다만 이 독특한 발상의 이면에는, 재무성의 굴레에서 벗어나고 싶은 생각도 있었던 것 같다. 일본은행법 개정으로 금융정책의 독립성은 높아졌다. 하지만 법령이나 정관 위반 여부를 체크한다는 명목으로 재무대신의 감독권이 남아 있었기에, 조직 변경이나 예산 관리에 대한 감시의 눈은 오히려 더 엄해졌다.

일본은행은 국이나 과마다 직무권한이 세세하게 규정되어 있고, 자리와 인사고과에 따라 급여에 큰 차이가 나는 구조다. 필연적으로 기획분야, 영업분야, 해외분야에 따라 업무가 종적으로 나누어지고 각 분야 사이에 인재 쟁탈전이 일어난다. 조직 자체를 만지작거리려면 내부 조정과 재무성 설득에 막대한 에너지가 필요하다. 과만 폐지하면 국장 판단으로 자유롭게 팀 편성을 할 수 있어 조직 운영상의 재량이 작동하게 된다.

게다가 과장이라는 직위가 폐지되면 자리에 준하는 급여체계도 무너지기 때문에 필연적으로 '연봉제'로 이행할 수밖에 없다. 직원들에게는 직제도 중요하지만 급여 문제는 일본은행법 개정 후에도 조직의 아킬레스건이 되었다.

1980년 이후의 대량 채용과 '낙하산 인사'에 의해 일본은행에서는 직원의 평균연령이 서서히 높아지고 있었다. 이전에는 공무원이나 대형은행과 마찬가지로 50세 전후의 직원에게 '재취업'을 알선해 고령화를 막아왔으나, 일본은행법 개정과 접대비리 사건이 같은 시기에 겹치면서 조직적인 재취업 알선이 허용되지 않게 되었다.

내부관리 담당자들은 현행 급여제도 그대로 대량 채용 직원을 떠안고 있으면 급여총액이 머지않아 불어날 것을 염려하였다. 재무성의 엄격한 '감시의 눈'을 생각할 때, 급여총액의 팽창만은 어떻게든 피하고 싶었다. 이렇게 생각한 담당자들은 당면한 과제의 해결에 뛰어들어 급여를 줄일 수도 있는 연봉제 전환에 나섰다.

연봉제는 2005년도부터 도입되어 상사와 부하 사이에 '연봉협상'이 일제히 시작되었다. 베테랑의 급여 비대화를 억제하는 것이 본래의 목적이었지만, 연봉 상승을 쟁취한 일부 중견 및 젊은 직원들의 사기는 크게 고양되었다. 하야미 체제 아래서 급여가 삭감되고 조직침체 분위기가 확산하면서 중도퇴직자가 속출했던 만큼 성과주의 도입에 의한 활성화 또한 시급했다.[37]

일본은행을 '뱅크'로 바꾸는 또 하나의 방법으로 후쿠이는 '중기경영계획'[38]의 도입도 지시했다. 1년 단위로 예산을 책정하는 관료기구에서는 거의 나오지 않는 발상이었다. 후쿠이는 총재와 부총재, 이사가 참여하는 검토회의를 구성한 다음, 이 모임을 정례화하려고 움직였다. 그러나 이 제안은 뜻밖에도 심의위원들의 시기와 의심을 불러일으켰다.

구일본은행법에서는 정·부총재와 이사가 참석하는 '임원회의'가 사실상의 의사결정기구가 되어 정책위원회는 휴면 상태나 다름없었다. 그래서 법을 개정하면서 정책위원회의 활성화를 위해 임원회의를 폐지하기로 결정하였다. 그런데도 후쿠이가 임원회의를 부활시키려는 것은 아닌가 하고 심의위원들은 가늠하였다. 사실 집행부만의 임원회의는 하야미 총재 시절에도 검토된 적이 있었다. 심의위원은 상근이지만 사외이사에 가까운 존재로 일본은행의 조직이나 업무를 숙지하고 있는 것은 아니다. 업무집행에 관한 모든 사항을 사전조율 없이 정책위원회에 넘기는 것은 비효율적이고 현장 부담이 컸다. 그래서 당시 내부관리팀이 '업무집행회의' 창설을 검토했으나, 심의위원들의 반발에

부딪혀 사실상 창고 안에 집어넣고 말았다.[39]

후쿠이는 민간 시절 사외이사를 경험하였다. 어느 회사나 이사회에 상정하기 전에 의안을 걸러내고 사업계획을 체크하는 회의가 있음을 알게 되었다. '경영회의'로 불리는 이 같은 사전조율 자리에 자청해 배석하기도 했다. 후쿠이는 회고록에서 이렇게 말했다.

"정책위원회에서 멤버를 갖추어 심의를 충실히 하는 것만으로는 제대로 된 결정을 내리지 못할 가능성이 있다. 정책이든 내부 관리든 사전에 제대로 걸러냄으로써 그 단계부터 새로운 제안이 살아날 수 있도록 해야 한다."

그러나 심의위원들의 눈에는 복수 이사회의 부활로 비쳤다. 특히 스다 미야코는 중앙은행연구회 멤버이기도 해서 이 문제에 대한 고집이 강했다. 스다가 행내에서 단일 이사회에 대해 이런 이야기를 한 석이 있다.

"단일 이사회라는 거버넌스 구조에 대한 생각이 다른 사람보다 훨씬 강합니다. … 이사회가 내리는 결정은 매우 무거운 것입니다. 그리고 이사회는 자신이 내린 결정에 전적으로 책임을 집니다. 이사회가 이런 무거운 결정을 내리기 위해서는 이를 위해 필요한 모든 정보에 대해, 리스크를 포함해 충분한 설명을 듣고 이해할 필요가 있습니다."[40]

위원들이 의심을 품고 있다는 말을 들은 후쿠이는 고민했다. 물론 복수 이사회로 되돌릴 생각은 없었지만, 후쿠이가 일본은행 출신이었다는 점에서 오해의 여지는 분명 작지 않았다. 결국 업무집행회의는 설치하되 총재는 참석하지 않고 부총재 이하만 모이는 것으로 심의위원들의 양해를 구했다.

후쿠이는 "결국 참석하지 않을까 하는 생각이 든다는 충고를 받고, 나는 나가지 않기로 했다"고 회고록에서 밝혔다.

후쿠이류의 일본은행 개혁은 여러 가지 마찰을 낳으면서도 이렇게 진행되어 갔다. 모두 역대 총재들이 손대지 않은 '거버넌스 개혁'이었지만, 후쿠이가 총리의 신뢰를 얻었기 때문에 재무성의 간섭 없이 후쿠이가 그리는 '뱅크'의 모습이 착착 형성되었다.

그레이트 모더레이션과 은밀한 행동

2005년 4월에 현안이었던 페이오프의 전면해금이 혼란 없이 실시되었다. 대형은행의 부실채권 비율은 2002년 1분기의 8.7%를 정점으로 2005년 1분기에는 2.9%까지 떨어지고, 그후 더욱 밑으로 내려갔다. 경기도 냉각기를 벗어나 다시 살아나고 있었다.

양적완화가 시작된 지 벌써 꼬박 2년이 지났다. 처음에는 금융 불안에 따른 유동성 위기에 대비해 지급준비금 소요액을 넘는 '초과준비금'을 크게 쌓아두었던 금융기관도 위기의 후퇴와 함께 그것들이 더 이상 불필요해졌다. 결과적으로 예정된 입찰액에 응모액이 미달하는 사태가 빈발하였다.

페이오프 해금 직후의 금융정책결정회의에서는 심의위원 일각에서 "당좌예금 잔고 30~35조 엔을 확보할 수 있느냐는 우려가 있다" "이건 쌓으라고 (금융기관에) 부탁할 일도 아니어서 속수무책"이라며 응모액 미달을 걱정하는 목소리가 나오기 시작했다. 이에 미쓰이물산 출신으로 시장에 정통한 후쿠마 도시카쓰福間年勝가 완화 수정론을 꺼내들었다.

"시장과의 대화를 통해 목표치를 감액해 금융정책 정상화 입장을 명확히 할 필요가 있다. 지금부터 (양적완화의) 효과가 있을 것이라는 생각은 리스크다. '아직'은 '벌써'인 것이다. 그런 전환점에 있다."[41]

과거에 양적완화 확대 쪽으로 논의를 이끌던 후쿠마였지만 태도를 바꾸어 목표치를 27조~32조 엔으로 낮추자고 제안했다. 역시 시기상조라며 8대 1로 부결되었지만, 다음 회의부터는 CSFB증권 출신의 미즈노 아쓰시水野温도 후쿠마에 가세해 당분간 7대 2의 현상유지가 계속되었다.[42]

다만 후쿠마가 리스크가 있다고 평했듯이, 장기간에 걸친 양적완화는 '출구전략'을 어렵게 하고 국내외 금융시장에 왜곡을 일으키며 아무도 모르게 버블의 싹을 부풀리기 시작했다.

2004년 이후 일본에는 전무후무한 과잉유동성을 배경으로 주식공개 러시와 M&A(기업 인수·합병) 열풍이 불어닥쳤다.[43] 그리하여 적대적 인수에 의한 주식 쟁탈전이 빈발하였다. 또 미국과 유럽이 경기회복과 함께 완만한 긴축으로 돌아서는 바람에 초저금리를 이어가던 일본과의 금리차가 벌어지면서 엔화 약세가 가속화되었다. 주요국 통화의 실효환율을 보면, 2004년부터 2007년에 걸쳐 엔화가 가장 하락해, 실질 기준으로 1985년의 플라자 합의전 수준까지 내려갔다.

이에 따라 유리한 운용처를 찾아 고금리 국가의 채권이나 외화표시 투자신탁을 매수하는 움직임이 확산하면서, 저금리 엔화 자금을 조달해 고금리 통화에 투자하는 '엔 캐리 트레이드'로 불리는 거래가 활발하게 이루어졌다.

거액의 엔 캐리 트레이드는 엔화 약세를 가속화하며 수출 주도 경기회복을 뒷받침했지만, 한편으로는 거래 회귀에 따라 급격히 엔고로 돌아설 위험을 안고 있는데다, 해외 고금리 통화국들의 금융시장을 교란하는 요인이 되었다. 무엇보다 글로벌한 '과잉유동성'을 태동시켜 구미 시장에 신용 버블을 일으킨 '부화기'의 하나가 되었다는 비판을 받았다.

회고록에서 후쿠이는 호주와 뉴질랜드가 엔 캐리 트레이드로 큰 피해를 입었다며, "모처럼 적절한 금융 조절을 하고 있는 중인데 필요 이상으로 완화의 물결이 일본에서 밀려온다는 클레임을 받았다. 홍수에 빠진다는 느낌이 들었던 것 같다"고 증언하였다. 부총재 이와타 가즈마사도 뉴질랜드 준비은행 총재의 불만뿐 아니라 2006년 1월의 만찬에서 엔 캐리 트레이드가 얼마나 글로벌 불균형을 초래하고 있는지 EU 고위 관계자의 심한 항의를 들어야 했다고 앞에서 서술한 자신의 저서《디플레이션과의 싸움》에 썼다.

2004년부터 2007년까지의 엔저 진행기는 세계에 동시 호경기가 출현한 시기이기도 하다. 미국을 중심으로 고성장과 저인플레이션이 함께 나타나면서 주식과 채권 등 자산가치의 변동폭이 축소되어 시장은 극히 안정적으로 움직였다. '그레이트 모더레이션'Great Moderation이라 불리는 황금기의 이른바 정점이었다.[44]

그 배경에는 2000년의 IT 버블 붕괴 이후 과감한 금융완화를 진행해 혼란을 단기간에 수습한 FRB의 수완이 작동한 것으로 알려져, 앨런 그린스펀 의장은 '마에스트로'(거장)로 칭송되었다. 동시에 금융정책으로 모든 경제문제를 해결할 수 있다는 '금융정책 만능론'이 미국을 중심으로 높아졌다.

FRB는 버블 붕괴후 일본은행의 정책 전개를 상세하게 조사하였다. 이를 정리해 2002년 공표한 보고서에는 "1990년대 초두의 금융완화는 … 부적절했다. 만약 일본은행이 1991년부터 1995년 전반의 어느 지점에서 단기금리를 2% 더 인하했다면 디플레이션은 확실히 막을 수 있었다"는 내용이 담겨 있다.[45]

이 보고서는 이후 버블 여부를 조기에 확인하기는 어렵다며 예방적 긴축으로 버블을 막기보다 버블이 꺼진 뒤 공격적인 금융완화로 대응하는 것이 효과적이라는 독자적인 정책사상으로 이어졌다. 이는 중앙은행 행원들 사이에서 'Fed 뷰'로 불리며, 예방적 긴축의 중요성을 설파하는 유럽의 'BIS 뷰'[46]와 짝을 이루는 개념이 되었다.

그린스펀은 강연에서 "버블 붕괴로 버블이 존재했음을 확인하기 전까지 버블을 명확히 특정하는 것은 매우 어려웠다"[47]고 밝혔다. 시장에 될 수 있는 한 쇼크를 주지 않으려고 조심한 마에스트로의 감질나듯 미세한 정책조정은, 시장에 색다른 안심감을 주며 과도한 운용 리스크를 취하려는 '달콤한 환경'을 낳았지만, 그 시점에 이것을 문제 삼은 사람은 거의 없었다.

미국의 주택 가격은 이미 급등하고 있었지만, 그린스펀은 2005년 6월 시점에 "전국적인 거품이라고는 생각할 수 없다. 약간의 지역에서 맥주 거품froth 같은 징후가 있다"고 말했다. 프로쓰froth는 맥주를 따를 때 일어나는 것과 같은 아주 작은 거품을 말한다.

후쿠마의 '경고'에 귀를 기울이면서도 후쿠이는 여전히 부동자세를 유지하고 있었다. 그러나 양을 압축하라는 이들의 제안을 내심 기뻐했다고 회고록에서 밝혔다.

"그런 의견이 나오는 것이 기쁘다고 생각했다. 그런 의견이 나오더라도 다수결에서는 항상 그것이 소수파로서 실현되지 않는다. 일본은행이 얼마나 끈질기게 완화를 계속해 나가는가 하는 점이 세상에 비춰지는 게 좋다고 생각했다. 역으로 그렇게 해야만 때가 되면 자연스레 종지부를 찍을 수 있다. … 정말로 끈기 있게 노력하는 모습을 잘 지켜보는 사람이라야 나중에 정책을 변경할 때도 당혹감이 없다."

실은 후쿠이는 후쿠마의 제안이 나온 거의 같은 무렵에 금융시장국장 나카소 히로시를 총재실로 불러 극비 지령을 내렸다. 그것은 공개시장운영에서 오퍼레이션 기간을 서서히 '단기화'하라는 것이었다. 후쿠이는 "이것은 정책위원회 위원들과는 논의하지 않겠지만 양적완화 중단을 결정하면 자연스럽게 그렇게 된다는 식으로 해두라"고 나카소에게 지시한 사실을 회고록에서 밝혔고, 나카소도 후쿠이에게서 '가능하면

3개월, 늦어도 반년 이내'에 어음의 만기 현금화로 양을 정상화할 수 있도록 준비하라는 지시를 받은 것을 분명히 기억하고 있었다.

실제로 대규모 개입 정책에 따라 최장 6개월 정도까지 연장되었던 오퍼레이션 평균기간은 이 극비지령에 따라 2005년 봄부터 급속히 짧아져, 2005년 말에는 '평균 3개월 정도'까지 단기화되었다. 이러한 사전 준비는 나중에 큰 의미를 갖게 된다.

이 같은 은밀한 작전을 실행할 수 있었던 것은 후쿠이가 장기국채 매입에 의존하지 않고 어음 매입 등 '단기자금 공급 운영'[48]을 통해 양적완화를 추진했기 때문이다.

일본은행의 장기국채 매입을 둘러싸고 전임 하야미는 증액을 요구하는 재무성의 압력에 시종일관 저항해, 2001년 3월 양적완화 도입시 국채 보유잔고를 은행권 유통잔고의 범위 내에 두는 '은행권 룰rule'[49]까지 만들었다. 하지만 끝내 재임중의 매입액은 월 4천억 엔에서 1조2천억 엔까지 3배 증가하였다. 양적완화 개시후 운영 예정액에 응찰액이 미달하는 사태가 빈발하면서 장기국채를 더 사들이는 것 외에는 당좌예금 잔고를 크게 늘릴 방법이 없었던 것이다.

매입을 계속 늘리는 하야미에게 후쿠이는 '지나친 것 아니냐'고 거듭 충고했지만, 하야미는 '재무건전성을 유지한다는 관점에서 신용도가 높은 국채를 사는 것은 나쁜 일이 아니다'고 반박하였다. 여기에 위화감을 갖고 있던 후쿠이는, 회고록에 의하면 취임 때부터 "국채는 더 이상 매입하지 않겠다고 은근히 마음먹고" "이것을 드러내놓고 논의하면, 그 논의 자체가 이상한 파문을 세상에 미치므로 논의는 하고 싶지 않다"고 생각하였다.

실제로 후쿠이는 국회에서도 종종 은행권 룰의 중요성을 설명하였으며,[50] 정책결정회의에서 재무성 측 참석자가 국채 매입 증액을 논의해야 한다고 발언했을 때 '그것은 (일본은행법에 근거한) 정식 제안이냐'고 따져 '정식 제안은 아니다'라고 궁색하게 답변하면 거기서 논의를 중단하였다.

당시의 기획 라인 간부는 "양을 줄이기 위한 국채 매도 오퍼레이션은 시장에 대한 충격이 크고 현실적으로 어렵다. 총재는 잔존기간이 짧은 것을 사 두는 것이 원활한 출구를 위해 필요하다고 분명히 생각했다"고 풀이하였다. 다른 간부는 "양은 늘려도 국채 매입은 일절 하지 않는다는 것이 후쿠이의 자존심이었다"며, 일본은행법 개정을 이끈 후쿠이가 중앙은행의 '원칙'을 지키려 했다고 지적하였다.

디플레이션과의 싸움에서 정부에 전폭적으로 협조하면서도 일련의 '은밀한 행동'의 배후에는 완화 출구를 향한 확고한 타임 스케줄이 있었다. 후쿠이는 회고록에서 이렇게 밝혔다.

"이라크전쟁으로 디딤판이 생기자 대시를 걸었는데 첫 번째 목표는 페이오프 해금이었다. 그것을 충격적이지 않도록 스무스하게 극복하고, 충분한 시간을 들여 완화효과를 끌어올리면서 다음 스텝으로 가져간다. 또 하나의 시간 계산은, 내 재임중에는 양적완화를 그만두고 병행해서 조직의 활성화를 진행시키고 싶다는 계산 속에서 움직이려고 했다."

과감한 양적완화로 디플레이션을 탈피해 5년 임기중에 원래의 모습으로 돌아가겠다고 후쿠이는 은근히 다짐했다.

양적완화 해제로 가는 험난한 길

헤이세이平成의 시정촌市町村 대합병이 피크를 맞이한 2005년 10월. 총리가 집념을 불태웠던 우정민영화법이 '고이즈미 극장'으로 불린 장렬한 중의원 해산에 따른 총선 끝에 통과되어 제3차 고이즈미 내각이 출범하였다. 경기는 냉각기를 벗어나 다시 회복세로 돌아섰다.

일본은행의 기획 라인은 이 무렵 정책담당이사 시라카와, 기획국장 야마구치 시게루山口秀, 기획총괄 우치다 신이치内田眞一 등으로 편성되어 있었다. 이들은 가을 초입부터 재무성이나 내각부와의 의견교환 장소에서 양적완화 해제를 위한 '정지작업'에 들어갔다.

한 간부는 '해제'라는 직설적인 말은 쓰지 않았지만 '이제 방향을 고민해야 할 국면'이라는 미묘한 표현으로 재무성에 계속 신호를 보냈다. 이들을 마주한 재무성 대신관방 간부들도 일본은행이 일찍부터 완화 해제의 기회를 엿보고 있었음을 분명히 기억하였다. 출구전략으로 시라카와 등은 두 가지 접근법을 검토하고 있었다. 옵션1은 갑자기 콜머니 금리를 올리는 방법, 옵션2는 초과준비금을 서서히 줄인 뒤 콜머니 금리를 올리는 2단계 방식이었다.

양적완화를 해제해야 할 정세라고 판단한 이상 원칙대로라면 옵션1을 채택하는 것이 자연스럽다. 하지만 방대한 초과준비금을 축소하기 위해 일본은행은 매출어음을 발행해 단숨에 자금을 흡수해야 한다. 시장의 충격이 크고 현실적이지 않다며 결국 옵션2가 선택되었다. 이에 따라 '금리인상까지 시간이 걸리기 때문에 시기를 놓치는 것 아니냐'는 우려가 제기되었다. 이 문제를 해결하기 위해 시라카와는 나중에 지급준비금에 대한 '부리제도'를 도입하지만, 그것은 3년 후의 이야기이다.

새 내각의 발족과 같은 날인 10월 31일, 일본은행은 〈경제·물가 정세의 전망(전망 보고서)〉을 공표하였다. 보고서는 소비자물가지수(CPI)의 플러스 기조가 앞으로 정착될 것으로 내다보면서, "현재 금융정책의 틀을 변경할 가능성은 2006년도 들어 높아질 것"이라고 처음으로 해제 방향성을 내비쳤다. 사실 연말에 발표된 11월 CPI는 전년대비 플러스로 부상하였다. 5년째 이어진 양적완화가 끝에 다다랐음을 시장도 언론도 민감하게 감지하면서 후쿠이의 일거수일투족에 관심이 모아졌다.

그런데 10월 개각에서 총무대신으로 자리를 옮긴 다케나카와 자민당 정조회장에 취임한 나카가와 히데나오中川秀直 등으로부터 해제는 시기상조라고 하는 소리가 나오고, 인플레이션 목표를 포함한 정부와 일본은행의 '정책협정'을 요구하는 의견이 날로 높아졌다.

반면에 경제재정담당상에 취임한 요사노 가오루謝野馨는 일본은행법 개정시의 관방부장관으로, 일본은행의 독립성에 일정한 이해를 보이고 있었다. 후쿠이는 재무대신 다니가키 사다카즈谷垣禎一와 거의 매달, 그리고 다케나카나 요사노와도 정기적으로 만나 논의를 거듭했지만, 5년 만의 정책변경을 둘러싼 정부와 중앙은행의 긴장은 점점 고조되었다.

'3월 해제'라는 타임 스케줄이 기획 라인에 뚜렷이 떠오른 것은 2006년 초였다. 하야미 시대에 제로금리 해제 문제로 정부와 첨예하게 대립하다 의결연기 청구를 제기당하고 그로부터 반년 만에 양적완화에 내몰린 쓰라린 경험을 감안해, 기획 라인은 당초 무리하지 않고 신중하게 일을 진행하려 했다. 하지만 후쿠이나 부총재 무토 도시로 등의 생각은 달랐다. 기획 라인의 한 사람은 이렇게 회상하였다.

"질질 끌지 않고 조건을 충족했다면 빠르게 해제하겠다. 정했으면 빨리 하자는 게 제로금리 해제 때 반성할 점이었다."

제로금리 해제 때의 '우물거림'과 그후의 혼란을 본 후쿠이는, 정부와의 의견조정에 불필요한 시간을 들여서는 안된다고 생각하는 모습이었다.

해제를 향해 먼저 움직인 것은 무토였다. 2월 2일의 강연에서 "2006년 들어 '소비자물가의 전년대비 지수가 안정적으로 0% 이상'이라는 '약속' 조건이 충족되어 양적완화 정책의 틀을 변경할 가능성이 높아져 간다"라고 말해 조기 해제를 위한 애드벌룬을 띄워 올렸다.[51]

이를 이어받아 그 다음주 정책결정회의에서는 해제후 금융정책의 투명성을 어떻게 확보할 것인가에 대한 논의가 일찌감치 집행부 주도로 전개되었다. 후쿠이는 2월 9일의 기자회견에서 "1분기 이후의 소비자물가지수는 비교적 명확한 플러스가 될 것으로 전망되므로, 다음 회의 이후 이러한 경제 전체를 응시한 지수의 판단이 보다 중요하다"며 3월 해제 가능성을 처음으로 내비쳤다. 지체하지 않고 그는 23일의 국회 심의에서 이렇게 선언하였다.

"소비자물가지수가 전년대비 안정적으로 0% 이상이 될 때까지라는 약속 하에 국민 여러분과 우리가 시선을 맞춰 이 이례적인 금융정책을 운영해 왔습니다. 끝까지 시선을 함께하며 정말 CPI가 안정적으로 0% 이상이 될 때까지라는 이 조건이 충족됐는지 우리 모두가 객관적이고 냉정하게 판단해, 그렇다는 판단에 이르면 바로 해제하고 싶습니다."[52]

2년 전에 결정한 양적완화 해제 조건은 'CPI의 전년대비 상승률이 기조적으로 0% 이상이 되어 앞으로 다시 마이너스가 될 것으로 전망되지 않는 것'이었다. 후쿠이가 답변한 시점에 CPI는 이미 3개월 연속 0% 이상을 기록하고 있어 조기해제 관측이 확연히 높아졌다.

금융정책의 독립을 규정한 신일본은행법을 근거로 후쿠이는 부하들에게 '사전조정은 전혀 필요없다'고 반복해 이야기하였다. 하지만 현실은 그렇지 않아서 기획 라인은 정부와 자민당과의 정지작업에 힘을 쏟았다. 그 중에서도 열심히 완화해제의 필요성을 설파하고 다닌 사람은 무토였다고 복수의 관계자는 증언하였다. 전 재무 사무차관으로 관청가인 나가타쵸에 굵은 연줄을 갖고 있는 무토의 영향력에 더해 그후 경기 전망이 상향조정된 까닭에 여당 내의 반대론은 전체적으로 진정되어갔다.

이 무렵 반대파인 정조회장 나카가와가 일본은행 비판의 최선봉에 있던 야마모토 고조 자민당 의원 등과 함께 시라카와 이사를 도쿄 치요다구에 자리한 뉴오타니호텔로 불러 조기해제 보류와 인플레이션 목표 수용을 압박한 일이 있었다. 나카가와는 또한 이와 별도로 일본은행, 재무성, 내각부 간부들을 모아 완화해제에 대해 격론을 벌이기도 했다.

이 자리에서 재무성 간부가 "경기는 좋아지고 있습니다. 향후의 금융정책 운영을 생각하면 일정한 '여지'를 남겨둘 필요도 있지 않을까요"라고 일본은행을 엄호 사격하자, 나카가와가 "재무성까지 용인하고 나서는 것이냐"며 격렬하게 추궁한 사실을 참석자의 한 사람은 기억해 냈다. 일본은행은 물밑 절충을 통해 해제후에도 당분간 제로금리를 유지하고 당좌예금 잔고도 완만하게 감액해 나갈 것임을 재무성 측에 전해, 재무성 측도 해제에 이해를 표시하고 있었던 것이다.

이 간부는 나중에 "재정에 여유가 없어 금융완화를 해줬다. 그 대신 경기가 좋아지면 빨리 변제해 주려 했다"고 털어놓았다.

기획 라인의 설득과 정지작업을 거쳐 3월 해제의 길은 거의 다져진 것으로 보였다.

하지만 마지막에 총리관저가 가로막았다. 가장 강경하게 반대한 사람은 관방장관 아베 신조安倍晋三였다. 고이즈미 내각의 관방부장관으로 두각을 나타낸 아베는 자민당 간사장을 거쳐 3차 내각의 관방장관에 등용되면서 단숨에 포스트 고이즈미로 떠올랐다. 경제정책에서는 높은 성장에 의한 세수증가로 재정재건을 도모하는 나카가와 등과 가까운 것으로 인식되었다.

아베는 3월 3일 아침 출입기자와의 간담회에서 "양적완화 해제는 신중하게 판단해야 한다. 아직 너무 이른 것 아닌가. 왜 지금인지 모르겠다"고 말했다.[53] 간담회 내용이 '정부 고위관계자'의 발언으로 순식간에 보도되면서 일본은행 내에 긴장이 확산되었다.

아베는 관방부장관이던 2000년 8월 제로금리 해제 문제로 급히 기자회견을 열었던 '불쾌한 추억'을 갖고 있다. 총리 모리와 관방장관이던 나카가와가 모두 여름휴가를 떠났기 때문에 그가 대역을 맡았던 것이다. 이때 정부의 반대를 무시하는 '일본은행의 독단'에 휘둘렸다는 생각이 아베의 일본은행관을 형성하는 한 요인이 되었다고 주변 사람들은 지적하였다.

아베는 강한 어조로 주변에 이렇게 말했다. "그때와 같은 실수를 해서는 안된다."

3일의 '고위관계자 발언' 이후 고이즈미, 아베, 후쿠이, 무토 4인의 오찬을 겸한 극비회의가 열렸다. 참석자에 따르면 아베는 이 자리에서 "하야미 시대와 같은 일을 반복해서는 안된다"며, "좀 더 양적완화를 계속해 줄 수 없겠느냐"고 타진하였다.[54]

하지만 후쿠이의 결의는 조금도 흔들리지 않았다. 정부와는 그동안 충분히 공조해 왔을 뿐 아니라, 지금 문제가 되는 것은 독립성이라는 생각이 말끝마다 묻어 나왔다. 며칠 뒤 아베에게 복수의 재무성 간부가 다시 설명하러 찾아가 해제에 대한 '최종적인 양해'를 구했다고 한다.

아베에 이어 총리 고이즈미도 견제구를 던졌다. 3월 6일의 참의원 예산위원회에서였다.

"만약 금융완화를 해제하는 단계가 된다면 실패했기 때문에 원래 상태로 되돌리는 일은 다시는 없어야 한다." "아직 디플레이션에서 탈피했다고는 말할 수 없는 상황에 있다. 후쿠이 일본은행 총재가 현명한 사람이기 때문에 현명한 판단을 할 것으로 생각한다."[55]

고이즈미는 "금융정책은 일본은행이 독자적으로 판단해야 할 문제"라는 말을 덧붙이기를 잊지 않았지만, 총리 측근은 "3월 해제는 너무 이르다고 누구나 생각했다"고 회고하였다.

이날 밤 고이즈미는 관저로 후쿠이, 아베, 요사노, 오쿠다 히로시, 우시오 지로 등 경제재정자문회의 위원들을 초청해 이탈리아 요리를 대접했다. 후쿠이를 배려한 때문인지 아무도 금융정책을 건드리지 않자, 고이즈미가 '이왕이면 후쿠이 총재의 이야기도 듣자'고 운을 뗐다. 후쿠이는 국회 답변과 같은 설명을 되풀이했지만 고이즈미는 이후에도 '완고하게 물고 늘어졌다'고 한다. '총리 나름의 메시지를 보낸 것'이라고 참석자 중 한 명은 느꼈다.

실은 극비 4인회의가 있던 날 밤, 얼큰하게 취해 귀가한 후쿠이는 기다리고 있던 기자들 앞에서 이렇게 호기롭게 말했다.

"안되겠으면 해고해!"

후쿠이가 상당한 각오를 하고 있다는 사실은 총리관저에도 재무성에도 곧바로 전해졌다.[56]

고이즈미의 국회 답변 사흘 뒤인 3월 9일, 주목을 모은 정책결정회의에서 후쿠이는 금융조절 목표를 당좌예금 잔고에서 콜레이트로 되돌리고 그 수준이 대체로 0%에 머물도록 촉구하는 방침을 제안하였다. 후쿠이의 제안은 7대 1(후쿠마 위원 결석)로 의결되었다. 하야미 시대에 양적완화 정책을 도입한 이후 5년 만의 노선 전환이 이루어졌다.

정책결정회의에서는 동시에 중장기적으로 볼 때 물가가 안정되어 있다고 각 위원이 이해하는 물가상승률의 범위를 0~2% 정도(중심치 1%)로 정하고, 이를 토대로 향후 금융정책을 운영해 나간다는 방침도 결정 공표하였다.[57]

이 '중장기 물가안정에 대한 이해'는 해제를 허용하는 대가로 인플레이션 목표 설정을 요구하는 자민당 측의 목소리에 화답한 것이었다. 요점은 '목표'가 아니라, '이해'라는 말을 사용한 것으로, 후쿠이는 "인플레이션 목표와는 다르다. 스스로 제한을 가하기 위한 규정으로 넣은 것은 아니다"라고 기자회견에서 설명하였다.

이 '이해'라는 키워드를 짜낸 것도 후쿠이 자신이었다. 모리나가 데이치

森永貞一郎 총재 밑에서 후쿠이가 기획과장으로 일하던 1970년대 후반, 통화 공급량을 정책목표로 삼아야 한다는 논란이 거세지면서 궁지에 몰린 일본은행은 '통화 공급량 전망'이라는 것을 공표하였다. 목표는 아니지만 일본은행이 공표하는 '전망'에는 높은 규범성[58]이 있어 정책 투명성에도 기여한다는 판단이었다.

후쿠이는 당시를 떠올리며 물가안정의 이해라는 아이디어를 냈다. 이와타 부총재는 '목표'로 해야 한다고 주장했지만 후쿠이는 양보하지 않았다. "숫자에 자승자박되어 경제정세에 맞지 않는 상황이 되어도 노력하겠다고 하는 기묘한 장면은 만들고 싶지 않았다"고 퇴임후의 인터뷰에서 후쿠이는 말했다.

하야미 시대의 '물가안정에 대한 사고'는 '인플레이션도 디플레이션도 아닌 제로 인플레이션'을 기본으로 하였다. 이에 비해 후쿠이의 '물가안정에 대한 이해'는 0~2%의 플러스 영역을 상정하고 있었다. 다시 마이너스로 돌아가지 않기 위한 여지를 확보하고 디플레이션 극복도 배려한 모양새였지만, 명시적인 인플레이션 목표를 요구하는 다케나카나 야마모토 등의 불만과 비판은 이후에도 수그러들지 않았다.

한편 결정후의 기자회견에서 '양적완화라는 옵션을 중앙은행이 앞으로 채택할 가능성이 있느냐'는 질문이 나왔고, 후쿠이는 '극히 이례적인 정책을 계속 취해 왔다는 점에서 헤아려 보건대 통상 상정할 수 있는 범위 내에서 그런 일은 옵션 안에 들어가지 않는 것이 당연'하다고 답했다. 웬만한 일이 일어나지 않는 한 양적완화를 채택하지 않을 것이라는 예언은 양의 효과를 의문시하는 후쿠이의 속마음이 나왔다고 할 수 있지만, 결과적으로 그후 크게 빗나가게 된다.

후쿠이는 일찍부터 양적완화의 출구를 염두에 두고 운영기간의 단기화를 지시하였다. 그후 현실적인 해제가 가까워진 시점에 다시 금융시장국장 나카소를 불러, "(해제후) 3개월에서 6개월 사이에 금리 인상을 단행하고 싶으니, 그 기간 내에 양을 원래 상태로 되돌리라"고, 양의 삭감을 위한 오퍼레이션 전략을 짜도록 새로운 지령을 내렸다. 기획 라인이 짜낸 옵션2였다.

3월 시점에 당좌예금 잔고는 30조 엔 이상으로 법정준비금을 20조 엔 이상이나 웃돌았지만, 후쿠이의 지시에 따라 오퍼레이션 평균 잔존기간은 3개월 이상 짧아졌다. 양적완화 해제가 결정됨에 따라 나카소는 만기가 돌아온 어음 등을 기본적으로 연장하지 않으면서도 한편으로는 필요 이상으로 감액되지 않도록 때로는 자금 공급을 섞어가며 연착륙시켜나가는 세심한 금융조절정책을 펼쳤다. 그러면서 정부 측에 약속한 '당좌예금 잔고의 원만한 감액' 방침에 따라 3개월 만에 초과준비금을 거의 해소하였다.

당시를 회고하면서 후쿠이는, 양의 삭감으로 시장이 동요하지 않도록 "나카소 국장과 면밀하게 원활한 시장개입 방침을 미리 결정해 두고, 그대로 진행될 것으로 몇 번씩이나 확인하였다." "시장은 별로 흔들리지 않았다. 나카소가 매우 잘해 주었다"며 금융시장국의 수완을 평가했다.

이 양의 정상화를 기다려 후쿠이는 7월을 목표로 제로금리를 해제하고 콜머니 금리를 0.25% 인상하는 방향으로 움직였다. 해제후 4개월 만에 금리인상에 들어가는 뛰어난 업무장악력 덕분에 후쿠이의 구심력은 더욱 높아졌다.

통한의 함정

양적완화를 해제하기 2년 전 영국 《이코노미스트》지는 후쿠이를 '세계에서 가장 뛰어난 센트럴 뱅커'로 꼽았다. 후쿠이의 지도력은 일본 정

계와 재계에서도 높은 평가를 받아 어려울 것으로 보였던 양적완화에
서의 탈출도 시장에 혼란을 주지 않고 이루어냈다. 일본은행의 조직개
혁도 순조롭게 진행되어 명성이 최고조에 달했을 때 예상치 못한 사건
이 벌어졌다.

사건의 발단은 같은 《이코노미스트》의 2005년 10월 8일자에 게재된
〈해는 다시 뜬다〉라는 제목의 고이즈미 구조개혁 이후의 변화를 분석
하는 특집기사였다. 기사 속에는 옛 통상산업성 관료 무라카미 요시아
키村上世彰 등이 2000년에 세운 투자회사 'M&A컨설팅'을 소개하는 내
용이 들어 있었다.

"M&A컨설팅을 경영하는 사람은 두 전직 관료와 노무라증권 출신이
다. 이 회사의 초기 투자자이자 주요 중개역은 일본은행 총재로 취임하
기 전의 후쿠이 도시히코였다."[59]

M&A컨설팅은 무라카미펀드의 핵심 회사였다. 무라카미는 이른바 '행
동주의 펀드'로서 시대의 총아가 되고 있었지만, 2006년 6월 3일 닛폰
방송 주식의 매매와 관련해 증권거래법 위반 혐의로 도쿄지검에 체포
되었다.[60]

그런 무라카미펀드에 후쿠이가 '투자'하고 있다는 놀라운 기사는 한
동안 주목받지 못하고 있었는데, 양적완화 해제후인 2006년 6월초 《아
사히신문》 기자가 일본은행에 사실 확인을 요청하였다. 어떻게 대답해
야 할지 몰라 홍보과에서 문의하니 후쿠이는 '대답할 필요가 없다'며
설명을 거부했다. 그러자 며칠 뒤인 6월 12일 밤 정책위원회실 국회 담
당한테서 본점으로 급히 소식이 날아들었다.

"질문 통고입니다. 내일 무라카미펀드 건에 대해 민주당 의원의 질문
이 있다고 합니다."

질문 통고란 다음날 위원회에서 질문하는 의원이 대략적인 내용을

사전에 전달하는 구조로, 이를 바탕으로 각 부처나 일본은행 등은 심야까지 예상문답을 작성하게 된다.

마침 이날 밤은 월드컵축구 일본과 호주의 시합이 독일에서 열리고 있었다. 기획 라인 직원들은 일하는 틈틈이 TV 중계를 시청하며 일본 대표팀의 뼈아픈 역전패에 고개를 떨구었다. 그러던 중 경영기획국에서 올라온 예상문답안을 보고 깜짝 놀랐다.

소문에 불과하다고 생각했던 무라카미펀드 출자가 사실이었던 것이다.

6월 13일의 참의원 재정금융위원회. "고결한 후쿠이 총재의 명예를 지키기 위해 굳이 질의한다"고 조심스레 운을 뗀 민주당 오쿠보 쓰토무大久保勉 의원에 질문에, 후쿠이는 7분 이상이나 시간을 들여 무라카미와의 만남을 장황하게 이야기하고, 마지막이 되어서야 '무라카미의 독립을 지원하기 위해' 천만 엔을 출자했다고 인정하였다. 이어 2월에 출자 해지 절차를 밟았다고 밝혔다.

놀란 오쿠보 의원은 최근의 잔고가 얼마인지 질문했지만, 후쿠이는 '거액을 번다는 느낌은 없습니다' '잔고가 얼마인지 파악하고 있지 않습니다'라고 우물우물 장광설을 늘어놓아, 위원장에게서 '단적으로 답변'하라는 추궁을 당했다. 후쿠이답지 않은 애매한 답변에 야당은 비리의 냄새를 맡았고 비로소 본격 추궁이 시작되었다.

6월 15일의 참의원 예산위원회. 야당 측은 후쿠이가 운용잔액을 밝히지 않은 점, 펀드 해지 절차가 양적완화 해제 전달이었다는 점을 들어 '일종의 내부자 거래, 한몫 보고 팔아치운 것 아니냐'며 비판의 강도를 높였다.

경의도 배려도 없는 추궁에 후쿠이는 점점 달아올라 답변이 거칠어져갔다. 잠자코 듣고 있던 각료석의 고이즈미는 비서관을 불러 귓속말을 했다. '분노는 적이다. 후쿠이에게 그렇게 전하시오.'

비서관은 타이밍을 맞춰 메모 한 장을 전달했다. 펜으로 크게 동그라미 마크를 그리고 그 밑에 '둥글게, 둥글게. 분노는 적'이라고 적혀 있었다. 달아오르지 말라는 메시지였다.

고이즈미는 당초부터 후쿠이를 지켜내기로 결정했다. 정기국회는 폐회를 눈앞에 두고 있었다. 고이즈미는 회기 연장 없이 6월 18일에 국회를 닫겠다는 복안이었다. 국회만 닫으면 피할 수 있다고 생각해 야당의 도발에 넘어가지 말라고 후쿠이에게 조언했던 것이다.

그렇지만 후쿠이의 경로이탈과 낭패는 눈 뜨고 볼 수 없는 지경이 되었다. '거액을 번다는 느낌은 없다'던 설명이 '수십만 엔에서 수백만 엔의 이익'으로 바뀌고, 국회 폐회후에는 1,473만 엔의 운용수익 실태가 공표되는 상황으로 내몰렸다. 펀드 출자뿐 아니라 사외이사 시절 취득한 여러 기업의 주식을 신탁하지 않은 채 보유하고 있는 사실도 드러났다.

'이익이 목적이 아니다'라는 당초의 주장은 '결과적으로 매우 큰 이식행위를 한 모습이 되었다'로 바뀌었다. 후쿠이는 '비판을 정면으로 받아들여 깊이 반성한다'고 사과하지 않을 수 없었다. 22일 폐회중의 질의에서는 출자계약 내용에 대한 설명이 궁색해 일본은행 총재답지 않은 답변까지 했다.

"정말 초보라서… 아주 두꺼운 계약서이고, 구석구석까지 한 번도 읽어본 적이 없습니다. 그것은 매우 부끄럽다고 하면 부끄러운 일이지만, 정말로, 잘 인식을 하지 못했습니다. 죄송합니다."[61]

야당 측은 여전히 추궁의 자세를 보였지만, 고이즈미의 수읽기대로 국회가 폐회하는 바람에 후쿠이는 구사일생으로 살아났다. 폐회후 자민당의 국회대책위원회 간부는 총리 주변에 이런 얘기를 했다.

"후쿠이는 악운惡運이 세다. 만약 회기 연장을 했다면 틀림없이 사표를 내는 전개가 되었을 것이다."

확실히 후쿠이에 대한 여론의 비난은 강했다.《요미우리신문》여론조사에서는 72%,《아사히신문》과《마이니치신문》에서는 67%가 '총재는 사임해야 한다'고 답했고, 금융정책에 대한 신인도가 '손상되었다'고 생각하는 사람이 70%에 달했다.

일본은행 직원들도 예전에 본 적이 없는 '동요하던 후쿠이'의 모습을 선명하게 기억하고 있다. 모두 사실대로 설명하라고 직언한 간부는 후쿠이의 역린을 건드렸다. 행내에서는 '민간으로 전출되면서 허점이 생겼다' '당황해 해지한 것이 가장 큰 실수' '정보를 조금씩 내놓은 위기관리상의 판단 실수' 등 비판의 목소리가 터져 나왔다.

일본은행 복무규정은 내부에서 알게 된 정보를 바탕으로 한 이윤추구 활동을 엄격히 금지하고 있다. 그런 의미에서 민간시대의 출자나 주식투자가 규정 위반은 아니다. 하지만 엉뚱한 의심을 사지 않도록 전임 하야미는 취임 전에 보유한 주식을 모두 처분하였고, 심의위원들도 주식을 신탁은행에 예탁하도록 요구받았다. 공적인 통제를 싫어하고 자유활달한 '민간' 활동에 무게를 두는 후쿠이 특유의 캐릭터가 결과적으로 함정을 판 것이었다.

비판에 휩싸이면서도 후쿠이는 '반성할 것은 반성하며 직책을 다하겠다'는 자세로 외풍을 이겨냈다.[62]

후쿠이가 제로금리를 벗어나 콜머니 금리 0.25% 인상을 단행한 것은 그 2주 후의 일이었다. 1960년대 말의 호경기를 뛰어넘는 전후 최장의 경기확대가 실현될 것이라는 예측이 강해지는 가운데, 시장은 조기 금리 인상을 수용하였으며, 당좌예금 잔고의 정상화도 6월 중순까지 완료되었다. 그리하여 7월 14일의 정책결정회의에서는, 위원들이 돌아가며 콜레이트의 유도수준 인상을 제창하였다. 무라카미펀드 문제는 금융정책과는 무관하다는 인식 속에서 만장일치 의결이 이루어졌다.

기자회견에서 후쿠이는 "경제·물가 정세의 현상과 전망을 충분히 점검해 정책을 결정할 뿐, 그 이외의 요소가 개재할 여지는 없다"고 말했다. 조금 자신감을 되찾은 듯이 보였다. 하지만 후쿠이를 향한 '역풍'은 그 후에도 계속되었다. 8월에 발표된 CPI 상승률은 5년에 한 번꼴로 시행하는 기준 개정에 따라 대폭 하향 수정되었다.

CPI는 세대별 소비구조를 기준으로 개별품목의 가격지수를 가중평균해 산출한다. 다만 새로운 재화와 서비스의 등장이나 소비자의 기호 변화에 맞추어 5년마다 품목과 비중을 재조정하는 '기준 개정'이 이루어진다.

이 같은 규칙에 따라 8월 25일에 실시된 기준 개정에서 CPI 상승률은 이전 기준에 비해 0.3~0.6% 하향 수정되었다. 가격경쟁이 치열한 평판TV 등 디지털 가전이 새로 채택되고 휴대전화요금 인하가 효과를 본 결과였다. 하지만 이에 따라 2006년 1월과 4월의 상승률이 마이너스로 떨어지고, 물가는 여전히 0% 부근에서 움직이는 것으로 확인되었다.

후쿠이나 기획 라인은 기준 개정에 따라 하향 조정될 것이라고 예상했지만, 이렇게 큰 폭이 될 것이라고는 생각하지 않았다. 후쿠이는 '정말 나쁜 시점에 (기준 개정을) 해 주는구나'라고 생각하였지만, '그것을 기다리거나 기다린 결과로서 (금리인상을) 한다는 것은 그다지 프로가 할 일이 아니라고도 생각했다'고 회고록에서 털어놓았다.

'CPI 쇼크'의 피해는 상상 이상으로 컸다. 양적완화 해제의 전제가 된 '기조적으로 0% 이상'이라는 일본은행의 판단에 의문이 제기되었을 뿐 아니라, 향후의 판단기준이 될 '물가안정에 대한 이해'의 중심치 1%와의 격차가 커지면서 추가 금리인상의 문턱이 높아졌기 때문이다.

실제로 시장의 금리 재인상 관측이 급속히 위축되면서 야마모토 등을 중심으로 자민당에서 3월 양적완화 해제는 잘못되었다는 비판의 목소리가 나왔다. 리플레이션론자들은 '조기에 출구로 향한 결과 다시 디플레이션에 빠졌다'며 일본은행을 비판할 새로운 재료를 손아귀에 넣었다. 인플레이션 목표를 계속 요구한 다케나카는 나중에 인터뷰에서 이렇게 이야기하였다.

"일본은행에 대한 불신은 엄청났습니다. 최종적으로 2006년의 해제 그건 잘못된 것이었습니다. 만약 내가 경제재정정책담당 장관이었다면 결정회의에 나가 망설이지 않고 연기를 요청했을 것입니다."

양적완화 해제에 끝까지 반대했던 아베 신조는 이때의 실체험이 '아베노믹스'로 불리는 정책구상을 만들어내는 계기가 되었다고 나중에 국회에서 밝혔다.

"고이즈미 총리도 이 단계에서의 해제는 너무 이르다는 판단이었고, 정부 입장을 여러 차례 후쿠이 총재에게 얘기했는데, 유감스럽게도 … 그런 판단을 하였습니다. … 모처럼 잘 풀리기 시작한 금융정책이 점점 결과적으로 산산이 흩어져 버리고 말았습니다."

"2006년에 양적완화를 중단해 버려 유감스럽게도 충분히 디플레이션에서 벗어나지 못했습니다. 금융정책적인 지원은 없었다는 점에 나는 주목했습니다."[63]

아이러니하게도 후쿠이의 결단은 그의 총재 퇴임후 재연한 디플레이션과 정치적으로 연관되는 결과가 되었다. CPI 쇼크 다음달 아베는 '아름다운 나라'를 내세워 자민당 총재 선거에서 승리해, 전후 최연소로 총리 자리에 올랐다.

그로부터 반년 가까이 경과한 2007년 2월 21일, 후쿠이는 콜레이트 유도목표를 다시 0.25% 올려 0.5%로 했다.

정치권의 격렬한 반발은 보이지 않았지만, 정책결정회의에서 부총재 이와타가 '물가상승률 전망에 불투명성이 극히 강하다'며 의장 제안에 유일한 반대표를 던져, 신일본은행법 하에서 처음으로 집행부의 판단이 갈라지는 결과가 되었다.

신일본은행법 제22조는 부총재의 직책에 대해 '총재를 보좌한다'고 규정하고 있다.[64] 그래서 의장제안에 대한 반대행동은 이 입법취지에 반하는 것 아니냐는 의견도 일부 있었다.

하지만 회의록에 의하면, 이와타는 CPI 쇼크를 근거로 "자기반성을 하지 않을 수 없는데 (물가) 전망이 정말 낙관적이었다. 나 자신이 조금 틀린 점을 깊이 반성하고 있다" "투표 단계에서는 집행부나 심의위원 모두 같은 한 표를 자신의 의견대로 투표하는 것이라고 생각한다. 다만 집행부이기 때문에 오늘 결정된 것을 전력을 다해 집행해야 할 의무가 하나 덧붙여진다"며 반대표를 던졌다.

금리 재인상을 실현했다고는 하지만, 이 '쿠데타'는 후쿠이의 구심력 저하를 내외에 강하게 각인시켰다. 더욱이 나중에 '이자나미 경기'[65]로 명명되는 사상 최장의 경기확장에도 그늘이 드리워지면서 금리 인상은 여기서 중단되었다.

후쿠이는 콜레이트 유도목표를 1%까지 끌어올리고 나서 그 뒤에 배턴 터치를 할 복안이었다. 하지만 무라카미펀드 사태 이후 역풍이 예상보다 강해, 결과적으로 '금리 수준의 정상화'에는 이르지 못했다. 후쿠이는 이렇게 말했다.

"인수인계 시점에서 금리가 1% 정도까지 올랐으면 조금 마음 편히 인계할 수 있었을 것이라는 생각이 들었습니다. 1%라는 것은 금리 기능이 작동하는 최저 수준의 금리로, 그보다 낮으면 충분히 작동하지 않는다는 의식이 있었고, 인계할 때 1%면 금리운영을 통해 다소 조정의 여지를 가질 수 있습니다. 그래서 퇴임할 때는 절반밖에 안됐다, 미완성이라는 마음이 있었어요."[66]

그래도 측근 가운데 한 명은 후쿠이 시대를 돌아보며 "경기도 좋고, 물가도 오르고, 환율은 엔저 기조라는 순풍이 불고 있었다. 중앙은행으로서 '왕도'를 걸을 수 있었던 극히 드문 시기였다"고 말했다.

그후 후쿠이가 열정을 쏟았던 '과課 체제의 폐지'는 불과 3년 만에 재검토되었다. 2010년 7월에 실시된 기구 개혁으로 모든 국과 실에 과가 재설치되고 과장 자리도 부활하였다.

반면 아베 신조가 이끄는 자민당은 2007년 7월의 참의원 선거에서 역사적 대패를 당해, 중의원과 참의원의 제1당이 서로 다른 '비틀림 국회'가 출현하였다. 정권 운영에 고심하던 아베는 9월 들어 건강악화로 돌연 퇴진했고 후쿠다 야스오가 후계 총리가 되었다.

제4장 시라카와白川 시대

다시 찾아온 위기, 정계와의 불화
2008-2013

정치권의 혼미로 인해 총재 부재의
비정상 사태가 초래되었다.
어렵게 출범한 새 체제는 미증유의 위기에
차례로 직면해 여당과 야당 양측으로부터
완화가 부족하다며 호되게 질책당하는데,
'리플레이션 정책'으로의 전환을 완강히 거부하면서도
일본은행은 서서히 후퇴를 계속했다.

시라카와 시대

I

'총재 부재'의 비정상 사태

중의원은 자민당, 참의원은 민주당이 장악한 상태에서 후쿠다 야스오 내각의 정국 운영 또한 어려움을 겪었다. 자민당과 민주당이 첨예하게 대립하는 가운데 후쿠이 도시히코의 임기 만료인 2008년 3월이 다가왔다. 후임 총재 선임은 전대미문의 형태로 전개되었다.

관방장관을 오래 지내 정부의 논리를 잘 아는 후쿠다는 2008년 들어 재무성과 일본은행 양측이 미는 무토 도시로의 총재 승격에 이의 없이 동의하였다. 당초 5년 전에 무토를 부총재로 뽑은 사람이 후쿠다 본인이었기에 '후쿠이 다음은 무토'라는 레일은 이미 깔려 있었다.

무토 자신도 부총재로서 후쿠이를 보좌하며 과 제도 폐지 등 기구 개혁에도 적극적으로 관여해, 일본은행 내에서도 다음 총재 후보로 지목되고 있었다. 무토를 보좌하는 부총재 후보에는 일본은행 이사에서 교토대 교수로 자리를 옮긴 시라카와 마사아키와 '인플레이션 목표'론자로 알려진 이토 다카토시伊藤隆敏 도쿄대 교수가 뽑혔다. 정부는 이들 3명을 '베스트 인선'이라 칭하며 조기매듭에 나섰다.

그러나 야당인 민주당은 '재정과 금융의 분리'를 기치로 "전 재무성 사무차관의 총재 낙하산 임명은 중앙은행의 독립성 측면에서 문제가 있어 인정할 수 없다"며 무토의 총재 승격에 반대 목소리를 높였다. 민주당은 5년 전에도 무토의 부총재 취임에 같은 이유로 반대표를 던졌다.

신일본은행법 제23조는 "총재 및 부총재는 양의원의 동의를 얻어 내각이 임명한다"고 규정하고 있다. 그러나 양원의 의사가 어긋날 경우에 대비한 조정규정은 마련되어 있지 않다. 예산안이나 총리 지명 선거처럼 중의원 의결의 우월성이 인정되거나 혹은 중의원 재의결도 허용되지 않아, 참의원 제1당인 민주당이 절대적인 '거부권'을 갖는 형태였다. 민주당이 '노'라고 하는 한 다음 총재는 정할 수 없는 것이다.

법 개정에 관여한 재무성 담당자는 "독립성을 담보하려면 정부와 거리를 둔 곳에서 인사를 결정해야 하고 따라서 국회 동의 인사로 해야 한다는 논리를 세웠지만, 양원의 의결이 꼬일 것까지는 예상하지 못했다"고 말했다. 실제로 개정 논의에서 이 문제가 거론된 적은 없어 완전한 법의 맹점이었다. 내각 지지율의 부진을 본 민주당이 한 발짝도 물러서지 않아 정국에 불온한 기류가 확산되었다.

2008년 3월 7일 후쿠다는 무리한 강행돌파를 꾀하며 인사안을 국회에 제출하였다. 이에 따라 무토 등 세 후보는 중의원과 참의원 양원에서 소신을 표명하였다.

구 대장성 시절에 일본은행법 개정을 담당한 적도 있는 무토는 "일본은행의 독립성을 확실히 확보해 두고 싶다" "과거 5년간 부총재로서의 언동 속에서 재무성 성향의 판단을 한 적은 없다"[1]고 역설하였다. 그러나 민주당은 무토와 이토에 대한 부동의를 결정해, 3월 12일 부총재 시라카와만이 동의를 얻었다. 민주당이 제시한 무토 부동의 이유는 '다름아닌 재무성 자체의 인사로 일본은행의 독립성을 담보할 수 없다'는 것이었다. 무토안을 포기할 수 없었던 후쿠다는 이후 후쿠이와 무토의 연임을 모색하지만 이 역시 일축되었다. 3월 18일에 역시 같은 사무차관 OB인 다나미 고지田波耕治를 총재 후보로, 일본은행 심의위원인 니시무라 기요히코西村清彦를 부총재 후보로 하는 제3안이 제시되었다. 그러나 다음날 참의원 본회의에서 민주당은 니시무라에는 동의했으나, 다나미 안을 다시 부결시켰다. 이 시점에서 후쿠이의 임기가 만료되었다.

그러는 동안 언론의 상당수는 '총재 인사를 정쟁의 도구로 삼지 말라'는 등 민주당을 비판했고, 재무성도 민주당 수뇌부를 열심히 설득했다.[2] 그 결과 오자와 이치로小沢一郎 당대표도 반대파의 중심이었던 센고쿠 요시토仙谷由人도 "마지막에는 이해해 주었지만 어느새 당내 의견을 통일해 낼 수 없었다"고 재무성 간부는 말했다. 오자와 대 반오자와의 당내 대결도 복잡하게 얽혀 더 이상 이치가 통하는 세계가 아니었던 것이다. 잇단 부동의 끝에 센고쿠가 '이것이 정치'라며 쓸쓸히 해명한 것을 재무성 간부는 생생하게 기억한다.

그리하여 전후 처음으로 일본은행 총재 자리는 공석이 되었다. 대신 부총재 시라카와가 신일본은행법의 규정에 따라 '총재대행'으로 지명되어 3월 20일에 부임하였다.

그로부터 10일 정도가 지난 4월 들어 후쿠다는 곧바로 움직이기 시작하였다. 시라카와를 정식 총재로 승격시키고 재무관 출신으로 히토쓰바시대 교수인 와타나베 히로시渡邊博史를 부총재에 임명하는 타협안을 제시한 것이다. 4월 8일부터 금융정책결정회의가 열리고, 그 직후 워싱턴에서 7개국 재무장관·중앙은행총재회의(G7)가 예정돼 있어, 더 이상 총재의 공석이 허용되지 않는다고 판단했기 때문이다. 여기서도 국회 동의를 얻은 것은 시라카와뿐이었고, 와타나베는 동의를 받지 못했다. 한 달에 걸친 정치적 소용돌이 끝에 4월 9일, 시라카와는 예상치 못한 형태로 제30대 총재에 취임하였다.

이 같은 혼란의 결과 새 체제는 부총재와 심의위원을 한 명씩 빠뜨린 채 출범하게 되었다. 정책위원회의 기능저하를 막기 위해 정부는 그후 게이오대 교수인 이케오 가즈히토池尾和人를 심의위원으로 지명하지만, 민주당이 의회 내에서 연대하고 있던 국민신당의 반대로 동의하지 않기로 해 인사안은 취하되었다. 2명 결원의 비정상 사태는 이 해 가을까지 해소되지 않았다.

일련의 소동은 고도의 전문성과 독립성이 요구되는 중앙은행 인사에 노골적인 정치적 개입이 이루어지는 전례가 되었다. 정치인들은 일본은행 인사가 '감칠맛 나는 카드'로 사용될 수 있음을 알고, 이 사건을 계기로 중앙은행에 개입하려는 기류가 확산되었다.

취임에 즈음해 시라카와는 신일본은행법을 거론하며 기자회견에서 이렇게 이야기하였다.

"일본은행의 목적을 정한 규정의 의미는 매우 무겁고 중앙은행의 업무는 매우 심오합니다. 직업인으로서의 성실성을 의심받지 않도록 해나가야 한다는 것을, 일본은행법을 읽으면서 다시금 느꼈습니다."[3]

신일본은행법의 무게와 노골적인 정치와의 불화를, 시라카와는 그후 몸소 체험하게 된다.

총재 인사가 혼미의 극을 달리던 2008년 3월 미국에서 엄청난 금융위기의 마그마가 터져 나오려 하고 있었다. 위기의 근원은 '서브프라임 모기지'로 불리는 신용력이 낮은 개인용 주택담보대출이었다. 미국 주택의 버블 붕괴로 이 부문 대출금의 회수가 불가능해지면서 이를 묶어 증권화한 금융상품을 대량 보유한 서방 금융기관에 줄줄이 거액의 손실이 발생한 것이다.

이 서브프라임 모기지라는 말을 전 총재 후쿠이가 처음 들은 것은

2005년 여름이었다. 대형 허리케인 카트리나가 내습한 뒤 '미국에서는 가설주택을 짓지 않느냐'고 FRB 간부에게 물었더니, '그럴 필요가 없다. 서브프라임 모기지가 있다'고 대답했다고 한다. 후쿠이는 '도대체 그게 뭔지 좀 의아하게 느꼈다'고 회고록에서 말했다.

사실 '그레이트 모더레이션'이라는 안정기에 미국의 주택 착공건수는 순조롭게 증가했으며, 주택가격도 2006년 7월에 정점을 찍었다. 하지만 그후 버블이 터지고 FRB의 금융긴축도 겹치면서 장기간에 걸친 큰 폭의 가격하락이 시작되었다. 2006년 말부터 주택담보대출회사가 파산하기 시작하고, 2007년 봄 서브프라임 모기지 연체율이 상승하고 있다는 소식이 후쿠이의 귀에도 들려왔다.

서브프라임 관련 손실은 시간이 지남에 따라 커져 2007년 8월 첫 충격이 미국이 아닌 유럽에서 먼저 일어났다. 프랑스의 대형 금융기관 BNP파리바가 산하 투자신탁의 상환정지를 전격발표하면서 금융시장이 발칵 뒤집힌 것이다. 이 '파리바 쇼크'에 앞서 독일에서도 IKB산업은행과 작센주립은행에서 서브프라임과 관련한 거액의 손실이 발각되었고, 9월에는 주택금융에 특화된 영국 노던록은행에서 대규모 예금 인출 소동이 벌어졌다.

일련의 혼란을 본 일본은행 금융시장국장 나카소 히로시는 강한 '기시감'에 휩싸였다. 나카소는 1997년 가을의 금융위기를 신용기구국에서 실체험한 사람이었다. 당시와 비슷한 전개가 이번에는 세계적 규모로 일어나지 않을까, 이제 시간문제 아닌가 하는 불길한 예감이 들었다고 한다.

후쿠다 총리가 한시라도 빨리 총재 공석을 해소하려고 서두른 이유 중의 하나는 서브프라임을 원인으로 한 금융시장의 동요였다. 하지만 총재 선거를 둘러싸고 여당과 야당이 대치하는 와중에 미국의 대형 증권사 베어스턴스Bear Stearns가 자금난에 빠져 2008년 3월 16일 FRB의 전격적인 구제를 받게 되었다. 이에 따라 서브프라임 위기는 단숨에 표면으로 분출되었다.

FRB가 취한 조치는 연방준비법 제13조 3항에 근거한 '이례적이고 긴급한' 특별융자였다. 베어스턴스를 인수하는 JP모건체이스를 위해 시행된 것으로 이 조항은 그동안 한 번도 발동된 적이 없었다. 1965년의 야마이치증권 특융을 방불케 하는 공전의 구제에 미국 내에서 맹렬한 비판이 쏟아지고 주도한 재무장관과 FRB는 의회에서 변명하느라 분주하였다. 한편 베어스턴스 구제로 눈앞의 위기를 덮음으로써 역으로 서브프라임 문제의 깊은 뿌리를 재인식시켜 시장의 경계심을 더욱 높이는 결과를 낳았다.

시라카와는 총재 부임 다음날 워싱턴으로 향했다. 전체적으로 무거운 분위기에 휩싸여 있었지만 베어스턴스를 구제함으로써 'FRB는 대형 금융기관을 파탄시키지 않는다'는 안도의 목소리를 들을 수 있었고, 미국 금융계의 수뇌로부터 '최악의 시기는 지났다'는 발언도 나왔다고 한다.[4]

하지만 위기도 최악의 시기도 지나가지 않았다.

리먼 쇼크가 내습하다

그것은 일본이 1990년대 후반에 밟은 위기의 과정과 똑같았다. 미국 금융시장은 '베어스턴스 다음은 어디냐'며 새로운 표적을 찾았다. 그 초점은 점차 미국 4위 명문 증권사인 리먼브러더스로 좁혀졌다. 시라카와도 나카소도 여름 무렵에는 리먼이 몰리고 있는 상황을 감지하고 시장의 급변동을 예의주시하고 있었다.

2008년 9월 7일, 미국에서 주택금융을 전문으로 하는 정부계 금융기관 패니메이Fannie Mae, 프레디맥Freddie Mac 두 곳이 공적 관리 아래 놓이면서 시장의 긴장은 최고조에 달했다. 사흘 후에는 리먼이 6~8월기 결산에서 4,200억 엔의 적자를 발표하면서 '카운트다운'이 시작되었다. 리먼의 주가는 급락해 신용 불안을 키우며 나중에 '리먼 위크엔드'라고 불리는 절정으로 치달았다.

그러나 FRB도 미 재무부도 이번에는 '이례적인 긴급' 구제에 나서려 하지 않았다. 베어스턴스 구제와 패니메이 등에 대한 공적자금 투입으로 거센 비난을 받았던 조지 부시 행정부가 1월 대선을 앞두고 더 이상의 공적 관여를 거절한 것이다.

당시 뉴욕 연방준비은행 총재였던 티모시 가이트너는 퇴임후 회고록에서 "'미스터 구제救濟'로 불리는 것을 피하고 싶어 베어스턴스식 해법을 다시는 지지할 수 없다고 행크(폴슨 재무장관의 애칭)는 선언했다. … 행크가 엄청난 압력을 받고 있음을 이해할 수 있었다"고 밝혔다. 구제는 정치적으로 불가능한 상황이었다.[5]

9월 12일 금요일 밤, 재무장관 헨리 폴슨은 급히 뉴욕으로 날아가 골드만삭스, 모건스탠리, 메릴린치, 씨티 그룹, 크레디트스위스 등 서구 주요 금융기관 10곳의 수뇌들을 뉴욕연방은행으로 불러 모았다.

폴슨은 1998년 가을의 미 헤지펀드 LTCM의 구제를 예로 들면서 '기부금 모금 방식'에 의한 손실 분담을 10사에 요구하고, '공적자금은 사용하지 않는다'고 분명히 잘라 말했다. 동시에 뱅크 오브 아메리카 혹은 영국계 대형은행 바클레이즈 중 하나가 리먼을 인수할 가능성에 희미한 기대를 걸고 있었다. 잠시의 유예도 허용하지 않는 긴박감에 뉴욕은 휩싸였다.

그러는 동안 FRB와 미 재무부는 G7 금융당국과 긴밀히 연락을 주고

받았다. 세계 각지에 800개의 계열사가 있고, 10만 이상의 채권자를 두고 있는 리먼의 경영위기는 유럽과 일본, 아시아에도 지대한 영향을 미칠 수밖에 없었다. 일본 측에서는 재무성과 금융청은 미 재무부와 증권거래위원회(SEC)를 상대로, 일본은행은 FRB와 산하 뉴욕연방은행을 상대로 각각 전화회의를 갖고 최신정보를 교환하며 대응책을 검토하였다.

일본 측 당국자에 따르면 9월 12일 낮까지만 해도 일본은행이나 금융청 현장에 그렇게 큰 긴박감은 없었다고 한다. 한 일본은행 간부는 "결국 구제하지 않겠느냐고 다소 낙관적으로 보고 있었다"고 털어놓는 한편, 바클레이즈가 조만간 인수하게 될 것으로 생각한 리먼 일본법인 임원이 이날 저녁에 샴페인을 사가지고 귀가한 것을 기억했다. 재무장관이 뉴욕으로 날아가 긴급회동을 전격 소집한 것은 그 이후의 일이었다.

하지만 폴슨의 요청에도 불구하고, 리먼의 파산 회피책은 전진하기는커녕 반대로 붕괴에 가까워지고 있었다. 실낱 같은 희망을 걸었던 바클레이즈의 인수 구상이 영국 당국의 반대로 좌절된 것이다.

일본 시간으로 12일 밤 G7 긴급전화회담이 전격 열리면서 폴슨은 리먼 인수협상이 난항을 겪고 있다고 이 자리에서 처음 보고하였다. 모두가 숨을 삼키는 가운데 장클로드 트리셰 유럽중앙은행(ECB) 총재가 참석자들을 대표해 '이 결과는 매우 심각할 것'이라고 경고하였다.

이 시점에서도 일본과 유럽의 당국자들은 마지막에는 FRB가 특별융자를 발동해 파산 회피에 나설 것이라고 여전히 믿고 있었다. 시라카와는 "세계의 금융시스템을 붕괴에 이르게 하는 사태를 미국은 허용하지 않을 것이고, FRB는 그것을 막을 수단을 가지고 있다. 그래서 그 같은 조치를 취하지 않기로 한 결정은 너무 무책임하다고 생각했다"고 회고하였다.[6]

9월 13일 토요일, 앨런 그린스펀의 뒤를 이어 FRB 의장이 된 벤 버냉키에게서 시라카와 앞으로 '리먼의 연방파산법 신청은 불가피하다'는 극비 정보가 전달되었다. 시라카와는 파산했을 경우의 영향은 지극히 크다고 버냉키에게 심각한 염려를 전했다. 그뒤 전날 밤에 이어 G7 전화회담이 개최되며 사태는 더욱 긴박해졌다. 금융시장국장 나카소는 참지 못하고 옛 지인인 뉴욕연방은행 시장국장 윌리엄 더들리에게 메일을 보냈다.

'10년 전 산요증권의 법적 처리를 계기로 금융위기가 일어났습니다. 챕터 일레븐(연방파산법 제11조)만은 피해야 합니다. 그것을 사용하면 굉장히 충격이 커집니다.'

1997년 가을 산요증권을 법정관리로 처리하는 바람에 디폴트가 일어나 금융시스템 붕괴 위기로 이어졌다. 일본과 똑같은 실수를 반복해서는 안된다고 나카소는 호소했지만, 더들리의 답변은 '매우 흥미롭지만 나는 권한이 없다'는 것이었다.

2008년 9월 14일 일요일, 일본은행 본점에 기획국과 금융기구국, 금융시장국 직원들이 속속 집결하였다. 총재 시라카와와 부총재, 담당이사는 아카사카의 히카와 분관에 진을 친 채 다가오는 미 리먼 파산에 대한 대응책을 짜냈다. 시라카와는 이날 밤에도 버냉키와 전화로 사태를 논의하고 아울러 사흘 연속 G7 전화회담에 임했다.

리먼 본사가 무너지면 일본에도 막대한 피해가 미칠 수밖에 없다. 일본법인 리먼브라더스증권은 종업원 수가 1,200명에 이르고, 2007년의 도쿄증권거래소 매매대금이 증권사 가운데 최상위를 점하는 빅 플레이어였다. 특히 국채 매매나 채권대차 거래에서는 다섯 손가락 안에 드는 존재였다.

이 때문에 미국 본사의 위기 소문이 들려올 무렵부터 금융기구국은 리먼증권의 '감시'를 계속해 왔다. 담당이사 야마모토 겐조山本謙三도 사장 가쓰라기 아키오桂木明夫와 은밀히 면회했는데, 가쓰라기는 "자금 사정에 문제는 없습니다. 안심하십시오"라고 이야기했다고 한다.

이날 금융기구국의 주요 멤버들이 본점에 모인 것은 정오였다. 우선 리먼증권의 실태를 파악하기 위해 금융청에 나가 자금현황표를 작성하였다. 그러자 미국 본사의 신용이 상실될 경우 일본 법인의 자금사정도 즉각 막히는 것으로 확인되었다.

이를 토대로 밤 9시에 금융기구국장 다나카 히로키田中洋樹와 참사역 하야사키 야스히로早崎保浩가 금융청을 재방문해 감독국 심의관 고노 마사미치河野正道, 증권과장 모리타 도키오森田宗男와 마주하였다. 일찍이 일본은행법 개정의 담당자이기도 했던 다나카는 단호하게 말했다.

"시장이 열리는 16일 아침까지 일본법인을 처리하지 않으면 대혼란에 빠집니다. 한시라도 빨리 업무정지명령을 발동해 주십시오."

이미 전날 밤부터 하야사키와 모리타의 전화 협의가 여러 차례 이루어져 '이대로라면 리먼증권의 자산이 해외로 빠져나간다'는 일본은행 측의 우려를 전달한 상황이었다.

하지만 금융청은 완강하게 다나카의 요청을 받아들이지 않았다. 리먼증권 스스로 영업을 단념하고 있지 않고, 당국에 의한 채무초과 인정도 없는 단계에서 업무정지명령을 내릴 수는 없다는 것이었다. "에비던스(증거)가 없습니다"라고 모리타는 반복하였다. 금융청 측은 만일의 사태가 발생하면 1997년의 야마이치증권 특융에 준하는 대응을 일본은행에 요청하는 것을 선택사항에 포함시켰다고 한다.

그렇다고 해도 이대로 사태를 방치했다가 미국 본사의 도산 정보가 흘러나오면 자산을 보전하려는 쓰나미 같은 파도가 일본법인에도 밀려와 시장은 수습이 안된다. 다행히 콜 시장에서의 자금조달은 없었지만 이미 약정한 국채 관련 거래의 결제가 불가능해질 수 있었다. '채권자'로서 일본은행이 재산보전을 신청하는 길도 있지만, 그것 또한 혼란을 일으킬지 몰랐다. 고심 끝에 다나카가 말했다.

"내일 (일본법인의) 가쓰라기 사장과 만나서 제가 얘기를 나눠보겠습니다."

2008년 9월 15일 경로의 날이었다. 날이 밝기도 전에 나카소의 집으로 뉴욕연방은행 더들리에게서 '챕터 일레븐 결정' 소식이 전해졌다. 전화를 받은 지 90분 후에 나카소는 FRB 등 주요 중앙은행과의 전화회담에 참가해 각국이 협조해 시장에 달러를 공급하는 스와프 협정을 서둘렀다. 1997년 가을에 경험한 금융위기의 교훈을 바탕으로 일본은행은 리먼 위기가 표면화하기 전부터 FRB를 핵으로 하는 협정에 참가할 것을 검토하고 있었다.

논의 결과 FRB, ECB, 스위스 사이에 체결된 미국 달러화와 자국 통화를 교환하는 '스와프 협정'에 일본과 영국, 캐나다가 가세하기로 하였다. 그리하여 6개 중앙은행에서 최대 2,470억 달러(약 26조 엔, 나중에는 무제한)를 시장에 공급하는 태세가 갖추어졌다. 일본은행이 당초 책임지기로 한 범주는 600억 달러로서 이후 금융기관이나 기업의 달러 조달을 강력히 뒷받침하였다.

한편 금융기구국장 다나카는 15일 이른 아침에 롯폰기 일본은행 도리이자카 분관에 나가 리먼브라더스증권의 가쓰라기 사장을 기다리고 있었다. 가쓰라기가 비서와 함께 벤츠를 타고 나타난 것은 오전 8시가 넘어서였다. 인기 없는 게스트하우스의 한 방에서 다나카는 가쓰라기와 마주했다.

리먼증권을 어떻게 할 것이냐는 물음에 가쓰라기는 확실한 방침을 밝히지 않았다. 다나카의 눈에는 가쓰라기 스스로가 당혹스러워하는 듯이 보였다. 하지만 본사가 무너지면 자금사정이 어렵다는 것을 가쓰라기도 잘 알고 있었다. 한 시간 가까이 대화를 주고받은 끝에 가쓰라기는 말했다.

"알겠습니다. 손을 들기로 하겠습니다."

다나카는 즉시 금융청 간부에게 연락해 리먼증권이 영업을 중지하고 법적 처리에 들어갈 방침을 굳혔다고 전했다. 하지만 장이 열리는 다음 날 아침까지 법적 절차를 마치기에는 시간이 부족했다. 다나카는 금융 기구국이 지원 태세를 갖추어 리먼증권의 신청서류를 시급히 작성하도록 하였다. 동시에 전부터 잘 알고 지내는 판사를 통해 민사재생담당 재판관을 소개받아 직접 전화로 부탁하였다.

"긴급을 요하는 상황입니다. 이대로라면 화요일에 일본 금융시장은 대혼란에 빠지고 말 것입니다."

민사재생을 신청할 때는 통상 금요일까지 서류를 준비하고 법원과도 사전협의한 뒤 그 다음주 월요일에 신청한다. 다나카는 이 절차를 건너뛰는 신속처리를 판사에게 부탁한 것이다.

일본은행에서는, 파산처리 수속을 잘 아는 금융기구국 직원이 도쿄지방재판소와 연락을 주고받으면서, 어느 채무를 보전처분 대상에서 제외하면 트러블을 피할 수 있을지 지정하였다. 그 결과 고객 예치금과 보호예수유가증권, 파생상품 결제 등 총 11개 항목이 보전처분 대상에서 제외되었다.

오후 4시 전, 미국 시간으로 15일 새벽에 미국 리먼 본사가 연방파산법 적용을 정식으로 신청했다는 속보가 흘러나왔다. 일본 내에도 충격이 확산되면서 금융청은 이날 밤 리먼증권에 12일간의 업무정지명령을 내렸다. 사흘간의 연휴가 끝난 9월 16일 화요일, 일본법인 리먼증권은 금융기구국 직원들과 함께 아침 일찍 도쿄지방재판소에 민사재생법 적용을 신청하였다. 부채총액 3조 4,314억 엔, 전후 두 번째의 대형 도산이었다.

금융기구국 담당자는 리먼증권이 콜 자금을 취급하지 않은 점, 그리고 9월 15일이 공휴일이었다는 점이 일본 금융시스템에 불행 중 다행이었다고 술회하였다.

"만약 공휴일이 아니었다면 시장이 열려 있을 때 모든 일을 처리해야 했다. 상상만 해도 끔찍하다."

미국발 리먼 쇼크는 이후 노도와 같은 기세로 세계경제를 뒤흔들었다. 중앙은행의 대량 자금 공급에도 불구하고 각국에서 주가가 폭락하면서 금융시장은 얼어붙었다. 리먼 사태가 일어난 그날 미국 증권계 3위 업체 메릴린치가 뱅크 오브 아메리카에 합병되고, 다음날에는 대형 보험사 AIG가 FRB로부터 긴급 융자를 받아 공적 관리 아래 들어갔다. 25일에는 대형 저축·대출조합을 산하에 둔 워싱턴 뮤추얼이 파산하고, 29일에는 대형 미국 은행 와코비아가 경영난에 몰렸다.

실은 G7 전화회담이 열린 9일 12일 한밤중에 시라카와는 극소수의 부하에게 "최대의 문제는 리먼이지만, 이외에도 앞으로 2개 정도 대응이 필요한 금융기관이 있다"고 말을 전했다. 미 당국의 시야에 메릴린치와 AIG가 들어 있던 것을 시라카와는 파악하고 있었다.

공적자금에 의한 구제가 정치적으로 어려워 미 당국이 어쩔 수 없이 리먼을 파산시켰지만, 만약 메릴린치와 AIG마저 파산하게 되면 그 충격과 피해는 상상을 초월한다. 이 거대한 연쇄파산이 가져올 위기를 피하기 위해 체면 따위는 신경 쓰지 않고 노선을 전환해 구제에 나선 것이라고 시라카와 등은 이해했다. 미 당국의 상상을 훨씬 뛰어넘어 서브프라임 사태는 금융계를 샅샅이 갉아먹고 있었던 것이다.

일본의 금융위기를 철저히 조사했을 FRB가 리먼 쇼크를 막지 못함으로써 더 심각한 위기를 전 세계에 확산시키는 결과가 되었다. 시라카와와는 나중의 취재에서 "IT 버블 붕괴 후에 적극적으로 금융완화를 하면 저성장은 막을 수 있다고 생각한 'Fed 뷰'의 잘못이었다"고 지적한 바 있다.

1920년대의 대공황을 떠올리게 하는 위기가 연쇄적으로 밀어닥치자 부시 행정부는 부들부들 떨며 최대 7,000억 달러의 공적자금으로 부실 채권을 매입하는 금융안정화 법안을 미 의회에 상정하였다. 하지만 29일 하원에서 이 법안은 부결되고 만다. 뉴욕 주가는 사상 최대폭으로 폭락하였다. 법안이 수정을 거쳐 통과된 것은 10월 3일이었다.[7]

그것은 중앙은행이 할 일인가

리먼 쇼크의 큰 파도는 일본에도 곧바로 밀려왔다. 연휴가 끝난 9월 16일 주가는 급락하고 엔화 가치가 급등해, 일본은행은 대량의 자금 공급에 나섰다. 미국 본사와 일본법인의 파산에 의해 거래하고 있던 금융기관이나 기업에 고액의 손실이 발생하였을 뿐 아니라, 리먼증권이 낙찰해 보유하고 있던 신규발행 국채의 대금을 입금할 수 없게 되어 재무성은 국채를 감액 발행해야 하는 상황에 몰렸다. 게다가 이 회사가 약정한 약 7조 엔의 국채 인수도 불가능하게 되었다.

당시 기발행 국채의 거래는 약정일로부터 3영업일 후에 결제가 이루어지기 때문에,[8] 거액의 미결제 잔고가 쌓여 있었다. 그래서 일본국채청산기관[9]은 국채와 자금을 열심히 조달해 줄타기하듯 위태로운 청산 업무를 계속하였다. 하지만 국채를 인도할 수 없는 '상환相換 미필' 금액이 9월에 역사상 월간 최다인 5조 7,000억 엔에 달함으로써 채권대차 시장은 이후 급속히 축소되었다.

콜 시장에서도 대출기관이 심사를 강화해 일본에서 활동하는 미국

과 유럽계 은행이나 증권회사의 자금줄이 막히게 되었다. 특히 외국은
행의 무담보 콜 자금 조달액은 전월의 3분의 1로 급감하였다. 이에 따
라 금융기구국과 금융시장국은 메가뱅크 등의 자금담당 임원들을 은
밀히 본점으로 소집해 외국은행에 대한 원활한 자금 공급을 직접 당
부하였다. 또 비교적 타격이 적을 것으로 보였던 일본 국내 은행 중에
서도 리먼과 거래가 많았던 아오조라은행과 신세이은행은 한때 자금
사정 위기에 직면해 채권유동화 등으로 버텨야 했다.[10]

그런데 이 같은 금융시장의 동요를 경계하면서도 실물경제 자체에 대
해서는 정부나 일본은행 모두 당초 그다지 강한 위기감은 갖고 있지 않
았다.

경제재정담당상 요사노 가오루는 9월 17일, "영향은 있지만 벌이 쏜
정도"라고 발언하였다. 이날 열린 정책결정회의에서도 "당분간 정체
를 이어갈 가능성이 높지만 크게 곤두박질할 가능성은 작다"(시라카
와 의장), "경기가 크게 주저앉을 것으로 보기 어렵다"(가메자키 히데토
시亀崎英敏 위원)는 판단이 제시되고, "지속적 성장궤도로 복귀할 개연성
이 높아졌을 때는 금리 수준을 신속히 끌어올리는 것이 기본선"이라는
의견까지 나왔다.[11]

이 자리에 있던 일본은행 간부는 "10월 무렵까지 총재 이하의 판단
은 낙관적이었다. 그렇게 곤두박질할 줄은 조사통계국도 몰랐다"고 말
했다. 그러던 중 9월 24일 정권 운영의 어려움에 봉착한 후쿠다 내각이
총사퇴하고 아소 다로麻生太郎가 후임 총리에 올랐다.

10월 들어서도 주가 하락이 멈추지 않아 뉴욕에서 1만 달러, 도쿄
에서도 1만 엔 선이 무너졌다. 하는 수 없이 FRB, ECB 등 구미 6개 중
앙은행은 긴급 금리 인하를 단행하였다. 여기에 중국 등도 가세해 세계
10개국·지역이 참여하는 협조 태세가 갖추어졌다. 이 당시 기획국장을

맡고 있던 아마미야 마사요시가 "참가하지 않아도 됩니까"라고 물었지만, 시라카와는 움직이지 않았다. 일본의 금리 수준이 이미 어느 곳보다 낮아 '점차 완만한 성장경로로 돌아갈 것'이라고 보았기 때문이다.

또 시라카와에게는 '협조라는 이름으로 본래 하지 말아야 할 정책을 펴는 것은 부적절하다'는 신념이 있었다. 1980년대 버블기에 얻은 교훈이었다.

그런데 성장경로로 되돌아가기는커녕 경제가 상상 이상의 속도로 침체되었다. 외풍의 영향으로 10월 이후 광공업 생산은 두 자릿수 마이너스를 기록하고 자동차, 전기 등 주력업체들은 일제히 구조조정에 내몰렸다. 게다가 다이와생명보험이 자산 악화로 갑자기 부도를 내면서 평균주가는 27일 7,162엔 90전으로 버블후 최저가를 경신하였다. 엔화 환율도 미국과 일본 사이의 금리차 축소로 2주 남짓 만에 10엔 가까이 올라 산업계에서 비명이 터져 나왔다. 경기가 그야말로 두레박 떨어지듯 급속히 떨어지면서 일본은행은 눈 깜짝할 사이에 궁지에 몰리고 말았다.

10월 31일의 정책결정회의에서, 집행부는 '울트라C'라고 할 수 있는 아이디어를 짜냈다. 정책금리인 콜레이트를 0.5%에서 0.3%로 인하하는 한편, 일본은행에 예치가 의무화되어 있는 지급준비금 가운데 소요액을 웃도는 '초과준비금'에 0.1%의 금리를 매기는 '지급준비금 부리제도'를 도입한 것이다.

그동안 무이자가 상식으로 여겨졌던 지급준비금에 금리가 붙으면 금융기관에서는 여유자금을 적극적으로 쌓으려는 인센티브가 작용한다. 그 결과 이 금리 수준이 시장금리의 사실상 '하한'이 되어 이를 밑도는 제로금리를 피할 수 있다.

한편 시장금리 '상한'을 정하는 제도로 하야미 시대에 도입한 롬바드형 대출이 이미 정착되어 있었다. 여기에 지급준비금 부리제도를 결합함으로써 시장금리의 상한과 하한이 설정되면, 좁은 대역 내에서 금리 변동을 촉진하는 구조를 만들 수 있다고 집행부는 생각하였다.

시라카와는 미에노 시대에 기획과장, 하야미 시대에 기획실 심의역(현재의 기획국장), 후쿠이 시대에 기획담당 이사를 맡았다. 그는 오랜 정책 체험을 통해 금리 기능의 중요성을 절감해 왔다.

하야미와 후쿠이 시대의 양적완화기에 콜머니 금리를 철저히 제로에 근접시킨 결과 무담보 콜머니를 빌려줄 대출기관이 없어지면서 시장 기능이 마비되었다. 조금이라도 금리 변동이 있으면 최소한의 가격 메커니즘이 작동해 콜 시장에서의 원활한 자금 배분은 어떻게든 유지된다. 그 불씨를 남기기 위한 방안이 지급준비금에 대한 부리였다.

롬바드 금리 0.5%, 정책금리 0.3%, 지급준비금 금리 0.1%라는 좁은 밴드일지라도 수급에 따라 금리가 오르내릴 여지가 있는 것이 바람직하다고 집행부는 판단하였다.

더욱이 장래에 지급준비금 금리를 인상하면 초과준비금을 유지하면서 긴축금융을 유지하는 것도 이론적으로 가능해진다. 후쿠이 시대의 출구전략 때에 걱정했던 '정세변화에 대응하지 못하는 리스크'를 회피할 수 있어, 양적완화를 재개했을 경우에 사용할 수 있는 묘수이기도 하다고 시라카와는 생각하였다.[12]

정책결정회의에서 이 획기적인 구상은 지지를 받았다. 그런데 정작 정책금리 인하폭을 놓고 심의위원들의 의문의 목소리가 분출하였다. 정책금리 변경은 통상 0.25%씩인데, 시라카와가 제안한 0.2%폭은 너무 어정쩡해 '인색한 것으로 받아들여질 수 있다'는 비판이었다. 표결에 부친 결과 의장안은 4대 4로 찬반이 같았다. 일본은행법의 규정에 따라 처음으로 의장이 결정을 내리는 이례적인 상황이 발생하였다.[13]

이 정책 결정을 둘러싸고 실제 인하폭이 소폭인 까닭에 시장에 실망감이 확산되었다. 집행부 내에서도 개운치 않은 미묘한 파장이 일었다. 간부 중 한 명은 0.2%안을 처음 들었을 때 "이 국면에서 인색하면 어떡하나 싶었다"고 털어놓았고, 다른 간부는 "협조금리 인하에 동참하지 않은 것 자체가 (하야미 시대의) 제로금리 해제에 버금가는 판단오류"라고 나중에 비판하였다.

이어지는 1월에는 기업어음(CP) 발행시장이 얼어붙으면서 정작 중요한 기업금융이 쪼그라들기 시작하였다. CP란 기업이 발행하는 무담보 약속어음으로 단기자금 조달의 생명줄이었다. 특히 수출기업들은 해외에 CP를 내놓지 못해 달러 조달난에 허덕이고, 국내에서도 CP시장에 신용경색이 발생해 당장 필요한 운전자금마저 고갈되는 어려운 상황에 몰리고 있었다.

일본은행의 국제담당 이사로 있다가 도요타 파이낸셜 서비스에 재취업한 히라노 에이지平野英治가 기획 라인의 아마미야에게 전화를 건 것은 이 무렵이었다.

미국에서 회사채와 CP를 발행하지 못해 허덕이는 도요타를 구한 것은 FRB가 10월에 도입한 CP 매입제도였다. 히라노는 "미국 중앙은행의 신세를 지고 있는 재미在美 일본 기업들은 의지할 데가 없다. 지금은 최후의 대출기관으로서 움직여야 할 때 아니냐"며 일본은행에도 같은 제도의 도입을 건의하였다. 그는 "중앙은행이라는 것은 정말 중요할 때 기능을 다하고 모두에게 도움이 되는 모습을 보여주지 않으면 아무도 신뢰하지 않을 것"이라고도 했다.

CP 매입제도 안건은 곧바로 수뇌부에 전달되었지만 시라카와는 쉽게 납득하지 않았다. "원래 기업금융이라는 미시적 자원 배분에 중앙은행이 관여해서는 안된다. 만일 공적 부문이 관련된다고 해도 그것은 본래 재정의 일이며, 선진국에서 예를 찾을 수 없는 규모의 정부계 금융기관이 존재하는 것은 그 때문 아닌가" 하는 것이 시라카와의 지적이었다.

다른 금융시장 담당 간부도 CP 매입을 건의했지만 시라카와에게 "이런 일은 중앙은행이 할 일이 아니라고 크게 혼났다"고 증언하였다. 11월 21일의 정책결정회의에서도 일부 위원이 매입을 요구했지만 반대 의견도 만만치 않아 받아들여지지 못했다.

12월 1일, 부총재 야마구치 히로히데山口廣秀에게 갑자기 한 통의 전화가 걸려왔다. 야마구치는 리먼 쇼크 후인 10월 27일자로 이사에서 부총재로 승격해 반년 간에 걸친 결원을 메웠다. 야마구치에게 전화를 건 사람은 닛산자동차 최고집행책임자 시가 도시유키志賀俊之였다.

"우리 CP를 일본은행에서 맡아주실 수 없을까요?"

예상치 못한 제의였다. 게다가 주거래은행을 건너뛴 요청이었다. 순간 할말을 잃으면서도 야마구치는 정중히 대답했다.

"자금사정 얘기라면 주거래은행과 상의해 대응책을 마련하는 게 좋지 않겠습니까?"

과거 닛산자동차의 주거래은행은 닛폰코교은행(현 미즈호은행)이었다. 그러나 CP, 회사채 시장의 확대와 함께 기업들의 은행 이탈이 가속화되면서 닛산 경영에서 주거래은행의 존재는 사실상 사라졌다. 향후의 절차에 대해 조언을 들은 시가는 납득하고 전화를 끊었다고 한다.

자금조달에 어려움을 겪고 있던 것은 닛산만이 아니었다. 오릭스와 니혼전기에서도 비명이 터져 나왔고, 정도의 차이는 있지만 도요타도 혼다도 CP 발행에 어려움을 겪고 있었다. 이에 따라 아소 다로 총리는 재무성, 경제산업성, 금융청, 일본은행 간부들을 관저에 모아 지원책을 시급히 검토하라고 지시하였다. 재무성 수뇌는 야마구치와 기획국 간부에게 전화로 결단을 촉구하였다. 미쓰비시도쿄UFJ, 미즈호, 미쓰이스미토모 등 메가뱅크 3곳의 총수가 함께 시라카와를 방문해 CP 매입을 요청하는 이례적인 진정까지 이루어졌다. 모두가 중앙은행이 한시라도 빨리 결단해 주기를 바라고 있었다.

결국 재무성 주도로 일본정책투자은행이 CP 매입을 발표함에 따라 등 떠밀리듯 일본은행도 CP와 회사채 매입을 결정할 수밖에 없었다. 두 달 가까운 '지체'는 이 문제에 연루된 많은 당사자들에게 쓰라린 교훈으로 기억되고 있다.[14]

이 당시 시라카와의 정책판단을 뒷받침하고 있던 이념이 몇 가지 있었다. 첫째, 금리 기능을 중시해야 한다는 기본사상. 둘째, 양적완화는 금융불안을 뒷받침할 뿐 실물경제에는 그다지 효과가 없다는 경험을 통한 지식. 셋째, 과잉 완화정책에는 거품 등 '금융 불균형'의 위험이 항상 도사리고 있다는 교훈. 넷째, 중앙은행이 재정에 '종속'하고 그 역할을 안이하게 수행하면 이내 돌이킬 수 없게 된다는 센트럴 뱅커 특유의 경계심이었다.

이런 그의 생각이 쏟아져 나온 것은 12월 19일 정책결정회의였다. CP 매입과 함께 콜레이트 0.1% 추가 인하를 결정한 이 회의에서 시라카와는 다음과 같이 이야기하였다.

"단기금융시장의 시장기능이라는 의미에서 제로 혹은 극한적 제로의 폐해는 매우 컸습니다. … 양을 꾸준히 늘려도 경기, 물가에 대한 자극 효과는 거의 관찰되지 않았습니다. 그러나 당시에는 물론 지금도 이를 이해하고 있다고는 생각되지 않습니다. 그런 의미에서 (0.1%를) 사수한다는 태세 자체는 매우 중요합니다."[15]

'시장 기능을 죽이는 제로금리로는 되돌리지 않는다.' 시라카와는 그렇게 결정하고 있었다. 하지만 그러는 사이에 FRB는 주택담보대출채권과 담보증권을 직접 매입하는 신용완화책을 잇달아 내놓았고, 12월 16일에는 일본은행에 앞서 사실상 제로금리 정책을 단행하였다. 미국과 일

본의 금리차가 거의 소멸하는 바람에, 엔 시세는 리먼 쇼크 전의 1달러
=107엔대에서 연말에는 90엔 이하로 떨어졌다. 일본은행에 대한 불만과
비판은 갈수록 커졌다.[16]

'신PKO'는 신줏단지 안으로

2009년 정월 초하루는 강추위와 함께 지나갔다. 멈출 기미가 보이지
않는 주가 하락에 골머리를 앓던 자민당은 야나기사와 하쿠오 전 금융
담당상을 좌장으로 하는 프로젝트팀을 꾸려 주가대책 검토를 서둘렀다.
금융청과 재무성, 그리고 일본은행 간부들이 연일 불려가 뭔가 특효약
을 내놓으라는 압박에 시달려야 했다.

금융청은 이미 대출 기피를 방지하기 위해 금융기관의 자기자본비율
규제를 완화하고 주식 등 유가증권을 포함한 손해의 일부를 자기자본
에 산입하지 않아도 된다는 긴급조치를 내놓은 바 있다. 또 주식 공매
도 규제도 강화했지만 그럼에도 불구하고 시장의 매도 압력은 꺾이지
않았다.

대책 마련에 속을 끓이고 있던 프로젝트팀에서 '주식 매입'안이 부상
하였다. 한 의원은 "공매도 규제 같은 소극적 대책으로는 안된다. 더 적
극적인 주가 대책이 필요하다"고 목소리를 높였다. 먼저 '은행 등 보유주
식취득기구'[17]를 통한 주식 매입이 도마 위에 올랐다.

정보가 외부로 유출되지 않도록 프로젝트팀은 당사나 호텔에서 모임
을 갖지 않고 국회도서관 최상층 회의실로 모였다. 좌장 야나기사와를
비롯해 쓰시마 유지津島雄二, 가토 고이치加藤紘一, 오노 요시노리大野功
統가 모이는 자리에 자민당 간사장 호소다 히로유키細田博之가 얼굴을
내밀기도 했다. 금융청에서는 감독국장 미쿠니야 가쓰노리三國谷勝範, 총

무기획국장 나이토 준이치內藤純一 등이, 일본은행에서도 이사와 국장급이 매일 회의에 참석하였다.

새해가 시작된 지 얼마 지나지 않아 열린 프로젝트 회의에서 'PKO'[18]로 불렸던 1990년대 초반의 주가대책을 참고해, 은행 보유주식의 매입뿐 아니라 공적자금을 투입해 대규모로 주식을 사야 한다는 구상이 제시되었다. 이렇다 할 만한 반대 목소리 없이 좌장이 '그럼 그 방향으로'라고 마무리하려 할 때 일본은행에서 나온 금융기구국장 다나카가 손을 들었다.

"말을 가로막아 송구하지만 그 구상은 자본주의의 기본원칙을 무너뜨리는 것 아닙니까?"

다나카는 주식 매입에 홀로 반대하였다.

"나랏돈으로 주식을 산다는 얘기가 나오면 자유로운 시장이 깨질 수 있습니다. 자본주의 사회에서 그것이 허용될 수 있을까요?"

잠시 침묵이 흐른 뒤 가토가 "일본은행 사람이 말한 대로 이상한 것 아닌가, 이건"이라고 말했다. 쓰시마도 "확실히 그렇군요"라고 맞장구를 치며 다나카에게 이렇게 말했다.

"알겠습니다. 이건 제 가슴에 넣어둔 비장의 카드로 하지요. 지금 실현하겠다는 것이 아니라 이런 안도 갖고 있다는 것을 총리에게 귀띔해두겠습니다."

다나카는 본점으로 돌아가자마자 시라카와에게 보고하였다.

"공적자금으로 주식을 사겠다는 구상이 나와 그만두게 했습니다. 일단 중지입니다. 이번에는 철회되었습니다."

시라카와는 '잘했다'며 몹시 기뻐했다고 한다.

하지만 주가 문제로 시끄럽게 구는 자민당이 그대로 있을 것 같지 않았다. 추가조치에 대한 기대가 높아지는 가운데 시라카와는 기획 라인에 자산매입 확충을 지시했고, 금융기구국에도 "금융정책 이외의 방법으로 무엇을 할 수 있는지 찾아보라"고 잇달아 주문하였다.

이에 따라 1월 하순에 회사채 매입이 정식으로 결정되고, 2월에는 은행 보유주식 매입을 재개하기로 결정하였다. 금융기구국에서는 과거에 유례가 없는 은행에 대한 후순위금융채 공여도 검토하기 시작하였다.

후순위금융채는 일반채권보다 상환순위가 낮고 자기자본 일부 편입이 허용된다. 주가 하락으로 고민하는 금융기관들이 대출을 꺼리지 않도록 일본은행이 자기자본 확충을 지원하자는 아이디어였다. 다나카는 "어느 곳도 응모하지 않으리라고 생각합니다만, 그래도 괜찮겠습니까"라고 시라카와의 다짐을 받은 후 총액 1조 엔의 융자 프로그램을 만들었다. 중앙은행이 금융기관의 자기자본 강화를 직접 지원하는 이례적인 방안은 3월에 발표되었다. '어쨌든 뭔가 하는 게 중요하다'는 게 이 당시 담당자들의 공통인식이었다.

그것은 한번 사라졌던 주식매입 구상이, 다시 자민당 내에서 살아나고 있었기 때문이다. 가만히 있으면 일본은행 자금으로 주식을 사라는 말을 들을 수도 있었다. 일본은행은 방비를 단단히 한 채 열심히 땀을 흘리고 있음을 어필하려고 하였다.

한편 금융청도 어려운 처지에 몰려 있었다. 주식시장 개입은 피하고 싶었지만 자민당과 좋은 관계를 유지하기 위해서는 무슨 대책이든 내놓아야 했다. 평균주가는 1월 말에 8,000엔 아래로 떨어졌고, 3월 10일에는 버블후 최저인 7,054엔 98전까지 떨어졌다.

고심 끝에 금융청은 기발한 대책을 생각해 냈다. 정부가 보증하는 자금을 활용한 ETF(상장투자신탁) 등의 매입을 지지하고 법안 작성 실무를 돕는 대신, 내각 제출 법안이 아닌 의원입법으로 하도록 프로젝트팀에 요구한 것이다. 총무기획국장 나이토는 말했다.

"이것을 내각 제출 법안으로 하려면 법제국 등 여러 장애가 있습니다. 우리가 감당할 수 있는 것은 내각 제출 방식으로 하지만, 이 법안은 의원입법으로 부탁할 수밖에 없습니다."

말을 듣자마자 위세가 좋던 의원들의 얼굴빛이 변했다. 내각 제출 입법과 의원입법은 법안의 무게가 달랐다. 의원입법은 법안이 통과될 전망도 낮았다. '이런 건 금융청이 맡아야 한다'고 한 의원이 반박했지만, 나이토는 '내각 제출 입법은 무리'라며 양보하지 않았다. 입씨름 끝에 야나기사와는 의원입법으로 가기로 결정하였다.

50조 엔의 정부 보증한도를 두고 ETF와 REIT를 사들이는 '신PKO 구상' 정보가 3월 중순부터 시장에 퍼지면서, 주가는 급반등하기 시작했다. 의원 제출 법안은 6월에 기적적으로 통과되었다. 하지만 주가가 이미 상승했기에 법이 집행되지는 않았다. 요사노 재무금융상은 '영구히 칼집에 들어 있는 뽑지 않은 칼'이라고 평했고, 프로젝트팀의 간부는 '법률을 신줏단지에 묻어둔다'고 나이토 등에게 말했다.

이 '신줏단지 법률'과 무관하게 일본은행이 ETF나 REIT 대량 매입에 나서는 것은 아직 장래의 일이다.

II

정계와의 불화, 디플레이션과의 격투

2009년 8월 총선에서 민주당이 대승을 거두고 하토야마 유키오鳩山由紀夫 내각이 출범하였다. 사민당, 국민신당과의 연정을 통해 중의원과 참의원의 비틀림은 해소되었지만, '탈관료 지배' '정치 주도'에 힘쓴 나머지 관료사회와 엇박자를 내면서 정책 운영은 더딘 갈지자걸음을 내딛게 되었다. 일본은행과의 거리감도 좁혀지지 않았다.

총선 직후인 9월 1일 시라카와 마사아키는 나가타쵸의 민주당 당사로 하토야마를 방문해 경제정세와 금융정책 운영에 대해 설명하였다. 일본은행 총재가 정당 중앙당사를 찾은 것은 이례적인 일이었지만, 전후 첫 본격적인 정권교체로 정치와 중앙은행의 관계에 영향이 생기지 않을지 세심한 주의와 배려가 필요했다.

다행히 리먼 쇼크 이후의 대혼란은 초봄에는 소강국면을 맞고 있었다. 하지만 계속되는 엔화 강세와 원유 등 국제상품 가격의 급격한 하락을 배경으로 소비자물가지수는 3월부터 마이너스권으로 들어섰고, 8월 이후 하락폭은 2%대로 벌어졌다. 기다렸다는 듯이 '디플레이션 재연론'

이 터져 나와 '자민당 시절과는 다른 무언가'를 요구하는 민주당 정권에 일본은행은 시달리게 되었다.

시라카와는 일찍부터 디플레이션의 정의도 정해지지 않은 가운데 정치인이나 미디어가 이 말을 안이하게 사용하는 데 위화감을 갖고 있었다. 정부는 원래 '경기후퇴를 동반한 물가하락'을 디플레이션으로 정의했으나, 2001년 3월 경기에 대한 판단과 관계없이 '계속적인 물가하락'이 디플레이션이라고 정의를 고치고,[19] 이에 따라 첫 디플레이션을 선언하였다. '물가안정'을 이념으로 하는 일본은행은 무조건적인 대응을 강요당하며 양적완화에 내디딘 쓰라린 과거가 있다.

이 때문에 시라카와는 기자회견 등에서 디플레이션이라는 표현을 의식적으로 피했다. 하지만 그 진의가 시장에 잘 전달되지 않아 '일본은행은 디플레이션 저지에 역방향으로 간다'는 불평이 퍼져갔다.

2009년 11월 20일의 금융정책결정회의에 참석한 위원들 사이에서 "진의를 충분히 이해하지 못하고 있다"(나카무라 세이지中村淸次 위원), "디플레이션이라는 단어를 잘 사용하지 않기 때문에 결과적으로 디플레이션에 둔한 감각만 갖고 있는 것 아닌가"(야마구치 히로히데 부총재) 하는 우려가 속속 제기되었다. 시라카와는 "디플레이션이라는 말이 지닌 마력으로 인해 금융정책의 최종목표에 분명 좋지 않은 영향을 준다"고 과거를 돌아보며 이렇게 말했다.

"디플레이션이라는 단어를 정의하지 않고 사용하면 역시 혼란을 초래하게 됩니다."[20]

간 나오토 부총리가 월례 경제장관회의에서 "완만한 디플레이션을 겪고 있다"고 밝힌 것은 이 회의가 끝난 지 불과 몇 시간 만이었다. 두 번째 디플레이션 선언 역시 일본은행이 인지하지 못하는 사이에 갑자기 발표되어 정부와의 엇박자를 드러냈다.

이런 부조화를 덮기 위해 시라카와는 12월 18일 정책결정회의에 '중장기 물가안정 이해' 개정안을 제시하였다. 후쿠이 시대에 정한 'CPI 상승률 0~2% 정도, 중심치 대략 1% 전후'라는 물가안정 개념을 '2% 이하의 플러스 영역에 있고 중심은 1% 정도'로 변경하였다. 플러스 영역이라고 덧붙임으로써 디플레이션 탈피 의사를 분명히 한 것이다. 간 나오토는 "실질적인 인플레이션 목표를 내세웠다. 디플레이션 파이터의 자세를 분명히 했다. 너무 잘됐다"며 크게 기뻐했다.[21]

2010년 새해가 밝으면서 그리스의 재정통계가 허위로 작성된 것이 판명되어, 이를 계기로 유럽 각국의 국가재정 신용이 흔들리는 '유럽 채무위기'가 확산되었다. 일본에서는 오키나와 후텐마 미군기지 이전을 둘러싼 문제로 하토야마가 6월 총사퇴를 표명하면서 간 나오토 내각이 탄생하였다.

재무상 시절에 참석한 G7 회의에서 유럽 채무위기의 실상을 알게 된 간 나오토는, 일본의 재정에도 불안을 품게 되었다. 그는 7월의 참의원 선거를 앞두고 "자민당이 공약에 포함시킨 10%를 참고해 소비세 개혁안을 정리하고 싶다"고 갑자기 표명하였다. 자민당안을 도입함으로써 참의원 선거에서 쟁점화를 피하려는 전략이긴 했지만, 5%는 바꾸지 않겠다는 정권 출범 때의 약속을 번복한 결과 민주당은 선거에서 대패하고 비틀림 국회가 부활하였다. 안정적인 의회 운영은 또다시 불가능해졌다.

정작 경기도 여름철 엔고 진행으로 회복세가 둔화되었다. 일본은행이 금융정책 현상유지를 결정한 직후에 FRB가 국채 매입 확대로 움직였기 때문에, 8월 11일의 엔 시세는 1달러=84엔대로 15년 만의 최고치를 기록하였다. '경제 무책無策'이라고 비판받아 위기감을 강하게 느낀 간 총리는 8월 23일 아침에 전화로 시라카와에게 대응을 요구하였다.

그것으로 불충분하다고 생각한 간 나오토는 27일에는 스스로 "기동적인 금융정책의 실시를 기대한다"는 수상 담화를 발표해 시라카와와 다시 회담할 의향을 표명하였다.

시라카와가 임시 정책결정회의를 소집해 자금 공급을 확대하는 추가 방안을 결정한 것은 그 사흘 뒤였다. 민주당 내에서 일본은행법 재개정을 시사하는 목소리가 나오는 가운데 내린 고심 끝의 결정이었다.

부총재 야마구치가 바지런히 총재실에 드나들게 된 것은 이때부터였다. 엔고 압력은 그후로도 시들지 않아, 정부와 일본은행은 6년반 만에 엔 매도·달러 매수 개입을 실시하지만 불발로 끝나고 말았다. 1달러=82엔대까지 진행된 엔고에 기업 마인드는 얼어붙었다. 기획담당 이사가 된 아마미야 마사요시 등 기획 라인은 '다음 한 수'를 내놓도록 압력을 가하지만, 시라카와는 거의 상대해 주지 않았다. 어떻게든 시라카와를 설득해 달라고 야마구치에게 그 역할이 돌아왔던 것이다.

시라카와의 2기 후배인 야마구치는 일본은행 맨 가운데는 드물게 유연한 조정력과 폭넓은 정보망을 가진 직언형 정책참모였다. "다음에는 상당히 과감한 정책을 펴지 않을 수 없다"고 생각한 야마구치는, 구미 당국의 정책이나 정치권의 전개 방향을 읽으면서, '엔고와의 지구전'에 견딜 수 있는 새로운 정책 골조가 필요하다고 제언하지만, 시라카와는 쉽게 납득하지 않았다. "도대체 왜 그럴 필요가 있느냐"고 원점으로 돌아가 되묻는 시라카와를 설득하는 것은 지극히 어려운 일이었다.

9월 말이 되면 야마구치는 아침 일찍 총재실에 뛰어들어가 평균 2시간에서 3시간, 때로는 점심시간까지 격론을 벌이는 나날을 보내게 된다. 10월 1일 임시국회의 시정연설에서 간 총리는 다시 강력한 메시지를 보냈다.

"일본은행에 대해서는 정부와 긴밀한 공조를 도모하면서 디플레이션 탈피를 실현하기 위해 더욱 필요한 정책대응을 기대합니다."[22]

사흘 후에 정책결정회의가 예정되어 있었다. 최고 권력자에 의한 이례적인 연설로 일본은행은 더 이상 뒤로 물러설 수 없었다. 그리하여 ① 콜레이트를 0~0.1%로 인하하는 '실질 제로금리'의 도입, ② 1% 정도의 물가상승을 전망할 수 있을 때까지 실질 제로금리의 지속, ③ 국채, 회사채, CP, ETF, REIT 등의 금융자산 매입을 위한 총액 35조 엔[23]의 기금 창설이라는 세 기둥의 정책 패키지가 10월 5일에 결정되었다. 나중에 도입되는 '양적 질적 금융완화'의 프로토타입(원형)이 형성되는 결정이었다.

그럼에도 시라카와는 '양적완화' 호칭만은 절대로 쓰고 싶지 않았다. 어디까지나 유도 목표는 금리로서 국채 등의 매입도 장기간의 금리저하를 촉진하기 위한 것이었다. 애초 제로금리 하에서 양의 확대에 의미가 있다고는 생각하지 않았던 것이다.[24]

뭔가 톡톡 튀는 호칭이 없을까 생각했지만 묘안이 떠오르지 않았다. 야마구치가 같은 부총재인 니시무라 기요히코와 상의했더니, "다 들어 있으니 포괄적인 금융완화가 어떻겠느냐"고 제안해, '포괄완화'로 명명하기로 하였다.

기자회견에서 시라카와는 "과거 십수 년간 일본은행은 금융완화의 선두주자였습니다. 이번에도 선두주자라고 생각해 굳이 기존 용어가 아닌 포괄완화라는 말을 사용하려고 합니다"[25]라고 설명하였다. 확실히 제로금리도, 양적완화도, 주식 등 리스크 자산의 매입도 일본은행이 세계 중앙은행 가운데 최초로 도입한 것이다. 그런 의미에서 포괄완화는 과거의 비전통적 금융정책을 체계화하고, 앞으로의 경제정세에 대응하며 금융완화를 순차적으로 강화할 수 있는 창조적인 프로그램이라 할 수 있었다. 다만 과감한 양의 확대를 요구하는 논조가 강해지는 가운데 시라카와의 결단은 어딘지 꺼림칙해 보였다.

'실질 제로'라는 미묘한 표현도 그랬다. '제로'가 아니라, 휴대전화의 마케팅 기법과도 비슷한 '실질 제로'를 강조한 것은 지불준비금에 부리금리 0.1%를 유지했기 때문이다. 부리금리가 불변이라면 시장금리 하한도 불변이어서, 실제 콜머니 금리의 저하폭은 얇은 종이 한 장 정도에 그치게 된다. 시장 기능을 죽이고 싶지 않은 시라카와의 일념이 '제로금리'를 회피하면서 대외적으로는 '실질 제로'를 강조하는 고통스러운 수사로 이어졌다.[26]

한편 자산매입 기금은 장기국채 매입으로 인해 국채 보유액을 은행권 발행잔고 이내로 묶는 '은행권 룰'이 지켜지지 않기 때문에, 룰을 적용하지 않아도 되는 '별도의 틀'을 만들고자 한 것이다. 본체와 분리 관리함으로써 이례적인 조치의 전체상을 항상 파악할 수 있도록 하려는 목적도 있었지만, 심의위원 스다 미야코는 "조금씩 룰을 포기하는 것으로 비칠지 모른다"며 국채 매입에 반대했다.[27]

포괄완화 자체는 시장에 놀라움을 갖고 받아들여져 엔화 가치가 급격히 떨어지고 주가도 일시적으로 상승하였다. 그러나 그 한 달 뒤 FRB가 'QE2'[28]라고 불리는 추가 대규모 완화에 나서면서 엔화 환율은 1달러=80엔대 초반에서 고정되고 만다. 미국과 비교해 '미온적인 일본은행'에 대한 정재계의 불만은 가라앉지 않았다.

시라카와 시대가 상징하듯이 일본은행의 금융정책은 항상 미 재무부와 FRB, 주류경제학과 같은 '미국이라는 제약' 아래 운영되었다. 1980년대 후반에는 미국이 내세우는 국제공조 노선을 이유로 저금리가 지속될 수밖에 없었고, 2000년 이후에는 디플레이션에 대한 대응으로 양적완화와 비불태화 개입이 반복적으로 요구되었다.

그리고 리먼 쇼크가 터지자 미국은 이번엔 국제공조를 외면하고 맹렬

히 금융완화에 나섰다. GDP 세계 1위의 기축통화국이 대규모 완화를
시행하면 다른 나라 통화에는 상승압력이 가해지고, 이에 맞서기 위해
서는 같은 수준의 완화가 필요하다. FRB식 밸런스 시트 확대에 의문을
품으면서도 일본은행은 엔화 강세에 몰려 미국을 뒤쫓을 수밖에 없었다.

어느 일본은행 간부는 "미국을 사귀지 않으면 혼쭐이 난다. 하지만 한
번 사귀면 그것을 정당화하려고 하기 때문에 도망칠 수 없게 된다. '죄수
의 딜레마'[29]에 빠져 있었다"고 당시를 회고하였다.

대지진과 '리플레파'의 궐기

2011년 3월 11일 오후 2시 46분, 미야기현 앞바다를 진원으로 하는
매그니튜드 9.0, 최대 진도 7의 거대 지진이 발생하였다. 동일본 연안을
강타한 대형 쓰나미와 미증유의 원자력발전소 사고로 일본은 궤멸적인
타격을 입었다. 다수의 사망자와 실종자가 생기고, 주택과 농지, 인프라
의 소실 및 공급망 단절로 생산활동이 중단되었다. 광공업 생산은 사상
최대의 하락을 기록했으며, 주가도 연일 폭락하였다. 리먼 쇼크에서 서
서히 살아나던 일본 경제는 다시 나락으로 떨어졌다.

지진이 발생한 순간 총재실에도 강한 흔들림이 엄습하였다. 시라카와
는 곧바로 '재해대책본부'를 구성하고 일본은행 인터넷의 가동상황을
확인한 뒤, "일본은행은 평소와 같이 업무를 보고 있다. 일본은행 인터
넷도 정상 가동되고 있다"는 짧은 성명문을 냈다. 결제 시스템에 이상이
생기면 경제활동 전체가 마비될 수 있기 때문이었다.

현금 수요가 높아진 피해지역 지점과 사무실은 주말에도 문을 열어
전년 대비 3배의 은행권과 화폐를 공급하였다. 주초 14일에는 금융시장
의 동요를 막기 위해 21조 8,000억 엔이라는 사상최대 규모의 자금을

공개시장운영을 통해 공급할 것과 포괄완화 '기금'을 5조 엔 증액하기로 결정하였다.

외환시장에서는 일본이 해외자산을 엔화로 바꾸는 것 아니냐는 관측에 따라 1달러=76엔대까지 5엔 가까이 치솟았다. 이에 따라 일본뿐 아니라 G7 국가에 의한 협조개입이 17일에 실시되었다. 1995년 8월 이래 처음으로 엔고 저지를 위한 협조개입을 앞두고 재무성 간부는 일본은행 간부에게 전화해 "매각한 엔화는 흡수하지 말고 방치해 달라"며 비불태화 정책을 요구했다고 한다.

이 협조개입이 실시된 3월 17일, 나가타쵸의 국회 의원회관을 도는 야마모토 고조 등의 모습이 눈에 띄었다. 자민당의 야마모토는 중의원과 참의원 700여 명의 의원 사무실을 모두 방문해 '지금이야말로 20조 엔 규모의 일본은행 국채 인수를 통한 구조·부흥 지원을!'이라는 제목의 격문을 비서와 함께 나눠주었다.

일본은행 비판의 최선봉에 서 있던 야마모토는, 전년 여름에 발족한 '디플레이션 탈피 국민회의' 스터디 그룹에 참석했다가, 거기서 정리한 제언을 각 당의 정책 책임자에게 전달한 날 오후에 지진 재해와 맞닥뜨렸다. 위기감을 느낀 야마모토는 사무실에 머물며 일주일에 걸쳐 격문을 작성하였다.

필요한 부흥 지원액이 20조 엔을 넘는 것은 확실하지만, 디플레이션 하에서의 증세는 피해야 하므로, 일본은행의 국채 인수가 최적이라고 격문에는 쓰여 있었다. 일본은행의 인수를 금지한 재정법에 "특별한 사유가 있는 경우 국회 의결을 거친 금액의 범위 내에서는 그러하지 아니한다"라는 단서가 있는데, 대지진이 '특별한 사유'에 해당하는 것은 자명한 이치라고 강조하며, "여야의 울타리를 넘어 국민이 뽑은 의원으로서의 책무를 다하자"고 끝맺었다.[30]

자민당 의원의 상당수는 공공사업이나 기업세제에는 강한 관심을 보이지만 널리 효과가 미치는 금융정책에는 별로 흥미를 보이지 않는다. 그런데도 야마모토는 3월 23, 28일, 4월 5일, 5월 11일 등 계속해서 격문을 발행하였다. 본회의장에서 그와 자리가 가까운 자민당의 다무라 노리히사田村憲久와 의기투합하고 민주당 출신 참의원 의장 니시오카 다케오西岡武夫에게서 찬동의 전화가 걸려오는 등 활동의 고리가 넓어져갔다. 이윽고 "의원연맹을 만들고 싶지만 우리끼리만으로는 좀처럼 움직이지 않을 것이다. 누군가 이름이 알려진 사람을 정상에 앉히자"는 얘기가 나왔고, 다무라가 "그렇다면 아베 신조가 좋겠다"고 제안하였다. 아베는 총리직에서 물러난 뒤 몸을 낮춘 채 복권될 때를 기다리고 있었다.

5월 17일 야마모토는 아베 사무실을 처음 방문해 디플레이션 탈피에는 일본은행법 재개정과 국채 인수가 필요하다고 호소한 뒤, 의원연맹 회장 취임을 요청하였다. 아베는 "일본은행이 빨리 긴축한 것이 문제다" 등의 말을 하며 후쿠이 시대의 양적완화 해제를 비판하였다. 이야기를 들으면서 아베가 경제 분야에 대해 꽤 공부하고 있다는 사실에 놀란 야마모토는 재기를 촉구하기 위해 이렇게 말했다.

"아베 씨, 다음엔 경제로 가야 해요."

오로지 헌법과 외교안보를 전문으로 해 경제에는 생소하다는 말을 들었던 아베지만, 야마모토의 진언에 '그렇다'고 맞장구를 치며 회장 취임을 수락하였다.[31]

6월 16일 아베를 회장으로 하는 '증세에 의하지 않는 부흥재원을 요구하는 모임'의 첫 회합이 국회 내에서 개최되었다. 간 내각이 검토중인 부흥 증세에 반대하고, 대체재원으로 "정부와 일본은행 사이에 정책협정(어코드)을 체결해, 정부가 발행하는 지진재해 국채를 일본은행이 원칙적으로 전액 매입해 운영한다"는 내용이 결의문에 포함되었다. 여야

7당파의 국회의원 211명이 결의문에 서명하였다.

6월 30일에 이 모임의 자민당 의원연맹 스터디그룹이 열려 강사로 미국 예일대 명예교수 하마다 고이치가 초청되었다. 리플레이션론자 하마다는 증세를 비판해, "금융완화로 세입을 늘리고 증세를 가급적 적게 하는 것이 경제학의 정석"이라고 설파해 야마모토의 든든한 보증인이 되어주었다. 두 번째 강사로는 일본은행 비판론자인 가쿠슈인대 교수 이와타 기쿠오田規久男가 초청되어 이곳에서 아베와 만났다.[32]

하마다와 이와타를 강사로 초빙한 것은 야마모토였다. 이 스터디를 계기로 야마모토는 이와타 등으로부터 입수한 다양한 자료를 아베에게 전달하게 됐고, 아베도 하마다와 이와타의 저서를 읽고 금융정책을 배웠다. '재무성 사람이 와서 국채 인수를 하면 금리가 오른다고 하는데 사실인가' 같은 주제에 대해 야마모토에게 전화로 강의를 요청하기도 했다.

총리직을 사퇴한 뒤 리플레파로 돌아선 계기를 묻는 질문에 아베는 2013년 봄 국회에서, "총리직을 그만두고 나서 시간이 많이 생겼다. 그중에 야마모토 고조 의원이 말하자면 리플레파로서 여러 가지 주장을 해 왔다"라고 야마모토의 이름을 제일 먼저 들었다.[33]

야마모토도 "공부해 가면서 일본은행의 독립성이란 무엇인가를 아베도 이해했다. 완전한 독립이란 있을 수 없다. 수단에 대해서는 완전한 독립이지만 정책 목표는 정부와 일본은행이 협의해서 정하는 것이다. 그러한 정리가 되고 나서야 그는 비로소 독립의 의미를 알았다고 생각한다"고 회고하였다. 대지진을 계기로 야마모토를 핵으로 하는 파도가 일어나려 하고 있었다.

실은 야마모토는 시라카와와 동향, 동창인데다 같은 연구실의 1년 선배였다. 대장성 국제금융국에 있을 무렵에는 시카고대 유학에서 돌아온 시라카와를 스터디그룹 강사로 초빙하기도 했다. 서로 모르는 사이가 아니었다.

하지만 국회의원이 된 다음 야마모토의 시라카와 비판은 가차없었다. 대학의 같은 연구실에서 배우고, 미국 코넬대학으로 유학을 다녀온 '경제통' 야마모토는 시라카와와의 정책논쟁을 즐기는 것처럼 보이기도 했다. 대지진이 일어나기 전에 이미 두 사람 사이에는 이런 논쟁이 있었다.

야마모토: "장기국채를 계속 사들이면 되잖습니까?"

시라카와: "그런 매입이 재정적자 금융으로 간주되면 이번에는 장기금리 쪽에도 영향을 미치게 됩니다."

야마모토: "인플레이션 목표 정책을 꼭 넣어야 한다고 생각합니다. 민주당 쪽 의원들과도 논의해서 반드시 성사시키겠습니다."(2011년 3월 2일 중의원 재무금융위원회)

대지진 후에 '격문'을 뿌림으로써 야마모토의 주장은 그후 더욱 격렬해졌다.

시라카와: "금융정책의 목적을 떠나 자동적으로 재정 파이낸스를 위해 국채를 인수하는 체제가 되면 자칫 통화의 신인도를 훼손할 우려가 있습니다."

야마모토: "20조 엔 정도의 국채를 일본은행이 인수한다고 해서 그런 일이 일어납니까? 그런데다 20조 엔 이상의 디플레이션 갭이 있잖습니까? 하이퍼인플레이션이 될 리가 없습니다." "걱정하는 것은 알지만 설득력이 없습니다."(2011년 3월 25일 중의원 재무금융위원회)

그는 아베를 등에 업고 의원연맹을 발족시킨 뒤에는 "원래 중앙은행 같은 것은 독립할 필요가 없습니다. 정부와 함께 해 버리면 같은 일을 순조롭게 처리할 수 있어요. 본질적으로는 같이 해서 정부가 통화를 발행하는 것과 똑같은 거예요. 자산을 갖고 있지 않아도 돈을 마련할 수

있습니다. 요술방망이 그 자체예요"라고까지 했다.[34]

'리플레파'라고 하는 선동의 핵심이 된 야마모토는 분명히 고양되어 있었다.

시대의 분위기와 일본은행법

그리스에서 시작된 유럽 채무위기는 그후 아일랜드, 포르투갈, 스페인, 이탈리아로 옮겨갔다. 심각한 재정불안으로 각국에서 국채 가격이 급락하고, 이를 대량 보유한 미국과 유럽 은행에 거액의 손실이 발생해, 다시 국제적인 금융 불안이 증폭되어갔다.

그 결과 안전자산으로 간주된 엔화를 더 사들여 7월에 다시 80엔을 돌파하였다. 지진 재해 대응과 '경제 무책'으로 여야당으로부터 사임을 강요받은 간 나오토가 끌려 내려가듯이 퇴진을 표명하고, 8월 30일 노다 요시히코野田佳彦가 후임 수상의 자리에 올랐다. 자민당 의원연맹 스터디그룹에서 아베가 리플레파의 이와타와 만난 바로 그날이었다.

신정권 발족 후에도 엔고에는 브레이크가 걸리지 않았다. 10월 31일 이른 아침의 해외시장에서, 드디어 1달러=75엔 32전의 전후 최고치를 기록하였다. '슈퍼 엔고'의 도래에 경제계는 비명을 질렀다. 정부와 일본은행은 최대규모의 단독 시장개입으로 응전했지만, 정재계의 불안과 일본은행 불신은 극에 달했다.

11월 24일 중의원 제1의원회관에서 '일본 회생의 열쇠는 일본은행법 개정에 있다'는 제목의 심포지엄이 열렸다. 아베, 하토야마, 와타나베 요시미渡辺喜美의 인사말에 이어 리플레파의 이론적 지도자가 된 이와타가 기조강연을 통해 인플레이션 목표 도입을 포함한 일본은행법 개정을 호소하였다. 심포지엄에는 하야미 시대의 심의위원 나카하라 노부유키의 모습도 보였다. 모임을 주최한 국가비전연구회의 대표 나카니시 마사히코中西真彦는 과거 일본은행법 개정 소위원회 위원으로 뽑혀 독립성 강화 목소리를 높였던 사람이다. 그 주역들마저 재개정의 깃발을 흔들면서 정당의 테두리를 넘어 다수 의원들이 모였다. 일본은행의 경계심은 어쩔 수 없이 고조되어갔다.

2012년 1월, 시라카와에게 충격적인 소식이 날아들었다. FRB가 인플레이션 목표를 설정한 것이다. 장기적인 물가목표로 전년 대비 2%를 내걸고 사실상의 제로금리 정책을 적어도 2014년 막판까지 계속하겠다고 벤 버냉키 의장은 성명을 발표하였다. 또 제3탄 양적완화(QE3)에도 긍정적인 자세를 보였다. 엔화 환율에 다시 상승 압력이 가해지면서 인플레이션 목표를 일본은행에 요구하는 목소리가 여야에서 일제히 터져 나왔다.

2월 2일의 중의원 예산위원회에서 야마모토는 "인플레이션 목표는 일본은행법을 개정하는 수밖에 없습니다. … 왜 그것을 하지 않습니까"라고 재무상을 압박하였다. 2월 9일에는 민주당 정조회장 마에하라 세이지前原誠司가 "정부와 일본은행이 협정을 맺어, 같은 목표에 임한다고 하는 것이 중요하다고 생각합니다만 어떤가요"라고 노다를 추궁하는 장면도 있었다.

2월 14일의 정책결정회의는 FRB를 따르듯, CPI 상승률 목표치에 대해 "2% 이하의 플러스 영역에 두고, 당분간은 1%를 목표目途로 한다"고 결정하였다. 시라카와는 목표目標가 아니라 군이 '목표'目途라는 표현을 썼으며, 영문 표기는 영국은행에서 사용한 target이 아니라 FRB와 마찬가지로 goal을 택했다.

정책결정회의 후의 기자회견에서 시라카와는 일본에서는 '인플레이션 목표'라는 말이 목표치를 향해 기계적으로 정책운영하는 의미로 쓰이고 있기 때문에, 구미처럼 '보다 중장기적인 정책운영 방법'을 정확하게 나타내는 말로 '목표'目途를 사용했다고 설명했다. 다만 말끝마다 '인플레이션 목표'를 요구하는 리플레파에 대한 혐오감이 팽배했는데, 이에 반발한 야마모토는 국회에서 즉각 질의하였다.

"골goal을 사용할 것 같으면 목표目標라고 하면 되잖습니까? '골'이라는 말의 일본어 번역은 목표밖에 없어요." "완전히 도망치고 있다고밖에는 생각되지 않습니다. 왜 목표라는 말로는 안되는 거죠? 그건 책임지기 싫어서 그런 거예요."[35]

일본은행법을 개정해 인플레이션 목표를 법정화해야 한다는 의견은 금융정책에 관심이 적었던 자민당 내에도 침투하기 시작하였다. 3월 8일 아베가 회장으로 있는 자민당 의원연맹이 '일본은행법 개정으로 디플레이션·엔고를 해소하는 모임'으로 탈바꿈해 법 개정 요강을 발표하였다. 4월 들면서 당 정무조사회의 재무금융부회에서도 법 개정 검토가 시작되고, 27일에는 개정안이 확정되었다. 물가뿐 아니라 '고용안정'을 금융정책 목적에 더해 인플레이션 목표를 담은 협정(어코드)을 정부와 체결하고, 그 달성 여하에 따라 '내각은 … 양 의원의 동의를 얻어 총재, 부총재 또는 심의위원을 해임할 수 있다'는 과격한 것이었다.[36]

일본은행 간부는 "민주당만이 아니라 자민당에도 개정론이 퍼지면서 위기감이 몹시 높아졌다"고 당시를 되돌아보았다. 재무성 간부는 "야마구치 부총재는 재개정이 실현되는 것은 아닐까 정말 걱정하고 있었다"고 나중에 증언하였다.

'시대의 분위기'가 바뀌고 있음을 시라카와는 우려하였다. 질문을 받으면, "중앙은행이 독립된 판단으로 금융정책을 실시해 나갈 필요성에 대해서는, 일본사회에 충분한 이해가 있다"[37]라고 평정심을 가장하였지만, 서점에는 '시라카와 총재를 해임하라'[38] 등의 일본은행을 규탄하는 서적이 늘어서 있었다. 시라카와와 오랫동안 사귀어 온 경제인이나 언론 관계자 사이에서도 리플레이션 정책을 지지하는 소리가 퍼지고 있는 것처럼 느껴졌다. 리먼 쇼크, 동일본 대지진, 유럽 채무위기, 초엔고라는 전례없는 곤경을 극복하기 위해 시라카와는 회사채, CP, ETF 매입, 장기국채 매입, 대출증대 지원을 위한 자금공급 등 총재 임기중에 18회가 넘는 정책 발동을 단행하였다. 당시 정책결정회의는 연 14회 개최되었기 때문에 단순 평균하면 거의 네 번에 한 번꼴로 금융완화 조치가 거듭된 셈이다.

그 결과 일본은행의 총자산은 그의 임기 중에 45%에 해당하는 51조 엔이 팽창함으로써, 2014년에는 약 130조 엔으로 증가하는 레일이 깔렸다. 한 측근은 "장래의 출구도 생각하면서 온갖 수를 다 사용하였다. 시라카와 시대의 정책은 적극적이고 과감했다"고 나중에 주장하였다.

그렇다고 시라카와 재임중 일본은행에 대한 비판이 가라앉지는 않았다. 엔고를 시정하라는 기대에 부응하지 못하고, "구미에 비해 하나하나의 완화가 너무 작고 너무 느리게 비쳤기 때문"이라고 시라카와에 비판적인 다른 일본은행 간부는 지적하였다.

포괄완화 도입후 자산매입기금은 5조 엔씩, 나중에는 10조 엔씩 총 8회 증액되었다. 시라카와 입장에서는 재정금융에 접근하지 않도록, 또 장래에 되돌아갈 수 있도록 신중하게 진행한 것이지만,[39] "결과적으로 100조 엔 이상 냈으니 한 번에 확실히 했으면 좋았을 것이다"라는 비판도 나왔다. 보다 못한 기획 라인 OB가 "포복전진 같은 정책은 그만두는 게 좋다. 철저하게 완화하거나 누워 뒹굴며 아무것도 하지 않거나 한쪽을 택하라"고 시라카와 등에게 직언한 적도 있었다고 한다.

또 시라카와 자신이 비전통적 방법의 효과에 내심 의문을 갖고 있었기에 부작용을 우려해 내뱉은 발언 속에 그런 '본심'이 묻어난 영향도 작지 않았다.[40] 정부 부처뿐만 아니라 일본은행 기획 라인에도 "아마 효과가 없을 것이다. 약을 처방하는 것 같다"는 비판이 확산되면서 시라카와와의 사이에 찬바람이 불기 시작했다.

특히 양적완화에 유연한 기획담당 이사 아마미야와 시라카와의 관계는 주위에서 걱정할 정도로 냉각되어, 아마미야의 의견에 시라카와가 거의 귀를 기울이지 않게 되었다고 총재 측근들은 증언하였다.

하야미 시대부터 수많은 비전통적 정책에 관여해 온 아마미야는 부총재 야마구치에게 "지점으로 나가고 싶다"고 부탁해, 5월 11일자로 오사카 지점장으로 옮겼다. 또 젊은 직원들 사이에서도 "리플레이션 보고서를 써도 올릴 수 없다" "하고 싶은 연구를 자유롭게 할 수 없다"는 불만이 터져 나오고, 혹독한 일본은행 비판을 감당하기 어렵다는 생각이 겹쳐 일본은행 내 '분위기'마저 달라졌다.

또 하나, 이 시기에 소비세 증세 논의가 높아진 것도 시라카와를 곤경에 빠뜨리는 한 요인이 되었다. 여야 가리지 않고 증세에 반대하는 의원들은 과감한 금융완화로 성장률이 오르면 세수가 늘어 소비세 증세는 불필요하다고 주장하였다. 한편 추진파 의원들은 소비세 증세를 실현하려면 디플레이션 극복이 불가피하다며 대담한 금융완화를 요구하였다. 이윽고 양측은 정부와 일본은행이 협정을 맺고 디플레이션 탈피를 꾀해야 한다는 견해에 합류함으로써, 대규모 완화와 일본은행법 개정을 촉구하는 분위기를 부채질하였다.

재무성의 '3종 세트'

'시대의 분위기'에 휩쓸리는 일본은행을 재무성은 걱정하고 있었다. 재무성과 일본은행 사이에는 몇 겹이 의견교환 루트가 있다. 중심은 대신관방 총괄심의관과 기획담당 이사의 정기회의로 경제정책 전반에 대해 의견을 교환한다. 그 위에 사무차관과 부총재의 채널이 있는데, 여기서는 '정치적 안건'이 논의되는 경우가 많다.

2012년 당시 총괄심의관은 사토 신이치佐藤慎一였다. 사토는 1997년 일본은행법 개정 때의 담당자였다. 일본은행의 기획담당 이사에는 아마미야를 대신해 몬마 가즈오門間一夫가 승격하고, 기획국장에는 사상 최연소로 우치다 신이치가 올랐다. 5월 어느 날, 사토는 몬마에게 말했다.

"열심히 하고는 있습니다만, 시라카와 총재의 방식은 너무 소규모로, 시장에 부정적입니다. 이대로라면 어코드(협정)라든가 인플레이션 목표라는 이야기가 나오게 됩니다. 조만간 초대규모의 완화가 필요할 겁니다."

이렇게 말하면서 사토는 한 장의 메모를 보여주었다. '초대규모 완화, 재정 건전화의 실행, 성장전략'이라고 쓰여 있었다. 사토는 이것을 '3종 세트'라고 불렀다. 소비세 증세를 확실하게 실시하면서 대규모 금융완화를 전개하고, 그것이 효과를 발휘하는 동안 잠재성장률 인상을 위한 성장전략에 임한다는 작전이었다.

몬마는 "그렇기는 해도 시라카와 총재가 완고합니다. 아직 좀 이릅니다"라고 부드럽게 응수하였다. 몬마가 돌아와 야마구치에게 보고했더니 야마구치도 "그런 얘기가 나오겠지"라고 고개를 끄덕였다. 사토는 '3종 세트'를 간직한 채 시기가 오기를 기다렸다.

6월 21일, 민주, 자민, 공명의 3당이 '사회보장과 세금의 전반적 개혁'에 합의해 소비세율을 2014년 4월에 5%에서 8%로, 2015년 10월에 10%로 단계적으로 인상하는 법안이 8월에 성립되었다. 그런데 성립을 앞두고 노다가 "조만간 신임을 묻겠다"고 약속하면서 정국은 일시에 안개 속으로 빠져들었다. 게다가 반대파를 회유하기 위해 법률 부칙에 "명목 3%, 실질 2% 성장률을 목표로 … 필요한 조치를 강구한다"라고 명기해, 높은 성장과 물가상승이 증세의 전제가 되었다.[41] 이 경기탄력 조항은 나중에 증세를 미루는 예상 밖의 사태를 초래하게 된다.

2012년 9월 26일에 야당인 자민당 총재 선거가 실시되었다. 당초 열세로 보였던 아베는 '경제 살리기'를 앞세워 결선투표에서 이시바 시게루石破茂를 꺾고 복권을 이루었다. 선거 기간 동안 아베는 '2, 3% 물가상승률'을 목표로 한 과감한 금융완화를 요구하며, 이를 실현하기 위해 일본은행법 개정도 불사하겠다고 계속 호소하였다. 새 총재의 주장은 당의 선거공약에 고스란히 담겼다.

이 직후의 여론조사에서 노다 내각의 지지율은 20%를 밑돌아 아베가 노다보다 총리에 적합하다는 결과가 나왔다.[42] 조기 해산을 노린 자민당은 한층 기세를 올렸다.

10월 1일의 개각으로 경제재정담당상에 오른 민주당의 마에하라는 아베에 대항하기 위해 행동을 취했다. 나흘 뒤 정책결정회의에 직접 참석해 완화 강화를 직접 호소한 것이다.

회의에 각료가 출석한 것은 2003년 4월의 다케나카 헤이조 이래 9년 반 만이었다. 이를 발판으로 마에하라는 정조회장 시절부터 주장해 온 '어코드'의 실현을 위해 노다 총리와 직접 담판하였다. 곤경에 처한 노다로부터 대응을 위임받은 재무상 조지마 고리키城島光力가 상담한 상대가 총괄심의관 사토였다. 사토는 이번에야말로라는 듯이 한 번 집어넣은 '3종 세트'를 꺼내, 그것을 기초로 '어코드와 같은 문서'를 정리하려고 생각하였다. 재무성, 일본은행, 내각부의 협의는 이렇게 시작되었다.

정부와 일본은행이 합의문을 주고받은 적은 과거 한 번도 없었다. 이사 몬마에게서 문안이 올라올 때마다 시라카와는 난색을 표했지만, 결국 10월 30일 정책결정회의에서 〈디플레이션 탈피를 위한 대응에 관하여)라는 제목의 문서가 채택되었다. 디플레이션 탈피라는 중요 과제를 달성하기 위해 정부와 일본은행이 최대한 노력할 것을 전제로 각자 해야 할 정책과제를 담고 있는데, 시라카와, 조지마, 마에하라 세 사람이 서명하였다. 그렇지만 시라카와는 "공통이해라고 해야 할 것이다. 종전과 다른 인식을 보인 것은 아니다"며 공동기자회견도 하지 않았다.

사실 이 '공동문서'는 정권교체의 가능성을 눈여겨본 사토가 '너무 무리하지 않게 정리한' 것이었다. 민주, 자민 쌍방이 '어코드 쟁탈전'을 전개하는 가운데 한쪽을 편드는 것은 리스크가 커서, 기존의 방침을 덧그리는 정도의 지장 없는 문서에 그쳤다. 시라카와가 승낙한 것도 "어코드라는 체제를 취하지 않고, 문장 표현도 타당한 선에서 정리되었기"[43] 때문이다.

다만 일본은행의 방위 라인이 서서히 후퇴하고 있는 것만은 틀림없었다.

아베의 부활, 궁지에 몰린 시라카와

2012년 11월 16일 마침내 중의원이 해산되었다. 아베가 이끄는 자민당은 무제한 금융완화를 통한 디플레이션 탈피를 내걸고 선거전으로 치달았다. 자민당의 정책 팸플릿에는 용감한 공약이 실려 있었다.

"디플레이션, 엔고 탈피를 최우선해 명목 3% 이상의 경제성장을 달성하겠다. 명확한 '물가 목표(2%)'를 설정하고, 그 달성을 위해 일본은행법 개정도 시야에 두면서 정부와 일본은행 사이의 제휴강화 구조를 만들어 대담한 금융완화를 시행하겠다."[44]

아베가 내놓은 '무제한 완화' 메시지에 시장은 들끓었다. 원전 가동중단에 따른 무역적자로의 전락과 유럽 채무위기 수습과도 맞물려 엔화 약세·달러 강세 상황이 가속화되었다. 매도 우위에 휘청거리던 주가는 방향을 바꾸어 급상승을 시작하였다. 이른바 아베노믹스 시대의 시작이다.

아베 주변에는 리플레파가 결집하고 있었다. 주모자인 야마모토, "디플레이션은 화폐적 현상으로 양의 확장에 의해 해결할 수 있다"고 하는 예일대의 하마다, 리플레파의 중심 가쿠슈인대 교수 이와타, 전 재무관료 혼다 에쓰로本田悦朗, 다카하시 요이치高橋洋一, 전 일본은행 심의위원 나카하라 등. 필요한 이론은 모두 그들이 준비하였다.

1월 17일 아베는 유세지인 구마모토에서 공공투자의 필요성을 호소하며 이렇게 말했다.

"건설 국채는 가능하면 일본은행이 전부 사들여야 합니다. 이렇게 하면 새로운 돈이 강제로 시장에 풀리게 됩니다."[45]

재정법 제5조에서 금지하고 있는 국채 인수를 떠올리게 하는 발언이었다. 아베는 "만약 자민당이 집권하면 인플레이션 용인이 아니라 인플레이션 목표에 찬성해 줄 사람을 일본은행 총재로 뽑고 싶다"고도 했다. 사흘 후의 기자회견에서 시라카와는 즉시 반론하였다.

"국채 인수는 IMF가 개발도상국에 중앙은행 제도를 조언할 때 하지 말아야 할 항목 목록의 최상위에 올리는 것입니다. 인수 혹은 인수와 유사한 행위를 하면 통화 발행에 제동이 걸리지 않고, 그 결과 여러 문제가 생긴다는 국내외 역사의 교훈을 감안한 것이라고 생각합니다."[46]

어디까지나 일반론이라고 전제하고 한 발언이었지만 개도국에서도 하지 않는 정책을 할 것이냐고 묻는 것처럼 들렸다. 시라카와의 반박은 계속 이어졌다.

"중앙은행의 독립성은 국내외의 오랜 경제·금융의 역사 속에서 얻어진 수많은 쓰라린 교훈을 바탕으로 고안된 제도입니다. 다소 긴 눈으로 경제·금융의 안정을 도모하는 조직이 필요합니다. 그것을 중앙은행의 독립성 형태로 제도 설계한 것입니다."

시라카와 발언이 곧바로 보도되자 아베는 즉각 재반박하였다. 자신의 페이스북에 "기본적으로는 매입 오퍼레이션이라고 말했다. 직접매입이라고는 말하지 않았다. 발언하지 않은 것에 대한 논의는, 본래 논평할 가치가 없다"고 쓰고 나서, 미국의 하마다에게서 온 팩스를 그대로 게재하였다. 하마다는 이렇게 썼다.

"디플레이션, 엔화 강세라는 화폐적 증상이 나타나고 있으니 금융 확장이 당연한 처방전입니다. … 정책수단으로서는 인플레이션 목표가 바람직합니다. 디플레이션 기대가 자리잡은 일본 경제에 활력을 불어넣는 것은 아베 총재의 2~3%가 딱 적당하다고 할 수 있습니다. 디플레이션 탈피를 위해서는 일본은행의 국채 인수도 좋지만, 그것이 너무 강하다면 총재님 말씀처럼 일본은행이 국채를 대규모로 사들이면 됩니다."[47]

하마다는 시라카와가 대학 3학년 때의 제미나르 지도교수였다. 시라카와에 대항하기에는 안성맞춤 인물이었다. 아베와 시라카와의 논쟁에는 이후 민주당도 가세해 금융정책이 선거 쟁점이 되어갔다.

12월 16일, 자민당은 총선에서 압승을 거두어 3년 만의 정권 복귀가 이루어졌다. 텔레비전의 개표 속보를 보면서 시라카와는 생각에 잠겼다. 금융정책을 쟁점으로 한 선거에서 국민은 자민당을 선택했다. 이것은 도대체 무엇을 의미하는가.

선거 이틀후 시라카와는 홀로 자민당 본부를 방문했다. 그때까지 아베와 별다른 교류는 없었다. 정권 출범후의 경제재정자문회의에서 첫 번째 힘을 겨루는 사태는 가능하면 피하고 싶었다. 돌이켜보면 3년 전에도 하토야마를 찾았다. 그 당시와 마찬가지로 인사를 겸해 통화정책 강의를 하려고 했던 것이다. 하지만 고양된 아베는 기다렸다는 듯이 말문을 열었다.

"2%의 인플레이션 목표를 실현하기 위해 정책협정을 맺고 싶습니다. 검토해 주시기 바랍니다."

시라카와는 "정책위원회에서 충분히 논의하고 정부와도 잘 협의하고 싶습니다"라고만 답했다. 구체적인 약속은 하지 않았지만 아베는 이 자리에서 '시라카와를 상대하기 쉬운 사람'으로 받아들인 듯했다. 닷새 뒤 후지TV 프로그램에 출연한 아베는 1월 정책결정회의에서 인플레이션 목표를 설정하라고 요구할 것이며, "안타깝게도 그렇게 하지 않으면 일본은행법을 개정해 어코드를 맺고 (인플레이션) 목표를 세우겠다"고 최후통첩을 던졌다.[48]

이런 가운데 재무성은 어떻게든 아베와 시라카와의 '타협점'을 찾기 위해 움직이고 있었다. 양측이 대립하다가는 경제 운영에 차질을 빚고 소비세 증세마저 위태로워질 것으로 봤기 때문이다.

사무차관 마나고 야스시真砂靖는 선거 결과를 지켜본 뒤 부총재 야마구치에게 전화해 '새로운 문서'를 작성해야 한다고 솔직하게 제안했다. 10월에 노다 정권 아래서 정리한 공동문서로는 도저히 버틸 수 없다는 것이 재무성의 판단이었다.

사실 중의원이 해산된 직후 재무성의 사토는 일본은행 이사 몬마에게 '자민당이 반드시 승리하고 새로운 문서가 필요할 것'이라며 검토를 서두를 것을 촉구하였다. 하지만 시라카와와 야마구치는 야당 당수 아베의 발언이 어디까지 진심인지, 집권후에도 변하지 않는지 신중하게 지켜볼 필요가 있다며, 선거가 끝날 때까지 표면적인 움직임을 자제하였다.

사토 등은 선거기간 동안 아베와 가까운 의원들을 통해 "갑자기 2%를 일본은행에 받아들이게 하는 것은 어렵다"는 신호를 보내봤지만, 아베의 분노에 부딪혀 어이없는 퇴짜를 맞았다. 또한 마나고 차관 등도 아베와 접촉했지만 "통화정책 얘기는 듣지 않겠다. 이미 루비콘 강을 건넜

으니까"라며 상대해 주지 않았다고 한다. 그 뒤로는 "정식으로 총리에 취임할 때까지 일본은행 총재에게 직접 지시를 내리는 것만은 삼가해 달라"고 당부하는 것이 고작이었다.

그런 물밑에서의 움직임을 듣고 있던 시라카와 등은, 재무성이 요청한 '새로운 문서'의 작성을 준비하였다. 10월 문서는 분명 민주당 시절의 작품이지만 곰곰이 생각해 보면, 정부와 일본은행의 합의문을 정권교체를 이유로 변경할 것은 아니었다. 그러나 국민의 지지를 얻은 아베 정권과 결정적으로 대립할 경우 금융정책은, 그리고 일본은행이라는 조직은 어떻게 될 것인가. 갖가지 의문과 불안이 교차하면서 쉽게 답이 나오지 않았다.

12월 20일에 열린 정책결정회의에서 시라카와는 10조 엔의 기금적립을 제안하는 동시에, 다음 1월 회의까지 물가목표에 대하여 재검토하도록 사무국에 지시했다. 일단 차기 총리의 '지시'에 경의를 표하면서 한 달의 검토기간을 확보한 뒤 재무성과 절충에 나서기로 했다.

주식시장은 점점 활황을 보이고 엔저와 주가 상승이 가속화되는 가운데 제2차 아베 내각은 연말인 12월 26일에 출범하였다. 기자회견에서 아베는 '아베노믹스 시동'을 선언했다.

"강한 경제의 회생 없이는 재정 재건도 일본의 장래도 없습니다. 내각은 총력을 다해 과감한 금융정책, 기동적 재정정책, 민간투자를 촉진하는 성장전략, 이 '세 개의 화살'로 경제정책을 힘차게 추진해 결과를 만들어내겠습니다."[49]

'세 개의 화살'을 어필하면서도 아베는 첫 번째 금융정책을 바짝 정조준하고 있었다.

네 가지 조건, 숨겨진 결의

만약 정부와의 사이에 '새로운 문서'가 필요하다면, 일본은행법의 원점으로 돌아가자고 시라카와는 생각하게 된다. 총재 취임 때도 확인한 일본은행법을 다시 읽어보았다.

제1조 일본은행은 일본 중앙은행으로서 은행권을 발행하는 동시에 통화 및 금융 조절을 목적으로 한다.
2. 일본은행은 전항에서 규정하는 사항 외에 은행 및 그 밖의 금융기관 사이에 이루어지는 자금결제의 원활한 확보를 도모하여 신용질서 유지에 이바지함을 목적으로 한다.
제2조 일본은행은 통화 및 금융을 조절함에 있어 물가의 안정을 도모함으로써 국민경제의 건전한 발전에 이바지함을 그 이념으로 한다.

이 조문의 '물가의 안정을 도모해 국민경제의 건전한 발전' '신용질서 유지'를 그대로 적으면 좋겠다고 시라카와는 생각했다. 이 일본은행법 총칙의 무게야말로 '새로운 문서'의 골격이 되어야 하며, 과도한 정치 개입의 방파제가 되기도 한다.

시라카와의 지시에 따라 야마구치와 몬마, 우치다 세 사람은 새로운 문서의 초안을 작성하는 동시에 도저히 양보할 수 없는 항목을 네 가지로 좁혔다.

'2% 명기'
'달성시기'
'정부의 역할'
'금융시스템 안정화'

10월 공동문서에는 물가목표에 대해 '2% 이하의 플러스 영역에 있고, 당분간은 1%를 목표로' 한다고 적혀 있다. 갑자기 2%를 내세우면 장기금리가 치솟아 재정운영과 금융시스템에 누가 간다는 게 표면적 설명이었지만, 저인플레이션 체질인 일본에서 2% 달성은 당분간 어려울 것으로 시라카와 등은 내다보았다.

원래 2%라고 하는 수준은, 디플레이션 방지에는 일정한 여분이 필요하다고 해서 구미 각국에서 채용된 목표치이다.[50] 리플레파는 이것이야말로 국제표준이라고 주장했지만, 일본의 경우 1990년 이후에 2%를 넘은 것은 1991년의 1회밖에 없었다. 그후에도 1% 초과조차 4회밖에 기록되지 않았다. 절정기라고 할 수 있는 버블기 5년간에도 평균 1.3%에 지나지 않았다.[51]

그처럼 저인플레이션 경제에서 실현하기 어려운 목표를 달성시기를 못 박아 명기하는 것은 무책임하기 짝이 없고, 여기서 리플레파에 굴복하면 끝없는 양의 확대가 시작돼 틀림없이 '재정 파이낸스'가 되고 마는 '돌이킬 수 없는 최악의 사태'는 어떻게든 피해야 한다는 것이 시라카와의 본심이었다.

금융정책은 만병통치약이 아니며[52] 디플레이션 탈피에는 재정건전화 등 구조개혁과 성장전략 같은 정부 측 노력이 필수적이라는 것이 일본은행의 일관된 주장이었다.

또 금융완화로 버블이 발생하거나 차익 축소에 직면한 은행들이 과도한 위험을 감수하려 할 경우, 금융시스템의 안정을 확보하기 위해서는 설령 2% 미만일지라도 완화를 중단할 수 있어야 한다고 생각했다. '신용질서 유지' 이념에 비추어 양보할 수 없는 조건이었다.

이에 대해 '금융정책은 경제운영의 도구일 뿐'이라고 단언하는 재무성은 새 정부의 경제정책 '아베노믹스'와 일본은행의 정책이 정합적으로 이루어지는 것이 중요하다고 판단하였다.

재무대신에 아소 다로가 내정된 것을 알게 된 간부들은 아소 사무실로 몰려들어 한발 앞서 '강론'을 시작하였다. 아베노믹스의 핵심은 금융완화이지만 성장전략도 필수적이고 기동적인 재정투입도 고려해야 한다. 무엇보다 3당합의에 근거한 소비세율의 착실한 인상과 그 앞의 목표인 재정건전화에 잘 대처하는 것이 중요하다고 아소에게 반복 설명하였다.

이 '강론'과 병행하는 형태로 재무차관 마나고와 부총재 야마구치의 절충은 한결같이 전화회의를 중심으로 간혹 직접회담을 곁들이면서 점차 열기를 띠어갔다.

2013년 새해가 밝으면서 "총리가 2% 달성기한을 어코드에 명기하라고 한다"는 정보가 총리관저에서 재무성으로 들어왔다.

아베는 2%를 달성하기 위해서는 정부 측의 노력도 필수적이라고 주장하는 일본은행을 향해 '책임회피'라고 비판하며, 2% 달성기한을 명시하게 해 일본은행이 전책임을 지도록 해야 한다고 생각하였다. 야마모토를 비롯한 리플레파가 일관되게 주장해 온 것이기도 하다.

1월 9일 첫 경제재정자문회의가 열렸다. 민주당 정권 들어 일단 폐지됐다가 3년여 만에 열린 공식석상에서 아베와 시라카와는 처음 마주했다.

정부 측의 설명에 이어, 발언을 요구받은 시라카와는 강력한 금융완화를 추진하고 있다고 강조한 뒤, 경제 전체의 성장력 강화를 도모하고 재정금융이라는 의심을 사지 않도록 재정건전화를 위한 대처가 중요하다고 역설하였다.

이에 호응해 "금융완화만으로는 충분하지 않다" "정부의 책임도 있다"라는 참석자들의 발언이 이어지자, 용기를 얻은 시라카와가 "디플레이션 탈피는 금융면에서의 확실한 뒷받침과 성장력 강화를 향한 대처, 이 둘이 합쳐져야 비로소 실현됩니다. 일본은행이 해야 할 역할은 제대로 해나가겠습니다"라고 거듭 말한 바로 그때였다.

의장 아베가 갑자기 "한마디 말씀드리겠다"며 끼어들었다. 시라카와의 발언을 참을 수 없었던 것이다. 아베는 봇물이 터진 듯 반박하였다.

"10년 넘게 디플레이션이 계속되면서 디플레이션 기대감이 자리잡고 있습니다. 상당한 일을 해 나가지 않는 한 해결할 수 없습니다. 그러니까 전통적인 방법이 아닐 것입니다. … 선거 도중에 상당히 일본은행의 독립성을 침해하고 있는 것은 아닌가 하는 말이 있었지만, 중요한 것은 여기서 대화함으로써 인식을 일치시키고 목표를 공유하는 것입니다. 2%라는 목표를 향해 이제는 대담한 금융완화를 해주세요. 아무쪼록 일본은행이 책임을 지고 해주세요."[53]

명확한 책임을 시라카와에게 요구하는 아베의 연설에 회의실은 조용해졌다. 아베는 "그 수단에서는 당연히 독립성은 담보되겠지만, 우리도 총재에게 요구할 것은 요구하겠다"고도 했다.

회의가 끝난 뒤 부총리 겸 재무상 아소가 아베를 찾았다. 아베는 "물가 목표라는 알맹이를 빼버리려는 움직임이 거슬린다" "정부와 일본은행이 대등하다는 것은 안된다" "이대로라면 시장이 실망한다"는 등의 불만을 쏟아냈다. 아소는 "지금은 2%의 물가 목표를 일본은행이 약속하도록 하는 데 집중해야 한다" "여러 가지 주문을 해도 협상을 하는 것은 나다"[54]라고 맞섰지만 아베는 납득하지 않았다.

이날 아베는 나카하라 등 리플레파 브레인들에게 전화를 걸어 '금융전문가회의' 개최를 요구했다. 나아가야 할 금융정책의 방향성을 전문가들이 제시하게 해 지지부진한 일본은행과의 절충에서 총리실이 앞장서 주도권을 쥐려는 의도였다.[55]

아베가 아소에게 불만을 전했듯이, 일본은행과 재무성의 조율은 연초 이후에도 뜻대로 진행되지 않았다. 네 가지 조건을 패키지로 채우도록 요구하는 일본은행에 대해, 재무성은 아베의 의향을 근거로 "그럼

총리가 동의하지 않는다"고 계속 반박했다.

사태가 얼어붙은 어느 날 시라카와는 총재실로 부총재 야마구치를 불러 말했다.

"야마구치 군, 나는 그만둘까 하오."

예상치 못한 말에 야마구치는 숨을 삼켰다. 시라카와는 그런 중대사를 즉흥적으로 말할 사람이 아니었다. 한동안 무거운 침묵이 흐른 뒤 야마구치는 머리를 흔들며 말했다.

"총재가 그만둔다면 부총재인 저도 그만둘 수밖에 없습니다."

시라카와는 "자네가 그만두는 일은 없을 것이오"라고 되받아치려고 했지만, 야마구치는 가로막듯이 말을 계속하였다.

"아닙니다. 그만둘 거면 같이 그만둡시다. 니시무라 부총재도 그렇게 할 것입니다. 세 사람이 사임하면 일본은행은 산산조각이 날 겁니다. 조직이 유지될 수 없어요. 관저와의 관계는 흔들리고 시장도 크게 혼란스러워질 겁니다. 그래도 괜찮습니까?"

시라카와의 임기는 4월 9일까지였다. 한발 앞서 취임한 부총재의 임기는 3월이 끝이었다. 얼마 남지 않았다고는 해도 임기 중반에 사표를 내면 어떻게 될까. 전 세계가 '항의사퇴'로 받아들일 것이다. 어코드를 억제하고 중앙은행론을 일깨우는 데는 다소의 힘이 될지도 모른다.

하지만 출범한 아베 정권에는 큰 타격이 된다. 총리관저와의 관계는 회복하기 어려운 지경이 되어 일본은행법 재개정이 가속화될 것이다. 남겨진 일본은행은, 그리고 시장은 어떻게 될지….

시라카와는 생각에 잠겨 더 이상 말을 꺼내지 않았다.[56]

제5장　구로다黑田 시대

목표 미달, 그리고 표류
2013-2023

정치 주도에 의한 노선 전환이 이루어짐으로써
새 체제는 대규모 양적 질적 금융완화를 실행한다.
출발은 순조로웠지만 몇 년이 지나도
공약한 목표를 달성할 수 없었으며
추가완화를 거듭하는 가운데
금융정책은 일반 국민이 이해할 수 없는
복잡난해한 모습으로 변모해 간다.

구로다 시대

2013년 4월 이차원異次元 완화 시작

7월 참의원 선거에서 자민당·공명당 압승.
 중의원과 참의원 모두 여당이 장악

9월 2020년 하계 올림픽 도쿄 개최 결정

2014년 4월 소비세율 8%로 인상

9월 온타케산御嶽山 분화

12월 아베 총리, 소비세 재인상 연기 표명 후 중의원 선거에서 승리

2015년 7월 도시바東芝, 부적절 결산 처리 발각

9월 안전보장 관련법 통과

11월 파리에서 동시다발 테러

2016년 4월 구마모토熊本 지진

5월 미에현 이세시마伊勢志摩 서밋

6월 영국 국민투표에서 유럽연합 탈퇴 결정

8월 일왕, 생전에 퇴위하겠다는 의사 표명

11월 미국 대통령 선거에서 도널드 트럼프 승리

2017년 2월 아베 총리의 정치 스캔들 모리토모森友, 가케加計 학원 문제 표면화

7월 규슈 북부 호우로 40명이 넘는 사망, 실종자 발생

10월 중의원 선거에서 자민당·공명당 승리

2018년 6월 북·미 정상회담

9월 홋카이도 이부리胆振 동부 지진

2019년 4월 새로운 연호 레이와令和 발표, 5월 1일부터 시행

10월 소비세율 10%로 인상

2020년 1월 신형 코로나 바이러스로 중국 우한 봉쇄

4월 일본, 코로나19 비상사태 선포

8월 아베 총리 사의 표명

9월 스가 요시히데 내각 발족

I

공동성명, 막다른 공방

2013년 1월. 시라카와 마사아키의 사의를 열심히 만류한 부총재 야마구치 히로히데는 하룻밤 숙고하고 나서 교섭 상대인 재무차관 마나고 야스시에게 이런 사실을 전달하였다. 사태가 이렇듯 급박함을 개진함으로써 서로 한 발 물러서서 해결할 수 있는 기운을 조성하고자 한 것이었다.

"어쩌면 총재가 사임할지도 모릅니다."

야마구치는 미리 시라카와에게 양해를 구한 다음 이 같은 경고를 보냈다. 일종의 도박이었다.

마나고는 잠깐 놀라는 듯한 표정을 지었다. 마나고는 젊은 시절에 일본은행에 출근해 시라카와 밑에서 일한 경험이 있었다. 차분하지만 고집이 센 시라카와의 성격을 감안할 때 항의해 사퇴할 가능성이 없지는 않다고 짐작하였다.

이 이야기는 대신 아소 다로의 귀에도 들어갔다. 같은 후쿠오카현 출신으로서 시라카와의 기질과 심정은 아소도 이해할 수 있었다. 아소와 마나고는 총리관저와 일본은행 양측에서 수용 가능한 문서를 정리하느라 분주히 움직였다.

실은 야마구치도 네 가지 조건 가운데 '2% 명기'에 대해서는 양보하지 않을 수 없을 것이라고 일찌감치 단념하고 있었다. 그동안 물가안정은 '2% 이하의 플러스 영역'에 있다며 2%의 존재를 인정해 왔기 때문이다. 단지 시라카와가 '목표'로 하는 것을 좀처럼 납득하려 하지 않았을 뿐이다.

정부의 역할을 놓고 이번에는 아베 신조가 일본은행이 모든 책임을 져야 한다며 양보하지 않았다. 일본은행 측이 작성한 문서는 당초 다음과 같이 되어 있었다.

'일본 경제의 경쟁력과 성장력 강화를 위한 폭넓은 주체의 대응이 진전됨에 따라 지속가능한 물가안정을 담보하는 정합적인 물가상승률은 높아질 수밖에 없는바, 일본은행은 물가안정의 목표를 전년 대비 소비자 물가 상승률 2%로 설정한다.'

경쟁력과 성장력 강화가 2% 달성의 전제라는 뜻이다. 그렇지만 재무성도 내각부도 '이래서는 총리관저의 OK가 나지 않는다'며 밀고 당기기가 계속된 끝에 다음과 같은 표현으로 바뀌었다.

'일본은행은 앞으로 일본 경제의 경쟁력과 성장력 강화를 위한 폭넓은 주체의 대응이 진전됨에 따라 지속가능한 물가안정을 담보하는 정합적인 물가상승률이 높아질 것으로 인식하고 있다. 이 같은 인식을 바탕으로 일본은행은 물가안정 목표를 전년 대비 소비자 물가 상승률 2%로 설정한다.'

동일한 듯이 보이지만 자세히 읽으면 문장이 둘로 나뉘어 있다. 문장 사이에 구두점을 넣어 '앞부분은 어디까지나 일본은행 측의 인식일 뿐 정부의 책임은 아니다'라고 총리관저에 설명하기 위한 수사이다. 일본은행 측 담당자는 "우리는 하나의 문장으로 만들고 싶었지만 정부가 필사적으로 저항했다. 총리관저는 이 문구 자체가 마음에 들지 않았다"고 말했다. 덧붙여서 '폭넓은 주체'란 정부와 민간을 가리키는데, 여기서도 총리관저를 배려해 애매한 표현에 그쳤다. 바로 '관청 문학의 극치'(재무성 담당자)였다.

또 하나, '금융시스템의 안정'은 시라카와가 가장 고집한 부분이었다. 장기 금융완화는 과도한 채무를 초래하고 버블의 파열을 통해 실물경제에 타격을 주어왔다. 그 역사적 사실을 직시해 금융시스템의 상시점검과 예방적 대응이 필요하다고 시라카와는 생각했다. 이를 위해 "금융 측면에서의 불균형 축적을 포함한 리스크 요인을 점검함으로써 경제의 지속적인 성장을 확보한다는 관점에서 문제가 발생하지 않았는지 확인해 간다"는 문장을 내용에 포함하자고 일본은행 측은 주장했다. 의외로 재무성도 내각부도 이에 이의를 제기하지 않았다. "정부가 금융시스템의 무게를 잘 알고 있지는 못하다"고 일본은행 측은 느꼈다.

이 같은 문장을 둘러싼 공방과는 별개로 새로운 문서를 뭐라고 부를지도 쟁점이 되었다.

아베가 어코드accord라고 부른 정부와 중앙은행 간의 협정은 2차대전 이후인 1951년 미국에서 체결된 사례가 있다. 다만 당시에는 FRB의 독립성을 회복하는 것이 주목적이었다. 이에 반해 아베가 체결하려는 어코드는 일본은행의 독립성을 제약하고 금융정책에 대한 정치적 영향력 확대를 노리고 있음이 명백했다. 시라카와는 "어코드란 곧 협정이므로 절대 안된다"며 계속 거부했다.

마나고에게서 조속히 정리할 것을 지시받은 총괄심의관 사토 신이치는 새해 어느 날 아소와 마주앉아 이런 얘기를 하였다.

"장관님, 어코드는 중앙은행의 독립성 강화를 위해 쓰인 말로 방향이 반대입니다."

사토는 미국의 예를 자세히 설명하면서 이렇게 제안했다.

"정부와 일본은행이 서로를 존중하고 디플레이션에서 탈피하기 위해 협력한다는 의미에서 오히려 '공동성명' 쪽이 낫습니다. 공동성명은 캐나다와 호주에서도 실시된 사례가 있습니다."

외무상 경험이 있는 아소는 '공동성명'이라는 말의 울림에 빨려들었다.

훗날 총리관저를 방문해 아베를 설득하던 아소의 말은 몹시 기발하였다.

"총리님, 어코드라니요. 그런 혼다자동차를 연상시키는 이름은 안됩니다. 헷갈려서 안됩니다. 일본어로 하시지요."

아베는 쓴웃음을 지으며 더 이상 강하게 말하지 않았다고 한다.[1]

과감한 금융완화만 하면 디플레이션에서 벗어날 수 있다는 '총리의 외다리타법'[2](재무성 간부)에 아소는 일관되게 회의적이었다.

재정지출을 중시하는 아소는 정조회장政調会長 시절부터 "디플레이션을 인플레이션으로 만드는 인플레이션 목표란 것은 어디에서도 들어본 적이 없다" "돈을 뿌리면 인플레이션이 발생한다는 것은 경제를 잘 모르는 사람들의 얘기"라고 공언했다. 총리 시절에도 "과거 큰 폭으로 금리를 내렸지만 금융정책은 별 효과가 없었다. 재정지출이 없는 한 좀처럼 경기는 회복되지 않는다. 이것이 우리가 학습한 교훈이다"라고 이야기했다.[3]

사실 아소는 선거기간 중에 일본은행 히카와 분관에서 시라카와를 만나 금융정책 설명을 들은 적이 있다. 하지만 이때도 물가 목표나 양적완화에 대해 시라카와와 같은 의견이었다고 한다. 재무상에 취임한 뒤에도 아소는 "일본은행 총재의 체면을 구겨서는 안된다"고 자주 말했다. 동향 출신의 시라카와를 배려하는 아소의 마음을 느낄 수 있었다.[4]

사임을 포함한 긴박한 공방 끝에 '정부의 역할'과 '금융시스템'을 기입하는 조건으로 시라카와가 2% 목표를 받아들인 것은 1월 10일이 지나서였다.

아베노믹스에 들끓는 시장이나 여론에 더 이상 항거해 봐야 승산은 없었다. 그렇다면 "기계적이고 무조건적인 2%의 실현을 추구하지 않아도 되도록 하는 투쟁"으로 이행하는 것이 현명하다고 시라카와는 판단했다.

다만 2%는 인정해도 달성기한을 명시하는 것은 절대 안된다며 시라카와는 한 발짝도 물러서지 않았다. 아베 역시 시기를 명시하라고 지시한 채 흔들림 없는 자세로 대치를 계속했다. 그래서 재무성과 일본은행의 실무진은 "가능한 한 조기 실현을 목표로 한다"는 최종 문안을 사전에 준비한 다음, "중장기적 실현을 목표로 한다"는 원안으로 압박하는 작전을 펼쳤다. 그리하여 아베가 아소를 불러 "중장기는 너무 늦다"고 말하기를 기다렸다가 준비한 최종안을 제시해 겨우 양해를 얻어낼 수 있었다. 도심까지 폭설에 뒤덮인 1월 14일 성년의 날의 일이었다.

아베의 전화를 받은 나카하라 노부유키 전 일본은행 심의위원을 비롯해 마찬가지로 이베의 브레인인 하마다 고이치, 이와타 기쿠오, 전 재무성 관료 혼다 에쓰로가 롯폰기 국제문화회관에 모였다. '금융전문가 회의' 개최를 하루 앞두고 네 사람은 아베에게 '물가상승률 2% 명기' '기한 2, 3년'을 제안하기로 합의하였다.

이 리플레파의 움직임을 감지한 재무성도 움직이고 있었다. 같은 14일에 아카사카의 히카와 분관에서 시라카와, 아소, 그리고 아마리 아키라 경제재생상이 비공식 모임을 갖고 공동성명의 문구를 확정해 버린 것이다. '가능한 한 조기 실현'이라고 표기한 최종 문서는 다음날인 15일 오전 10시 지나서 아소와 아마리가 아베에게 직접 전달하였다. 총리가 주선한 '금융전문가 회의'는 이 문서가 수령된 직후인 15일 정오부터 시작되었다.

　회의에 불려나간 사람은 나카하라, 하마다, 이와타, 혼다를 비롯해 도쿄대 교수 이토 모토시게, 미즈호종합연구소의 다카타 하지메, 게이오 대학 교수 다케모리 슌페이 등 일곱 명이었다. 회의에서 하마다는 "드디어 자신의 주장이 받아들여졌다"고 싱글벙글하였으며, 나카하라는 "일본은행은 유아독존으로 무슨 일이 일어나도 책임지지 않는다. 교육위원회와 비슷하다"며 친정을 비판하였다. 그런 다음 "2%의 물가 목표는 일본은행의 단독 책임 하에 달성한다"는 내용의 독자적인 공동성명안을 아베와 아소 등에게 전달하였다.

　그러나 때는 이미 늦어 리플레파의 반격은 불발로 끝났다. 사흘 뒤 시라카와와 아소, 아마리 세 사람은 도쿄도 내의 호텔에서 정식 회동을 갖고 최종안에 합의하였다. 전문가 회의 전후에 두 차례 3사회담을 열어, 원안을 뒤집지 못하도록 움직인 재무성의 작전 승리였다. 실제로 전문가 회의 직전에 아베는 나카하라를 집무실로 불러 향후 반격할 것을 다짐하며 이렇게 말한 것으로 알려졌다.

　"일본은행과의 싸움은 장기전이 되겠군!"

　최후의 최후까지 고민하면서도 시라카와가 공동성명 최종안을 받아들인 것은 "총선에서 민의가 확인되었다"고 이해했기 때문이다. 이 무렵 시라카와는 정부와의 협상 상황에 대해 심의위원 한 사람 한 사람에게 설명하는 과정에서 "국민의 뜻은 무시할 수 없다"고 밝힌 바 있다.

　한 위원이 "선거의 승패로 민의 같은 것을 가늠하기는 어렵습니다"라고 지적했지만, 시라카와는 "적극적인 금융완화와 물가 목표가 쟁점이 되고 이를 명시적으로 내건 자민당이 대승했어요. 내가 바라던 바는 아니지만 그 결과를 무겁게 받아들일 수밖에 없습니다"라고 대답했다. 그 말끝에서 선거의 세례를 받지 않는 중앙은행의 '한계' 같은 것이 느껴졌다고 위원은 회고하였다.

시라카와는 또 은행 내 중견 간부들의 의견을 듣는 자리에서도 이런 이야기를 했다.

"하지 말아야 할 일은 결코 하지 않을 것이오. 하지만 중앙은행은 '나라 안의 나라'가 아니잖소. 이 두 개의 접점이 어디에 있는지 찾고 있습니다."

선거에서 뽑히지 않은 전문가 집단이 민생을 좌우할 정책을 결정하는 것이 온당한가 하는 '정통성' 시비가 도마 위에 올랐다. 그 속에서 선거 결과를 100% 무시하는 일은 있을 수 없다는 게 시라카와의 결론이었다. 만약 아베노믹스를 지지하는 민심에 맞서 새 정부와 결정적으로 대립하면 일본은행법의 개악을 초래할 염려도 있었다. "말을 듣지 않으면, 법률을 바꾸어도 된다는 상당히 강한 분위기"를 시라카와 등은 교섭의 과정에서 뼈저리게 느끼고 있었다. 2013년 1월 22일, 금융정책결정회의에서 2% 물가 목표 설정, 정부와의 공동성명, 그리고 기금을 통한 무기한(기한을 정하지 않는 방식) 자산 매입 방침이 정해졌다. 7명이 찬성했지만, 이코노미스트 출신의 기우치 다카히데, 사토 다케히로 두 위원은 '2%는 비현실적'이라며 반대표를 던졌다.[5]

회동에 나선 아마리 아키라 경제재생상은 "공동성명은 강력한 의사, 명확한 약속을 나타내는 체제전환이라고 해야 할 것"이라고 말했고, 공동성명이 나온 뒤에는 아베도 "거시경제정책의 체제전환이 이루어질 것"이라는 키워드를 반복했다.

'디플레이션 탈피와 지속적 경제성장의 실현을 위한 정부와 일본은행의 정책 제휴에 대하여'라는 제목의 역사적인 공동성명은, 다음의 네 가지 내용을 축으로 하고 있다.

(1) 일본은행은 물가안정의 목표를 전년 대비 소비자 물가 상승률 2%로 한
다.
　(2) 일본은행은 금융완화를 추진하되 가능한 한 조기실현을 목표로 한다.
　(3) 정부는 성장력 강화와 지속가능한 재정 구조의 확립을 위해 노력한다.
　(4) 경제재정자문위원회는 정기적으로 추진상황을 검증한다.

　2% 목표는 명기되었지만 달성기한은 명시되지 않았다. 또 금융완화
를 추진하면서 "금융 측면의 불균형 축적을 포함한 리스크 요인을 점검
해 … 문제가 발생하고 있지 않은지를 확인해 간다"는 내용도 기입되었
다. 버블의 발생 등 금융 불균형 우려가 있을 경우 완화 중단도 불사하
겠다는 일본은행 측의 결의가 담긴 것이었다.

　아베의 의도대로였다고는 해도 시라카와가 끝까지 버텨냈다고도 할
수 있는 미묘한 내용이었다. 다만 연계가 강화됨으로써 통화정책 주도
권이 총리의 손으로 넘어간 것은 누구의 눈에도 분명했다. 한 달이 넘는
긴 조정기간 동안 시라카와는 여러 차례에 걸쳐 이런 말을 흘리곤 했다.
"이런 문서로 후세 역사의 평가를 감당할 수 있겠는가."

　얼마 지나지 않아 시라카와에게 아소의 편지가 배달되었다. 그동안의
노고에 대한 경의와 감사의 마음이 훌륭한 필체로 쓰여 있었다고 한다.

　2013년 2월 5일 저녁, 시라카와는 총리관저를 방문해 4월 임기 만
료 때까지 기다리지 않고 부총재의 임기가 끝나는 2013년 3월 19일에
앞당겨 사직하겠다고 아베에게 전했다.

　총재 인사와 관련된 5년 전의 혼란으로 총재와 부총재의 임기가 어
긋나게 되었으므로 후임 체제가 이를 바로잡아 원활하게 출범할 수 있
도록 하려는 것이라고 시라카와는 기자들에게 설명했지만, '항의사퇴'
로 받아들인 관계자도 적지 않았다.

　5년 남짓한 재임 기간중 리먼브라더스 쇼크와 동일본 대지진, 유럽

채무 위기와의 조우 등 나라 안팎으로 모두 어려운 경제 환경이 계속되었다. 시라카와는 정치적으로도 두 번의 정권교체에 직면해 6명의 수상, 10명의 재무상을 상대해야 했다. 임기를 마친 일본은행 총재에게는 총리가 위로모임을 열어주는 것이 관례였다. 하지만 아베는 시라카와에게 말을 걸지 않았고 대신 위로의 자리를 마련한 것은 아소였다.

총리의 선택은 삼자가 한 발씩 양보하기

공동성명의 발표에 아베가 만족하지 않았다는 것은 두고 볼 것도 없이 분명했다. 성명이 발표되고 나서 3시간 후 제2차 경제재정자문회의가 열렸다. 2% 목표 달성의 시기를 묻는 위원들에게 아소도 시라카와도 아닌 의장 아베가 이렇게 답했다.

"정부로서는 그 시기를 최대한 짧게 할 수 있을 것으로 기대합니다. … 공동문서에는 일본은행과 정부가 함께 대응한다고 쓰여 있지만, 기본적으로 2%의 목표 달성을 일본은행이 책임을 지고 해낸다는 것입니다."[6]

이어 시라카와가 사의를 표명한 이틀 뒤에 열린 중의원 예산위원회에서도 아베는 "일본은행이 스스로 책임을 지고 … 실현한다는 것을 약속 받았다"며 일본은행 책임론을 되풀이해 정부의 역할은 2%와 무관하다고 강조했다. 하마다 등의 주장을 빗댄 이런 답변도 있었다.

"인구 감소와 디플레이션을 결합해 생각하는 사람들이 있지만 저는 그렇게 생각하지 않습니다. 디플레이션은 화폐 현상이니까요. 즉, 금융정책을 통해 바꿔 나갈 수 있는 것입니다."[7]

리플레파의 키워드인 '화폐(적) 현상'이라는 말을 아베는 그후에도 여러 차례 국회에서 되풀이했다.

총리를 지지하기 위해 자민당의 야마모토 고조는 일본은행법 개정을 목표로 하는 새로운 의원 연맹 '디플레이션과 엔고円高 해소를 확실히 하는 모임'을 발족하였다. 첫 모임의 자리에 강사로 초빙된 이와타는 "금융정책만으로 디플레이션과 엔화 강세를 해소할 수 있다"며, 물가 목표를 달성하지 못할 경우 일본은행에 공개문서로 설명하도록 의무를 부과하는 개정법안의 초안을 그 자리에서 배부했다.[8]

아베노믹스의 핵심에 금융정책을 두겠다는 아베의 결의는 시라카와의 후임 인사에서 더욱 뚜렷해졌다.

재무성은 당초 5년 전에 무산된 바 있는 무토 도시로 총재안을 이번에야말로 성사시키기 위해 아소를 매개로 수차례 작업을 벌였다. 공동성명이 이루어지도록 분주히 움직인 것도 무토 총재의 실현을 위한 정지작업의 일환이었다. "아소는 적어도 세 번에 걸쳐 총리와 교섭을 벌였다"고 재무성 간부는 회고하였다.

하지만 체제전환을 지향하는 아베는 2006년의 양적완화 해제 때 무토가 중심 역할을 했다는 등의 이유로 이를 거부하고, 같은 재무성 출신이면서 통렬히 일본은행 비판을 지속해 온 구로다 하루히코 아시아개발은행(ADB) 총재를 많은 경쟁자 가운데서 특별히 낙점하였다.

아베의 인선에 영향을 준 사람은 아소와 하마다, 그리고 아베의 30년 지기 친구인 전 재무관료 혼다 에쓰로 등 3명으로 알려졌다. 경제 브레인 하마다가 첫 번째로 추천한 사람은 가쿠슈인대학의 이와타였다.[9]

그러나 아소가 "조직을 추스르는 과정을 모르는 사람은 안된다"며 학자 기용에 강력히 반대하는 바람에 구로다가 부상하였다. 구로다는 재무성 OB이면서도 예산을 주관하는 주류 주계국 출신이 아니었다. 그는 조직 운영의 경험을 갖고 있었고, 고이즈미 정권 때 아베와 접점이 있었다.

아베는 이전부터 "나와 같은 생각을 가진, 곧 디플레이션 탈피에 강한 뜻이 있는 능력 있는 사람을 원한다"[10]고 말해 왔다. 그 조건을 충족시킨 인물이 구로다였던 것이다.

대대로 재무차관 출신이 기용되던 일본은행 총재에 재무관 OB가 취임한 사례는 없었다. 무토를 밀어온 재무성 입장에서는 선뜻 기뻐할 만한 인사는 아니었다. 한 간부는 "공동성명에서 축적한 성과가 총재 인사에서 모두 뒤집혔다"고 회고했다.

부총재 인사에 대해서도 시라카와는 야마구치의 연임을 요구했고 아소도 일단 이를 지지했다. 신임 총재가 무모한 리플레이션 정책을 펼 경우 야마구치는 '몸을 던져 저지'할 것으로 기대되었다. 하지만 체제전환에 어긋난다는 이유로 아베가 이를 받아들이지 않음으로써 이사로 있던 나카소 히로시가 선택되었다. 나카소가 선임된 데는 풍부한 국제 인맥과 수많은 금융위기를 이겨낸 실적이 평가되었다. 하지만 그가 시라카와 완화를 뒷받침한 기획 라인에 있지 않았던 것도 큰 이유로 작용했다.

또 다른 부총재로는 일본은행의 천적으로 불리던 리플레파의 이론적 지도자 이와타가 선임되었다. 이로 인해 일본은행 상층부는 충격에 휩싸였다. 아소는 나중에 "총리는 사실은 이와타를 총재로 하고 싶었지만 구로다안으로 양보했다. 무토 총재를 원했던 재무성은 구로다안으로 양보했고, 야마구치의 연임을 원했던 일본은행은 나카소안으로 양보했다. 결국 삼자가 한 발씩 양보한 것이다"라고 주위에 설명했다고 한다.

뜻밖의 형태로 총재 자리가 굴러들어온 구로다이지만, 그의 결의에는 당초부터 남다른 점이 있었던 것 같다.

거슬러 올라가 공동성명을 둘러싼 절충이 한창이던 2013년 1월 7일 마닐라에서 일시 귀국한 구로다는 총리관저를 찾아 아베와 15분간 회담하였다. ADB 총재로서의 정기 보고가 목적이었지만, 이 회담을 앞두고 재무성 간부는 급히 구로다에게 면회를 신청했다. 공동성명을 둘러싼 협의 상황에 대해 들려주고 싶었던 것이다.

만나서 이야기를 나누던 중에 재무성 측이 "2%와 그 달성기한을 명시하라고 총리께서 말해 곤란한 상황입니다"라고 전하자, 구로다는 명쾌하게 이렇게 대답했다.

"좋지 않아요? 나도 그렇게 생각합니다만."

"아니, 구로다 총재께서도요?"

구로다는 안색 하나 바꾸지 않고 말을 계속했다.

"2년이면 돼요. 2년이라고 명기하고 실행하는 거예요. 그만한 정신으로 하지 않으면 안됩니다."

그 시점에 이미 구로다의 시야에는 '2년, 2%'가 들어 있었던 것이다.

재무성 간부는 당황해 하며 "스스로 손발을 묶어서는 안됩니다. 만약 달성 못하면 어떡합니까"라고 반박한 뒤 "그 얘기는 총리에게 하지 말아 주십시오. 정부와 일본은행의 '합의문서'라는 것은 곤란합니다"라고 못을 박았다. 구로다가 아베의 응원군이 되어 주면 공동성명을 둘러싼 조율은 더욱 어려워질 것이었다. 재무성 측의 부탁에 구로다는 분명한 답변을 하지 않았다고 한다.

2월 하순에 총재 내정이 공표된 후, 재무차관 마나고와 총괄심의관 사토는 구로다에게 인사하러 가서, '공동성명의 이행'에 대한 확인을 요구했다. 일본은행 기획 라인의 간부도 구로다를 방문해 현황보고를 한 다음 이렇게 운을 떠보았다.

"2%를 달성하지 못할 경우의 상황도 상정해 둘 필요가 있지 않을까요?"

하지만 구로다는 말을 가로막듯이 "아니, 반드시 달성할 수 있으니까"라고 대답했다. 일본은행의 간부는 "아, 이 사람은 정말 달성할 수 있다고 믿는구나"라고 생각했다.

실제로 구로다는 3월 4일의 중의원 청문회에서 "2%의 조기실현은 가능하며 그것이 일본은행의 사명" "2년 정도의 시간한도를 염두에 두고 대담한 금융완화를 해나갈 것" "강력한 약속(책임 있는 약속)을 실행함으로써 디플레이션 기대를 타파하고 물가상승에 대한 기대를 조성"하겠다고 말했으며, 취임후에도 국회에서 같은 약속을 재차 반복했다.

"2%의 물가안정 목표를 가능한 한 조기실현하는 것이 우리의 최대 책무라고 생각하고 있으므로, 2년을 염두에 두고 반드시 일본은행의 책임 하에 달성하고 싶습니다."[11]

구로다는 재무관 시절에 엔화 방출에 의한 통화 유통량의 증가를 용인하는 '비불태화 개입'의 필요성을 호소한 바 있으며, 그후에도 인플레이션 목표의 설정과 장기국채 등의 대량 구입을 일본은행에 요구하는 공동논문을 영국 일간《파이낸셜 타임즈》에 기고하는 등, 금융완화를 중시하는 온건파로서 존재감을 나타내고 있었다.

도쿄대 법대 시절부터 철학자 칼 포퍼에 빠져 지내고, 유학한 옥스퍼드대에서는 경제학을 공부하였는데, 리플레파와는 그 선을 달리하였다. 유례없는 독서광으로 한번 말을 꺼내기 시작하면 멈출 줄을 몰랐다. 무리지어 다니는 것을 싫어하고 자신의 경제이론에 절대적인 자신감을 갖고 있었다고 재무성 후배들은 평했다.

구로다는 또 당시까지 일본은행에 없던 독자적인 '중앙은행관'을 가지고 있었다. 하나는 디플레이션의 원인이 무엇이든 그것을 극복할 책임은 일본은행에 있다는 것이었다. 또 다른 하나는 중앙은행이 행하는 약속은 절대적인 힘이 있으므로 이를 최대한 활용해야 한다는 것이었다.

ADB 총재 시절 그가 펴낸《재정금융정책의 성공과 실패》의 말미에 이런 구절이 있다.

"반드시 적극적으로 '인플레이션이나 디플레이션은 언제 어디서나 금융적 현상이다'라고는 말할 수 없다. 그렇다고 해서 디플레이션의 책임이 금융정책에 있지 않다는 것을 의미하는 것은 아니다. … 일본은행은 일본은행법에 따라 물가안정의 의무가 있기 때문에, 어떤 원인으로 디플레이션이 일어나고 있든 (디플레이션을 방어하는 이상의) 책임이 있다."

구로다는 총재 취임시의 기자회견에서도 같은 책임론을 반복했다.

"물가에 영향을 미치는 요인은 많습니다. … 디플레이션의 원인이 무엇인지 여러 요인을 측정해 연구하는 것 자체는 의미가 있지만, 중앙은행이 '여러 가지 원인으로 디플레이션이 발생하였다'고 밝힌다 해서 책임이 사라지는 것은 아니라고 생각합니다."[12]

한편 '약속의 힘'에 대해서는, 마찬가지로 ADB 총재였던 2009년 당시 내각부 경제사회종합연구소의 구술 증언에서 명확히 이야기하고 있다.

"중앙은행 총재의 약속. … 이것으로 나는 디플레이션을 멈추게 한다, 멈출 때까지 무엇이든 하겠다고 말하는 것은 효과가 있습니다."[13]

자신이 관여했던 외환시장 개입과는 달리 압도적인 자금량을 투입할 수 있는 공개시장운영을 최대한 활용하면 반드시 인플레이션 기대감이 작동할 수 있다고 믿었다.

그런 구로다 못지않게 의기양양했던 사람이 '반일본은행' 부총재 이와타였다. 3월 5일의 청문회에서 "사람들 사이에 깃들어 있는 디플레이션 예상을 인플레이션 예상으로 전환시킬 수 있다" "늦어도 2년이면 달성할 수 있지 않을까"라고 자신하며, 2년 안에 2%를 달성하지 못할 경우를 추궁당하자 이렇게 대답했다.

"달성하지 못한다면 그 책임은 우리 자신에게 있는 것이기 때문에, 역시 최고의 책임을 지는 방법은 사임하는 것이라고 생각합니다."

야당 의원이 "직을 건다는 것이지요?"라고 못을 박듯이 질의하자 그는 "물론입니다"라고 답했다.[14]

이와타는 취임시의 기자회견에서도 "달성하지 못했을 때 '우리의 잘못이 아니다. 다른 요인에 의한 것'이라고 변명하지 않겠다. 그렇게 하지 않으면 시장이 금융정책을 신뢰하지 않는다. 시장이 신뢰하지 않는 상황에서는 금리를 낮추거나 양적완화를 해도 별 효과가 없다"[15]고 잘라 말했다. 구로다도 이와타도 자신감이 흘러 넘쳤다.

이런 일이 있기 이틀 전에 시라카와는 이런 말을 남기고 일본은행을 떠났다.

"중앙은행이 말로써 시장을 마음먹은 대로 움직인다는 시장관, 정책관에 저는 위태로움을 느낍니다."[16]

"기대에 부응하겠다"는 새 체제의 정책사상을 향한 조심스러운 경고였다.

구로다 바주카포의 출현

2013년 3월 20일, 제31대 총재에 취임한 구로다는 본점 9층 대회의실에 모인 500명 가까운 직원을 앞에 두고 갑자기 이렇게 말문을 열었다.

"지금 일본은행은 기로에 서 있습니다."

'기로'岐路라는 엄중한 말에 몇몇 간부들은 깜짝 놀라 몸가짐을 바로 잡은 기억을 가지고 있다. 구로다는 온화하지만 분명한 어조로 이야기를 계속했다.

"일본은행법에는 '물가의 인정을 도모함으로써 국민경제의 건전한 발전에 이바지함을 그 이념으로 한다'라고 쓰여 있습니다. 하지만…"

구로다는 한 박자 쉬고 나서 "중앙은행의 주된 사명이 물가안정이라고 한다면 일본은행은 현행 일본은행법이 시행된 이래 그 주된 사명을 다하지 못했습니다. 일차산품의 가격이 급등했던 2008년을 제외하고 최근 15년간 디플레이션이 지속되고 있습니다. 15년이나 디플레이션이 계속되고 있는 나라는 세계에 하나도 없습니다"라고 말했다. 회의실 안은 물을 끼얹은 듯 조용해졌다.

이어서 그는 "다행히 시라카와 전 총재 아래서 2%의 물가안정 목표가 정해지고 가능한 한 조기에 실현하기로 방향을 정했다"는 표현으로 이전 체제를 평가하고, 동일본대지진 당시 발권 현장에서의 노고에 경의를 표한 뒤, "일본은행이 그 사명을 다할 수 있도록 직원들이 더욱 노력해 줄 것을 당부한다"고 마무리했다.[17]

발언의 개요는 인트라넷을 통해 전 직원에게 전달되었는데 실제로 이야기를 들은 직원들의 충격은 컸다. 그들의 기억에 의해 이런 정보가 행내에 퍼져나갔다.

"시라카와 시대에서 평가할 만한 점은 2% 목표를 정한 것 정도라고 말했다."

"지금까지의 금융정책은 잘못되었으므로 과감히 전환하겠다는 내용이었다."

자부심 높은 일본은행 행원들로서는 간과할 수 없는 발언이었다. 과거를 전부 부정하는 듯한 취임사에 할말을 잃은 채 "형편없는 총재가 왔다"고 분통을 터뜨리는 직원이 많았다.

일본은행 내에서는 누가 구로다에게 아부하고, 누가 시라카와 노선을 이어야 한다고 새 총재에게 간언할 것인가를 두고 '흑인가 백인가' 하며 목소리를 낮춰 서로 수군거렸다. 한 지점에서는 베테랑 직원이 "우리가 한 일이 전부 부정되었다. 과오였다는 말이냐"고 상사에게 따지기도 했다고 한다.

그런데 구로다의 연설이 실제로는 기획 라인에 의해 작성된 것이라고 뒤늦게 전해들은 일부 간부는 더 강한 충격을 받게 되었다. 구로다는 취임후 처음 참석한 중의원 예산위원회에서도 질문에 답하는 과정에서 과거의 정책을 비판하며 "일본은행은 반성해야 한다"고 말했다.

기획 라인에는 시라카와 시절부터 "더 잘할 수 있었는데 그렇지 못했다"는 불평이 쌓여 있었다. 너무 지나친 일본은행 때리기를 견디지 못한 간부 중 한 명은 "우리에게는 게임 체인저가 필요했다"며, 구로다에게 국면을 전환할 수 있는 힘을 기대했다고 털어놓았다.

구로다를 받쳐주는 정책참모인 기획담당 이사에는 오사카 지점장 아마미야 마사요시가 지명되었다. 시라카와와 정책사상이 달랐던 아마미야는 이미 이전 체제 하에서 다른 보직으로 내정되어 있었다. 하지만 재무성과 전 총재 후쿠이 도시히코의 강력한 추천을 받은 구로다는 '물가 상승에 대한 기대 작용'을 이해하는 아마미야를 기획담당으로 바꾸어 도쿄로 불러들였다.

체제전환에 대한 동요와 당혹감은 심의위원들 사이에서도 확산되고 있었다. 시라카와의 완화정책에 일관되게 찬성해 온 시라이 사유리白井さゆり(전 게이오대학 교수)는 구로다 내정후 열린 정책결정회의에서 돌연 국채 매입 강화책을 제안하였다. 아직 시라카와 체제였기 때문에 1대 8로 부결되었지만, 행내에서는 '신총재에게 아부하는 제안'이라는 싸늘한 시선이 시라이를 향했다.[18] 고베대학 교수 출신인 미야오 류조는 나중의 기자회견에서 "집행부 제안에 맹목적으로 찬성하는 위원이 많은 것 아니냐"는 신랄한 질문 세례를 받았다.[19]

또 취임시 완화 추진파로 여겨졌던 기우치, 사토 두 위원은 2% 공동성명에 반대함에 따라 구로다 체제에서는 일전해 신중파로 자리매김되었다. 특히 기우치는 이와타 등 리플레이션론자의 저작에 일찍부터 의문을 가지고 있었기 때문에, 정책사상이 180도 바뀌는 체제전환에 강한 당혹감을 느끼고 있었다.

구로다는 취임하자마자 아마미야 등 기획 라인에 "공급을 아끼지 말라는 심플한 지시"(간부)를 내렸다. 이에 아마미야 등은 전심전력해 "2년 만에 2%를 달성하기 위해서는 어느 정도의 양量이 필요한지" 검토를 서둘렀다. 기획국 이코노미스트가 개발한 모델 등 4종류의 경제 모델을 사용해 추산한 결과 불과 10여 일 만에 답이 도출되었다. 그것은 "장기 국채를 연 50조 엔씩 사들여 자금공급량을 2년 만에 두 배로 늘린다"는 놀라운 계획이었다.

이때 기획국에서 작성한 검토자료가 남아 있다. 이에 따르면 일본은행의 매입잔고 또는 유통 매입한도가 한 단위 늘어날 때마다 2년물 국채와 10년물 국채의 유통이율이 어느 정도 저하되는지를 조사하고, 여기에 미국 국채나 평균주가 변동에 따른 영향을 가미한 결과, 국채 매입을 각각 10조 엔씩 늘렸을 경우의 저하폭은 0.1~0.2%가 될 것이라는 추산 결과가 나왔다.

다음으로 거시경제 모델을 사용해 2% 실현에 필요한 장기금리의 저하폭을 추계하고, 여기에 최초의 어림 계산치를 입력함으로써 '대략 2배에 해당하는 50조 엔의 증액'(간부)이 도출되었다고 한다. 또 VAR(벡터 자기회귀 모델)이라고 불리는 다른 방법을 사용해 추산한 '당좌예금 10조 엔당 CPI(소비자물가지수) 상승폭은 0.1%'라는 계산치도 활용되었음을 알 수 있다.[20]

콜머니 금리 대신 운영 목표가 된 '본원통화'(자금공급량)는 현금과 당좌예금의 합계, 즉 일본은행이 세상에 직접 공급하는 돈의 양이다. 이를 단기간에 팽창시켜 시장의 물가상승 기대에 힘을 실어주려는 것이 구로다 등이 세운 작전이었다. 다만 검토자료에서도 분명히 알 수 있듯이, 양에 충격을 주어도 어디까지나 정책 효과는 '장기금리 저하'에 의해 초래된다는 기본사상은 포괄완화의 시기와 달라지지 않았다.

또 양을 늘릴 뿐만 아니라 ETF나 REIT의 대폭적인 매입이라는 '매입 자산의 질' 측면에서도 완화 강화를 꾀함으로써, 전부를 아울러 '양적 질적 금융완화'라고 부르기로 했다. 이를 들은 한 심의위원은 "질에 따른 장기금리 저하를 중시한 구로다 총재와 양을 신봉하는 총리와 이와타 부총재 양쪽을 배려해 양적 질적 완화라고 명명한 것 아닌가" 하는 느낌을 받았다고 한다.

4월 4일의 최초 정책결정회의에서 다음과 같은 대규모 완화가 결의되었다.

1. 운영 목표를 자금공급량으로 변경해 연간 60조~70조 엔 규모로 늘린다.

2. 장기국채를 연간 50조 엔 정도로 늘려 매입한다. 매입 평균 잔존기간을 현재의 3년 미만에서 7년 정도로 연장한다.

3. ETF를 연간 1조 엔, REIT를 연간 300억 엔 매입한다.

4. 2%의 물가안정 목표를 실현해 안정적으로 지속될 수 있을 때까지 양적 질적 금융완화를 계속한다.

이에 따라 자금공급량은 전년말 시점의 138조 엔에서 2년 후에는 270조 엔으로 팽창하게 된다. 당좌예금을 대상으로 했던 후쿠이식 완화의 정점 때와 비교해 4배 가까운 투입량이다. 또 장기국채 보유잔고도 전년말의 89조 엔에서 2년 만에 190조 엔으로 늘어났다. 시라카와 시대의 '자산 매입 기금'은 폐지되고 국채 보유액을 은행권 발행잔고 이내로 억제하는 '은행권 룰'도 동결되었다.

기자회견에서 구로다는 '2%, 2년, 2배'라는 큰 패널을 사용해 설명한 뒤 "전력을 차례로 투입하는 것이 아니라 2년 안에 2% 물가안정 목표를 달성하는 데 필요한 정책은 모두 강구했다. 양적으로나 질적으로 지금까지와는 전혀 차원이 다른 금융완화를 실시하겠다"고 여론에 호소하였다. 사전 예상을 훨씬 뛰어넘는 규모에 "이와타 부총재는 놀라고 매우 기뻐했다"고 관계자는 말했다.

알기 쉽고 서프라이즈를 방불케 한 이 '2자 행렬' 패널을 준비한 것은 이사 아마미야였다. 언론이 이를 대서특필하는 바람에 '이차원異次元완화' '구로다 바주카포'라는 별명이 퍼져갔다.

구로다 등이 이처럼 대규모 금융완화를 결정한 배경에는 당시 거세지고 있던 엔저와 주가상승의 흐름을 뒷받침해 단기결전으로 매듭짓겠다는 생각이 있었다.[21]

외환시장에서는 유럽의 채무 위기가 산을 넘은 2012년 여름경부터 '안전자산 엔 매수'가 정점을 이루어 다시 회귀하려는 움직임이 시작되고 있었다. 또 일본 주식의 상대적 저평가 상황도 해외 투자자들의 구미를 당겨 아베노믹스의 등장으로 '일본 매수' 흐름을 키우는 형국이었다. 엔화 환율은 총선 전의 1달러=78엔대에서 구로다 취임시에는 95엔대까지 하락했고, 평균주가도 11월의 8,600엔대에서 1만 2,400엔까지 치솟았다. 이러한 순풍을 타고 시장에 한 단계 더 서프라이즈를 제공하면 물가상승 기대를 단숨에 높일 수 있다고 구로다 등은 생각했다.

총재 취임 직전에 구로다가 이런 얘기를 한 것을 재무성 간부는 똑똑히 기억하고 있다.

"이건 2년으로 정해 놓고 끝장 승부를 보아야 할 문제야. 우물쭈물해서는 안돼."

아마미야 역시 비슷한 감각을 지니고 있었다. 오사카 지점장 때부터 장세의 반전을 깨닫고 있었으며, 정책담당 이사에 오르자 "이런 시황의 변화를 잘 이용하자"고 생각했다. 과감한 완화정책을 펴기에 그야말로 천재일우의 호기였던 것이다.

의도한 대로 '이차원 완화'는 사전 예상을 훌쩍 뛰어넘어 시장에 충격을 주었다. 정책결정회의가 열린다는 소식이 4일 오후 1시 40분쯤 전해지자 1달러=92엔대 후반이던 엔화 환율은 94엔대로 급락했고 이후 96엔 60전까지 떨어졌다. 평균주가도 오전의 286엔 하락에서 272엔 상승으로 급회복되었으며, 채권시장에서는 장기금리가 사상 최저치를 밑도는 0.425%까지 급락했다. 아베는 "훌륭히 기대에 부응해 주었다"고 극찬했고, 경제상 아마리도 "110점 정도 주고 싶다"고 치켜세웠다.

구로다 바주카포 주도의 엔저·주가 상승은 그후로도 진행되어, 1개월여 만에 엔화 환율은 1달러=100엔대를 기록하고, 평균주가는 15,000엔까지 뛰어올랐다. 4월 26일 정책결정회의가 열린 다음에는 약 2년 정도 지나면 CPI 상승률이 2%에 달할 가능성이 높다는 전망 리포트가 발표되었다.

이것은 나중에 판명된 것이지만, 경기는 이미 전년 11월에 저점을 찍었고, 아베 내각 출범시에는 완만한 경기 회복이 시작되고 있었다. 엔저·주가 상승 추세에 힘입어 자민당은 2013년 7월의 참의원 선거에서 압승을 거두었다. 이로써 중의원과 참의원 모두에서 다수 의석을 확보함으로써 정권 안정의 기반이 마련되었다. 9월에는 2020년 하계 올림픽의 도쿄 개최가 확정되어, 아베는 순방지 뉴욕에서 '바이 마이 아베노믹스!'Buy my Abenomics!라는 결기에 찬 연설을 했다. 아베노믹스는 이 해의 유행어가 됐다.

그렇다고는 해도 이차원 완화에 대한 재무성의 수용은 그리 단순하지 않았던 것 같다. 결정 직후 당시 주계국 간부가 부총재 나카소에게 농담 삼아 이런 이야기를 했다.

"진주만이라면 이해할 수 있지요. 이게 미드웨이Midway Islands까지는 가지 않았으면 좋겠군요."

어디까지나 단기 결전에만 승산이 있다는 뜻이다. 국채와 정부 단기 증권(FB) 등 나랏빚의 총액이 1,000조 엔을 돌파했다고 발표된 것은 그 4개월 후의 일이었다.

이차원 완화가 강렬한 빛을 발하고 있을 무렵 총재 측근들은 구로다와 일본은행 직원들 사이에 흐르는 '싸늘한 공기'를 해소하기 위해 움직이고 있었다.

총재는 5,000명으로 구성된 조직의 정점에 서 있다. 설령 취임사가 쇼킹했다고 해도 행원들이 총재에게 면종복배하는 사태는 피해야 한다고 비서실장을 비롯한 측근들은 생각했다. 외부에서 총재를 맞이한 것은 마쓰시타 야스오 이래 15년 만의 일이고, 신일본은행법 하에서는 처음이었다. 퇴임시의 마쓰시타처럼 "행원들 안에 친밀히 녹아들어 그 내부의 사정을 몸으로 느낄 기회는 적었다"라고 말하게 되면, 그들노 설 자리를 잃게 될 것이다.

어느 날 비서역들이 "현장시찰을 부탁드려도 될까요" 하고 제안하자 호기심 많은 구로다는 이에 흔쾌히 응했다. 비서실은 15개의 국, 실, 연구소와 연락해 바쁜 업무 틈틈이 중앙은행 업무를 두두 살필 수 있도록 면밀한 계획을 세웠다.

본점의 신구분관, 지하의 거대 금고는 물론 국내 최대의 발권 거점인 사이타마현의 도다戸田 발권센터,[22] 일본은행 인터넷 사령탑인 후추府中 전산센터를 비롯해 본점 직원식당의 주방에 이르기까지 구로다는 샅샅이 둘러봤다.

또한 현장에서는 관리직이 아닌 젊은 직원에게 설명을 부탁함으로써 구로다와 직접 대화하는 기회를 마련했다. 시찰이 진행되는 동안 "총재가 허허 웃었다" "의외로 밝은 사람이어서 놀랐다"는 이야기가 행내에 퍼져 나갔다. 전국 32개 지점에 대해서도 한 해 4개 지점을 목표로 시찰하기로 하고, 본점 각 부·국의 핵심 직원들을 개별적으로 총재실로 불러 구로다와 대화하게 했다.

"이 정도 구석구석까지 일본은행 내부를 둘러본 총재는 구로다가 처음이라고 생각한다"라고 측근은 말했다. 새 총재와 현장의 골은 이렇게 조금씩 좁혀졌다.

대장성이라는 거대 조직에서 성장한 구로다는, 기본방침을 천명한 후에는 각 부·국에 개별적 판단을 맡겨, 아래에서부터 쌓아올린 결론을 존중하는 '관청형 리더'였다.

예를 들어 강연 하나만 해도 준비된 원고에 세세하게 수정을 가한 시라카와와는 대조적으로 구로다는 올라온 원고를 그대로 읽었다.[23] 시라카와가 '지적 자극이 넘치는 리포트'를 요구하고 현장을 단련하기 위해 주문을 계속한 데 비해, 구로다가 자진해서 보고 등을 요구하는 일은 거의 없었다. 한 간부는 "시라카와 총재가 구로다 총재로 바뀌니까 거꾸로 '블랙' 직장이 '화이트'가 됐다"고 농담조로 말했다. 한편 젊은 과장급에서는 "시라카와 시대보다 즐거워졌지만 그만큼 제멋대로 하게 내버려 두고 있다"는 불안감을 토로하는 사람도 있었다.

또한 금융정책을 제외한 조직이나 인사, 혹은 일본은행의 '권한 확장'에 대해 구로다는 놀라울 정도로 거의 관심을 보이지 않았다고 한다. "자신의 재임중에는 조직에 손을 대지 말라고 총재가 지시했다"는 말이 순식간에 조직 내부에 퍼지기도 했다. 한 간부는 "총재는 냉철한 합리주의자다. 지금은 다른 할일이 있다고 잘라 말했다"고 설명했다.

넓은 총재실에는 책장에 다 들어가지 못할 정도로 많은 책이 쌓여 있었고, 일하는 틈틈이 여러 종류의 책을 손에 들고 있는 총재의 모습이 목격되었다. 정치경제, 국제정세는 물론 철학, 수학까지 구로다의 관심 영역은 넓었다. 한때는 영국의 EU 탈퇴에 관심을 갖고 일부러 현지에서

관계자료를 주문해 상세한 리포트를 쓰기도 했다.

모든 것을 현장에 맡기는 '합리적인 인간'은 일본은행 내의 분위기를 서서히 바꿔갔다.

소비세와 바주카포 II

2014년 봄 도쿄의 벚꽃은 혼슈本州에서 가장 먼저 만개했다. 출발한 지 1년이 지난 이차원 완화는 서전에서 상당한 전과를 올렸다고 많은 사람들은 느끼고 있었다.

1년 전에 마이너스 기조였던 CPI 상승률은 플러스 1.5% 전후로 확대되었다. 엔저·주가 상승을 배경으로 기업의 수익이 큰 폭으로 개선되어 2013년도 경제성장률은 2.6%의 높은 수치를 기록했다.

이런 가운데 소비세율이 4월 1일, 5%에서 8%로 인상되었다. 하시모토 정권 하의 1997년 이래 17년 만의 세율 개정이었다. 총리 아베는 자신이 직접 관여하지 않은 '3당합의'의 실행이 썩 내키는 것은 아니었지만, 재정 건전화를 도모하는 재무성 등에 떠밀려 소비세 8% 인상안을 전년 가을에 결단했다.

아베의 등을 재무성과 함께 밀어준 사람이 구로다였다. 재무성 주계국 경험도 풍부한 구로다는 일찍부터 증세론자로 지목돼 왔다. 취임 기자회견 때부터 재정 규율의 중요성을 역설하고, 그후의 기자회견에서도 "탈디플레이션과 소비세 증세는 양립한다" "재정 규율이 느슨해지면 간접적으로 금융정책 효과에 악영향을 미칠 우려가 있다"[24]고 계속해서 말했다.

증세 시행 여부에 대해 아베가 전문가들의 이야기를 듣기 위해 2013년 8월에 개최한 '집중점검회의'에서 구로다는 이런 폭탄 발언을 했다.

"(금리 급등) 확률은 낮을 수 있지만 일어나면 엄청난 일이 되어 대응하기 어려울 텐데, 그런 위험을 무릅쓸 것입니까?" "(GDP 대비 채무 비율이) 300%든, 500%든, 1,000%든 (괜찮은가?)라고 말한다면, 그럴 수는 없습니다. 어딘가 부러지고 말 것입니다. 부러지면 정부도 일본은행도 대응할 수 없습니다."[25]

증세 시행을 연기하게 되어 국채 신인도가 흔들리고 장기금리가 급등할 경우 중앙은행이 대처하기 어렵다는 '협박'에 가까운 발언이었다. 집중점검회의에서는 경기에 끼칠 악영향을 염려하는 소리도 나왔지만, 참석자의 70%가 증세를 지지한 까닭에 아베는 10월에 열린 각료회의에서 증세를 결정하였다.

구로다는 "예정대로 소비세율을 인상해도 잠재성장률을 웃도는 성장 기조가 계속될 것입니다. 경기가 꺾일 것이라고는 생각하지 않습니다"[26]라는 강경한 견해를 지속했다. 증세 전의 가수요와 그 반동에 따른 다소의 진폭은 있겠지만, "경제의 전향적인 순환이 유지되어 잠재성장률을 웃도는 성장 기조가 계속될 가능성이 높다"는 것이 구로다의 일관된 전망이었다.

이렇게 '재정에 충실한 총재'를 일본은행 직원들도 믿음직스럽게 느끼고 있었다. 방대한 국채를 보유한 일본은행에 재정 규율은 중앙은행 재무의 건전성을 유지하는 생명줄이다. 한 간부는 "역대 총재와 달리 구로다 총재라면 재정 운영에 대해 이야기할 수 있지 않을까 기대했다"고 말했다.

이와는 달리 구로다의 '증세 지원'에 불만을 품은 것은 부총재 이와타였다. 이와타는 점차 높아져가고 있는 인플레이션에 대한 기대가 소비세 증세에 의해 시들해질 것을 우려하였다. 같은 리플레파로 내각 특별고문을 맡고 있던 하마다도 집중점검회의에서 "아베노믹스에 의한 경기회복 및 디플레이션 탈피의 흐름을 저해할 가능성이 있다"고 지적하며, 증세를 1년 연기하거나 1%씩 나누어 세금을 올리도록 제안하였다. 리플레파에게 그 시점에서의 재정 긴축은 '리플레이션 체제'를 깨뜨릴지도 모르는 나쁜 수로 비쳤던 것이다. 이와타는 퇴임후의 저작에서 "구로다 총재가 잘도 주절거렸다는 느낌이다. … 일본은행 총재로서의 선을 넘었다"라고 통렬하게 비판했다.[27]

관계자에 따르면 이와타는 집행부 내의 논의에서 증세 리스크를 재삼 지적했지만, 공개적인 장소에서 다른 목소리를 내는 일은 없었다. 하나는 "부총재인 내가 정반대의 말을 하는 것은 … 예측 경로를 가장 중시하는 금융정책에 치명적"이라고 판단했기 때문이지만, 다른 하나는 일본은행법의 규정 때문에 움직이지 못했다는 시각도 강하다.

일본은행법의 규정을 근거로 일본은행 법무팀은 취임한 이와타에게 "정·부총재는 일체다"라고 설명해, 총재를 보좌하는 일에 머물도록 못을 박았다고 관계자는 증언했다. "집행부의 일원이 된 이와타 부총재의 본심은 증세 연기론이지만 그 같은 말을 억제하고 있다"고 심의위원들도 느꼈다.

이와타가 예상한 대로, 소비세 증세는 2014년 4월 이후의 경기에 급브레이크를 걸었다. 증세 전의 가수요가 불러온 반동과 엔저 진행에 따른 물가 상승을 가처분소득 증가가 따라가지 못하면서 소비가 단숨에 꺾여버렸던 것이다.

그런데도 구로다는 "7~9월 이후 잠재성장률을 웃도는 성장 경로로 되돌아간다. (2%) 목표 달성에 확신을 갖고 있다"[28]고 강경한 입장을 유지하며, 4월말 2015년에 이어 2016년에도 2% 정도의 CPI 상승률을 달성할 수 있을 것이라는 전망 리포트를 공표했다.

하지만 여름철로 접어들면서 중국과 유럽 경제가 침체되고 셰일오일

증산으로 유가가 급락해 CPI 상승률은 지속적으로 둔화되었다. 9월 이후의 정책결정회의에서는 복수의 위원들이 물가 예상의 변화기조를 지적하기 시작했다. 그런 가운데 다음과 같은 서프라이즈가 튀어나왔다.

제2탄의 이차원 완화책이 의표를 찌르는 형태로 발표된 것은 10월 31일이었다.

> 1. 통화 공급량의 증가 속도를 연간 60조~70조 엔에서 80조 엔으로 확대한다.
> 2. 장기국채의 매입액을 연간 50조 엔에서 30조 엔 늘린 80조 엔으로 확대한다.
> 3. 매입 평균 잔존기간을 최대 3년 연장해 7~10년 정도로 장기화한다.
> 4. ETF와 REIT는 종래보다 3배 늘려 매입한다.

전년 봄의 '2자 행렬'에 이어, 이번 기자회견에서는 '30조 엔, 3년, 3배'라고 쓴 패널이 준비되었다. 패널을 가리키며 구로다는 "지금 정말 중요한 고비, 위급존망의 순간(벼랑 끝)에 있습니다. 이 정도로 대처하면 디플레이션 마인드가 지연될 위험에 충분히 대응할 수 있습니다" "2년 정도의 기간을 염두에 두고 가급적 빠른 시일 내에 2%를 실현하겠다는 생각에 변함이 없습니다"라고 역설했다.

80조 엔 규모에 대해 기획담당 간부는 "지난번과 같은 경제 모델을 돌려 어디까지 늘릴 수 있을지 추산했다"고 설명했고, 다른 간부는 "시라카와 시대에 아까워하다가 낭패를 봤다. 그 경험을 근거로 정말 더 이상 매입할 수 없는 아슬아슬한 액수를 산출했다"고 증언하였다. 예상을 뛰어넘는 '바주카포 II'는 찬성 5, 반대 4의 근소한 차이로 결정되었다.

마침 FRB가 양적완화 종료를 결정한 직후였고, 공적연금기금을 운용하는 연금적립금관리운용독립행정법인(GPIF)이 국채 매입을 줄여 그만큼 주식 운용을 늘리겠다고 자산구성 개편안을 발표한 시점과 타이밍이 겹쳤다. 이 때문에 "GPIF가 감액하는 30조 엔 상당의 국채를 일본은행이 고스란히 인수해 주가 부양책에 동조했다"며 시장이 호응하는 바람에 엔저·주가 상승이 폭발적으로 진행되었다. 평균주가는 755엔 올라 그해 최대 상승폭을 기록했고, 달러 대비 엔화 환율도 2엔 가량 급락했다. 바주카포의 위력은 또다시 막강했다.

시장의 반향이 컸던 데는 또 다른 이유가 있었다. 구로다 집행부가 깜짝 효과를 최대한 연출하기 위해 정책결정회의 때까지 철저히 은밀한 행보를 취했기 때문이다.

결정 3일 전인 10월 28일, 국회에서 구로다는 "지금까지 2% 물가안정 목표의 실현으로 나아가는 길을 순조롭게 걸어 왔다"[29]고 두 차례 답변하였다. 그래서 시장도, 미디어도 그 시점에서의 추가완화는 없다고 이해하였다. 심지어 결정이 이루어진 날 석간에 '현상유지 공산'이라고 보도한 신문도 있었다.[30] 뒤집어 보면 구로다 집행부가 국회 답변을 통해 교묘하게 연막을 쳤던 것이다.

다만 5대 4라는 아슬아슬한 표결에서 나타났듯이, 철저한 '비밀주의'는 심의위원들 사이에도 의심과 불신감을 심어주었다. 심의위원을 비롯한 정책결정회의 참석자들에게는 회의 이틀 전부터 외부와의 접촉을 금지하는 '블랙아웃'으로 불리는 규칙이 있다. 사전 정보유출을 방지하고 금융정책의 신뢰성을 유지하는 것이 목적이지만, 바주카포 II의 내용이 심의위원들에게 제시된 것은 이 블랙아웃에 들어서고 나서였다.

전날의 구로다 답변을 포함해 추가완화에 대한 힌트조차 받지 못한 위원들은 불과 이틀 만에 내용을 음미해 그에 대한 생각을 정리해야 했다. 전속 스태프는 기획역과 비서 두 명밖에 없어 "실질적으로 모두 혼자 준비해야 하는 실정"이었다.

결국 회의에서는 도쿄전력 출신의 모리모토 요시히사, 미쓰이스미토모은행 출신의 이시다 고지, 그리고 공동성명에 이의를 제기했던 기우치, 사토까지 민간 출신의 4위원이 반대표를 던졌다.

"추가완화의 효과는 그에 따른 비용이나 부작용에 비추어 기대하기 어렵다" "연간 80조 엔의 페이스는 유통량으로 본 시중 발행액의 대부분을 매입하게 되므로, 국채시장의 유동성을 현저히 해칠 뿐 아니라 실질적인 재정금융으로 간주될 위험이 더 높아진다"[31] 등이 반대 이유였다.

의장안에 어떤 자세를 보이느냐에 따라 '심의위원 대우'는 미묘하게 달라진다고 한 위원은 말했다. 찬성파는 소중히 대우하지만 반대파는 소원해지고 멀어진다. 또 반대파 중에서도 단순히 반대 의견을 피력하기만 하는 위원, 실제로 반대표를 던지는 위원, 반대표를 던진 뒤 대안을 제시하는 위원 순으로 집행부와의 거리가 멀어지고 행내 협조도 얻기 어려워진다는 것이다.

이에 대해 집행부 측에서는 위원들의 자질을 놓고 의문의 목소리가 커져갔다. 아베가 다시 집권한 이후 심의위원 인선은 사실상 '총리의 전권사항'이 되어 재무성도 일본은행도 거의 말문을 열지 못하는 상황이 한동안 계속되었다. "위원의 임기 만료가 다가오면 총리 측근으로부터 '다음에는 이분을 지명하겠습니다'라고 일방적으로 연락이 왔다"고 관계자는 증언하였다.

일본은행법 제23조는 심의위원은 "경제 또는 금융에 관하여 높은 식견을 가진 자 및 그 밖의 학식경험이 있는 자 중에서 (중의원과 참의원) 양 의원의 동의를 얻어 내각이 임명한다"고 규정하고 있다. 일본은행 측은 "균형 잡힌 인사가 되도록 재무성이 잘 처리해 줄 것이라고 믿었"(간부)지만, 재무성의 기반 붕괴와 장기정권의 출현에 의해 결과적으로 '아베노믹스에 이의를 제기하지 않는 온건파'가 우선적으로 선택되었다.

일본은행 내에서는 "이코노미스트, 학자, 시장 관계자만 늘고 금융 실무나 산업계에 정통한 전문가가 부족하다"는 불만이 점차 높아졌다.

금융정책결정회의라는 틀이 도입된 지 15년여가 지나면서 그 모습은 크게 변모했다. 하야미 시대에는 '결정회의 밖에서는 논의하지 않는다. 사전 교섭 엄금'이라고 되어 있었지만, 서서히 집행부 주도의 운영에 들어가 후쿠이 시대에는 총재와 기획 라인이 결정회의를 장악했다. 정책을 둘러싼 실질토의는 물밑으로 가라앉아, 무엇을 계기로 정책 변경을 기획했으며 무엇이 판단의 결정적 근거가 됐는지, 결정회의에서는 알 수 없게 되었다. 이 같은 회의의 형해화와 협치 약화를 둘러싸고 심의위원과 집행부 양측에서 모두 문제시하는 시각이 커져갔다.

뜬금없는 바주카포 II를 둘러싸고는, 다음해로 예정되어 있는 소비세의 재증세를 다시 밀어붙이기 위한 것이라는 해설이 총리관저와 재무성 주변에서 흘러나왔다.

2014년 4월에 8%로 오른 소비세는 3당합의에 따라 다음해인 2015년 10월부터 다시 10%로 재인상이 예정되어 있었다. 예정대로 재증세할 것인지 여부가 정치쟁점이 된 가운데, 추가완화로 주가가 급등하면 경기의 장래 불안이 줄어들고 재증세하기 쉬워진다는 논거였다. 실제로 정책결정회의가 끝난 뒤 일본은행 간부는 재무성 수뇌부로부터 "뒷받침해 주어 감사하다"는 메일을 받고 크게 당황한 기억을 가지고 있다.

사실 기획 라인은 경기와 물가 전망에 불투명감이 확산되기 시작한 8월 중순경부터 추가완화를 검토하기 시작했다. 담당 간부에 의하면, 판단의 계기가 된 것은 결정회의 직전에 조사통계국이 작성한 물가 하향 예측 때문으로, "재증세를 뒷받침할 의도는 전혀 없었다"고 단언하였다.

무엇보다 아베나 관방장관인 스가 요시히데는 증세 연기를 내걸고 총선에 나설 마음을 일찌감치 굳힌 것으로 보여, 아무런 예고도 없는 추가완화를 '증세 촉구 신호'로 받아들인 듯했다. 총리관저에 사후 보고하러 간 재무성 간부는 "총리도 관방장관도 왠지 언짢아하며 (추가완화를) 환영하지 않았다"고 말했다. 아베는 8% 실시를 밀어붙인 재무성에 대한 불신감이 깊어졌으며, 스가는 '구로다는 역시 재무성 사람'이라고 경계하게 되었다.

이 같은 당 안팎의 '증세론'을 날려버리듯 아베는 11월 재증세 시기를 1년 반 미루고 그 판단에 대해 국민의 신임을 묻겠다며 중의원을 해산, 12월 14일의 총선에서 또다시 대승을 거두었다. '아베 1강—强'으로 불리는 정치기반이 이렇게 구축되었다.

두 달 뒤인 2015년 2월 12일, 경제재정자문회의에 출석한 구로다는 자신의 발언을 회의록에 남기지 않는 오프 더 레코드로 해줄 것을 요구한 뒤 이런 이야기를 했다.

"유럽의 일부 은행은 일본 국채 보유 비율을 항구적으로 낮추기로 했습니다. (재정 재건에) 더 본격적으로 나서야 합니다. 위험한 상황이 되고 있습니다."

증세가 연기됨으로써 일본 국채는 격하되었다. 한편에서는 국채 보유액에 따른 자기자본의 적립을 금융기관에 요구하는 규제강화론이 구미에서 나오기 시작했다. 구로다의 오프 더 레코드 발언은 아베에게 재정건전화 노력을 호소하는 '비명'처럼 들렸다.

위기감을 느낀 구로다는 그후 국제회의 무대에서 국가신용 위험을 반영하는 새로운 자본규제안에 극렬히 반대해 2년 가까이 이를 저지하게 된다.[32]

II

'비장의 계책'을 은밀히 준비하다

2015년 봄은 햇볕이 잘 들어 고온이 계속되었다. '바주카포 II'가 발동한 지 반년이 경과하자, 평균주가는 4월 22일에 2만 엔대를 회복하였으며, 엔화 시세도 연초부터 1달러=120엔 전후의 엔저 수준에서 움직이고 있었다.

두 차례에 걸친 대규모 완화의 결과, 일본은행의 자산잔고는 2013년 3월 말의 164조 엔에서 2년 사이에 323조 엔으로 두 배 늘었다. 대차대조표 상의 자산 측면에서 장기국채가 91조 엔에서 220조 엔으로 팽창했고, 부채 측면에서는 당좌예금이 58조 엔에서 201조 엔으로 급증했다. 결국 민간 금융기관은 대량의 국채를 일본은행에 팔고 그 대금의 대부분을 당좌예금으로 쌓아둔 셈이었다. 정작 은행 대출은 기대만큼 늘어나지 않았다.

이 같은 대규모의 양적완화를 원활하게 실현할 수 있었던 두 가지 이유가 있다. 하나는 초과준비금에 대한 0.1%의 이자 부리를 구로다 체제에서도 계속한 것이다. 다른 하나는 일본은행이 금융기관의 국채를 '호가'로 계속 사들인 것이다.

양적완화가 도입된 하야미 시대나 확장기였던 후쿠이 시대에는 오퍼
레이션 예정액에 미치지 못하는 응모 미달 사태가 종종 일어났다. 금융
위기에 대한 대비 이외에 초과준비금을 쌓을 동기가 금융기관 측에 없
었기 때문에, 곤란한 일본은행은 어음 만기일을 연장하거나 입찰금리
를 100분의 1%에서 1,000분의 1%로 인하하는 등 공급 측면에서 혜택
을 주었다.

그후 시라카와 시대에 준비예금 부리제도가 도입되어 금융기관이 초
과준비금을 쌓는 데 대한 인센티브가 제공되었다. 확실히 0.1%의 수익
이 창출되는데다가 리스크가 없는 운용처는 드물기 때문에 실수요가
수반되지 않은 '과잉 머니'는 자동적으로 당좌예금으로 쌓여갔다. 이를
일본은행 측에서 보면 매출어음 발행 등의 액션을 취하지 않고도 잉여
자금을 즉시 회수할 수 있는 편리한 구조로서, 부리제도가 지닌 자동
흡수 메커니즘이 작용한 결과 당좌예금만 크게 늘어난 것이다.

다만 초과준비금이 200조 엔을 넘은 결과, 0.1%의 부리는 금융권에
연간 2천억 엔 정도의 '보조금'을 주는 결과가 되었다. 또 장기국채 매입
에서도 일본은행은 예정액에 도달할 때까지 '호가'로 살 수밖에 없어 시
장시세를 웃도는 '고가 매수'가 상시화됐고, 이 역시 숨은 보조금으로
작용했다.[33]

기획 라인의 OB는 "처음에 매입량을 정하고 나서 어떤 가격이든 좋
다고 사게 되면, 시장에 대해 중립적인 자세는 아니다. 민간에 주는 보
조금이라는 측면이 있다"고 지적하였다. 금융조정을 담당하는 간부도
"금융기관이 돈을 벌 수 있도록 (일본은행이) 매입한 것은 사실"이라고
털어놓았다.

리먼브라더스 쇼크 때도 논의되었듯이, 중앙은행이 미시적 자원 배

분에 과도하게 관여하는 것은 의회의 결의를 거치지 않은 재정 지출로 이어져, 재정민주주의 규칙에 위배된다고 생각한다. 양적완화나 부리제도 모두 자원배분을 의도한 것은 아니지만, 그 수준이 '이차원'으로 확대되면 민간으로 이전되는 소득액은 무시할 수 없게 된다. 이차원 완화는 중앙은행이 재정의 영역에 어디까지 발을 들여놓아야 하느냐는 근원적인 물음도 던졌다.[34]

그런 가운데 기획국이 2년간의 이차원 완화 효과를 분석해 공표하였다. 2015년 5월의 일이다. 검증 결과 양적 질적 금융완화로 인해 실질금리는 '1% 가까이' 낮아졌다. 이를 경제 모델로 추산하면 수급 갭은 1~3%, CPI 상승률은 0.6~1.0% 개선되는 것으로 나타나, 각각 실적치에 가까웠다고 한다.[35]

기획국장 우치다 신이치는 행내 국장회의에서 페이퍼를 배부해 "각종 금융경제지표는 상정된 메커니즘에 따라 변화한 것을 확인할 수 있었다. 일단 잘되고 있다"고 성과를 강조했다.

하지만 정작 '2% 목표'는 신기루처럼 멀어져 있었다. CPI 상승률은 유가 하락의 영향으로 이후에도 계속 축소되어 4월에는 소비세 증세의 영향을 제외하면 제로%로 회귀하였다. 일본은행은 부득이하게 전망 리포트에서 2% 달성 시기를 '2015년도를 중심으로 하는 기간'에서 '2016년 상반기 무렵'으로 연기하였다.

구로다는 "2% 실현을 위해 필요하면 주저 없이 조정하겠다"[36]고 선언하고, 6월 4일에는 다음과 같은 우화寓話를 들려주며 '기대를 향한 노력'의 중요성을 호소하였다.

"피터 팬의 이야기에 '날 수 있을지 의심하는 순간 영원히 날지 못하게 된다'는 말이 있습니다. 중요한 것은 긍정적인 자세와 확신입니다."[37]

그런 총재의 결의에 따라 기획 라인에서는 '마이너스 금리' 연구가 은밀하게 시작되고 있었다.

두 차례의 '바주카포'로 단기금융시장에서는 마이너스 금리가 간혹 발생하고 있었다. 기획 라인은 그 금리형성 메커니즘을 조사하는 한편 해외 선행사례의 조사 연구에 착수하였다. 그후 2015년 초여름에는 금융시장국, 업무국, 시스템정보국의 간부도 소집되어 보다 실무적인 검토가 진행되었다. 정책금리를 마이너스로 유도할 경우 일본은행 네트워크나 공개시장운영에 어떤 영향을 미치는지, 그리고 마이너스 금리를 어떻게 장부에 기입할지 확인하는 것이 목적이었다.

마이너스 금리는 민간 금융기관이 중앙은행에 맡기는 당좌예금의 적용금리를 마이너스로 설정하는 궁극의 '비전통적 금융정책'이다.

2012년 7월에 덴마크 국립은행이 유럽 채무 위기에 따른 자국 통화 크로네의 가치 상승을 막기 위해 도입했고, 2014년 6월에는 유럽중앙은행(ECB)이 실시한 바 있다. 이를 계기로 2014년 12월 스위스, 그후에는 스웨덴으로도 확산되었다. 대부분은 자국 통화의 강세 방지가 목적이며, ECB에서는 물가 하락에 제동을 걸기 위한 목적이 담겨 있었다.[38]

통상적으로 금리는 제로 이하로는 떨어지지 않는다. 만약 마이너스가 되면 예금이 시간이 지남에 따라 줄어들기 때문에, 가계나 기업은 예금을 한시라도 빨리 해지해 현금으로 바꾸려고 움직인다. 대규모 예금 인출 사태에 직면한 금융기관은 차례차례 도산하고, 금융시스템이 붕괴한다는 것이 일반적인 인식이다.

다만, 현실에서는 고액의 현금을 수송하거나 안전하게 보관하기 위해서는 그에 상응하는 비용이 발생한다. 그렇기 때문에 그 비용에 상응하는 만큼 마이너스 금리를 부과하는 것은 실무적으로 가능하고, 유럽의 중앙은행들은 그 한계점을 의식하면서 제로금리 제약을 넘어서는 궁극적인 금리 인하에 도전하고 있었다.

기획국의 선행사례 연구는 ECB가 마이너스 금리를 도입함에 따라 2014년 하반기에 시작되었으며, 그후 관련 부·국을 아우르는 실무조사를 거쳐 2015년 초가을에 첫 연구결과가 상충부에 보고되었다.

고비마다 보고를 받고 있던 기획담당 이사 아마미야 마사요시는 일찍부터 '장기전에 대비한 옵션'으로서 마이너스 금리에 주목하고 있었다. 2% 목표를 달성하지 못한 채 물량 확대마저 지속할 수 없게 될 경우를 내다보고 "결국 언젠가 금리 체계로 돌아가지 않으면 안될 것"이라고 생각했던 것이다.

두 차례에 걸친 대규모 완화의 결과, 일본은행이 보유한 장기국채는 발행잔고의 30%를 넘어 2015년 말에는 300조 엔에 달할 전망이었다. 특히 '바주카포 II'에서 상향 조정한 연간 매입액 80조 엔을 에누리 없는 최대치로 끌어들인 결과 기획 라인은 양적완화의 지속력이라는 새로운 과제에 직면하게 되었다.

80조 엔이라는 규모는 일반회계 예산의 국채 신규 발행액 34조 엔을 한참 웃돈다. 이를 계속할 경우 발행잔고 대비 일본은행의 보유비율은 2016년 말에 40%를 넘고, 2017년 말에는 50%를 넘을 것이라는 추계가 민간에서 제기되었다. 국제통화기금(IMF)도 "현행 페이스의 매입은 2017년에서 2018년이면 한계에 부딪친다"는 보고서를 8월에 공표했으며, 일본경제연구센터는 "2017년 전반기에 한계에 이를 것"이라는 추계치를 내놓았다.[39]

아마미야는 "건곤일척乾坤—擲은 있지만 건곤이척이란 말은 없다"는 표현을 사용해, 양의 확대에 의하지 않는 새로운 방법을 고안하라고 부하들에게 지시하였다. 거기에는 국채를 시장시세보다 높은 가격으로 계속 매입해 일본은행의 재무 상황이 악화되는 부분에 대한 염려도 있었다.

한 간부의 말에 의하면, 시라카와 시대의 '포괄완화'에서는 리스크

자산의 매입이 일본은행 재무 상황에 어떤 영향을 미칠지 상세하게 추산해 건전성을 해치지 않는 한도 내에서 구입액이 설정되었다. 그러나 이차원 완화에서는 물가 목표 달성에 필요한 액수는 추산했지만, 재무에 관한 시뮬레이션은 행하지 않았다고 한다. 2년 안에 반드시 2%를 달성할 수 있을 것으로 낙관했기 때문이며, "액셀러레이터를 힘껏 밟은 채 영원히 달리는 등 도저히 무리한 이야기였다"고 이 간부는 비판했다.

한편 이 같은 '장기전'에 대한 대비가 아니라 마이너스 금리를 다른 용도로 사용할 수 없을까 고찰한 사람도 있었다. 마이너스 금리에는 금리인하 효과와는 별도로 당좌예금을 줄이는 효과가 있다. 이를 잘 사용하면 '양의 정상화', 즉 이차원 완화의 '출구로 향하는 첫걸음'이 될 수 있을지도 모른다는 착상이었다.

최초의 연구 보고를 듣고서 그 효과를 알아차린 사람은 부총재 나카소 히로시였다. 후쿠이 시대에 양적완화 해제 실무를 맡았던 나카소는 "지급준비금이 너무 커지면 출구에서 빠져나올 수 없게 된다"고 주위에 말하며 초과준비금 축소의 필요성을 일찌감치 언급했다.

만약 2% 목표 달성이 시야에 들어오게 되면 그 다음주제는 어떻게 혼란 없이 초과준비금을 줄이고 금융정책을 정상화시키느냐로 넘어간다. 이때 "마이너스 금리를 활용하면 금융완화를 계속하는 스탠스를 유지하면서 초과준비금을 줄일 수 있다. 이런 멋진 조합은 어디에도 없다"고 나카소는 깨달았다.

ECB에서는 법정준비금을 초과하는 초과준비금 전체에 마이너스 0.3%의 금리를 적용하였다. 마이너스 금리 아래에서는 예금을 맡기는 쪽이 벌칙금리를 납부해야 한다. 그렇기 때문에 민간은행은 손실 회피를 위해 지급준비금을 헐어 대출이나 유가증권 투자 등으로 자금을 돌릴 가능성이 있다. 즉 완화 효과와 양의 압축을 동시에 실현할 수 있지 않을까 하고 나카소는 생각했던 것이다.

그후 ECB에 이어 스위스가 자국 통화의 강세 방지를 위해 마이너스 금리를 도입하였다. 스위스는 초과준비금을 두 범주로 나누어 한쪽에만 마이너스 금리를 적용하는 비교적 온건한 방안을 채택하였다. 이 방식이라면 민간은행의 수익 악화를 억제하면서 초과준비금의 완만한 축소와 프랑화 강세 방지라는 두 가지 목표 모두를 이룰 수 있다.

유럽 주재원 등이 보내온 보고서를 본 나카소는 "출구에 역점을 둔다면 ECB형, 완화 강화를 중시한다면 스위스형이라는 식으로 정리해 갔다"고 회상하였다. 이러한 '출구 활용'은 기획 라인도 의식하고 있었다. 그래서 도입후 "조금이라도 정상화의 방향으로 내딛고 싶었다"고 도입의 목적을 OB들에게 설명하였다.[40]

마이너스 금리에 대한 아마미야와 나카소의 생각은 얼핏 비슷해 보이지만 '완화를 위한 출구'가 시야에 들어 있었는지 아닌지에 따라 전혀 달랐다. 출구가 아직 멀었다고 생각한 아마미야는 오히려 장기전에 대비하기 위해 정책의 주축을 양에서 금리로 바꾸려고 했다. 반면에 나카소는 2% 달성 이후를 노리고 출구 초기단계부터 초과준비금을 축소하기 위해 마이너스 금리라는 '디스인센티브'를 금융기관에 부여하려 한 것이었다.

장기간에 걸친 마이너스 금리 연구는 결국 아마미야가 구상한 '추가 완화' 쪽으로 수렴되어, 나카소에게는 '출구 정책과 정반대의 방향'이 되고 말았다. 여름철을 지나면서 상하이 증시 폭락이 글로벌 증시 약세로 발전했고, 이후 중국 위안화의 평가절하 관측을 배경으로 엔고·주가 약세의 흐름이 급속히 강화되었기 때문이다. CPI 상승률도 제로%에 근접하였다. 그리하여 10월말에 나온 전망 보고서에서는 2% 목표의 달성시기를 '2016년 상반기 무렵'에서 '2016년 하반기 무렵'으로 더 미룰 수밖에 없게 되었다.

다만 마이너스 금리를 일본에서 실시하기 위해서는 여전히 극복해야 할 과제가 남아 있었다. 유럽과 달리 대규모 양적완화를 먼저 실시한 결과 일본은행의 당좌예금 잔고는 가을 시점에 250조 엔 가까이 팽창하고 있었다. 만일 모든 부가금리를 플러스 0.1%에서 마이너스 0.1%로 인하하면, 단순 계산만으로도 연간 5천억 엔의 수익이 날아간다. 그동안 이차원 완화가 실행될 수 있었던 것은 민간 금융기관의 협조 덕분이었는데, '은혜를 원수로 갚을 수는 없'는 일이었다. 이차원 완화에 마이너스 금리를 얹기 위해서는 그에 상응하는 궁리가 필요했다.

검토를 의뢰받은 기획국장 우치다가 "알겠습니다" 하며 용감하게 뛰어든 것은 10월경이었다고 아마미야는 기억하고 있다. 아이디어맨 우치다는 스위스형을 참고해 지급준비금을 두 범주로 나눔으로써, 마이너스 금리 적용액을 한계선까지 줄이겠다고 구상하였다. 마이너스 금리가 소액에만 적용되더라도 경제이론의 한계원리에 토대해 시장금리를 마이너스로 유도하는 것은 가능하다. 게다가 지급준비금을 두 범주로 나누면 근소한 금리차를 노린 시장거래가 이루어지게 되어 단기금융시장의 기능도 잃지 않는다고 우치다는 설명하였다.[41] 아마미야도 "한계적으로 시행해도 시장금리를 유도할 수 있을 것으로 이때 확신했다"고 말했다.

우선 이 단계에서 마이너스 금리는 일단 서랍 속으로 들어갔다. 아마미야를 비롯한 사람들에게 이는 '비장의 계책'이어서, 정책기획과에도 구체적인 검토 지시를 내려 보내지 않았다. 12월 7일의 강연에서 구로다는 마이너스 금리 정책에 대해 "도입해야 한다고는 생각하지 않는다"고 명확히 부정하였다.[42]

12월 16일 FRB는 제로금리를 해제하고 9년반 만의 금리인상을 단행하였다. 이틀 뒤 구로다는 '금융완화 보완책'을 발표하였다. 매입 국채의 평균 잔존기간을 더 연장하고, ETF 매입액을 3천억 엔 늘리는 것이 골자였다. 양적완화 한계론을 부정하는 한편, 엔고·주가 하락의 흐름을 막기 위한 목적이었다. 하지만 이 같은 소극적인 조치에 실망한 시장에서는 한계론이 거론되면서 주가가 하락하였다. 기획 라인의 간부는 "그걸로 끝내려고 했지만 전혀 막아내지 못했다"며 애써 마련한 카드가 공염불에 그쳤음을 인정하였다.

순조로울 것 같았던 아베노믹스에 처음으로 역풍이 불면서 기획 라인은 서랍 속에서 비장의 계책을 꺼내지 않을 수 없게 되었다.

마이너스 금리의 연막탄

2016년 연초는 예상을 뛰어넘는 '중국 쇼크'로 시작되었다. 중국 경제의 성장이 둔화할 것을 우려해 1월 4일 상하이 증시에서 주가가 폭락하였다. 그리하여 갓 도입된 서킷브레이커(거래정지)가 갑자기 발동하였다. 도쿄 증시도 새해 개장하자마자 전년말 대비 582엔 하락 마감했고, 이후에도 17,000엔 아래에서 거래되었다. 하락폭은 1개월여 만에 3천 엔 가까이에 달했고, 1달러=120엔대였던 엔 시세도 117엔대로 급상승하였다. "주저 없이 정책을 조정하겠다"는 말을 반복하였던 구로다는 결단을 내려야 했다.

아마미야와 우치다는 즉각 마이너스 금리 검토를 재개했고 정책기획과도 준비에 들어갔다. 나카소는 1월 중순 로마에서 열린 국제회의에 참석해 ECB와 스위스 국립은행으로부터 범주를 나누는 문제의 실효성에 대한 견해를 듣기로 했다.

한편 구로다 자신도 실은 마이너스 금리에 관심을 갖고 있었다. 구로다는 해외 출장 때마다 ECB로부터 "마이너스 금리가 잘되고 있다"는 말을 듣고 그때마다 관련 정보를 모으고 있었다. 어떤 사람은 "마이너스 금리가 재미있다는 말을 총재에게 들었다"고 했고, 다른 어떤 사람은 "각국에서 채택되고 있기 때문에 지나치게 신중히 생각할 필요는 없다. 할 수 있다면 해보는 것이 어떨까 하고 총재는 생각하고 있었다"고 말했다. 한 간부는 "사무실에서 열심히 연구한 것도 총재가 그런 의식을 갖고 있었기 때문이다. 총재는 이른바 사장이고, 직원들은 사장의 생각을 헤아려 움직였다"고 나중에 설명하였다.

기획 라인은 곧 세 가지 선택지를 마련해 수뇌부에 제시하였다. 첫 번째는 국채 매입액을 현행 연간 80조 엔에서 100조 엔으로 올리는 방안이었다. 두 번째는 100조 엔 인상과 더불어 2층 구조의 마이너스 금리를 병용하는 방안이었다. 그리고 세 번째는 현행 바주카포 II를 유지하면서 마이너스 금리를 부가하는 방안이었다.

사무국의 '추천'은 물론 세 번째였다. 더 이상의 물량 확대는 어렵고 '장기전'에 대한 대비가 필요했다, 마이너스 금리라면 도입에 어려움이 없어 완화한계론을 극복할 수 있다고 역설하였다. 첫 번째 100조 엔 안은 이와타 기쿠오 부총재 등이 주장한 안이었으나 "만약 100조 엔으로도 효과가 없으면 양적완화 자체의 부정이 된다"고 진언했고, 병용안에 대해서도 "마이너스 금리의 효과를 거두기 위해서는 병용하지 않는 것이 좋다"고 주장하였다. 우선 양의 한계를 자상하게 설명해 제3의 길밖에 없다고 설득하는 작전을 세웠던 것이다.

기획 라인의 설명에 구로다는 가만히 귀를 기울였다. 물론 그는 일찍부터 마이너스 금리에 관심을 갖고 있었다. 시장에서 조기 실시를 예상하는 목소리는 거의 없었기 때문에, 그 시점에 도입하면 상당한 '서프라이즈 효과'를 기대할 수 있고, 잘하면 단번에 국면을 전환할 수 있을지도 모른다는 기대와 셈법이 수뇌부에 퍼졌다. 마이너스 금리로의 흐름은 이렇게 생겨났다.

그러던 중인 1월 18일 구로다는 국회에서 뜻밖의 질문을 받았다.

"금융완화책으로 온존되고 있는 카드가 한 장 있습니다. 초과준비금에 붙이는 금리를 0으로 하거나 인하하는 것인데, 이 카드를 슬슬 던져야 하는 것 아닌가요?"

마이너스 금리 가능성을 갑자기 물은 것이다. 하지만 구로다는 안색하나 바꾸지 않고 대답했다.

"양적 질적 금융완화는 소기의 효과를 발휘하고 있습니다. 일본은행 당좌예금에 대한 이자 지급은 대량의 자금을 원활히 공급하는 데 도움이 될 것으로 생각하기 때문에, 이른바 이자율 인하는 검토하지 않고 있습니다."[43]

바주카포 II와 마찬가지로 이 역시 '연막탄'이었다. 이미 검토는 상당히 진행되고 있었지만, 서프라이즈를 중시하는 구로다는 '철면피'와 같이 국회에 출석해서도 이를 부정했다고 복수의 관계자가 나중에 인정하였다.

그 이틀 뒤 엔화 환율이 한때 1달러=115엔대로 급등했지만, 다음날인 21일 국회에서 구로다는 다시 마이너스 금리의 가능성을 부정하였다.[44] 그후 기획 라인에 정책 세부사항을 마련하라고 지시하고 그는 스위스 다보스로 출장을 갔다.

나흘 뒤인 1월 25일, 다보스 세계경제포럼 연차총회를 마치고 귀국한 구로다는 간부회의를 소집하였다. '100조 엔 구상'을 주장하던 이와타도 참석하였다.

하지만 이날 테이블에 올린 것은 세 번째 '마이너스 금리'뿐이었다. '100조 엔'도 '100조 엔과 마이너스 금리 병용' 안도 사전 검토를 거쳐

지워졌다. 일사불란하고 선명한 안건 처리 방식에 참석자 중 한 명은 '마치 가부키歌舞伎 같다'고 느꼈다.

재무성 출신답게 밑에서부터 차근차근 밟아온 논의를 중시하는 구로다는 기획 라인이 권하는 마이너스 금리를 망설이지 않고 받아들이는 결단을 보였다. 당초 국채를 더 사들여야 한다고 생각했던 이와타는, 양을 늘려도 예상 인플레이션율을 끌어올릴 수 있을지 자신이 서지 않아 망설임 끝에 마이너스 금리에 찬성했다고, 자신의 저서 《일본은행 일기》에 적고 있다. 관계자에 의하면, 이와타를 설득한 것은 아마미야였다.

그런데 나카소가 주문한 게 한 가지 있었다고 관계자는 전했다. 기획 라인의 안은 스위스형을 본뜬 2단계 구조로 당좌예금 일부에 마이너스 금리, 나머지에 제로금리를 적용하도록 되어 있었다. 하지만 현행 플러스 0.1%의 부리이자가 없어지기 때문에, 나카소는 '은행 손실이 너무 크다'고 지적하였다. 그리하여 민간의 협력을 얻기 위해서는 '기득 권익의 보호'가 필요할 것이라고 주장하였다. 이에 따라 최종안 결정은 미뤄졌다.

나카소는 또 "이것은 즉시 실시할 수 있는가" "우선은 '검토 지시'[45]에 머물고 한두 달 정도 조정할 필요는 없는가"라고 물었으나, 기획 라인은 "문제없이 바로 실시할 수 있다"고 대답했다고 한다.

간부회의가 있고 나서 기획 라인에서는 '2단계면 충분'하다고 주장하는 국장 우치다와 '양적완화에 협력해 준 금융기관에 대한 배려가 필요'하다는 정책기획과장 마사키 가즈히로 등이 서로 부딪쳤다. 양측의 의견을 들은 아마미야는 원안에 수정을 가하기로 결정해, 초과준비금의 극히 일부에만 마이너스 0.1% 금리를 적용하고, 나머지 부분에는 제로금리와 플러스 0.1%를 적용하는 3단계 구조의 완화된 안을 마련하였다.[46]

"이 정도면 한계적인 마이너스 금리의 효과를 발휘하면서 금융중개 기능에 대한 부담도 최소화할 수 있다"고 아마미야는 확신하였다. 집행부안이 확정된 것은 심의위원이 외부 접촉을 못하는 '블랙아웃'에 들어가기 직전이었다.

그러나 1월 29일의 정책결정회의에서는 마이너스 금리의 시행 여부를 둘러싸고 격렬한 논쟁이 펼쳐졌다. 찬성파는 "마이너스 금리와 대규모 국채 매입이 합쳐지면 더 강력한 효과가 있다"고 주장했지만, "매입 정책에 한계가 있다고 오해될 수 있다" "금융기관과 예금자들의 혼란과 불안감이 가중된다"는 반대의견도 만만치 않았다. 표결 결과 또다시 5대 4의 박빙으로 결론이 났다. 장기국채와 ETF 자산 매입은 8대 1로 계속 시행할 것을 결정하였다.

회의 종료후 구로다는 "양, 질, 금리의 3차원에서 금융완화를 더욱 강력히 진행할 수 있게 되었다"고 강조하였다. 아마미야도 주위에 "어때요. 좋은 정책을 고안했죠?"라고 자랑스럽게 말했다.[47] 하지만 시장은 그 평가를 둘러싸고 혼란스러워했다. 엔화 강세의 억제 효과는 일주일도 안돼 소멸하고 말았다. 평균주가도 10일 만에 1만 6,000엔대로 떨어졌으며, 마이너스 금리라는 말이 지닌 '부정적 이미지'만 국민들 사이에 퍼져나갔다.

2% 목표 달성 시기에 대해서도 정책결정회의는 '2016년 하반기 무렵'에서 '2017년 상반기 무렵'으로 세 번째 연기할 수밖에 없었다. 구로다 바주카포의 '신통력'이 이 결정을 계기로 소멸해 버림으로써,[48] 이윽고 집행부 내에 '불협화음'이 흐르게 되었다.

금융권의 반발과 첫 불협화음

'마이너스 금리를 적용하는 양적 질적 금융완화'가 결정되고 난 다음주 월요일인 2016년 2월 1일, 본점 3층의 금융기구국에는 민간 금융기관의 전화 항의와 면회 예약이 전국에서 쇄도했다.

금융기구국은 금융시스템을 담당하는 부서로 금융기관과 매일매일 얼굴을 마주하는 곳이다. 이야기를 들어보면 그 대부분은 마이너스 금리에 대한 불만과 비판이었다. 하지만 무시하기 어려운 지적도 담겨 있었다.

3단계 구조의 새로운 부리 제도는 2월 16일부터 적용되기로 되어 있었다. 그런데 메가뱅크를 비롯한 일부 은행은 컴퓨터 시스템이 제대로 대응할 수 없어 시스템 개선에 많은 비용과 시간이 소요된다고 클레임을 제기해 왔다. 실제로 수작업 처리를 해야 하는 은행도 있었다.

대형 증권사와 신탁은행들은 주력 공사채 투신 MRF(money reserve fund)의 취급에 골머리를 앓고 있었다. MRF는 개인이 증권 투자할 때 '결제계좌'의 역할을 맡는다. 10조 엔이 넘는 MRF 운용자금을 신탁은행이 수탁하고 있는데, 그 당좌예금에 마이너스 금리가 적용되면 MRF 원금이 손실될 우려가 있었던 것이다. 또 MRF와 비슷한 MMF(money management fund)에서는 안정적인 자금운용이 어렵다며 신규 매수를 정지하는 한편 조기상환까지 이루어졌다.

'리보'(LIBOR)[49]로 불리는 국제 금리지표를 기준으로 대출금리를 결정한 대출자들에 대한 대응도 금융기관들에게는 큰 어려움이었다. LIBOR 기준으로 대출 계약을 체결한 신용력이 높은 대기업들은 '대출금리도 당연히 마이너스로 개정해야 한다'고 말하기 시작하였다. 은행원들은 한 회사씩 설득하는 작업에 나설 수밖에 없었다. 또 금리 스와프 등 금융 파생상품의 거래도 금리가 마이너스가 되지 않는다는 전제로 조성됐기 때문에, 기존의 대출 스와프 거래에 마이너스 변동금리를 적용할지 혼란스러웠다.[50]

금융기구국에 마이너스 금리 계획안이 전달된 것은 결정이 이루어지기 일주일 전이었다. 혼란을 피하기 위해 대응책을 마련하기에는 너무 시간이 부족했다. 일본은행의 곳곳에서 "필경 책상 위의 비현실적인 계획. 기획국은 기술의 덫에 빠져 있다"는 비판의 목소리가 터져 나왔다.

관계자에 따르면 에토 기미히로衛藤公洋 금융기구국장 등은 구로다를 비롯한 정책위원회 멤버들에게 금융계의 호소문을 그대로 전달하고, "불평을 제대로 들을 필요가 있다. 금융기관의 협조 없이는 금융정책을 실행할 수 없다"며 조속한 재검토를 당부했다. 그 결과 3월 정책결정회의에서 MRF를 마이너스 금리 적용 대상에서 제외하는 특례조치가 결정되었다. 하지만 이를 제외하고는 정책의 큰 틀에 변경이 없어 금융권의 불만이 가라앉지는 않았다.

3단계 구조의 설계대로 당좌예금 250조 엔의 대부분에는 플러스 0.1%가 부리되어 마이너스 금리는 10조 엔 정도에 적용되었을 뿐이다. 그러나 시장금리의 기점이 마이너스로 설정되면서 장기금리는 예상보다 큰 폭으로 떨어졌고, 이자가 축소됨으로써 금융기관의 수익기반을 갉아먹었다. 10년물 국채의 이율은 2월 9일 처음으로 마이너스가 되고, 2월 하순 이후 내내 마이너스권에서 움직였다. 자금이 비교적 이율이 높은 초장기채로 이동함에 따라 20년이 넘는 장기금리에도 강한 인하효과가 발생해 이율곡선의 '극단적 평탄화'가 진행되었다.

거센 비판에 직면한 구로다는 "금융정책은 금융기관을 위한 것이 아니라 일본 경제 전체를 위한 것이다. 금융기관이 찬성하느냐 반대하느냐로 금융정책을 결정하는 것은 아니다"[51]고 강한 어조로 반박하며, 필요하다면 마이너스 금리를 확대할 태세까지 보였다. 물가 기조가 약세를 보임에 따라 4월 정책결정회의는 2% 목표 달성 시기를 '2017년 상반기 무렵'에서 '2017년 중'으로 네 번째 연기하였다.

몇몇 간부들은 금융시스템에 대한 구로다의 관심이 금융정책에 대한 관심과 비교해 몹시 희박하다는 것을 깨닫고 크게 걱정했다. "금융기관을 위한 것이 아니다"는 격한 표현에 대해서도 "무심코 속내가 드러났다"고 고개를 움츠린 간부가 적지 않았다. 지역 금융기관의 경영 과제를 설명하려던 다른 관계자에게 구로다는 "그건 금융청의 일"이라며 간단히 정리해 버렸다. "금융시스템의 안정이라는 행정권한에 속하는 일은 본래 일본은행법의 목적에 들어 있지 않다"는 말을 구로다에게서 들었다는 증언도 있다.

일본은행법 개정후에도 오랫동안 논란이 됐던 '순수 중앙은행'이 아이러니하게도 재무성 출신의 구로다 체제 아래서 완성되고 있다고 일본은행 직원들은 느끼기 시작하였다.

위기감을 느낀 금융기구국은 금융정책의 효과를 침투시키기 위해서도 안정적인 수익기반 위에 자리한 은행의 금융중개 기능이 필수적이라고 금융시스템 리포트[52]를 사용해 가며 구로다를 연신 설득하였다. 관계자는 "중앙은행의 사고회로를 이해시키는 중요한 과정이었다"고 회고하였다.

확실히 금융시스템에는 불안의 싹이 움트기 시작했다. 지방은행과 제2지방은행의 절반 이상이 본업에서 적자를 내게 된데다 지역경제의 피폐가 겹쳐 존망의 위기에 처해 있다는 소문이 퍼지게 되었다. 다급해진 지방은행들은 부동산 대출에서 활로를 찾았고, 스루가은행의 부정대출 같은 사회문제도 불거졌다.

마찬가지로 초저금리에 시달리던 메가뱅크들은 수익의 대부분을 해외시장과 채권 매매에 의존할 수밖에 없어, 대규모 점포 통폐합과 인력과 업무 감축에 내몰렸다. 부실채권에서는 해방되었지만, 금융권 전체가 '전망 없는 구조불황 업종'으로 몰리며, 핀테크로 불리는 ICT 기술을 구사하는 신금융 시대에도 뒤처지게 되었다. 업계에 소용돌이치는 초저금리에 대한 원망의 목소리는 마침내 금융청으로 집약되었다. 그런 까닭에 일본은행과의 간부급 협의 자리에서 금융청 측은 마이너스 금리 정책을 지목하며 비난을 가하였다.

한편 재무성도 마이너스 금리의 '부작용'에 불안감을 느끼기 시작하였다. 단기부터 장기, 심지어 초장기까지 일제히 금리가 떨어진데다 기간이 길어도 금리 수준이 변하지 않는 '평탄한 이율곡선'을 이루다 보니, 보험과 연기금이 운용난에 빠지는 등 광범위한 악영향이 나타나기 시작했기 때문이다. 또한 일본은행 비판의 최선봉에 섰던 미쓰비시도쿄 UFJ은행이 마이너스 금리를 이유로 국채 입찰 특별자격(프라이머리 딜러)을 반납하겠다고 갑자기 밝힌 것도 재무성의 불안을 부추겼다.

공교롭게도 비슷한 시기에 아베 신조 총리가 2차 소비세 증세 연기를 표명하며 참의원 선거에 임하려 했다. 이 때문에 선거후에 아베노믹스를 '재가동'시켜 증세 노선을 확실히 하기 위해, 재무성 내에서 한때 일본은행과의 공동성명을 개정하려는 움직임이 나타났다. 결국 "이것은 건들지 않는 것이 무난"하다는 판단에서 사라지지만, 이대로 일본은행을 내버려둘 수도 없었다.

2% 목표의 달성시기를 더 이상 늦추면 구로다 총재의 임기(2018년 봄)를 넘겨 버리게 된다. 재무성 간부는 이 무렵, 일본은행 측이 이를 몹시 걱정했던 것으로 기억하고 있다. 초조함에 빠진 일본은행이 홀로 춤추는 일이 없도록 무엇인가 뒷받침이 필요했다.

7월 10일의 참의원 선거를 앞두고 재무성은 마이너스 금리의 확대와 장기화에 대한 염려를 일본은행 측에 분명히 전했다. 그리고 선거후 대규모 재정지출을 고려하고 있으므로, "너무 금융정책만으로 모든 것을 해결하려고 하지 않는 것이 좋겠다"고 조언하였다. 더불어 참의원 선거

직후에 아소와 구로다의 회담을 마련해 재정과 금융에 의한 조화로운
정책운영을 펴나가기로 확인하였다. 일본은행에 '독주'를 멈추고 '지속
가능한 구조'를 검토할 시간을 주려는 재무성 나름의 배려였다.

　7월 29일의 정책결정회의에서는 정부의 28조 엔 경제대책에 발맞춰
ETF 매입액을 배로 늘리는 완화강화 방안이 결정되었다.[53] 동시에 구로
다는 "2% 목표의 실현을 위해 향후 무엇이 필요한지 검증하고 싶다"며,
그때까지의 정책운영에 대해 9월에 열리는 다음 회의에서 "총체적으로
검증한다"라고 표명하였다. 그동안 연막을 쳐온 구로다가 처음 표명한
진로 변경에 대한 사전예고였다. 관계자는 "환율 개입과 같은 서프라이
즈를 중시하던 구로다 스타일은 마이너스 금리가 마지막이 됐다"고 나
중에 인정하였다.

'수익률곡선 제어'라는 곡예

　마이너스 금리에 의한 '한방 역전'은 꿈처럼 사라졌다. 2% 목표가 더
멀어지면서 80조 엔 국채 매입의 한계가 다시 시야에 들어오고 있었다.
기획 라인은 영국의 EU 탈퇴와 국제금융시장의 동요를 기화로 노선을
전환할 준비에 들어갔다. 마이너스 금리가 금융기관의 수익에 미치는
악영향에 대해 금융기구국이 추산한 결과를 사전계도 차원에서 심의
위원들에게 상세히 설명하는 기회도 여름철 들어 마련되었다.[54]

　나카소 부총재는 9월 강연에서 "금융중개 기능에 미치는 영향도 고
려하면서 … 정책방향에 수정이 필요한지, 필요한 경우 어떤 수정이 적
당한지 판단하겠다"며 정책 수정 가능성을 시사하였다. 반면 리플레파
인 이와타는 "양을 줄인다거나 질을 줄인다거나 하는 것은 생각할 수
없다"며 기획 라인을 견제하였다.[55] 정책 구조의 변경이 필요해진 것은

마이너스 금리에 대한 평이 상상 이상으로 좋지 않은데다 양적완화 확대도 한계에 이르렀기 때문이다. 아울러 금융정책결정회의 '재정비'라는 별도의 판단도 있었던 것으로 보인다.

구로다 시대의 금융정책결정회의는 처음부터 2% 목표를 놓고 일부 위원이 반대를 표명해 바주카포 II나 마이너스 금리 등의 중요 국면에서 5대 4 박빙 의결이 반복되어왔다. 이후에도 위원 9명의 주장은 양적완화의 '강화' '축소' '현상유지'의 세 갈래로 나뉘어 첨예하게 대립하였으며, 그 결과 '합의체로서의 힘'[56]이 약화되고 있었다.

일부 심의위원은 구로다가 반대표를 전혀 개의치 않는다며 불신감을 키우고 있었다. 적어도 시라카와 시대까지는 가급적 반대표를 줄이기 위해 물밑 설득작업을 계속하였으며, 때로는 총재 자신이 속내를 털어놓기도 했다고 한다. 하지만 구로다는 사전에 본심을 드러내는 일이 없었고, 반대로 "만장일치도 5대 4도 다를 게 없다"고 잘라 말하는 듯이 보이기도 했다.

이러한 위원들 간의 상호불신을 잠재우고 합의체로서 금융정책결정회의를 바로세울 길이 없는지 실무진은 열심히 고민하였다. 중요한 상황에서 박빙의 결의가 반복되는 일이 없도록 폭넓은 주장을 '포섭'할 수 있는 구조가 요구되었던 것이다.

2016년 9월 20과 21일 이틀에 걸쳐 주목할 만한 정책결정회의가 열렸다. 우선 지난 3년 반 동안의 이차원 완화에 대한 종합 검증이 이루어졌다.

우선 양적 질적 금융완화는 경제와 물가를 호전시켜 "일본 경제를 디플레이션에서 벗어나게 했다"고 그 효과를 강조하였으며, 2% 목표를 달성하지 못한 것은 유가 하락과 소비세 증세후 수요가 약화되는 등 '외적 요인'이 영향을 미쳤기 때문이라고 분석하였다. 아울러 마이너스 금리에 대해서는 수익률곡선을 끌어내리는 효과가 있었던 반면에, 금융기관의 수익 축소 및 보험, 연금의 운용난 같은 부작용에 유의해야 한다고 총평하였다. 이에 덧붙여 2% 목표를 달성하기 위한 새로운 틀로서 집행부가 제시한 다음과 같은 복잡한 정책 패키지가 다수의 찬성으로 가결되었다.[57]

1. 운영 목표를 통화 공급 중심에서 장단기 금리로 변경해, 단기금리는 마이너스 0.1%, 10년물 국채 금리는 제로% 정도로 설정한다(수익률곡선 제어).
2. 국채 매입은 금리 운영 목표를 실현하기 위해 연간 80조 엔을 '목표'로 실시한다. 매입 대상의 평균 잔존기간 규정은 폐지한다.
3. ETF와 REIT의 매입 규모는 유지한다.
4. CPI 상승률이 안정적으로 2%를 넘을 때까지 자금공급량 확대를 계속한다(오버슈트형 커미트먼트).

집행부는 2% 목표를 달성하기 위해서는 장래에 대한 '기대'를 강화하는 방책이 필요하다며, CPI 상승률이 장래에 2%에 달해도 그것이 안정될 때까지 자금공급량을 계속 늘릴 것을 약속하는 새로운 방안을 제시하였다. 이 '오버슈트형 커미트먼트'Inflation-Overshooting Commitment 는 리플레파의 경계를 풀기 위한 포석이었다.

아울러 "자금공급량 확대는 장기적으로 의미가 있다"고 리플레파를 배려하면서도, 단기적으로는 오히려 부작용을 억제하면서 실질금리의 인하를 도모하는 방향으로 선회하였다. 운영 목표를 자금공급량에서 '가장 적절한 수익률곡선의 형성'으로 변경하는 방안이었다. 이는 단기금리를 마이너스 0.1%, 장기금리를 제로%로 '고정'함으로써 수익률곡선이 예각이 되도록 수정해 마이너스 금리의 부작용을 줄이려는 의도였다.

핵심은 운영 목표가 양에서 금리로 전환됨으로써 국채 매입 증액이 '목표'에서 비켜나게 되었다는 점이다. 리플레파를 배려해 연간 80조 엔을 목표로 남겨두었지만, 장기금리 제로%가 목표이기 때문에 그 수준만 실현된다면 향후 매입액을 줄이는 것도 가능해졌다.

일본은행은 그동안 "장기금리는 직접 통제할 수 없다"고 말해 왔다. 하지만 구로다는 이차원 완화와 마이너스 금리의 경험을 통해 "'수익률곡선 제어'Yield Curve Control는 충분히 가능하다"며 이렇게 전망하였다.

"기존의 두 가지 틀을 바탕으로 그것을 더욱 강화한 것입니다. … 뭔가 난관에 봉착한 것은 아닙니다."[58]

'수익률곡선 제어' '오버슈트형 커미트먼트'라는 곡예에 가까운 정책을 짜낸 것도 기획담당 이사 아마미야였다.[59] 거슬러 올라가면 '시간축 정책'이란 것을 명명한 것도, 양적완화의 '정책확장성' 개념을 짜낸 것도, 이차원 완화를 만든 것도 아마미야로서, 그는 과거 대부분의 '비전통적 금융정책'에 관여해 왔다.

비전통적이라는 호칭에는 '정통 금융정책'을 일탈하고 있다는 비판적 뉘앙스가 담겨 있다. 실제 이차원 완화를 기획한 아마미야 등에 대해서는 일본은행 OB들로부터 가차 없는 비판과 따가운 시선이 쏟아졌다.[60]

아마미야는 비전통적인 금융정책에 대한 이해를 높이기 위해 직접 펜을 들고 강연에 임했다.

"역사를 들여다보면 … 단기금리 조정을 기반으로 하는 금융정책의 틀이 확립된 지 불과 20년 정도밖에 지나지 않았는데도 전통적인 금융정책으로 불리게 되었습니다."

계속해서 그는 "평시에는 단기금리만 조작하고 장기금리의 결정은 시장에 맡겨야 하지만, 위기시 혹은 일본처럼 오랜 기간 지속되고 있는 디플레이션에서 탈출하기 위한 국면에서는 중앙은행은 평시와는 다른 정책을 채택해야 합니다"[61]라고 말했다. 장기 디플레이션이라는 '비상시'에는 중앙은행이라고 해도 과거의 상식에 얽매여서는 안된다는 주장이자 일본은행 OB들 사이에 만연한 '구로다 완화 비판'에 대한 반박이었다.

정책 변경의 의도에 대해 아마미야는 "양에서 금리로 배를 갈아타고 지구전에 들어갔다"는 말을 서슴지 않았다. 나카소 부총재도 "마이너스 금리의 경험을 통해 구로다 완화는 유연성과 지속성을 겸비한 궁극의 진화형이 되었다"고 나중에 말했다.

9월 30일의 강연에서 구로다는 소설 〈빨간 머리 앤〉의 한 구절을 인용하였다. "앞으로 발견할 것이 많거든. 정말 멋지다고 생각하지 않니?"라는 부분인데, 구로다는 "앤의 말은 날마다 새로운 지혜와 해결책, 정책 수단을 찾으려고 많은 노력을 기울이고 있는 모든 중앙은행 직원들과 이코노미스트들에게 큰 격려가 되어 가슴에 와 닿는다"고 말했다.[62] 그것은 제로금리의 제약을 극복하기 위해 차례차례 아이디어를 짜내느라 고심하는 직원들에게 보내는 위로의 말로 들렸다.

구로다의 임기는 2018년 3월에 끝난다. 실무진은 후계 인사로 시끄러워지기 전에, 가능하면 '양에서 금리로의 회귀'를 완수하고 싶다고 생각하였으며, 구로다는 잠자코 거기에 응했다. 새로운 방안은 금융조절이라는 기술적 실무적 영역에 진입하는 것으로서, 이를 계기로 정책운영의 주도권은 구로다에서 기획 라인으로 넘어갔다.

한편 임기 중 2% 목표를 달성하지 못하고 '양에서 금리'로의 전환에도 찬성표를 던진 부총재 이와타에게는 야당과 리플레파 양측으로부터 비판의 화살이 쏟아졌다.

특히 "2년내 2% 달성에 직을 걸겠다"고 취임시 국회에서 한 답변을 놓고 야당과 언론의 거듭된 책임 추궁에 시달려야 했다. 이와타는 진의는 국민이 납득할 수 있도록 설명하는 것이 무엇보다 앞서 해야 할 의무라는 생각이었다고 변명하며, 소비세 증세와 예상 이상의 유가 급락이 원인이라고 거듭 말했지만, 자신의 발언에 끝까지 시달렸다.[63]

양에서 금리로의 전환에 대해서도 이와타는 "양의 중요성은 변하지 않았다"고 강조했다. 하지만 리플레파를 선도한 야마모토 고조는 "국채가 없어졌기 때문이라고 말하는데, 나는 그런 것을 좋아하지 않는다"고 눈살을 찌푸렸으며, 나카하라 노부유키는 "일본은행 내에서 리플레파가 패했다"고 비판하였다.

"디플레이션은 화폐적 현상"이라는 발언을 계속하던 하마다 고이치는 이후 재정확대의 필요성을 제창하게 되었고, 신문 인터뷰에서 "예전에 하던 말과 생각이 바뀐 것은 인정한다"고 말해 세상을 놀라게 했다.[64] 이와타도 퇴임후 "재정정책의 리플레이션 체제전환이 필요"하다는 주장을 강조하였다. 이와타에 앞서 학자에서 정책당국자로 전환한 경험이 있는 다케나카 헤이조는 인터뷰에서 이렇게 말했다.

"정책을 경험하고 이해하는 일은 올 오어 낫싱all or nothing이 아니다. 정책은 '종합'으로서 이걸 하면 모든 것이 다 잘 돌아가는 요술방망이는 아니다."

트럼프의 등장과 '포스트 구로다'

2016년 1월의 미국 대통령선거에서 도널드 트럼프가 당선되었다. EU 탈퇴를 결정한 6월의 영국 국민투표로 '두 번째 예상 밖'의 금융시장 혼란이 우려됐지만, 미국 신정부의 재정확장에 대한 기대감으로 주가와 유가가 급등하면서 뜻밖의 '트럼프 열풍'이 도래하였다.

이에 따라 일본은행의 정책은 당분간 장기금리의 상승 압력을 억제하는 쪽으로 무게가 실렸다. 다만, 그래도 국채 매입의 발걸음은 조용히 축소되는 쪽으로 움직이고 있었다.

수익률곡선 제어 정책 도입 직후, 리플레파의 이와타는 국채 매입의 흐름에 대해 "미세 조정, 줄었다고 해도 소폭 감소에 불과하다"[65]며 여전히 양의 중요성을 강조하였다.

하지만 일본은행의 국채 보유 비율과 '가격 지배력'이 높아지면서 10년물 국채의 유통수익률을 제로%로 유도하기 위해 필요한 매입액은 점차 감소해 갔다. 연간 80조 엔을 목표로 하면서도 1년후의 구입액은 연간 50조 엔 수준으로 감소하였다. 금리로의 전환을 인정하는 단계에서 '무엇을 얼마나 살 것인가' 하는 조절방침이 사무국의 재량에 맡겨짐으로써, 심의위원들이 현장에 개입하는 일은 사라졌다.

구로다의 임기 만료를 약 1년 앞둔 2017년 5월의 일이었다. 재무대신 아소 다로가 구로다의 후임으로 금융청장관 모리 노부치카森信親는 어떠냐고 운을 떠보았다. 총리관저의 신뢰가 두텁고 미국 월가에서도 통하는 모리라면 업무를 감당할 수 있지 않겠느냐는 아소의 물음에 재무성 내에서는 한순간 잔물결이 일었다.

하지만 곧 아소는 아베의 심중이 구로다 연임 쪽으로 기울고 있음을 알게 되었다. 아베 본인이 "일본은행 총재는 연임할 수 없느냐"고 물어왔던 것이다. 이에 따라 재무성은 구로다의 의중을 은밀히 타진했는데, 구로다도 "요청하면 받아들이겠다"고 긍정적인 반응을 나타냈다.

"(구로다의) 나이는 괜찮을까" 하고 걱정하는 아소에게, 주변에서는 웃으며 이렇게 대답했다.

"대신보다 구로다 씨가 젊습니다."

이때 아소는 76세, 구로다는 72세였다. 60년 만의 일본은행 총재 연임은 초여름에 열린 두 사람의 회담으로 사실상 굳어졌다.

하지만 이때부터 리플레파가 맹렬한 반격을 펼치기 시작하였다. 이와타 등 리플레파는 구로다의 '일본은행·재무성 성향' 노선에 불만을 갖고 포스트 구로다를 통해 새로운 '리플레이션 체제'를 구축하려고 획책하였다. 그들이 추천하려 한 사람은 스위스 대사 혼다 에쓰로本田悦朗였다. 혼다는 아베가 자신의 아버지 아베 신타로安倍晋太郎의 비서로 있을 때부터의 친구이자 하마다, 이와타와 나란히 아베노믹스의 이론적 지주였다. 원래 재무관료였지만 대학교수를 거쳐 내각특별고문이 되었고, 2016년 봄 스위스 대사로 발탁됐다.

관계자에 따르면 이와타는 아베에게 편지를 써 혼다 이외에 다른 적임자는 없다고 직소했다고 한다. 혼다 자신도 구로다 완화로는 부족하다고 목소리를 높여 스스로 총재 취임 의욕을 내비쳤다.[66] 총재 인사의 사정을 잘 아는 간부는 "이와타, 혼다 두 사람이 콤비를 이루어 구로다를 낙마시키기 위해 움직였다"고 들려주었다.

하지만 이미 구로다의 연임이 굳어져 있었기 때문에, 아베는 혼다를 부총재로 앉히는 것은 어떨까 생각하였다. 이에 놀란 재무성과 일본은행은 "구로다를 비판하던 인물을 기용해서는 안된다"며 거세게 저항했고, 급기야 관방장관과 부관방장관까지 아베 설득에 나섰다. 결국 연초까지 지연된 이와타의 후임 인사는 혼다 자신의 추천으로 같은 리플레파인 와세다대학 교수 와카타베 마사즈미若田部昌澄로 마무리되었다.

또 다른 부총재 자리를 놓고도 약간의 소동이 벌어졌다. 전 총재 후쿠이 도시히코가 아소를 찾아가 나카소의 연임을 압박했던 것이다. 하마평에서는 이사인 아마미야가 승격할 것으로 이름이 오르내렸다. 정부 내에 "이차원 완화를 지탱하고 있던 아마미야의 부총재 취임을 후쿠이 등 OB가 반대했다"는 해석이 돌았다.

후쿠이 자신도 금융위기나 양적완화 해제 등에 풍부한 실무 경험을 지닌 나카소를 잔류시키는 것이, 장래의 출구전략에 도움이 된다고 믿었다. 동시에 장래의 총재 후보로 꼽히는 아마미야로 하여금 일본은행 밖의 경력을 한 번 쌓도록 하는 것이 좋겠다는 배려도 있었다고 한다.

하지만 이 같은 후쿠이의 압력은 나카소 자신이 유임을 고사했기 때문에 어이없게 무너졌다. 나카소는 일찍부터 "조정역인 자신은 인선의 테두리 밖에 두고, 다음은 아마미야가 맡는 게 좋겠다"는 의견을 총리 관저나 재무성에 피력하고 있었다. 재무성의 천거도 있었기 때문에 아마미야는 이의없이 후임 부총재로 내정되었다.

2018년 4월 9일 저녁, 연임된 구로다는 총리관저에서 아베와 회담했다. 아소와 스가, 경제재정담당상 모테기 도시미쓰茂木俊三도 동석했다.

아베는 "아주 짧은 기간 내에 더 이상 디플레이션이 아닌 상황을 만들어줬다"고 구로다의 실적을 평가하며, "2% 물가안정 목표를 위해 모든 정책을 총동원해 주십시오. 아베노믹스를 지탱하는 세 개의 화살을 더 강화해 나갈 필요가 있습니다"라고 주문했다. 구로다도 "2%를 향한 최대한의 노력을 계속 전개하겠습니다"라고 웃는 얼굴로 응답해 공동성명을 지속해 가기로 결정하였다.

여기서 회담의 모두취재는 끝이 났다. 기자단이 회담장을 빠져나간 뒤 아베가 이런 이야기기를 꺼낸 것을 참석자 중 한 명은 기억하고 있다.

"구로다 씨, 달성시기가 자꾸 미뤄지는 건 좀 그렇지요?"

'달성시기'란 2% 목표 달성기한을 말한다. 2%는 아베노믹스의 대의 명분이었고, 구로다도 취임시 "2년 정도를 염두에 두고 가능한 한 조기에 실현하겠다"고 약속했었다. 하지만 5년이 지나도 달성되지 않아 이미 여섯 차례나 미뤄져 왔다.

아베의 물음은 실은 '2% 달성시기에 연연할 필요가 없다'는 신호였다. 복수의 관계자에 따르면 아베는 구로다를 재선임하기 전에 둘이서 점심식사를 했을 때도 "달성시기에 연연하지 않습니다. 중기적인 목표라도 상관없지요. 너무 자주 목표를 미루면 신뢰를 잃습니다"라며 자신의 생각을 전했다. 구로다는 별다른 위화감 없이 아베의 말을 받아들였다고 한다. 그런 경위도 있어서 구로다는 아베의 거듭된 질문에 당황하지 않고 해외에서 채택되고 있는 인플레이션 목표의 예를 들며, "어느 나라에서도 '전망'은 내놓지만 '목표'라고까지는 말하지 않습니다"라고 설명했다. 그러자 아베 옆에 앉아 있던 아소와 모테기가 끼어들며 이렇게 곁들였다.

모테기: "총재님, 해외에서와 같은 방식으로 하면 됩니다."

아　소: "외국의 방식을 참고해서 해보면 어떨까요?"

못을 박듯이 말하는 모테기와 아소의 발언을 구로다는 조용히 듣고 있었다. 임명장을 받는 축하의 자리는 이 같은 의견을 주고받음으로써 '달성시기에 연연하지 않는다는 방침'을 확인하는 자리가 되었다.

아베의 뜻을 전해들은 일본은행 간부들 사이에서는 갖가지 억측이 확산되었다. 이미 목표 달성시기가 계속 연기되고 있으므로 시기를 삭제해도 큰 의미가 없다고 생각하는 사람도 있고, 양에서 금리로 전환한 단계에서 달성시기는 상관없다고 잘라 말하는 사람, 혹은 리플레파 심의위원들이 어떻게 반응할지 경계하는 사람도 있었다. 아베의 메시지를 알게 된 간부 중 한 명은 "정치란 이런 것인가 하고 놀랐다"고 회상하였다.

돌이켜보면 공동성명을 작성하는 과정에서 '달성시기의 명기'에 남다른 집착을 보인 사람이 아베였다. 하지만 2%는 5년이 지나도 달성되지 않았다. "아베노믹스의 채점표를 쓰게 되면 고용도, 주가도, 기업실적도 합격점이지만, 물가만은 불합격이다. 그게 재미있지 않느냐"고 한 일본은행 간부는 미루어 헤아렸다.

실제로 총리관저는 아베노믹스의 진로 변경에 나서고 있었다. 구로다의 재임명을 공포한 날 참의원 결산위원회에서 아베는 이런 답변을 하였다.

"우리 경제정책의 목적이 무엇이냐면, 먼저 경제를 성장시켜 일하고 싶은 사람들이 일자리를 얻을 수 있도록 하는 것입니다. … 그 목적을 달성하는 하나의 방법으로 2%의 물가안정 목표를 내걸고 있습니다. … 하지만 목적에 있어서는 상당히 달성되고 있습니다."[67]

2%에는 아직 도달하지 않았지만 정책목표는 거의 달성했다는 새로운 해석이었다. 이후 총리실 홈페이지의 '아베노믹스 세 개의 화살' 설명문에서 물가에 대한 부분이 슬며시 삭제되었다. 아무도 눈치 채지 못한 채 2% 목표는 아베노믹스에서 사실상 분리되었다.

총리의 의도에 대해 주변에서는 '달성시기에 연연하지 않을 테니 결코 출구라고 생각하지 말라는 메시지'이기도 하다고 풀이했다. 즉 금융완화의 장기지속을 촉구했다는 것이다. 재무성 고위 관계자도 "디플레이션 탈피 등의 소란을 피우지 않으면서, 가능한 한 금융완화를 계속하고 싶다고 총리는 생각하고 있을 것이다. 그만큼 현상황은 정권에 우호적이다"고 말했다.

그로부터 3주가 지나 개최된 구로다 연임후의 첫 번째 정책결정회의에서 그동안 '2019년 무렵'으로 정했던 2% 목표 달성시기가 삭제되었다. 총리관저에서의 '합의'에 따라 문서에서 삭제한 것이다.

기자회견에서 구로다는 "시기를 명기함으로써 그것과 금융정책의 변경이 직접 연결된 것처럼 … 오해될 우려가 있어 삭제했다"고 궁색한 설명을 반복하며, '깊은 의미가 있는 것은 아니'라고 연막을 피워 기자들을 어리둥절하게 만들었다.

연임 석 달 만에 기획 라인은 수익률곡선 제어 정책을 미세하게 조정하였다. 장기금리의 미세한 소폭 상승을 용인하는 한편 이에 덧붙여 "당분간 포워드 가이던스(시간축정책), 곧 당분간 현재의 극히 낮은 장단기 금리 수준을 유지"한다는 것으로, 구로다는 '강력한 금융완화 지속을 위한 구조의 강화'라고 불렀다.

이전까지 제로% 수준으로 잡고 있던 장기금리 유도 목표를 탄력화한 것은 정체되는 국채 거래를 활발하게 해 다소라도 금융기관의 수익을 뒷받침하려는 의도가 담겨 있었다. 이 밖에 또한 마이너스 금리의 대상인 당좌예금을 절반으로 줄이고, ETF 매입액을 유연하게 변동시키는 방침도 정했다. 모두 '부작용'에 대한 배려였다.

사실 기획 라인은 1년 전부터 트럼프 열풍에 편승하는 형태로 장기금리의 유도 수준을 제로%에서 플러스 영역으로 올릴 수 있을지 모색하였다. 그러나 검토가 진행되는 도중에 미중 무역갈등이 격화되고 북한과 중동 정세가 긴박해지는 등 불안요인이 속속 표면화되었다. 물론 기획 라인은 "그동안 완화수정 국면에 진입할 때마다 실패했다"는 강한 트라우마를 갖고 있어 조심스럽게 대비할 수밖에 없었다. 또 구로다도 "수정이 지나치게 빠른 위험에 비해서는 느린 위험이 득이 될 것"이라며 자주 제동을 걸었다.

결국 1년 가까운 검토를 거쳐 포워드 가이던스로 완화노선을 보강하면서 극히 소폭의 금리 상승을 허용하는 절충안에 안착하였다. 어느 쪽에 무게중심이 놓여 있는지 분명치 않은 결정이 됐지만, 한 간부는 "완화 강화인 척하며 정상화에 가까워지기 위한 노력"이라고 풀이하였다. 사실 정책결정회의에서 반대표를 던진 것은 리플레파로 간주되는 두 위원이었다.[68]

대차대조표 팽창의 딜레마

금융정책이 이토록 난해 복잡해진 것은 2% 달성까지 완화를 계속할 수밖에 없는 어려운 사정과 완화의 부작용을 더 이상 방치할 수 없는 현실론 사이에서 타협의 패키지를 쌓아왔기 때문이다.

이차원 완화가 시작된 지 5년반이 지난 2018년 11월, 일본은행의 총자산은 마침내 국내총생산 규모를 넘어섰다. 5년전 당시에 164조 엔이었던 총자산은 553조 엔으로 3.4배 팽창하고, 그 중 국채는 469조 엔으로 발행잔고 전체의 43%에 이르렀다. 구로다는 "총자산이나 자금공급량에 특정한 천장이 있다고 생각하지 않는다"는 말을 반복했지만,[69] 대차대조표의 과도한 팽창은 수많은 딜레마를 일본은행에 안겨주고 있었다.

첫째는 거액의 자산매입에 따른 자원배분의 왜곡이다. 국채나 ETF 등의 시장에서는 일본은행이 압도적인 점유율을 차지해 '중앙은행에 의한 관리시장'화되었다. 그 결과 가격 형성이 왜곡되어 '관제 시세'가 형성됨으로써 시장의 가격 발견 기능이 저해되고 있다는 내외의 비판을 받았다.

둘째는 재정 규율의 저하다. 국채 매입은 유통시장에서 이뤄지지만 대부분 발행 즉시 일본은행에 전매됨으로써[70] 재정법 제5조가 금지하는 국채의 '일본은행 인수'에 무한정 접근하고 있었다. 또 오랜 기간 동안 금리 인하를 추진한 결과 국채 발행액의 누증에도 불구하고 국가가 지급해야 할 이자는 거꾸로 축소되어 재정을 건전화하려는 동기가 결과적으로 후퇴했다. 세출 증대를 요구하는 정치권의 압력은 눈에 띄게 높아지고 있었다.

셋째는 마이너스 금리 이후 표면화된 금융중개 기능의 저하다. 완화가 길어짐에 따른 수익 악화와 지방경제의 쇠퇴로 금융시스템은 다시금

취약성을 키우고 있었다. 작은 외적 충격이 새로운 위기를 초래할 수 있다고 당국자들은 바짝 긴장했다.

그리고 또 하나의 리스크는 완화의 출구에서 일본은행 자신이 직면한 재무 위기였다.

출구로 향할 때는 우선 국채 등 자산 매입을 단계적으로 축소한 뒤 자산을 매각하거나 자산을 보유한 채 지급준비금의 이자율을 올릴 것으로 예상된다. 만일 금리가 상승하면 일본은행이 보유한 국채에 수십조 엔 규모의 손실이 발생한다. 일본은행은 국채의 만기 보유를 전제로 한 '상각원가법'[71]을 채택하고 있어 국채의 매도 주문을 일절 받지 않으면 가치 손실이 실현되지 않지만, 본래 시장시세보다 고가에 매입했기 때문에 설령 만기까지 보유하더라도 상당액의 손실 발생은 피할 수 없다.

한편, 국채를 안은 채로 부리 금리를 인상하면 어떻게 될까? 400조 엔을 웃도는 초과준비금의 금리가 2% 오르면 대략 8조 엔의 부담이 늘어난다. 그런 반면에 보유하고 있는 국채의 운용 이율은 큰 폭으로 하락하였기 때문에, 일본은행은 심각한 역마진에 직면하게 되고, 거액의 적자가 자기자본을 잠식해 채무초과에 빠질 가능성이 있다. 설령 국채를 팔더라도, 이자율을 올리더라도, 전체 재화 손실액이 60조 엔을 넘는다는 시뮬레이션도 있다.[72] 이에 일본은행은 2015년 11월 재무성에 충당금 제도 확충을 요청해 '채권거래 손실충당금'을 빠르게 쌓았는데, 잔고는 4조 4,000억 엔(2019년 3월 말 기준) 정도다.[73]

더불어 ETF에 관해서도 평균주가가 1만 9,000엔 전후를 밑돌면 손실이 발생해 감손처리가 필요하다. 상층부는 만기가 돌아오는 국채보다도 ETF의 '정상화'를 더욱 중시하지만, 둘을 별개의 것으로 분리하기는 쉽지 않다. 보유액이 주식 시가총액의 5%대에 달하기 때문에 반영구적으로 떠안을 수밖에 없다는 비관론도 행내에서 제기되고 있다.

이 같은 재무악화는 결국 국고 납부금의 감소나 소멸 형태로 실질적인 국민의 부담이 되고 정치문제화될 우려가 있다. 일본은행법 개정에 따라 정부의 손실보전 조항이 폐지돼 추가 출자를 할 수 없게 되어 있지만,[74] 만일 재정자금을 쏟아 붓는 사태가 벌어지면 일본은행의 독립성은 크게 흔들리게 된다. 무엇보다 중앙은행의 '재무위기'가 통화 신인도에 어떤 영향을 미칠지 누구도 명확한 견해를 갖고 있지 않다.

수익률곡선 제어를 계기로 소걸음처럼 천천히 정상화를 모색하는 배경에는 이런 사정이 숨어 있다. 80조 엔을 목표로 하던 국채 매수는 2018년 봄에 50조 엔으로 줄어들고, 2019년 봄에는 30조 엔으로 단계적으로 축소되어, 2019년 연간 증가액은 16조 엔 미만에 그쳤다. 일본은행 내에서는 '은밀한 양적완화의 축소'stealth tapering가 시작되고 있다는 이야기도 나오고 있지만, 자산의 잔고 자체는 이후에도 계속 확대되고 있다. 게다가 장차 장기금리의 급상승을 억제하기 위해 또다시 거액의 국채 매입에 내몰릴 위험도 도사리고 있어[75] '출구'의 어려움은 상상을 초월한다.

2018년 9월, 3선에 도전하는 자민당 총재 선거 토론회에서 아베는 이차원 완화에 대해 "계속해도 좋다고는 전혀 생각하지 않는다. 어떻게든 내 임기 안에 (출구를) 마련하고 싶다"고 말했다. 하지만 그 용감한 발언도 다음해에는 이렇게 바뀌었다.

"확실히 2%를 달성하지는 못하고 있지만, … 진짜 목적은 고용을 촉진해 완전고용을 실현하는 것이었습니다. 그런 의미에서 이 금융정책을 포함한 목표는 달성되었습니다. … 그 이상의 출구전략 운운에 대해서는 일본은행에 맡기고 싶습니다."[76]

2% 목표가 정치적으로 '보류'됨으로써, 부작용이나 출구시의 트러블을 포함한 모든 부담은 일본은행이 전적으로 떠안을 수밖에 없게 되었

다. 위에서 본 국회 답변이 있은 지 약 1년 뒤 아베는 느닷없이 퇴진 의사를 밝혔지만, 아직 아베 '1강 체제'의 그늘에서 벗어날 수 없었기에 총재 4선 가능성마저 제기되었다.

이듬해인 2019년 새해 벽두부터 미중 무역갈등에 대한 우려로 시장의 동요가 이어지고, 여름에는 글로벌 경기의 둔화를 걱정한 미 연준이 다시 금융완화로 방향을 틀면서, 엔화 강세가 진행되었다. 그때마다 구로다는 "주저 없이 추가조치를 강구하겠다"고 강한 어조로 견제를 계속하였다.[77] 하지만 소지하고 있는 카드가 없어진 것을 빤히 들여다보고 있는 시장에서 총재의 발언은 공허하게 울릴 뿐이었다.

보다 못한 아소가 구조선을 띄우려 한 적이 있었다. 헤이세이가 막을 내리기 직전의 일이었다.

"2%에 도달하지 못했다고 화를 내는 서민이 있을까요? 한 명도 없는 것 같아요. … 처음에 목표로 내세웠기 때문에 어떻게든 그걸 할 수밖에 없는 형태인 것 같은데, … 조금 생각을 유연하게 해도 이상할 것 없다는 느낌을 솔직히 저는 가지고 있어요."[78]

아소와 마찬가지로 일본은행 내부에서도 "2% 달성은 현실적으로 불가능" "목표를 환골탈태해야 한다"는 목소리가 나오고, 이를 총재에게 직언한 직원도 있었다. 그러나 2%를 목표로 하는 구로다의 의욕에는 변화가 보이지 않았다. 구로다 혼자서 물가안정 목표라는 깃발을 계속 들고 있었던 것이다.

다만 연호年號가 바뀌고 첫 겨울이 다가온 2019년 11월 29일, 아주 드물게도 구로다는 약한 모습을 드러낸 적이 있었다. 일본은행법에 따라 국회에 보고[79]하는 자리에서 구로다는 이렇게 답변하였다.

"확실히 우리의 판단이 너무 낙관적이었습니다. … 정책으로서 잘못되었다고는 생각하지 않지만, 가계 비중의 크기, 기업의 임금, 물가관에 대한 기존의 사고가 예상보다 쉽게 전환되지 않은 것이 하나의 요인이 되지 않았을까 하는 생각이 듭니다. 이것은 저희가 반성해야 할 점입니다."

공식석상에서 구로다가 처음 꺼낸 '반성의 말'이었다.[80] 중앙은행이 마음만 먹으면 물가 목표를 반드시 실현할 수 있다는 취임 때의 신념을 사실상 수정했다고 느낀 사람도 있었다.

중국 후베이성 우한에서 '원인불명의 바이러스성 폐렴'이 처음 확인된 것은 공교롭게도 이 무렵이었다.

에필로그

코로나 쇼크,
그리고 총리 교체

2020년은 도쿄올림픽이 열리는 해였다. 이 해 1월의 첫 금융정책결정회의는 물가 전망치를 대폭 하향조정하였다. 중국 우한을 중심으로 확산되는 신종 코로나 바이러스에 대해 질문을 받은 구로다 하루히코는 "지금 시점에서 사스나 조류독감과 같은 영향이 있다거나 그럴 가능성이 높다고 보지는 않지만, 동향을 예의주시하고 싶다"고 답하였다. 또한 "점차적이긴 하지만 물가상승률은 2%를 향해 꾸준히 높아지고 있다"[1]며 기존의 입장을 바꾸지 않았다.

하지만 신종 폐렴이 맹위를 떨치며 아시아, 유럽, 미국 등 전 세계로 확산되기 시작하였다. 일본에서도 이 회의 직전에 첫 감염자가 확인되었으며, 2월에는 요코하마에 기항한 호화 여객선에서 집단 감염이 발생하였다. 정부는 잇따른 감염 방지책을 내놓으며 신중한 자세를 취했다. 이런 분위기가 확산되면서 경제는 냉온정지 상태로 치달았다.

3월 3일 미 연준은 긴급회의를 열고 금리인하를 결정하였다. 그 결과 9일 뉴욕 증시에서 다우존스 평균주가가 한때 2,000달러를 넘는 폭락세를 기록, 주식매매가 일시 중단되는 '서킷브레이커'가 발동되었다. 도쿄 증시에서도 평균주가가 1,050엔 급락해 2만 엔 아래로 떨어졌다. 하락폭은 2개월 만에 7,500엔에 달했다. 유가도 역사적인 급락세를 이어가면서 세계적인 불황의 목소리가 급속히 높아져 갔다.

3월 12일 아베 신조는 구로다를 총리관저로 불러 기업 자금지원 대책을 조속히 검토할 것을 지시하였다. 기업금융 지원을 위한 새로운 시장개입과 ETF 등의 매입 속도를 배로 높이는 추가완화 조치가 결정된 것은 그 5일후의 일이었다. 동시에 금융시장국은 미 연준과 적극적인 교섭을 벌여 달러 자금 공급 확충책을 마련하였다. 이는 해외 대출이나 유가증권 투자를 확대시키고 있던 외국 주재 일본 은행들에게는 '생명줄'이 되었다.[2]

한편 미국에서는 같은 3월 12일에 트럼프 대통령이 긴급사태를 선포하고, 16일에는 연준이 추가 금리인하로 제로금리에 복귀하였다. 코로나 쇼크가 전 세계를 뒤덮어 24일에는 도쿄올림픽 개최 연기가 결정되었다.

4월 7일, 일본에서도 긴급사태 선포가 발령되고, 그후 117조 엔 규모의 긴급경제대책이 수립되었다. 이와 발맞추어 27일의 정책결정회의에서는 제2탄 완화방안이 결정되었다. ETF에 이어 CP나 회사채 매입을 대폭 확대하는 동시에 국채에 대해서도 '80조 엔 목표'라는 표현을 삭제함으로써 적극적으로 매입을 늘릴 태세를 취했다. 구로다는 "시장조절 방침을 실현하기 위해 상한을 마련하지 않고 매입한다. 필요한 만큼 얼마든지 사겠다"고 밝혔다. 언론은 '무제한 매입'이라고 대대적으로 보도했다.[3]

대외공표문에는 그 이유로 "긴급경제대책으로 국채 발행이 증가하는 영향도 감안해"라고 적혀 있어, 정부의 국채 발행을 중앙은행이 측면 지원하는 '재정 파이낸스'의 뉘앙스가 한층 강해졌다.

실제로 코로나19 사태로 인한 수요 감소를 보완하기 위해 편성된 두 차례 추경의 세출 규모는 57조 6,000억 엔에 달하고, 그 재원은 신규 국채 발행으로 충당되었다. 그럼에도 불구하고 장기금리가 반응하지 않은 것은 일본은행이 국채를 매입하는 자세를 보였기 때문이며, 국민 1인당 10만 엔의 일률지급이나 휴업 보상, 월세 보조, 학생 지원금도 간접적으로 일본은행의 국채 매입에 의해 실시되는 형태였다.

거슬러 올라가 수익률곡선 제어 정책의 도입 직후, FRB 전 의장 벤 버냉키가 "구로다 총재는 정부 지출을 명시적으로 파이낸스하는, 이른바 헬리콥터 머니에는 반대를 표명했지만, 국채 금리를 무기한 제로로 하는 것은 머니 파이낸스(=헬리콥터 머니)의 요소를 갖는다"라고 자신의 블로그에서 지적한 일이 있었다.[4]

헬리콥터 머니는 중앙은행의 국채 매입을 자금원으로 사용해 정부가 감세하거나 무상으로 국민들에게 행정 서비스를 제공하는 정책이다. 마치 헬리콥터에서 지폐를 뿌리는 격이라서 이런 이름이 붙여졌는데, 밀턴 프리드먼이 1968년에 실험적으로 문제를 제기하였다. 오랜 기간 동안 금단의 인플레이션 정책으로 여겨져 왔지만, 버냉키가 FRB 이사 시절에 이것을 제창하고, 일본에서도 2016년 여름 무렵 '궁극의 디플레이션 대책'으로 받아들여져 일부 정치인과 시장에서 인기를 끈 적이 있다.

일본은행의 국채 인수는 법으로 금지돼 있지만 장기금리를 제로%로 고정하고 신발행 국채 대부분을 일본은행이 매입해 준다면, 정부는 이자지급 부담을 아랑곳하지 않고 국채를 발행해 재정지출에 충당할 수 있다. 더욱이 추가 지출을 위한 재원 논의도 이뤄지지 않고 있어, 10만 엔 지급 등 일련의 코로나 대책은 헬리콥터 머니 그 자체라고 지적하는 정부 관계자가 적지 않았다.

5월 들어 총리관저에서 새로운 '요구사항'이 날아들었다. 미증유의 위기에 처한 기업을 지원하기 위해 "정부와 일본은행이 한몸이 되어 자

금융통을 지원하고 있다는 사실을 좀 더 극적으로 부각해 달라"는 것
이 아베의 강력한 의지였다. 총리 주변에서는 수익률곡선 제어에 의지
해 재정지출을 확대하려는 정권의 노림수를 곧바로 알아차렸다.

총리의 지시는 곧바로 재무성과 일본은행에 하달되어 실무 차원에서
검토가 시작되었다. 관계자에 의하면, 이 문제를 둘러싸고 재무성은 몹
시 열심히 움직였다고 한다. 주계국장 오타 미쓰루太田充가 몇 번씩 일본
은행 수뇌부에 전화를 넣었을 뿐 아니라, 때로는 스스로 본점까지 찾아
가 극적인 연출이 되도록 협력을 요청하였다.

구로다를 비롯한 일본은행 수뇌부는 "이 국면에서 정부와 함께 움직
이고 있음을 세상에 보여주는 것은 필요한 일이다"며 주저하지 않고 재
무성의 요청에 동의하였다. 이렇게 하여 확정된 것이 4년 만의 공동담
화 발표였다.

5월 22일 구로다 체제 들어 첫 임시결정회의가 열렸다. 회의에서
는 중소기업을 위한 새로운 자금공급 수단을 포함한 총 75조 엔 규
모의 '자금운용지원 특별 프로그램'이 결정되었다. 이에 구로다와 아소
다로는 저녁에 회담을 갖고 "감염 수습후 일본 경제를 다시 확실한 성
장궤도로 회복시켜나가기 위해 일체가 되어 노력하겠다"는 공동담화를
발표하였다.

"일체가 되어 노력한다"는 표현은 2013년의 공동성명과 동일하다. 일
본은행 내에서는 "그런 문구까지 사용하느냐" "공동성명까지 낼 필요
가 있느냐"는 목소리도 나왔다. 그러나 두 사람이 나란히 나선 기자회
견에서 구로다는 "재정과 금융의 폴리시 믹스가 이루어지면 그 결과 재
정정책과 금융정책의 상승효과가 작동한다"며 정부와의 연계를 강조했
고, 아소는 "중앙은행과 정부가 정확히 같은 방향으로 향하는 것은 매
우 중요하다"며 가슴을 활짝 폈다.[5]

사흘 뒤 아베는 한 달 반에 이르는 긴급사태 해제를 발표하며 만족스러운 듯 말했다.

"정부와 일본은행이 일체가 되어 모든 수단을 강구할 것입니다. 그 결의를 이례적인 공동담화로 발표했습니다. 바로 일본 전체에 압도적인 양의 자금을 투입해 일본 기업의 자금운용을 전폭적으로 뒷받침할 것입니다."[6]

총리의 표정은 7년 만에 중앙은행을 완전 장악했다는 자신감에 차 있었다. 한편, 구로다도 국제회의 등의 장소에서 '지금의 정책은 오토매틱(자동적) 폴리시 믹스'라는 설명을 반복하였다. 계속되는 코로나19 사태 아래서 중앙은행과 재정의 일체화가 가속도적으로 진행되어 더 이상 수익률곡선 제어 정책 없이는 재정운영이 불가능한 상황이 되었다.

구로다는 재무관 시절 금융정책과 국채관리정책, 환율정책은 서로 협조해야 한다고 호소했는데, 결과적으로 스스로 그것을 실현시켰다. 다행히도 저금리와 재정금융의 원활화, 그리고 엔저 지향이라는 세 정책의 '정합성'이 사라지는 엄혹한 국면[7]은 아직 찾아오지 않았다.

금융과 재정의 울타리를 뛰어넘어 대차대조표를 부풀리는 '구로다 스타일'은 이후 전 세계 중앙은행으로 확산되었다. 코로나19 사태로 사라진 수요를 메우기 위해 각국 정부는 거액의 재정지출에 나서고, 중앙은행은 국채 매입과 장기금리의 인하를 유도해 이를 뒷받침하였다. 그 결과, 국채 발행잔고에서 차지하는 FRB나 ECB의 보유비율이 20%에서 30%로 상승해 급속한 '일본은행화'가 진행되고 있지만, 그래도 50%를 넘는 일본은행에는 한참 미치지 못한다.

2020년 6월 16일에 열린 정책결정회의에서 약간의 '이변'이 있었다. 의장 구로다로부터 발언을 요청받은 재무성 대표가, 정해진 발언을 내놓지 않았던 것이다. 7년반 전의 공동성명 이후 재무성 대표는 정책결정회의장에서 "가능한 한 빠른 시일 내에 2% 물가안정 목표가 달성되기를 기대한다"는 판에 박은 듯한 말만 계속해 왔다. 하지만 이날은 "기업금융의 원활한 확보와 금융시장의 안정 유지 등에 만전을 기함으로써 금융경제 활동을 지지하는 데 기여할 것으로 기대한다"고 발언해, 물가안정 목표를 처음으로 언급하지 않았다.[8]

코로나 사태라는 긴급상황에 대한 배려인가? 마이너스 금리처럼 무리하게 2%를 추구하지 말라는 사인인가? 아니면 아베와 마찬가지로 재무성도 2% 목표를 '중단'하려고 하는 것인가?

그 진의를 알 수 없어 기획 라인은 골똘히 생각에 잠겼다. 뭔가가 움직이기 시작하려 하고 있다. …

그로부터 두 달 뒤, 2020년 2분기의 국내총생산(GDP)이 전기 대비 마이너스 27.8%(나중에 마이너스 28.1%로 하향 조정)로 전후 최대의 침체를 기록한 것이 밝혀졌다. 같은 달인 8월 17일 아베가 게이오대학병원에서 7시간 동안 검사를 받으면서 정치권에 긴장이 고조되었다.

아베는 검사 2주후인 8월 28일 지병 재발을 이유로 돌연 퇴진을 표명했다.[9] 놀라운 소식에 평균주가는 한때 600엔 넘게 하락하고 채권시세도 급락(금리는 상승)하였다. 장기안정 정권의 갑작스러운 종식에 열도 전체가 충격에 휩싸였다.

돌이켜보면 헌정사상 최장인 7년 8개월 사이에 평균주가는 두 배 이상 올랐고, 기업실적도 고용사정도 개선되었다. 정권 출범시에 시작된 경기 확대는 전후 두 번째로 긴 71개월에 이르렀지만, 그 사이의 평균 성장률은 1.1%, 물가상승률은 평균 1%에 미치지 못해 생산성의 신장은 오히려 둔화되었다. 한 시간 동안 계속된 퇴진표명 회견에서 총리는 '아베노믹스' '대담한 금융정책' 같은 키워드를 입에 올리지 않았다. 아베의 퇴진과 함께 정권이 금과옥조로 내세우던 정책목표는 길 중간에서 막을 내렸다.

한편, 그 '정책 코스트'가 된 일본은행의 총자산은 퇴진표명 직후인 8월말 시점에 682조 8,990억 엔으로 명목 GDP의 1.3배에 달했다.[10] 그 가운데 장기국채는 490조 엔을 차지한다. CP와 회사채, ETF 매입은 코로나에 대한 대응으로 더 늘어나 이제 도쿄 증시 1부 시가총액의 5% 이상을 중앙은행이 보유하는 비정상적인 상황이 계속되고 있다.

또한 나랏빚도 여러 차례에 걸친 코로나 대책으로 한층 늘어나 2020년 말에는 국채 발행 잔고가 1,000조 엔을 돌파하였다. 이들 막대한 정책 코스트가 확정된 시점에서야 아베노믹스의 역사적 평가도 결정될 것이다.

아베의 뒤를 이은 사람은 자민당 내에서 압도적 지지를 얻은 스가 요시히데였다. 고 가지야마 세이로쿠梶山静六를 스승으로 추앙하는 스가는 엔고를 싫어하고 주가 상승을 추구하는 강력한 경제성장론자이다. 관방장관 시절에는 일본 주식에 대한 투자를 촉진하기 위해 해외 펀드와의 면담에 적극 응하고, 엔고·주가 하락 저지를 위해 재무성과 금융청, 일본은행이 참여하는 '3자회의' 신설을 지시하였다. 일본은행에 대해서는 정부와의 연계를 규정한 일본은행법 제4조를 중시하는 입장이다.

출마 기자회견에서 스가는 "아베노믹스를 책임지고 인계해, 한층 더 진전시키고 싶다. 일본은행과의 관계도 마찬가지로 진전시켜 나가고 싶다"[11]며 노선 승계를 선언하였다. 스가의 새 내각은 9월 16일 출범하였다.[12]

그 이튿날 구로다는 정책결정회의에서 완화노선의 지속을 결정하며, "정부와 잘 연계하면서, 정책운영을 수행해 가겠다"는 두 가지 대답으로 스가에 호응하였다.[13]

구로다는 또 아베 때와 마찬가지로 스가와도 정기적으로 회담하고 싶다는 뜻을 밝혔으며, 그후 일본은행 측은 총리관저에 면회를 신청하게 된다. 거리를 좁히려고 움직인 것은 정치 쪽이 아니라 일본은행 쪽이

였다.[14]

시간을 거슬러 7년반 전, 구로다가 총재로 취임한 2013년 3월에 이런 일이 있었다. 체제전환에 따라 바로 일본은행을 떠나려는 전 부총재 야마구치 히로히데를 불러 세우고, 구로다가 "일본은행은 왜 그렇게 독립, 독립이라고 하는가"라고 캐물었다.

야마구치의 기억에 의하면 구로다는 "일본은행법에 독립이라는 말은 없다. 있는 것은 자주성이다"[15]라며 "헌법과의 관계에서 볼 때 독립이란 있을 수 없다. 오히려 정부와 연계해 나가는 것이 중요하지 않느냐"고 역설했다. 야마구치는 잠시 말문이 막혔다고 한다.[16]

구로다에게 있어 일본은행 총재의 요체는 '독립성'보다는 오히려 '정부와의 연계'에 있었다. 흔들림 없는 노선이 이미 깔려 있었던 것이다.

덧붙이는 말

긴 취재가 마침내 끝났다. 마지막으로 약간의 개인적 견해를 덧붙이는 점에 양해를 구하려 한다.

되돌아보건대 통화와 관련한 기본법은 좀 더 일찍 정비해 두었어야 한다. 그 점을 몹시 아쉽게 생각한다. '인플레이션 시대'에 정비했더라면 물가폭등이나 버블의 크기를 좀 더 억제하고 그후의 역사도 달라졌을지 모른다. 그것이 늦어지고 늦어져 하필이면 디플레이션 속에서 개정이 이루어졌다. 본래 중앙은행법이 상정한 인플레이션 퇴치와는 '정반대의 임무'를 중앙은행 총재에게 부여한 것은 역사의 아이러니다. 사실 새로운 법체계 하에서 그들의 성적은 결코 칭찬 받을 만한 것이 아니었고, 어디에 다다를지 모르는 '표류'가 지금도 계속되고 있다.

한편 정치적으로 보아도 법 개정의 시기는 좋지 못했다. 애초에 정치인들이 법 개정에 나선 것은 중앙은행의 독립을 원해서가 아니었다. 목표는 총리를 핵으로 하는 '정치 주도권'의 확립이며, 그 일환으로서 대장성의 권한을 축소했던 것이다. 그렇기 때문에 일본은행법 개정은 개입의 배제를 목표로 한다는 점에서 정치권의 의도와는 정반대였다. 왜 독립성이 필요한지 누구 한 사람 제대로 납득하지 못한 채 법만 바뀌었다. 어처구니없을 정도로 성장지향적인 정치인들과 놀라울 만큼 경계심에 젖어 있는 중앙은행 총재들이 서로 이해될 리 만무했기에 정면충돌은 시간의 문제였다.

일찍이 미야자와 기이치는 "아무리 힘들어도 통화나 금융을 만지작거려서는 안된다"고 훈계하듯이 말했다. 그러나 그러한 '통치의 법식'은, 태평양전쟁기와 전후의 혼란을 아는 미야자와 세대를 마지막으로 구름이 흩어지듯 사라져간 느낌이 든다. 소선거구제의 도입과 두 차례의 정권교체를 거치면서 정치인들은 '선거에서의 승리가 전부'가 되었다. 통치의 법식 등을 생각하며 여유롭게 버티고 있을 여유가 없는 시대가 된 것이다. 이런 경제적 정치적 '역방향의 힘'이 복잡하게 작용한 결과가 현재의 일본은행이자 비정상적인 금융완화다.

한 일본은행 OB는 "일본은행은 이제 감사인사 받을 일만 있고, 비판받을 일은 없어졌다. 세간에서 지나치다는 말을 들을 정도로 완화했기 때문"이라고 자조했다. 하긴 그토록 격렬했던 공격이 딱 멈춘 것은 일본은행이 잔소리를 하지 않고 아베노믹스의 대리집행기관을 맡았기 때문이다. 거슬러 올라가면 구법 하에서 마쓰시타 야스오는 대장성이 기대한 금융위기 대응 기자회견을 거부했고, 신법 하에서 구로다 하루히코는 총리의 뜻을 받아 재무상과 나란히 코로나 대응 공동담화를 발표했다. 일의 옳고 그름을 떠나 이것이 지난 사반세기 동안에 일어난 상징적인 변화이며, 중앙은행의 '작법' 또한 달라졌다.

그러던 중 하필 코로나 쇼크가 일어났다. 재정난이 극에 달한 일본에 이 또한 최악의 타이밍이지만, 코로나19 사태로 증발한 수요를 메울 방법은 재정 외에는 없었다. 중앙은행이 장기금리를 낮게 고정해 재정을 지원하는 일은 당분간 피할 수 없을 것이다. 이를테면 일본은행을 '교본' 삼아 세계의 주요 중앙은행이 독립성보다 제휴를 중시하는 정책을 전개하고 있는 데서 그 점을 미루어 알 수 있다. 그러나 문제는 앞으로다. 아베노믹스를 계승하겠다는 스가 정권과 그 뒤에 이어질 정권 앞에 어떤 전개가 기다리고 있을지 수형도적樹型圖的으로 생각해 본다.

첫째는 운 좋게도 코로나를 극복해 경제가 살아나고 정부의 성장전략에 힘입어 잠재성장률도 상승세로 돌아서는 희귀한 경우다. 이렇게 되면 장기금리의 상승 압력을 어디까지 용인하느냐를 두고 일본은행과 정부는 다시 격돌할 것이다. 장기금리가 오르면 재정의 목이 조여들고, 마침내 일본은행 재무상황의 악화가 심각한 정치문제로 표면화된다. 반대로 금리를 누르기 위해 국채를 대량 매입하면 출구 비용은 점점 커진다. 앞으로 나아가도 지옥, 머물러도 지옥이다. 하지만 그동안 따뜻한 연계의 탕 속에 오래 잠겨 있던 일본은행이 갑자기 방향을 틀어 정치권력과 대치할 수 있겠느냐는 소박한 의문이 머릿속을 떠나지 않는다.

다음 시나리오는 코로나19 사태가 길어지면서 경기도 물가도 오르지 않은 채 조용히 지반 침하가 진행되는 경우다. 이 경우 이차원 완화는 더 길어지고 이에 따라 재정은 갈수록 비대해진다. 시라카와 마사아키는 최근 장기 금융완화가 생산성 상승률의 하락 추세를 조장해 잠재성장률을 더욱 끌어내리고, 결과적으로 '저성장, 저인플레이션, 저금리'를 정착시켜 버릴 위험을 지적하기 시작했다. 인플레이션이 일어나지 않아 다행이라고 말하는 사이에 소득 증가가 저하되어 일본 경제 전체가 '끓는 물 속의 개구리'가 된다는 것이다. 같은 견해는 전 재무차관 사토 신이치도 표명했다. 금리 시그널이 사라져 적당히 데운 목욕물 같은 이차원 완화가 영원히 이어질 것이라는 기대 아래 일본 경제는 활력을 잃고, 그저 식어가는 '백색왜성'으로 변해갈 것이라는 경고다. 아베노믹스 하에서의 극히 낮은 성장률과 생산성 상승률의 둔화는 그 전조라고도 할 수 있다.

한편 이 두 가지 큰 시나리오에는 국가 신용등급의 하락과 채권시장 반란 등으로 재정의 지속성에 의문부호가 붙을 위험이 항상 따라다닌다. 저출산 고령화와 잠재성장률 부진으로 일본의 경상수지 흑자가 축소되면, 시장의 불안은 커지고 헬리콥터 머니도 이윽고 막히고 만다. 인플레이션이 되지 않는 한 통화발행권을 가진 국가가 재정적자로 파탄나는 일은 없을 것이라는, 요즘 유행하는 MMT(현대화폐이론)도 마찬가지다.

본래 통화의 신인도는 국가의 경제력과 그에 의해 뒷받침되는 재정의 지속성을 통해 구축된다. 만의 하나라도 그 부분이 흔들리지 않도록 '빌린 돈은 반드시 갚는다'는 명쾌한 약속과 재정건전화를 위한 피나는 노력이 중요한데, 선거제일주의에 빠진 정치인들에게 과연 그럴 각오가 있을 것인가. 여기저기 둘러봐도 그저 가시밭길뿐이다.

다만 오락가락하는 가운데 언젠가는 정부와 일본은행의 '공동성명'을 근본적으로 재검토하고, 마지막으로 중앙은행 본연의 모습까지 재검토하지 않을 수 없게 될 것이라는 생각이 든다. 만약 정부와의 연계가 불가피하다면 거기에 소요되는 비용으로 인한 중앙은행의 재무 악화를 어디까지 방치할 수 있느냐 혹은 어떻게 보전해야 하느냐는 논란이 불거진다.

동시에 중앙은행의 거버넌스 강화도 독립성의 기본방향과 맞물려 중요한 논점이 될 것이다. 심의위원의 전문성과 다양성, 정치적 중립성을 어떻게 담보할 것인가? 정책위원회가 유명무실해지는 사태를 어떻게 막을 것인가? '열린 독립성'의 근거가 되는 정보 공개는 지금 그대로 충분한가? … 모두 다 중앙은행의 신인도와 관련된 문제여서 경우에 따라서는 '외부평가제도'와 같은 구조도 도마 위에 오를지 모른다.

무엇보다도 인플레이션이 없는 시대에 금이나 은의 보증을 받지 못하는 페이퍼 머니(관리 통화)의 팽창을 멈추게 할 '휘슬'을 어디에서 구하고, 어떻게 휘슬을 울릴 것인가 하는 과제는, 아직 손을 대지 못한 채로 있다. 다음 금융위기와 제도 논의에 대비해 아카데미즘과 저널리즘이 철저한 정책 검증을 통해 국민적 차원의 논의를 불러일으키기를 기대한다.

끝으로, 장기간에 걸친 집요한 취재에 협력해 준 수많은 당국자와 출판을 허락해 준 TBS의 사사키 다카시 사장에게 깊은 사의를, 그리고 이 책의 프로듀서인 이와나미서점의 우에다 마리 씨에게 진심어린 경의를 표하고 싶다. 미에노 야스시, 미야자와 기이치, 하시모토 류타로 씨를 비롯해 밀도 높은 취재를 마친 후 세상을 떠난 분도 적지 않다. 이 자리를 빌어 명복을 빈다.

가능한 한 정확한 기록을 다음 세대에 남겨야 한다며 사적인 시간을 내어준 몇 분의 스승과 둘도 없이 귀한 벗들, 그리고 소중한 가족들에게 이 작품을 바친다.

니시노 도모히코

주

머리말

1. "군자지학 비위통야(君子之學 非爲通也) 위궁이불곤 우이의불쇠야(爲窮而不困 憂而意 不衰也) 지화복종시이심불혹야(知禍福終始而心不惑也)"-순자荀子

2. 三重野康,《赤い夕陽のあとに》에서.

3. 2019년 11월 7일 雨宮正佳 부총재의 북경 강연에서.

4. 주택담보대출을 제공하기 위해 민간 금융기관들이 1970년대에 잇달아 설립한 제2금 융권이지만, 이후 은행 스스로 주택담보대출 사업에 뛰어들면서 주택금융전문회사들은 부동산 대출 쪽으로 기울었다. 버블 붕괴로 거액의 부실채권을 떠안아 경영위기에 빠졌다.

프롤로그

1. 자유민주당, 일본사회당, 신당사키가케의 3당은 1994년 6월 사회당 당수인 村山富 市를 수반으로 하는 연립내각을 발족시켰다. 무라야마 내각은 1996년 1월 11일 총사퇴 하고, 사회당은 같은 달 전당대회에서 사회민주당으로 당명을 변경하였다.

2. 마쓰시타는 1950년 대장성에 들어가 주계국장과 사무차관을 역임하였다. 퇴임후에 는 太陽神戶銀行 은행장이 되어 三井銀行과의 합병을 실현시키고 1994년 12월 제27대 일본은행 총재로 취임하였다.

3. 신진당은 호소카와 연립정권을 구성하고 있던 신생당, 공명당의 일부, 민사당, 일본신 당, 자유개혁연합 등이 결집해 1994년 12월에 결성되었다. 발족시에는 214명의 국회의원 을 거느렸으나 1996년 가을 총선에서 자민당에 패하면서 1997년 말 소멸(6개 당으로 분 당)하였다.

4. 벨기에 국립은행 조례에 의거해 제정한 조례는 세이난전쟁 후의 인플레이션 수습을 위해 1882년(메이지 15년) 6월에 공포되었으며, 일본은행은 같은 해 10월에 주식회사 형 태로 개업하였다.

5. FOMC(Federal Open Market Committee)는 미국 중앙은행인 연방준비제도(FRS)를 구 성하는 금융정책 최고 의사결정기구이다. 연 8회 개최되며 연방준비제도이사회(FRB) 이사와 지구 연방준비은행 총재 등 12명으로 구성된다.

6. 예를 들면 '일본은행법에 의한 명령서'(官房秘令 제65호)는 전후에도 폐지되지 않고 헤이세이 시대에 이르기까지 일본은행의 내부 관리에 적용되었다. 명령서에는 일본은행의 업무운영에 관한 인가, 신고, 서류의 작성·제출 의무가 세세하게 규정되어 있고, 마지막으로 "본 명령 외에 대장대신이 특별히 필요하다고 인정할 때는 수시명령을 발령할 수 있다"고 적혀 있다.

7. 공정이율이란 일본은행이 민간금융기관 대출에 적용하는 기준금리이다. 과거에는 엔화의 금리체계를 결정하는 정책금리의 핵심이었으나, 금리 자유화와 함께 중요성이 낮아지면서 2006년 8월 '기준할인율 및 기준대출이율'로 명칭이 변경되었다.

8. 1996년 10월 11일 필자의 인터뷰에 응했다.

9. 미에노의 증언은 2003년 4월부터 2006년 3월까지 일본은행 금융연구소가 실시한 '증언구술 기록'(본서에서는 이후 '회고록'이라고 표기)에서 발췌하였다.

10. 1994년 말에 파산한 東京協和信用組合 전 이사장이 버블기에 주계국 간부와 자가용 비행기로 홍콩을 여행한 것이 국회 청문회에서 폭로되었다. 역시 접대 문제로 처분된 다른 간부도 출입업체의 알선으로 부업을 통해 부정축재한 의혹이 드러났으며, 그후의 조사에서 복수의 스폰서로부터 거액의 자금을 제공받은 것이 확인되었다.

11. 大和銀行 뉴욕 지점의 일본인 은행원이 미국 국채 장부외거래에서 1,100억 엔의 손실을 내고 체포되었다. 大和銀行도 미 당국에 보고가 늦었다는 이유로 대장성과 결탁해 은폐를 꾀했다는 의심을 받고 미국에서의 전면 철수와 거액의 벌금을 부과받았다. 이에 따라 대장성 은행국의 위신은 크게 떨어졌다.

12. 1999년 10월 1일 인터뷰에서 하시모토는 "인생 50년이라는 시대에 설계된 행정구조는 한계에 와 있다. 이것은 정말 개혁이 필요하다는 생각이었다"고 말했다.

13. 1992년 네덜란드의 고도 마스트리히트에서 유럽공동체(EC) 회원 12개국이 조인해 이듬해 1993년 발효한 '유럽연합조약'의 통칭. EC를 발전시켜 유럽연합(EU)을 창설하고, 1999년까지 유럽중앙은행을 설립해 단일통화를 도입할 뿐 아니라, 공통의 외교·안보 정책 등 정치통합을 추진한다고 선언하였다.

14. 중앙은행 개혁의 흐름은 영국에도 영향을 미쳐 1997년 총선에서 대승을 거둔 노동당의 토니 블레어 정부는 잉글랜드은행의 독립성을 강화하는 개혁안을 내놓았으며, 이듬해 새 법이 제정되었다. 독일에서도 2002년에 법 개정이 이루어졌다.

15. 伊藤茂, 《動乱連立》에서.

16. 야마구치는 나중에 필자의 취재에 "일본 경제의 우선적 과제는 금융시스템 문제의 해결이라고 생각했지만, 정치권의 판단에 의해 법 개정이 제기된 이상, 문제제기를 받아

들일 수밖에 다른 선택지는 없었다"고 밝힌 바 있다.

17. 그후 마쓰시타는 4월 3일의 강연에서, "현재의 법률로는 적절한 정책운영을 해나가는 데 충분히 대응하지 못할 가능성이 있다. 다른 나라의 중앙은행법과 비교해 손색이 없도록 일본은행법의 재검토가 필요하다"고 말해 법 개정 의욕을 처음 표명하였다.

18. 伊藤茂,《動乱連立》에서.

제1장 마쓰시타松下 시대

1. 금융정책을 기획 입안하는 중추부서이다. 총무부라고 불리다가 신일본은행법 하에서 한때 '기획실'로 변경되었으나, 그후 다시 국으로 돌아갔다. 준비팀은 稲葉延雄, 雨宮正佳, 中村武, 加藤毅, 正木一博로 발족되었는데 나중에 雨宮正佳는 田中洋樹로 교체되었다.

2. 조사역調査役은 과장을 보좌하는 중견직으로 중앙부처에서는 과장보좌課長補佐에 해당한다. 나중에 '기획역'企画役으로 명칭이 변경되었다.

3. 영국 국가기관의 역할 조정을 다루는 위원회는 1993년 정부 측에 ① 통화를 증발해 인플레이션을 통해 실질적으로 정부 빚을 탕감하려는 유혹, ② 금리 인하를 통해 차입금의 금리 부담을 줄이려는 유혹, ③ 선거 전에 경기가 좋아질 수 있도록 금융정책을 이용해 정치적 경기순환을 일으키려는 유혹이 있는 중앙은행을 정부로부터 독립시켜야 한다고 제언했다.

4. 미에노는 2010년 여름 회고록《あるセントラルバンカー—の半生記》를 250부 한정으로 자비 출판했다.

5. 볼커 전 의장도《볼커 회고록》에 "엄연한 사실은 파티를 어설프게 끝내기를 바라는 주최자는 거의 없다는 것이다. 펀치볼 철거 기회를 너무 미루다가 위험이 표면화되었을 때에는 현실에 피해가 생긴다"고 쓰고 있다.

6. 中川幸次,《体験的金融政策論》에서.

7. 유럽중앙은행(ECB)의 전신인 유럽통화기구는 ① 조직의 독립성, ② 인사의 독립성, ③ 기능의 독립성, ④ 재무의 독립성을 법적으로 담보하도록 각국 중앙은행법의 개정을 요구하였다. 기능적 독립성이란 중앙은행이 정부의 어떤 지시도 받지 않을 뿐 아니라 재정적자를 해소하기 위해 통화를 발행하지 않는 것을 의미한다. 이 네 가지 조건은 국제통화기금(IMF)이 개발도상국에 경제정책을 조언할 때도 쓰인다.

8. 1996년 5월 13일 기획국이 작성한 문서에서. '③ 정책위원회'에는 "위원은 출신 분야를 특정하지 않고 경제와 금융에 대해 갖고 있는 뛰어난 식견을 기준으로 선정하는 것이

바람직하다" "위원회 회의의 투명성을 높인다"고 적혀 있다.

9. 1996년 4월 8일 小川른 사무차관의 기자회견에서.

10. '새로운 금융행정·금융정책 구축을 위하여'라는 제목의 연립여당 지침에는 일본은행법에 대해 "버블 시기의 거시경제정책 오류를 반복하지 않기 위해서라도 독립성과 정책결정의 책임을 보다 선명히 한다"고 명기되었다. 다만 대장성의 조직개혁에 대한 결론은 미뤘다.

11. 중앙은행연구회는 鳥居泰彦 외에 금융제도조사회 회장인 館龍一郎 도쿄대 명예교수(금융론), 今井敬 신일본제철 사장(経団連 부회장), 福川伸次 電通総研 사장(전 통산성 사무차관), 神田秀樹 도쿄대 교수(상법), 佐藤幸治 교토대 교수(헌법), 須田美矢子 가쿠슈인대 교수(국제경제론)로 구성되었으며 전문위원으로 吉野直行 게이오대 교수(재정학)가 들어갔다.

12. 해외에서 석유위기, 국내에서 금융위기가 동시 발생한 경우를 생각할 수 있다. 수입에 의한 인플레이션을 억제하기 위해 긴축으로 움직이면 금융위기가 확산되고, 반대로 금융불안을 억제하려고 대량의 자금을 공급하면 인플레이션을 조장하게 된다. 'n개의 목표에는 적어도 n개의 수단이 필요하다'는 생각은 '틴버겐Tinbergen의 정리'라고 불린다.

13. 신용유지담당 이사를 지낸 田村達也는 퇴임후 회고록에서 "신용질서 유지와 금융정책 사이에 충돌이 일어나지 않을까 하는 생각은 지금도 강하다. 어떻게 하든 모순이 발생한다는 느낌을 … 그 와중에서 그런 생각을 강하게 했죠"라고 말했다. 한편 나중에 총재가 된 白川方明는 일관되게 '퓨어 센트럴 뱅크론'에 비판적이었다.

14. '누에'鵺는 원숭이 얼굴과 너구리 몸통, 호랑이 발, 뱀 꼬리를 지닌 일본의 요괴. 한편 야누스는 머리의 앞과 뒤에 2개의 얼굴을 갖고 있으며 문의 수호신이다. 한 해의 첫머리를 관장한다고 하여 영어 1월January의 어원이 되었다.

15. 해외통을 대표하는 緖方四十郎 전 이사는 저서 《円と日銀》에 "환율 변동 자체가 국내 물가와 금리, 소득에 영향을 미치므로 중앙은행으로서는 이를 무시할 수 없다. 또 시세변동에 외환시장 개입으로 대응하려 하면 … 중앙은행으로서는 개입이 국내 금융시장에 미치는 영향을 방치할 것인지 개입을 취소할 것인지 선택해야 한다. 따라서 중앙은행 입장에서는 개입 자체의 결정권을 갖거나 결정에 참여하는 것이 바람직하다"고 기술하였다.

16. 白川方明는 자신의 저서 《中央銀行》에서 "중앙은행은 물가안정을 목적으로 한 금융정책에 특화해야 하며, 금융감독 업무에 중앙은행이 관여해서는 안된다는 의론도 상당히 유력했다"고 밝혔다.

17. 고사考査를 둘러싸고는 나중에 내각법제국이 "행정기관이 아닌 일본은행에 출입조사권을 인정할 수는 없다"고 반대해, 은행국의 아이디어로 "고사에 관한 계약을 체결

할 수 있다"라는 현상추인 조문으로 법제화하게 된다. 명문화는 되었지만 '고사권'은 인정되지 않았다.

18. 9월 11일의 발언 내용은 중앙은행연구회 회의록 요지, 山脇岳志의 《日本銀行の真実》 및 참석자 취재에 의한 것이다.

19. 마쓰시타 자신이 대외 발언을 하지 않아도 대장성의 협력을 얻어 개정을 실현할 수 있다고 생각한 구석이 있다. 주위에 대해 "대장성 출신인 자신이 총재일 때가 (법 개정은) 실현하기 쉬울지 모른다"고 말을 흘렸던 것이다.

20. 1997년 5월 29일의 참의원 大蔵委員会에서 마쓰시타는 "전후, 금융정책에 대해서는 … 저희들 자신의 판단과 책임 하에 실시해 왔다고 생각합니다"라고 답변했고, 아울러 대장성 총무심의관 武藤敏郎도 "대장성이 뭔가 금융정책에 압력을 가해 왜곡한 것은 없습니다"라고 보충했다.

21. 일본은행법 개정 소위원회의 위원은 館龍一郎(도쿄대 명예교수), 貝塚啓明(주오대 교수), 江頭憲治郎(도쿄대 교수), 中西真彦(도쿄상공회의소 부회장), 西崎哲郎(국제경영컨설턴트 고문), 藤原作弥(時事通信社 해설위원장)이었다. 이 밖에 옵서버로 吉野直行(게이오대 교수), 神田秀樹(도쿄대 교수) 등이 참가했다.

22. 일본은행법 제4조의 정부와의 관계에 대해 대장성 담당자는 "원안을 자민당에 자문했더니 더 강하게 표현하라는 요구를 받아 그렇게 되었다"고 증언하였다. 또 다른 간부는 뉴질랜드를 예로 들어 정부가 물가상승률 목표를 설정하는 방안도 제시했으나 일본은행 측이 "터무니없다"며 반대해 "좀 심하다고 생각해 더 이상 밀어붙이지 않았다"고 말했다.

23. 1997년 2월 6일자로 기획국이 작성한 문서 〈日銀法改正の議論のポイント〉에 다음과 같은 표현이 있다. "이 정부의 권리를 의결연기 청구권이라고 부르는 것에 대해서는, '청구권이라는 문자의 형태로 청구를 받은 자는 청구된 사항을 받아들여야 한다는 의미가 되므로 법률 용어로는 피해야 한다'는 지적이 있어 사용할 수 없게 되었다."

24. 한정조건부라고는 하지만 예산인가권을 일본은행이 마지막으로 받아들인 것은 국회에서의 예산 승인 방식을 회피하고 싶었기 때문이다. 담당자는 "예산 승인 때마다 국회에서 고생하는 NHK를 보고 저것보다는 대장성 인가가 낫다고 생각했다"고 말했다.

25. 1997년 4월 25일 중의원 大蔵委員会에서 은행국장 山口公生는 "독립성이라는 표현을 취했을 경우 내각이나 국회로부터 완전히 독립된 존재라는 의미로 받아들여질 수 있어 용어로서 적당하지 않다"고 답변했다. 5월 14일의 같은 위원회에서 또 다른 질문자가 "독립성과 자주성은 같은 의미인가"라고 확인을 요구하자 야마구치는 "대체로 위원님의 지적대로라고 생각한다"고 답변하였다.

26. 자민당과는 대조적으로 법 개정의 불쏘시개 역할을 했던 伊藤茂는 "여당 합의를 후

퇴시켜 골자를 빼버리려 하고 있다"고 비판했고, 일본금융학회 회장을 맡고 있던 고베대 学의 三木谷良一 등 경제학자 233명은 어중간한 독립성에 의문을 제기하는 의견서를 발표하였다.

27. 정무차관은 중앙부처에서 장관 다음으로 지위가 높은 특별직으로 오로지 정치인만이 등용되었다. 2001년 1월의 부처 재편에 따라 정무차관직은 폐지되고 부대신, 대신 정무관이 설치되었다.

28. 미나토구 아카사카에 자리한 氷川寮(정식명은 氷川 분관)는 종전후 대외협상에 사용하기 위해 일본은행이 사업가한테서 구입해 GHQ, 대장성 등과의 비밀협상에 사용해 왔다. 현재의 건물은 1994년 가을에 준공되어 기밀을 요하는 회의 등에 사용되고 있다.

29. 1997년 6월 10일 참의원 대장위원회 회의록에서. 하시모토의 빈정거림을 꽤나 힘들게 참았던지 마쓰시타는 자신의 초상화 제작을 퇴임후에도 완강히 받아들이지 않았다고 한다.

30. 당시《朝日新聞》의 山脇岳志 기자는 1996년 11월 급여 실태와 초상화 제작비, 지점장 공관 등에 관한 9개 항목의 질문서를 일본은행에 보냈으나, "일본은행에 상처를 주어 법 개정을 유리하게 이끌려고 하는 대장성의 의도를 강렬하게 느꼈기 때문에 기사화하지 않았다"고 자신이 집필한《日本銀行の真実》에 썼다.

31. 미에노는 2차 인터뷰에서 "좀 답답했어요. 일본은행의 주장을 좀 더 분명히 했다면 좋았을 것"이라고 단호히 밝힌 뒤 "80점 정도의 성과"라고 말했다. 19번째 인터뷰에서는 "(유럽의 중앙은행 제도와 같은 개혁을) 목표로 일본은행도 여러 가지 노력을 기울였고, 물론 좀 미비한 점도 있었지만, 그래도 뭐 내 생각에 75점 정도는 줘도 되지 않느냐"고 평했다.

32. 후쿠이는 2019년 11월과 2020년 6월에 필자의 취재에 응했다.

33. 黑田巖 전 이사는 퇴임후 회고록에서 "구법 안에서 독립성을 높이는 방향으로 노력하면 할 수 있는 일이 많았는데 그러지 못했다. 일부러 정책위원회를 죽여 슬리핑 보드로 만들어 버렸다"고 이야기하였다.

34. 後藤康夫 회고록에서. 後藤康夫는 퇴임후인 2002년부터 2003년까지 금융연구소의 네 차례 인터뷰에 응했다.

35. 日本債券信用銀行은 1997년 봄에 경영 위기가 표면화되어, 대장성이 일본은행과 민간 금융계에 널리 출자를 요구하는 '奉加帳 방식'에 의해 당면한 위기를 극복했다. 또 경영난을 겪던 北海道拓殖銀行도 北海道銀行과의 합병 구상을 발표했다.

36. 国際証券은 준대형 증권사로 금융위기후 東京三菱그룹 산하에 들어가 재편 합병을 거친 다음 2010년 三菱UFJ모건스탠리증권이 되었다.

37. 三洋証券 합병 공작의 뒷이야기는 軽部謙介·西野智彦의《検証 経済失政》과 西野智彦의《平成金融史》에 상세히 설명되어 있다.

38. 拓殖銀行의 河谷禎昌도 자신의 저서《最後の頭取》에 "기념할 만한 '승전'을 … 바라보면서, 내일, 일본 금융 역사상 최대 '패전'의 회견을 하는 자신의 운명을 저주할 수밖에 없었습니다"라고 쓰고 있다.

39. 자산가치 하락으로 손실이 생길 가능성이 있는 유가증권 등을 시가와 동떨어진 고가로 페이퍼컴퍼니 등 제3자에게 환매조건부로 일시 전매하여 손실을 숨기는 것을 일본에서는 飛ばし라고 한다.

40. 당시 山一証券 기획실에서 근무하던 石井茂는 저서《山一證券の失敗》속에서 "일본은행에 매일같이 상황을 설명하였다. … 1965년에 특별융자를 받았을 때, 필요에 따라 山一証券은 상황을 보고한다는 각서를 제출하였기 때문"이라고 명확히 설명하였다.

41. 拓殖銀行의 파산이 공표된 17일 밤, 일본은행 간부는 극비리에 일본을 방문한 FRB 금융시스템 담당간부와 도쿄도에서 회담을 가졌다. 이 자리에서 山一証券의 위기 소식을 접한 FRB 간부는 깜짝 놀라 귀국했고, 이후 FRB는 일본의 버블 붕괴와 금융위기에 대한 상세한 연구에 착수한 것으로 알려졌다.

42. 山一証券, 〈사내 조사보고서—이른바 장부외채무를 중심으로〉. 이 자리에 있었던 대장성 증권국의 간부는 "도와 달라는 발언은 없었다"고 증언하였다.

43. 특융 발동의 원칙은 신용기구국 내에서 일찍부터 검토되어 왔지만, 국회에서 처음 설명한 것은 주택금융전문회사 처리안 결정 직후인 1996년 2월 7일의 중의원 예산위원회였다고 보인다. 마쓰시타는 여기서 ① 시스템상의 위험 우려, ② 일본은행 자금의 필요불가결성, ③ 모럴 해저드 방지 등 세 가지 조건을 들고, 여기에 재무건전성에 대한 배려를 덧붙였다.

44. 1997년 11월 24일자로 신용기구국이 작성한 〈야마이치증권 자금융통을 위해 후지은행에 취한 대출조치에 관한 건〉에서.

45. 이날 밤 나가노는 富士, 日本興業, 東京三菱 세 은행의 간부에게도 전화했다. 나가노는 "30년 만에 함께 춤을 추자"며 1965년 제1차 야마이치 특융에 이은 세 은행의 협조융자를 제안해 승낙을 얻었다. 그러나 일본은행은 실무작업이 번거로워진다며 이 방안을 물리쳤고 결국 주력인 후지은행을 경유해 특융을 내놓게 됐다.

46. 増渕稔,《信用機構局長の一五〇〇日》에서.

47. 일본은행 은행론연구회 편《金融システムの再生にむけて》에 따르면 당시 영업국에서 일하던 飯野裕二는 2000년 교토대학에서 행한 강의에서 요시자와의 업무 태도를 이

렇게 이야기하였다. "최전방에서 진두지휘를 하며 뜨거운 열정과 강한 사명감으로 자는 시간도 아낀 채 대응에 나선 사람이 영업국 증권과장이었다. 그가 없었다면 당시 금융위기를 극복할 수 없었을 것이다."

48. 나가노는 다음해인 1998년 4월에 사직하였다. 다만 사직 이유는 금융위기에 대한 책임이 아니라 과거의 과잉접대 문제였다.

49. 久山稔, 《平成·和歌山地域金融動乱史》에서.

50. 1997년 11월 신용기구국 작성 문서 〈Tc의 처리에 관하여〉. 'Tc'란 德陽シティ銀行을 표현한 일본은행의 암호명.

51. 2017년 11월 26일자 《朝日新聞》.

52. 자민당에서는 宮澤喜一, 梶山静六, 渡辺喜美가 공적자금 도입을 각각 제창했지만, 일본은행은 다양한 경로로 세 의원을 접촉하고 있었다. 공적자금 도입 경위에 대해서는 西野智彦, 《検証 経済迷走》에 상세히 기술되어 있다.

53. 금융위기 속 은행의 행동은 黒田巖, 《通貨·決済システムと金融危機》를 참조하였다.

제2장 하야미速水 시대

1. 1998년 3월 17일의 중의원 대장위원회에서 마쓰시타는 "오히려 외부와의 의견교환, 정보교환을 진행해 나가야 중앙은행 직원으로서의 자격이 높아진다고 기본적으로는 생각하고 있었으며, … 예를 들어 외부와 회식을 하면 안된다거나 그런 의미에서 금지하는 것은 없이, 각자의 판단에 따르는 방향으로 진행해 온 것입니다"라고 설명했다.

2. 재판에서 요시자와는 일관되게 편의제공 사실을 부인했다. 하지만 직무와 관련해 향응을 받은 사실은 인정하고 집행유예 유죄 판결을 받았다. 요시자와는 그후 피아주식회사의 경영에 종사하는 한편, 지역 재생과 환경 금융 등의 분야에서 활동하고 있다.

3. 대장성의 처분은 4월 27일에 발표되었다. 112명이 처분되었는데, 특히 접대 금액과 횟수가 많았던 증권국장 長野厖士와 은행국 심의관 杉井孝는 권고사직 처분되었다.

4. 휘갈겨 쓴 메모와 차 안에서의 대화는 藤原作弥가 2020년 5월 7일자 '金融財政ビジネス'(時事通信社) 칼럼에서 밝혔다. 또 심의위원 中原伸之는 《日銀はだれのものか》에 "일본은행은 과거에 하고 싶은 만큼 마음대로 높은 급료를 받아 온 것이 아닌가. … 그러한 점 때문에 가모시다 씨는 확실한 사실을 말하지 못한 채 고민했던 것은 아닐까 생각한다"고 기술하였다. 일본은행은 1998년 5월 20일 "부정은 없었지만 급여체계에 왜곡이 있었다"는 내부조사를 공표했으며, 그후 급여수준은 대폭 인하됐다.

5. 완화추진파인 나카하라와 대조적으로 시노즈카는 과잉 완화의 폐해에 유의하는 시점에서 일관되게 논리를 전개하였다. 신일본은행법 하에서 '격렬한 토론'이 기대됨에 따라 후쿠이가 의식적으로 양 극단에 위치한 두 사람을 심의위원으로 천거했다고 후지와라는 말했다.

6. 1998년 8월 17일 중의원 예산위원회 회의록에서.

7. 가교 은행 방식이란 파산은행의 인수자가 나타날 때까지의 일정기간 동안 정부가 파견하는 금융관리인 밑에서 사업을 계속하는 구조이다. 1998년 7월, 정부·자민당의 '금융 재생 토털 플랜'에 포함되었다. 이에 대해 민주당 등은 스웨덴을 참고해 파산 금융기관의 주식을 국가가 일시적으로 취득하는 '일시 국유화' 대안을 마련했다.

8. 샌프란시스코에서 열린 미일 재무장관 회담에는 山口泰 일본은행 부총재와 로렌스 메이어 FRB 이사가 배석했다. 이 또한 이례적인 모습이었다.

9. 1998년 9월 9일자 금융정책결정회의 회의록에 따르면 하야미는 "일본장기신용은행 문제가 긴급 과제로 제기되었다. … 9월 9일 직전에는 이대로 시장을 둘 수는 없다는 느낌이 들었다. 하루 늦으면 그만큼 시장의 정세가 나빠질 것이 분명해졌다. 그래서 완화 결단을 내린 것이다"고 말해 일본장기신용은행 위기가 추가완화의 이유였음을 밝혔다.

10. 전 기획담당 이사 小島邦夫는 퇴임후의 회고록에서 0.5% 수준에 대해 "긴급피난 격으로 내렸으니 기회가 되면 되돌리고 싶었다. (이것으로) 끝낸다는 생각이었다"고 말했다. 또 금융위기가 닥친 1997년 10월경 조사통계국에서 정세판단의 하향조정을 타진하자 기획국은 "더 이상 금리를 내릴 수 없으니 안된다"며 거절했다고 관계자들은 증언했다.

11. 나카하라의 제안은 "중기적으로 소비자물가(종합)의 연평균 변화율이 0이 될 때까지 상승시키는 정책을 취해 무담보 콜레이트를 평균 0.15% 전후에서 움직이도록 한다"는 것이었다. 나카하라는 이때부터 2001년 3월 19일까지 43회 연속 같은 종류의 제안을 제출하였다.

12. 後藤康夫의 회고록에서. 고토는 당시 국회 관련 사무를 아는 유일한 존재였기 때문에 "상담역처럼 돼서 여러 가지 상담을 받았지요. 가끔 질려서 투정을 부리러 오는 사람도 있었어요. 또 국회의원들한테서 일본은행이 질문을 받아들이는 방식에서 좀 미흡하다는 말을 들었습니다"라고 말했다.

13. 1999년 2월 9일 중의원 대장위원회 회의록에서.

14. 크루그먼은 인플레이션 목표로 '4%를 15년간 지속하는 것은 어떨까'라고 예시하고 "이 목표를 그대로 진지하게 받아들이지 않았으면 좋겠다. 오히려 진지한 연구를 자극하기 위한 것으로 생각해 달라"고 썼다. 한편 미야자와는 "일본은행이 통화를 공급하면

그것으로 디플레이션이 고쳐진다든가 하는 것은 잘못된 것으로, 좋다, 나쁘다보다는 사고방식으로서 잘못된 것이라고 저는 사실 생각하고 그것들(미국의 논조)을 읽고 있습니다"라고 국회에서 답변했다.

15. 기획담당이사, 기획국장(심의역), 기획과장과 연계된 소수의 정책입안 팀을 '기획 라인'이라고 부른다.

16. 이 결정에 대해 주요 신문은 '일본은행, 한층 더 금융완화'(《日本経済新聞》), '일본은행, 단기금리 인하 유도'(《朝日新聞》), '일본은행 한층 더 금융완화'(《読売新聞》) 등으로 보도했다. '제로금리 정책'으로 보도되지 않은 것은 일본은행이 정확한 배경 설명을 하지 않았기 때문이다.

17. Financing Bills의 약어. 2009년 2월부터 할인단기국채Treasury Bills와 통합되어 국고단기증권T-Bill이라는 통일명칭으로 발행되고 있다.

18. 재정법 제5조는 국채 인수를 금하면서 "단, 특별한 사유가 있는 경우에 국회의 의결을 거친 금액의 범위 내에서는 그러하지 아니한다"라고 빠져나갈 길도 마련하고 있다.

19. 일본은행법 개정안 심의 과정에서 三木谷良一 일본금융학회 회장은 정부에 대한 대출과 FB 인수 규정을 삭제하는 것이 바람직하지 않느냐고 발언했고, 立脇和夫 와세다대 교수는 "이것이 인플레이션을 일으키지 않을 것이라는 보장은 없다"고 지적했다. 각각 1997년 5월 9일, 중의원 대장위원회, 같은 해 6월 10일 참의원 대장위원회에서의 발언이다.

20. 1996년 8월 기획국 조정과에서 작성한 〈대정부 신용공여의 기본방향에 대하여〉에서. 여기에는 "외화자금증권 차환을 위한 인수 형태로 본행의 파이낸스가 사실상 장기화하는 경향(또한 개입액의 대규모화에 따라 본행의 외화자금증권 인수 잔고는 증대)"이 있다고 적혀 있다.

21. FB 문제 이외에도 이나바 등은 만기도래 보유 국채를 자동 연장해 온 종래의 관행을 재검토해 일단 1년물 국채로 변경한 다음 만기시에 현금상환을 받는 것으로 변경시켰다. 白川方明는 자신의 저서 《中央銀行》에서 이 대처를 높이 평가하고 있다.

22. 금융정책을 정식화한 '테일러 룰'로 알려진 존 테일러 전 미국 재무차관은 회고록 《테러 머니를 봉쇄하라》Global Financial Warriors에서 디플레이션 탈출 수단으로 통화 공급량을 늘리도록 일본은행에 거듭 조언했다고 밝히며, "(양적완화 이행) 발표를 들었을 때 나는 진심으로 기뻤다" "일본은행이 (환율 개입에 따른) 엔화 증가를 상쇄하지 않으면 일본의 통화 공급량은 증가할 것"이라고 썼다.

23. 《日本経済新聞》은 1999년 9월 17일자 석간에서 '양적완화 확대 표명으로', 《読売新聞》은 19일자 조간에서 '일본은행, 한층 더 금융완화로'라고 모두 1면 톱으로 보도했다.

24. 1999년 9월 21일 〈당면한 금융정책 운영에 관한 생각〉에서. 여기에는 금융정책에 대해 "사전에 일정한 방침이 정해지거나 외부와의 협의가 이뤄지는 것은 있을 수 없습니다"라는 언론의 사전보도를 비판하는 듯한 글귀도 들어 있다.

25. 黒田東彦는 자신의 저서 《通貨外交》에 1999년 7월 재무관 취임시의 정책과제로 '환율 안정, 일본경제 회복, 아시아 금융협력 추진'의 세 가지를 들며 "나는 이 순서로 긴급성이 있다고 생각했다"라고 썼다.

26. 하야미는 런던에 두 번 부임했는데 두 번째 부임시에는 주재참사를 지냈다. 한 측근은 "국제관계 파티에 나비넥타이를 매고 참석해 당당하게 은행 내부를 걷고 있었다. 역시 미스터 런던이라고 불리는 사람답다고 젊은 시절에 생각했다"고 말했다.

27. 이 G7에서의 트러블은 輕部謙介의 《ドキュメントゼロ金利》에 상세히 기록되어 있다.

28. base money(자금공급량)는 money base, high-powered money라고도 불리며 시중에 나도는 현금과 중앙은행 당좌예금의 합계, 즉 일본은행이 세상에 직접 공급하는 돈의 양을 가리킨다. 한편 통화 공급량은 금융부문에서 경제 전체에 공급되는 통화의 총량으로 현재는 '머니스톡'이라는 이름으로 공표되고 있다.

29. 필자의 취재에 야마모토는 "철저하게 고미야 논문을 읽고 금융정책의 틀은 자금공급량을 바탕으로 만들어 가면 된다. 디플레이션 때는 인플레이션 때와 반대로 사용하면 된다는 것을 알았다"고 회고했으며, 크루그먼의 논문에 대해서도 "바로 우리와 같은 생각으로, 역시 크루그먼이 잘 알고 있다고 생각했다"고 말했다.

30. 1994년 6월 3일 중의원 예산위원회 회의록에서.

31. '리플레'의 정의는 다양하지만, 이와타는 나중에 일본은행 부총재로 취임했을 때 "리플레이션이라는 말은 1930년대에 미국 경제학자 어빙 피셔가 '디플레이션이 시작되기 전의 물가 수준까지 되돌리기 위해 금융을 완화한다'는 의미로 사용한 것이 최초"라고 설명했다.

32. 구로다는 《中央公論》 2015년 6월호에 〈맨얼굴의 이코노미스트들-아이비리거 교유록〉을 기고해 이토 등과의 교류에 대해 기술하였다.

33. 미국 주류경제학mainstream economics에 대해 일본은행 간부는 "하나의 산업이 되어 일본 학자나 이코노미스트, 언론에 미친 영향이 컸다. 유럽에도 미국 경제학의 피해자라는 의식이 있다"고 지적했다.

34. 일본은행은 2000년 10월 13일의 정책결정회의를 거쳐 〈'물가안정'에 대한 생각〉이라는 보고서를 냈다. "약간의 플러스 상승률을 목표로 해야 한다는 생각은 검토할 만하다"라고 부기되어 있지만, 제로 인플레이션 지향의 이미지를 불식시키지는 못했다. 또한

인플레이션 목표를 미루는 대신 경제성장률과 물가전망을 연 2회 공표하기로 이때 결정하였는데, 이것이 나중에 〈경제·물가정세 전망(전망 리포트)〉이 됐다.

35. 速水優, 《中央銀行の独立性と金融政策》 《強い円 強い経済》에서.

36. 옐레 자일스트라Jelle Zijlstra 전 BIS(국제결제은행) 총재의 말. 2차 대전 중 독일연방은행 총재였던 빌헬름 폭케의 발언도 하야미는 즐겨 소개했다.

37. 2000년 4월 12일의 하야미 총재 기자회견 요지에서.

38. 어느 일본은행 간부에 의하면, 후쿠이의 진언을 받은 기획1과는 조기 해제로 잔뜩 기울어 6월부터 가세한 시라카와의 신중론을 냉담한 눈으로 바라보았다고 한다. 또 조기 해제를 꺼리는 야마구치에게도 '반대하는 사람은 당신뿐'이라며 설득한 것으로 알려졌다.

39. 제19조 "재무대신 또는 … 경제재정정책담당대신은 필요에 따라 금융조절사항을 다루는 회의에 참석해 의견을 진술하거나 또는 각각 지명하는 직원을 해당 회의에 출석시켜 의견을 진술하게 할 수 있다." "2. 금융조절사항을 다루는 회의에 참석한 재무대신 또는 그 지명하는 재무성 직원 및 경제재정정책담당대신 또는 그 지명하는 내각부 직원은 해당 회의에서 금융조절사항에 관한 의안을 제출하거나 또는 해당 회의에서 논의하는 금융조절사항에 대한 위원회의 의결을 다음 금융조절사항을 다루는 회의까지 연기를 요청할 수 있다."

40. 1997년 5월 14일 중의원 대장위원회에서 담당 심의관 武藤敏郎는 "충분한 준비를 할 수 없는 경우 등에 충분히 설명할 기회를 확보하기 위해 … 채택한 구조입니다"라고 답변했다.

41. 내각부 경제사회종합연구소 오럴 히스토리에서. 구로다의 인터뷰는 2009년 9월 14일에 이루어졌다.

42. 하야미는 2003년 3월 19일 퇴임 기자회견에서 '격동의 5년간 제일 인상에 남는 일은 무엇인가'라는 질문을 받고 가장 먼저 제로금리 해제를 꼽았다.

43. 2000년 8월 11일의 금융정책결정회의 회의록에 따르면 河出英治 경제기획청 조정국장은 당면한 하방 리스크로 '미국 주가 선행지수의 불투명성'을 가장 먼저 지적했다.

44. 두 가지 방안 이외에도 3개월물 등 비교적 긴 단기금리를 인하하거나 장기국채 매입 운영액을 대폭 늘리는 방안도 검토되었다.

45. 1988년 가을에 가동해 일본은행과 거래처 금융기관 간에 자금 및 국채 결제를 온라인으로 처리하는 결제 시스템 기간 인프라. 정식명은 '일본은행 금융 네트워크 시스템'이다.

46. 롬바드Lombard란 런던 금융가 거리의 명칭이다. 롬바드 대출은 선진국 대부분의

중앙은행에서 채용되고 있다.

47. 3월 19일의 기자회견에서 하야미는 "나는 틀렸다고 생각하지 않는다. (제로금리를) 해제한 것도 그 시점에서 다행이라고 생각한다"고 반박했다. 또 자신의 저서《強い円 強い経済》에는 "만약 반성할 점이 있다면 좀 더 일찍 그렇게 했어야 한다는 점일 것"이라고 썼다.

48. 나카하라 개인의 일기를 확인한 후 인용했다.

49. 일본은행법 제25조는 다음의 어느 하나에 해당하는 경우를 제외하고 재임중 그 뜻에 반하여 해임되지 않는다고 정하고 있다. ① 파산수속 개시 결정을 받은 때. ② 이 법률의 규정에 의해 처벌받은 때. ③ 금고 이상의 형에 처해진 때. ④ 심신의 장애로 직무를 수행할 수 없다고 위원회에서 인정한 때.

50. 미야자와와 하야미의 회담은 2003년 2월 12일 미야자와 인터뷰와 관계자 취재를 바탕으로 재구성하였다. 미야자와는 "일본은행 총재 인사에 국회 동의가 필요하다는 말을 듣고 깜짝 놀랐다. 그렇구나, 벌써 잊고 있었구나"라고 이야기했다.

51. 하야미의 사의는 고이즈미 정권 출범후인 4월 27일자《読売新聞》석간에 처음 보도되었는데, 하야미는 당시 시오카와와 함께 G7으로 향하는 비행기 내에 있었다. 기내에서 시오카와의 설득을 받은 하야미는 워싱턴 도착후 "왜 그런 기사가 나오는지 전혀 이해할 수 없다"고 기자들에게 말했다.

52. 2001년 6월 19일 하야미 총재 기자회견 요지에서.

53. 일본은행 조사월보 2002년 12월호〈제로금리 제약 하에서 자금공급량 증가가 일본 경제에 가져온 효과〉에서. 또한 2006년 7월에는 하야미, 후쿠이 시대의 양적완화에 대해 '총수요, 물가에 미친 직접적인 상승효과는 한정적'이라고 평가한〈양적완화정책의 효과 실증연구 서베이〉가 기획국 직원의 워킹 페이퍼로 공표되었다.

54. 2002년 9월 9일 경제재정자문회의 회의록에서.

55. 은행과 기업이 상호 주식을 보유한 결과, 대형은행의 주식 보유잔고는 자기자본(Tier 1)의 약 1.4배에 달렸지만, 은행보유주식제한법에 의해 Tier 1을 넘는 주식은 2004년 3분기 결산부터는 보유할 수 없게 되었다.

56. 기획 라인도 은행 보유 주식에 주목하고 있었다. 당시 기획담당 이사였던 시라카와는 자신의 저서《中央銀行》에서 정책결정회의 며칠 전 기획국장과 함께 야마구치 부총재에게 주식매입을 건의했다고 밝히며, 이나바의 구상은 "향후 옵션 중의 하나로 제시됐으나 극히 '비전통적'이어서 행내에서는 이것이 실행에 옮겨지지는 않을 것이라는 견해가 다수였다"고 밝혔다.

57. 하야미는《強い円 強い経済》에 "이 안이 담당부서에서 제출되었을 때는 중앙은행이 민간은행이 보유하고 있는 거래처의 주식을 산다는 것은 들어 본 적도 없어서, 그러한

리스크를 안아도 좋을지 여러 가지 궁리했다"라고 적고 있다.

58. 2002년 9월 17일 정책위원회 정례회의 회의록에서.

제3장 후쿠이福井 시대

1. 후임 총재 선출 때 역대 총리나 재무상이 현직 총재의 '조언'을 듣는 것은 예의로 여겨져 왔다. 제23대 총재 森永貞一郎의 강력한 천거를 받고 大平正芳 총리가 후임으로 前川春雄를 선택한 것은 유명한 이야기다.

2. 당시에 장기금리가 급속히 하락했기 때문에, 이 시점에 총리가 인플레이션 정책을 시사하면 국채 가격이 폭락할 수 있음을 우려했다고 미야자와는 나중에 말했다. 당시 내각부 경제사회종합연구소 소장을 맡고 있던 하마다의 발언은 2002년 12월 13일 경제재정자문회의 회의록에서 인용하였다.

3. 고이즈미와 미야자와의 면담은 미야자와 인터뷰 및 총리 측근 등 관계자 취재를 바탕으로 재구성하였다.

4. 총리관저 만찬 모습은 참석자와 총리 측근의 증언을 토대로 재구성하였다.

5. 2월 5일의 만찬에서 시오카와는 무토의 이름을 거명하였지만, 시오카와 측근의 말로는 이와는 다른 기회에 '역시 후쿠이밖에 없다'고 고이즈미에게 전했다고 한다.

6. 2003년 3월 19일, 하야미는 "내일부터는 늙음 그리고 고독과 싸우겠습니다"라고 인사하고 일본은행을 떠났다. 저서 《強い円 強い経済》에는 "총재라는 자리는 역시 심한 긴장감을 동반하는 터이라서 밤에 잠을 이루지 못하는 일도 종종 있었다"고 적었다. 퇴임하고 나서 대학교육 등에 종사하다가 2009년 5월, 84세의 나이로 사망하였다.

7. 福井俊彦 회고록에서. 후쿠이는 宮澤喜一와의 구두시험 자리에서도 "인책사임한 사람이 총재로 돌아올 수는 없다"고 답했다고 나중에 말했다.

8. 일본은행법 제17조는 금융정책결정회의에 대해 "(의장은) 이를 정기적으로 소집하여야 한다"고 정함으로써, 일정한 경우에 임시 개최하는 것을 막고 있지는 않다.

9. 2003년 3월 18일의 중의원 재무금융위원회 회의록에서.

10. 회고록에서 후쿠이는 민간을 경험함으로써 "조금 세속의 물이 들어 총재를 시작했다"고 회고하였다. 취임 때의 기자회견에서는 "돈을 말단에 제대로 전달하는 '배달부'와 같은 일을 우직하게 해 나가고 싶다"고도 이야기하였다.

11. 회의록에 의하면, 정책결정회의에서 須田美矢子가 "향후 언제 정책을 결정할지 모르는 불투명성을 초래할 가능성이 있다"며 임시 개최에 의문을 제기하였고, 후쿠이는 "어

디까지나 이것은 예외다. 앞으로는 임시회의를 원칙적으로 열지 않겠다"고 해명하였다.

12. 부실채권 처리를 위해 충당금을 쌓을 때 은행은 법인세를 일단 납부하지만, 기업이 도산하면 손금으로 인정되어 세금을 환급받는다. 이렇게 반환되는 세금을 이연법인세자산이라 부르는데 일부 자기자본 산입이 인정된다.

13. 부실채권 비율을 반으로 줄이기 위한 목표 하에 엄격한 충당방식의 도입 및 이연법인세자산 축소를 담은 금융회생 프로그램에 대해 자민당과 금융계는 극렬히 반대하였다. 다케나카는 일부 양보하면서도 반대론을 무릅쓰고 2002년 10월에 금융회생 프로그램을 발표하였다.(西野智彦,《平成金融史》참조)

14. 2000년 5월에 재개정된 예금보험법은 항구적인 위기대응책으로서 "내각총리대신은 … 우리나라 또는 해당 금융기관이 업무를 담당하고 있는 지역의 신용질서 유지에 매우 중대한 지장이 발생할 우려가 있다고 인정될 때에는 금융위기대응회의를 거쳐" 공적자금을 투입할 수 있다고 규정하고 있다.

15. 2003년 5월 17일의 후쿠이 총재 기자회견 요지에서.

16. 2003년 5월 20일자《朝日新聞》에 따르면 高木祥吉 금융청장관은 전날 기자회견에서 "주식 수량을 줄여 주주에게 불안을 주는 감자는 하지 않겠다"고 표명하였다.

17. 햐야미 체제의 마지막 정책결정회의에서, 2003년 4월 1일에 출범하는 일본우정공사가 일본은행과의 거래를 시작하는 것을 감안해, 당좌예금 잔고 목표를 기계적으로 2조 엔 늘려 17조~22조 엔으로 하기로 결정하였다. 후쿠이는 15조~20조 엔으로 인계받아 첫 회의에서 17조~22조 엔으로 인상하는 안을 '현상유지'의 형태로 의결하였다.

18. 후쿠이는 회고록에서 젊은 시절부터 금리 메커니즘을 관철해야 한다고 생각해 왔기 때문에, 양적완화를 계승한 점에 대해 '솔직히 나도 자가당착을 느끼면서 부임했다'고 말했다. 양의 확대가 어떤 메커니즘으로 실물경제에 영향을 미칠지에 대해서도 당장은 자신감을 갖지 못했다고도 술회하였다.

19. 33조 엔의 엔화 매도 개입 가운데 15조 엔 가까이가 2004년 1~3월에 집중 투입되었다. 존 테일러 전 재무차관은 이를 Great Intervention이라고 명명하였다.

20. 시라카와는 교토대학 공공정책대학원 교수가 되어 출판한《現代の金融政策》에서 중앙은행이 금리라는 금융정책의 유도목표를 명확히 하는 한 개입은 자동적으로 '불태화개입'이 되기 때문에, '불태화' '비불태화'를 구별하는 것은 의미가 없다고 쓰고 있다.

21. 岩田一政,《デフレとの闘い》에서.

22. 日本銀行,〈二〇一三年度の金融市場調節〉에서.

23. 黒田東彦,《財政金融政策の成功と失敗》에서.

348

24. 존 테일러는 자신의 저서 《テロマネ─を封鎖せよ》에서, 재무관의 교대에 임해 구로다와 미조구치가 '향후 개입의 기회는 증가할 것'이라고 미국 측에 전하고, 환율 개입 때마다 이메일로 연락해 왔다고 밝혔다. 한편 고이즈미 측근에 의하면 부시 대통령은 '고이즈미가 (엔고로) 곤란하다면 어쩔 수 없다'며 대규모 개입을 용인했고, 미조구치가 '개입할 수 있는 것도 총리 덕분'이라며 고이즈미에게 감사하는 장면도 있었다고 한다.

25. 구로다는 2002년 9월 국제회의에서 공개시장운영과 국채관리정책, 외환시장개입 등 3개 부문은 정책당국의 협조가 필요하다고 발언하였다. 2003년 4월의 관세·외환심의회 전문부회의에는 컬럼비아 대학교 교수 조셉 스티글리츠와 함께 초청되었다.

26. 미조구치는 국제금융정보센터 이사장이던 2004년 9월 개인적 견해의 글 〈為替隨感〉을 발표하였다.

27. 심의위원 福間年勝은 2004년 1월 20일 정책결정회의에서 "환율개입 증가에 따른 FB 발행액의 항상적인 증가로 인해 일본은행의 금융조절이 난관에 봉착해 시장과의 대화가 어려워지지 않도록 당좌예금 잔고 목표치에 충분한 여지를 확보해 둘 필요가 있다"고 발언하였다.

28. 앨런 그린스펀 FRB 의장은 2004년 3월 2일의 강연에서 "일본의 경제상황을 감안할 때 현재와 같은 개입을 계속할 필요가 없는 단계에 이르렀다"고 이례적인 발언을 했고, 이에 따라 대규모 개입은 3월 16일을 끝으로 중단되었다. 또한 존 테일러는 앞서 언급한 주24의 회고록에서 개입정책으로부터 탈피하기 위한 협의를 거쳐 2004년 2월 초순 일본 측으로부터 중단 방침이 전달되었다고 밝혔다.

29. 일본은행은 2004년 5월 12일 대정부 거래의 개요를 처음으로 공개하였다. 이 속에서 FB 인수잔고를 '2004년 4월말: 3조 6,147억 엔'으로 명기하였는데, "중앙은행에 의한 대정부 신용 등의 관점도 고려해 일시적인 유동성 공급이 이루어지도록 하는 명확한 안전장치가 마련되어 있다"고 설명하였다.

30. 정책결정회의에서 결정한 해제조건은 ① 전년대비 CPI 상승률의 기조적인 움직임이 0% 이상, ② 상승률이 장래에 다시 마이너스가 될 것으로 전망되지 않는 것이었다. 설령 이러한 조건이 충족되더라도 경제·물가 정세에 따라 계속하는 것이 적당하다고 판단되는 경우도 생각해야 한다는 단서도 있었다.

31. 주택금융전문회사 처리시 공적자금 투입을 둘러싸고 금융권에 한층 더 큰 부담을 요구하는 여론이 높아졌다. 이런 배경 아래 재정부담의 경감을 목적으로 일본은행과 민간금융기관이 공동출자해 설립한 기금(사단법인). 이 가운데 일본은행이 출자한 천억 엔 한도로 일본채권신용은행에 대한 자본 투입 등이 이루어졌다.

32. 브라질, 러시아, 인도, 중국의 영어 머릿글자를 합성한 용어. 국토, 인구, 천연자원이

풍부해 향후 현저한 경제성장이 전망되는 신흥국으로 골드만삭스의 이코노미스트가 작명하였다. 나중에 남아프리카공화국도 추가되었다.

33. 헤이세이平成 기간 동안에 파산한 예금금융기관은 182개이다. 은행 22개, 신용금고 27개, 신용조합 133개로, 헤이세이 원년(1989년) 시점의 금융기관 990개 중 무려 18% 이상이 소멸한 것이다. 마지막 파산은 2010년 9월의 日本振興銀行이었다. 일본은행의 거래처가 아니었기 때문에 처음으로 페이오프가 발동되었다. 이 밖에 8개 생명보험사, 1개 손해보험사가 파산하였으며, 투자자 보호조치가 발동된 증권사 파산 사례도 7건 있었다.

34. 페이오프란 파산금융기관을 청산해 예금보험기구가 강제적으로 예금을 환불하는 것을 일컫지만, 일반적으로는 예금자보호 범위를 축소해 기존의 전액 보호에서 '원금 천만 엔까지의 예금과 그 이자 등'으로 제한하는 조치로 이해된다. 대장성은 1995년 예금자의 동요를 억제하기 위해 2001년 3월 말까지의 페이오프 동결을 결정했지만, 여당의 요구로 해금 시기가 미뤄져 2002년 4월부터 정기성 예금에 한해 해금되었다. 그후 결제용 예금을 항구적으로 페이오프 대상에서 제외한 후, 2005년 4월에 본격 해금에 도달하였다.

35. 금융고도화센터는 다음의 세 가지 주요한 목적을 위해 설립되었다. ① 첨단 금융기술의 조사·연구. ② 세미나 개최를 통한 금융기관과의 대화 촉진. ③ 조사·모니터링 기술 고도화.

36. 기구개혁에서는 결제기구국의 신설도 결정되었다. 이전까지 신용기구국에 있던 결제시스템과를 국으로 격상한 형태인데, 실제로는 기구개혁에 의해 국의 숫자가 줄어드는 것을 피하려는 목적이 있었다. 후쿠이는 '그런 작은 국은 필요없다'고 주저하였지만, 담당 간부가 '일단 국을 줄이면 원래대로 되돌릴 수 없다'고 설득해, 억지로 국으로 격상했다고 관계자는 증언하였다.

37. 후쿠이는 대졸 신인의 지점 배속도 2004년에 부활시켰다. 대졸 종합직의 지점 배속은 전문성을 중시한다며 1996년 이후 보류되어 왔다. 후쿠이는 "전문성이라는 말에 매우 거부감이 들었다. 전문가는 결과로서 이루어지는 것이지 처음부터 이 분야가 전문분야라고 어떻게 결정될 수 있느냐"고 회고록에서 말했다.

38. 중기경영계획에는 일본은행의 업무·조직운영상 기본방침과 중기적으로 달성해야 할 과제가 명기되어 있으며, 그 달성상황을 매년 평가해 공표하고 있다. 대상기간은 5년이다.

39. 中原伸之는 자신의 저서 《日銀はだれのものか》에서, 2001년 9월에 이사 중심의 '업무집행회의' 안이 제시되었는데 "심의위원이 총반대해 제안을 보류시켰다"고 밝혔다.

40. 須田美矢子, 《リスクとの闘い》에서. 스다는 퇴임시의 인사말에서 이 발언을 했다고 한다.

41. 2005년 4월 5, 6일의 금융정책결정회의 회의록에서.

42. 30조~35조 엔으로 현상유지가 계속되었지만 이후에도 입찰액 미달 상황이 빈발했기 때문에 5월 20일의 정책결정회의에서는 "자금공급에 대한 금융기관의 응찰상황 등을 살펴 자금수요가 극히 약하다고 판단되는 경우에는 상기 목표를 밑돌 수 있는 것으로 한다"는 방침을 덧붙였다. 회고록에서 후쿠이는 "(공급과잉이라는) 시장의 실제 모습을 시장 참가자들이 연출해 주는 것은 환영할 만한 일이라는 생각도 있었다"고 말했다.

43. M&A는 2004년 역대 최다인 2,211건에 달했다. 주식의 신규공모도 1999년부터 연간 100건을 초과해 2004년에는 175건에 이르렀다. レコフ編,《日本企業のM&Aデータブック》,《株式公開白書》등 참조.

44. Great Moderation이라는 말은 FRB 이사 벤 버냉키가 2004년 2월 강연 제목에 사용해 널리 퍼졌다. 본래는 1980년대 중반부터 약 20년간 지속된 선진국의 저인플레이션, 안정성장기를 가리킨다.

45. https://www.federalreserve.gov/pubs/ifdp/2002/729/default.htm.

46. BIS는 60개국·지역의 중앙은행이 가맹한 국제조직. 스위스 바젤에 본부가 있으며, 격월로 개최되는 총재회의에서 금융정책과 국제금융정세에 대한 의견을 교환한다. 그 역사적인 설립시부터 유럽 중앙은행 관계자들의 '살롱'이라고 불리며, FRB나 미국 주류파 경제학이 주창하는 'Fed 뷰'에는 비판적이다.

47. 그린스펀은 2002년 8월 30일 세계 센트럴 뱅커들이 모인 미국 와이오밍주 심포지엄(잭슨홀 회의)에서 이 강연을 했다.

48. 단기자금 공급 운영이란 어음 매입, 국채나 CP 선물 매입 등을 통해 실시하는 공개시장운영.

49. 은행권 룰은 일본은행의 대차대조표에서 부채가 되는 은행권 총액의 범위 내에서 국채 보유를 허용하는 규정이다. 장기국채 매입이 정부의 재정자금 조달을 지원할 목적이 아님을 밝히기 위해 내규로 만들었다.

50. 2003년 3월 25일 참의원 재정금융위원회에서 후쿠이는 "(은행권 룰이라는) 장치가 통화정책에 대한 신인, 그뿐만 아니라 국채 자체의 신인을 유지하는 데도 도움이 되지 않느냐"며, "장기국채 발행이 시장에서 이루어지고 있다고 해도 만약 일본은행의 운영 자세가 너무 느슨하면 민간 금융시스템을 통해 결과적으로 재정에 대한 안이한 금융이 이루어지는 결과를 초래할 수 있다"고 답변했다.

51. 2006년 2월 2일 에히메현 금융경제간담회에서 발언한 무토 부총재의 인사 요지에서.

52. 2006년 2월 23일 참의원 재정금융위원회 회의록에서.

53. 관방장관은 정기적으로 출입기자와 간담회를 갖고 배경설명을 한다. 그 내용은 실명을 감춘 채 '정부 고위 관계자'의 발언으로 보도하는 것이 규칙이다. 하지만 이 발언자에 대해서는 복수의 언론이 아베라고 나중에 보도하였고, 아베 자신도 해제에 반대했음을 뒤늦게 국회에서 밝혔다.

54. 2012년 11월 29일 웹 매거진 《現代ビジネス》의 대담 기획에서 아베는 당시를 회상하며 "그렇다고 해도 이 사람들은 모두 금융 전문가이니까 일본은행이 말하는 것이 옳을지도 모른다는 생각을 갖고 있었습니다. 그러나 나중에 … 틀림없이 그들이 옳지 않았다는 것을 알게 됐습니다"라고 말했다.

55. 2006년 3월 6일 참의원 예산위원회 회의록에서 발췌.

56. 후쿠이의 발언에 기자들은 긴장한 빛을 띠었지만 당황한 일본은행 사무국이 언론사에 연락해 발언을 보도하지 않도록 설득했다고 관계자는 밝혔다. 재무성 간부는 "4월이 유력하다고 생각하고 있었다. 왜 한 달을 앞당길 필요가 있느냐고 우리도 계속 물었다. 만약 4월이었다면 정부와의 사이에 어긋남은 없었을 것"이라며, "시점을 앞당긴 것은 정치권의 반대를 뿌리치기 위해 예산심의 도중에 해제를 결단한 후쿠이 총재의 캐릭터 때문일 것"이라고 분석했다.

57. 결정문에는 "0~2% 정도면 각 위원의 '중장기 물가안정에 대한 이해'의 범위와 크게 다르지 않다는 데 의견의 일치를 보았다. 또 위원들이 생각하는 중심치는 전반적으로 대략 1% 언저리에 분산되어 있었다"고 적혀 있다.

58. 후쿠이는 회고록에서 "전망이지 목표가 아니다. 하지만 일본은행이 말하는 전망이기에 자신이 어느 정도 달성 의무를 지지 않으면 안되는 전망"이라고 설명하며, 당시의 담당이사가 용인해 주었다고 말했다.

59. 이 특집기사를 바탕으로, 이 잡지의 편집장 빌 에모트는 2006년 2월, 일본어판 책 《日はまた昇る》를 출판하였다.

60. 村上世彰가 체포된 다음에 무라카미펀드는 해산에 내몰렸다. 내부자 거래 사건에 대해서는 1심에서 실형 판결, 항소심에서 집행유예 유죄 판결이 각각 선고되었다. 2011년 6월 대법원이 무라카미의 상고를 기각함으로써 징역 2년, 집행유예 3년, 벌금 300만 엔, 추징금 약 11억 4,900만 엔의 고등법원 판결이 확정되었다.

61. 2006년 6월 22일 중의원 재무금융위원회 회의록에서.

62. 회고록에서 후쿠이는 불문곡직하고 이 건에 대해 "(함께 출자한 富士通総研 관련자 몇 명 중) 도중에 나만 빠져나가는 것에는 심리적으로 부담이 있었고, 본시 처음부터 출자

자에게는 지시권이 전혀 없는 구조"였다고 설명하면서도, "총재 취임시에 출자를 정리하지 않은 것이 나중에 생각하면 최대의 반성사항"이라고 말했다.

63. 각각 2013년 4월 2일 중의원 예산위원회, 4월 24일 참의원 예산위원회 회의록에서.

64. 제22조 2항은 "부총재는 총재가 정하는 바에 따라 일본은행을 대표하며, 총재를 보좌해 일본은행의 업무를 관장하며, 총재에게 사고가 있을 때에는 그 직무를 대리하며, 총재가 결원일 때에는 그 직무를 수행한다"고 규정하고 있다.

65. 2002년 2월부터 2008년 2월까지 73개월간 지속된 경기확대 국면. 1960년대 후반 '이자나기 경기'의 57개월을 넘었기 때문에 그런 이름이 붙었지만, 그 기간 동안의 평균성장률은 실질 1.6%에 그쳤다.

66. 福井俊彦 회고록에서. 후쿠이는 또한 "미완성인 채 5년 임기를 마쳤지만 양적완화에서 벗어나는 과정에 필요한 하나의 텍스트북을 남길 수 있었지 않았나 하는 생각이 든다"고 말했다.

제4장 시라카와白川 시대

1. 2008년 3월 11일 중의원, 참의원 양원의 의원운영위원회 회의록에서.

2. 사태 타개를 위해 전 총재 三重野康는 옛 지인인 민주당 원로에게 편지를 써서 무토 총재에 대한 동의를 부탁하였다. 후쿠이는 총리관저로부터 "이런저런 말을 삼가해 달라"는 강력한 요청을 받고 사태 수습을 위해 움직이지 못했다고 한다.

3. 2008년 4월 9일의 시라카와 총재 기자회견 요지에서.

4. 2008년 6월 13일의 정책결정회의에서 시라카와는 "대형 금융기관이 갑자기 파산하는 것을 가리켜 최악의 시기라거나 위기라고 … 한다면, 아마, 위기 혹은 최악의 시기는 지났을 것입니다"라고 발언하였다. 베어스턴스 구제를 보면서 FRB가 리먼 규모의 파산을 용인하는 일은 없다고 생각했기 때문이다.

5. 티모시 가이트너의 《가이트너 회고록》에서.

6. 시라카와는 퇴임후 2018년부터 2020년에 걸쳐 여러 번의 인터뷰에 응했다.

7. '부실자산구제프로그램'(TARP)에 따라 미 당국은 씨티그룹과 뱅크오브아메리카, AIG, 중소금융기관 등에 대해 2009년 11월까지 총 3,145억 달러의 자본 투입을 시행하였다. 또 자동차 대기업인 제너럴모터스와 크라이슬러에도 공적 지원이 이루어졌지만, 두 회사는 이후 법적 정리 절차를 밟았다. 유럽에서도 독일, 프랑스, 영국에서 자본 투입

방침이 정해지고 일부 금융기관에 대한 자본 투입이 실시되었다.

8. 리먼 쇼크의 경험을 바탕으로 시장 관계자 사이에 결제기간 단축이 검토되어 2012년에는 '2영업일 후', 2018년부터는 '1영업일 후'로 바뀌었다.

9. 증권거래에서 발생하는 당사자 간의 채권채무를 대신해 결제의 이행을 보증하는 기관. 2013년 일본국채청산기관은 일본증권클리어링기구에 흡수 합병되었다.

10. 금융기구국이 2008년 11월에 작성한 보고서에는 금융기관 현황에 대해 "금융시스템의 재편(제휴·통합) 없이는 리스크 리턴의 개선이 용이하지 않다"고 적혀 있다. 실제로 아오조라은행과 新生銀行은 그 반년 뒤 합병에 대한 기본합의가 이루어졌음에도 불구하고 끝내 성사되지 못했다.

11. 2008년 9월 17일의 금융정책결정회의 회의록에서.

12. 지급준비금 부리제도는 FRB가 리먼 쇼크 직후인 10월부터 도입을 단행하였으며, 시라카와도 적절한 호기라고 보고 이 제도를 도입하였다. 시라카와는 정책담당 이사 시절부터 기획 라인에 지급준비금 본연의 자세에 대해 연구하도록 지시했다고 한다.

13. 제18조 2항 "위원회의 의사는 출석한 위원의 과반수로써 결정한다. 가부동수일 때는 의장이 결정한다."

14. 한 간부는 "예상 밖의 쇼크에 직면해 판단을 주저했다"고 솔직하게 회고하였다. 다른 당국자는 "소극적 대응으로 실패한 것이 트라우마가 되었다"고 털어놓으며, 이때의 경험이 12년 뒤의 코로나 쇼크에서 대규모 기업금융 지원으로 이어졌다고 풀이하였다.

15. 2008년 12월 19일의 금융정책결정회의 회의록에서.

16. 당시의 정책 대응에 대해 부총재였던 西村清彦는 2019년 1월 30일자 《読売新聞》에서 "중앙은행은 보수적인 기관이지만 후회가 남는다. … 전향적으로 보고 대담하게 무언가를 하는 것이 불가능했다. 뼈아프다"고 말했다.

17. 은행 보유주식을 해소하기 위해 2002년에 민간출자로 설립된 인수기관. 일본은행의 은행 보유주식 매입은 이와는 별도로 실시되었다. 기구는 정부 보증 채권 및 차입으로 자금을 조달해, 시장을 통하지 않고 보유 주식을 시가로 매입한 다음 시간을 들여 처분하였다. 2006년에 일단 업무를 정지했다가 2009년에 매입을 재개하였다.

18. 버블 붕괴후의 주가 급락을 막기 위해 1992년 8월 미야자와 정권이 내놓은 우편저금, 간이보험 자금을 활용한 주가유지 정책. 당시 주목받았던 유엔 평화유지활동을 빗대 'price keeping operation'(PKO)이라고 불렸다.

19. 2001년의 디플레이션을 재정의하는 바탕이 된 내각부 보고서 〈디플레이션에 직면한 우리 경제〉에는 ① 국제기준에 맞춘다, ② 현재의 상황에서는 물가하락 자체에 문제

가 있음을 중시해 정의를 고친다고 적혀 있다. 다만 국제기준의 근거가 된 것은 1999년 국제통화기금(IMF) 논문 각주에 나와 있는 '적어도 2년간 지속적으로 물가가 하락하는 상태'라는 편의상 정의인데, 시라카와는 비아냥거리며 이를 'IMF 통계표 각주의 정의'라고 불렀다.

20. 2009년 11월 20일 금융정책결정회의 회의록에서.

21. 2009년 12월 19일자《日本経済新聞》에서.

22. 2010년 10월 1일 중의원 본회의 회의록에서.

23. 국채, 회사채, CP, ETF, REIT 매입을 위한 5조 엔 기금을 창설하고, 여기에 기존의 고정금리 운영자금 30조 엔을 포함해 총 35조 엔으로 하였다.

24. 민간의 조달금리는 국채금리에 리스크 프리미엄을 더한 수준에서 결정된다. 이를 위해 각종 자산매입을 통해 국채금리 저하와 리스크 프리미엄 축소를 촉진하자는 것이 포괄완화 정책사상이었다. 양을 늘리는 것이 아니라 장기간의 금리저하를 촉진하는 결과로 '양이 늘어난다'.

25. 2010년 10월 5일 시라카와 총재의 기자회견 요지에서.

26. 일본은행 OB로 首都大学東京 교수인 梅田雅信는 자신의 저서《日銀の政策形成》에서, 이 표현에 대해 "좀 긴 안목으로 보아 일본은행에 대한 신용을 저하시킬 위험성을 내포하고 있다"고 비판하고 있다.

27. 《リスクとの闘い》에서. 스다는 "예외를 마련하면 재정 파이낸스에 한발 다가섰다는 염려가 시장에 생겨 오히려 장기금리에 악영향을 미칠 가능성이 있다. … 첫걸음은 작아도 … 룰을 어김으로써 발생하는 영향은 그후 큰 의미를 갖게 되리라는 우려가 있었다"고 썼다.

28. QE(Quantitative Easing)란 양적 금융완화의 약칭이다. FRB는 리먼 쇼크 후에 사태수습을 위한 제2탄으로 2010년 11월부터 2011년 6월까지 매월 750억 달러, 합계 6,000억 달러의 미국 국채를 추가 구입해 시장에 자금을 공급하였다.

29. 죄수의 딜레마는 따로 구속된 두 죄수가 서로 자백하지 않으면 형이 가볍지만, 함께 자백하면 중죄, 자신만 자백하면 무죄가 된다는 조건 하에서 결국 둘 다 자백해 함께 중죄가 된다는 게임이론의 모델이다.

30. 山本幸三, 〈日本再生政策アピール─今こそ二〇兆円規模の日銀国債引受による救助・復興支援を!〉에서.

31. 웹사이트 '現代ビジネス'(2012년 11월 29일)의 대담기획에서 아베는 "이 문제를 전문가로서 계속 해온 것은 아니어서 회장을 할 생각은 없었다. 그러나 민주당 정권이 디플레이션을 용인하고 금융정책을 경시하는 경향이 강했기 때문에, 그렇다면 나도 한번 해

볼까 하는 생각이 들었다"고 말했다.

32. 2015년 12월 1일자《朝日新聞》에서.

33. 2013년 4월 2일의 중의원 예산위원회 회의록에서. 그 밖의 영향을 받은 인물로는 嘉悦大学 교수 高橋洋一와 예일대 교수 浜田宏一를 거명하였다.

34. 2011년 7월 13일 중의원 재무금융위원회 회의록에서.

35. 2012년 2월 29일 중의원 재무금융위원회 회의록에서.

36. 2012년 3월 9일자《朝日新聞》에 실린 鯨岡仁의 〈日銀と政治〉에서.

37. 2012년 2월 14일의 시라카와 총재 기자회견 요지에서.

38. 学習院大学 교수 岩田規久男는 2012년 7월호 *Voice*(PHP연구소)에 〈日銀・白川総裁を解任せよ〉라는 제목의 논문을 기고하였다.

39. 어느 일본은행 간부는 "깊은 동굴에 들어갈 때에 밧줄을 몸에 매고 내려가는 것처럼, 시라카와 총재는 항상 출구로 나가는 길을 확보하려 의식하였다. 밧줄을 의식한 나머지 작게 보였을지 모르지만, 그 점은 양보할 수 없는 고집이었다"고 이야기하였다.

40. 예컨대 "금융정책으로 모든 것이 해결되는 것은 아니다" "지나치면 부작용이 있는 것은 아닌지 의식하고 있다" "목표와 이해라는 말의 차이만으로 정책이 바뀌지는 않는다"고 기자회견에서 솔직하게 말했다.

41. 소비세법 개정안 부칙 제18조에는 "경제상황을 호전시키는" 것을 실시조건으로 하여 향후 10년간의 명목성장률 3%, 실질성장률 2% 정도를 목표로 "종합적인 시책의 실시 및 그 밖의 필요한 조치를 강구한다"고 명기되었다. 또한 실시 전에는 경제상황의 호전에 대해 확인하고, "그 시행정지를 포함해 필요한 조치를 강구한다"라고도 쓰여 있다.

42. 2012년 10월 22일자《朝日新聞》은 전국 정례여론조사에서 노다와 아베 중 어느 쪽이 총리로 적합하냐고 물었더니 아베 37%, 노다 25%였다고 보도하였다.

43. 白川方明,《中央銀行》에서. 다만 이 공동문서를 둘러싸고도 시라카와는 '역사의 평가를 견딜 수 있을까'라고 마지막까지 고민했다고 한 간부는 이야기하였다.

44. 〈自民党重点政策2012〉에서.

45. 2012년 11월 18일자《朝日新聞》에서.

46. 2012년 11월 20일의 시라카와 총재 기자회견 요지에서.

47. 安倍晋三 페이스북, 2012 11월 20일자에서.

48. 2012년 12월 24일자《読売新聞》에서.

49. 총리관저 홈페이지 〈아베 내각총리대신 취임기자회견〉에서.

50. 제로 인플레이션이 아닌 2%를 목표로 하는 이유로는 ① CPI 상승률은 실제보다 높게 나오는 경향이 있고, ② 구미보다 낮은 목표라면 엔고 압력이 가해진다는 등의 점도 지적된다.

51. 내각부 장기경제통계 및 2013년 1월 22일의 시라카와 총재 기자회견 요지에서.

52. 2012년 10월 5일의 기자회견에서 시라카와는 "금융정책은 panacea(만병통치약)가 아니다"는 버냉키 의장의 발언을 소개하며 "일본은행도 똑같은 생각"이라고 말했다. 금융완화는 어디까지나 '시간을 사는' 정책일 뿐, 그 사이에 재정재건과 구조개혁에 정면으로 나서야 한다고 퇴임후에도 주장하였다.

53. 2013년 1월 9일 경제재정자문회의 회의록에서.

54. 輕部謙介,《官僚たちのアベノミクス》에서.

55. 2013년 1월 9일자 나카하라의 일기에는 "수상으로부터 전화. … 아베, 아소, 아마리의 3대신에게 여러 가지 금융정책을 설명하는 것이 요점. 이 건을 이와타 씨에게 연락"이라고 쓰여 있다.

56. 공동성명 채택후 기자회견에서 "사퇴를 생각하지 않았느냐"는 질문을 받은 시라카와는 "취임 이후 총재로서의 책임을 다하는 것이 제 임무라고 일관되게 생각한다"고 답했다. 필자의 취재에서도 이 건에 대한 언급은 없었다.

제5장 구로다黑田 시대

1. 아소는 2019년 3월 15일 참의원 예산위원회에서 "뭔가 어코드라든가 여러 가지 혼다 자동차 광고 같은 이름을 사용한 측면도 있어서, 그런 건 시시하고 헷갈려서 말이 안되니까 공동성명이라는 일본어로 해달라고, 당시 말다툼한 기억이 난다"고 회고했다.

2. 당시 아베는 금융완화만으로 디플레이션을 벗어날 수 있다고 진심으로 믿고 있었다고 많은 관계자가 증언하였다. 재무성 간부는 "외다리보다 세 발이 목적 달성에 쉽다고 누누이 설명했더니, (총리는) 어쩔 수 없이 그런가 하고 납득해 주었다"고 이야기하였다.

3. 각각 2002년 2월 12일, 2003년 2월 6일, 2009년 1월 13일 중의원 예산위원회에서의 발언. 모두 국회 회의록에서 발췌.

4. 시라카와는 자신의 저서《中央銀行》에서 "협상 당사자가 아소가 아니었다면 사태는 훨씬 어려워졌을 것으로 생각한다"며 아소에게 감사를 표명하였다.

5. 금융정책결정회의 회의록에 따르면 두 사람의 반대 이유는 "2%는 현시점의 '지속가능한 물가안정과 정합적이라고 판단되는 물가상승률'을 크게 웃돈다" "갑자기 이를 목

표로 설정해 정책을 운영하는 것은 무리가 있다""실현에 소요되는 불확실성이 높아 금융정책의 신인도를 훼손하거나 시장과의 소통에 차질을 빚을 수 있다"는 것이었다. 무기한 자산매입은 만장일치로 의결되었다.

6. 2013년 1월 22일 경제재정자문회의 회의록에서 발췌.

7. 2013년 2월 7일 중의원 예산위원회 회의록에서.

8. 2013년 1월 31일자《朝日新聞》디지털판 로이터통신 전송 기사에서.

9. 하마다는 총재 선출 과정에서 출간한《アメリカは日本経済の復活を知っている》에서 岩田規久男를 필두로 岩田一政, 黒田東彦, 中原伸之, 伊藤隆敏, 堺屋太一, 竹中平蔵의 7명을 총재 후보자로 꼽았다.

10. 2013년 2월 18일 참의원 예산위원회 회의록에서. 또한 2월 8일의 중의원 예산위원회에서 아베는 "어느 관공서(출신)라는 것에는 연연하지 않는다" "국제 금융 마피아의 이너가 될 수 있는 능력도 중요"하다고 말해 구로다의 기용을 암시하였다.

11. 2013년 3월 26일 중의원 재무금융위원회 회의록에서.

12. 2013년 3월 21일 정·부총재 취임 기자회견 요지에서.

13. 구로다는 또 과거 옥스퍼드대에서 경제학자 존 힉스로부터 "중앙은행의 소폭 금리 조작이 왜 경제 전체에 영향을 미치는가"에 대해 "그것으로 효과가 없으면 얼마든지 낮추겠다는 약속, 혹은 협박이라고 할까, 그런 메시지가 있기 때문에 경제활동에 좋은 효과를 미치는 길을 마련한다"는 강의를 들은 것을 소개하며, "그것이 옳다"고 구술 인터뷰에서 말한 바 있다.

14. 두 사람과 대조적으로 나카소 부총재는 중의원 청문회에서 "여러 요인에 좌우되는 부분이 있기 때문에 반드시 2년 안에 달성된다고 하기는 어렵다"고 말해 미묘한 차이를 보였다. 정·부총재의 발언은 2013년 3월 4, 5일 중의원 의원운영위원회 회의록에서.

15. 2013년 3월 21일 정·부총재 취임 기자회견 요지에서.

16. 2011년 3월 19일 시라카와 총재 퇴임 기자회견 요지에서. 시라카와는 "역풍이 부는 속에서 금융정책이 재정에 종속하는 최악의 사태를 피하는 것이 자신의 사명이라고 생각했다"고 나중에 말했다. 또 부총재 야마구치는 직원들에게 들려준 퇴임사에서 "자신들이 옳다고 믿는 일을 해내는 것과 그것을 국민에게 이해시키고 아울러 실현하는 것의 어려움을 통감했다"고 회고하였다.

17. 취임사는 일본은행 내부 기록 및 직원들의 증언을 바탕으로 재구성하였다. 동일본 대지진 대응에 대해 구로다는 "중앙은행 서비스를 제공함으로써 높은 성과를 거둘 수 있었다"고 발언했다고 한다.

18. 白井さゆり의 제안은, '기금 방식'을 중지하고 월간 국채 매입액을 증액해 무기한 자산 매입을 앞당겨 실시하자는 것이었다. 시라이는 자신의 저서《超金融緩和からの脱却》에서, "시라카와 마사아키 총재(당시)가 주재하는 마지막 금융정책결정회의에서, 당시까지의 생각을 정리해 구분하는 것이 좋다고 생각해 … 의안을 제출하였다"고 설명하였다.

19. 2013년 4월 18일 宮尾龍蔵 기자회견 요지에서. 宮尾龍蔵는 "나 자신은 1월 이후부터 추가완화 제안도 해왔다. 정책 판단과의 연속성은 유지되고 있다"고 답했다.

20. 2013년 4월 기획국이 작성한〈국채 매입의 스톡 효과〉〈국채 매입의 물가상승 효과〉에서. 추산에는 조사통계국이 개발한 경제모델 'Q-JEM'(Quarterly Japanese Economic Model)이 활용되었다.

21. 구로다는 2019년 4월 16일 중의원 재무금융위원회에서 "매우 짧은 기간에 일거에 2%를 달성하려고 시행한 2013년 4월의 정책은 사실상 변경이 불가피하게 된 것이 사실입니다"라고 말해, '단기결전'을 목표로 하고 있었음을 분명히 인정하였다.

22. 도다戸田 발권센터는 발권 업무의 고도화와 리스크 분산을 위해 건설되어 2002년 11월에 가동되었다. 주로 대형 금융기관과의 현금 수납과 지불 업무를 담당하는 외에 세계 최고수준의 자동검사기를 도입해 돌아온 은행권의 매수 계산, 진위감정, 손상 지폐 선별 등을 하고 있다.

23. 구로다가 강연원고에 연연하지 않은 것은 강연이나 기자회견은 물론 국회 답변을 그다지 중시하지 않았기 때문이라는 지적도 일본은행 내부에 있다. 관계자에 의하면, 구로다는 "경제를 움직이는 것은 정책이지 강연이 아니다"라고 잘라 말한 부분이 있다. 그것이 국회나 기자회견에서의 '아무 멋대가리도 없는 관료적 답변'에 나타났다고 한다.

24. 2013년 8월 8일 구로다 총재 기자회견 요지에서.

25. 2013년 9월 7일자《日本経済新聞》에서. 구로다는 9월 5일의 회견에서도 "연기할 경우 국채 신인도에 어떤 영향을 미칠지 전망하는 것은 매우 어렵고, … 그다지 크지 않을지도 모르지만, 그러한 리스크가 가시화되면 대응이 몹시 어려워진다고 (점검회의에서) 대답했다"고 말했다.

26. 2013년 9월 5일 구로다 총재 기자회견 요지에서.

27. 다음의 이와타 발언을 포함해, 岩田規久男의《日銀日記》에서.

28. 2014년 4월 8일 구로다 총재 기자회견 요지에서.

29. 2014년 10월 28일 참의원 재정금융위원회 회의록에서.

30. 《朝日新聞》은 2014년 10월 31일자 석간에서 "현상유지 공산이 크다"고 보도하였으며, 다른 대형지에서도 추가완화를 예상하는 기사는 찾아볼 수 없었다.

31. 2014년 10월 31일 금융정책결정회의 회의록에서.

32. 자문회의에서의 발언은 2015년 4월 15일자 《日本経済新聞》을 참고하여 재취재하였다. 그후 바젤 은행감독위원회에서, 소버린 리스크 도입에 반대하는 구로다는, "책상을 세게 두드리며 독일에 반론을 계속하였다"(관계자)고 한다.

33. 장기국채 매입은 '컨벤셔널 방식'이라고 불리는데, 응찰 희망자 중 일본은행 측에서 조건이 좋은 것부터 순차적으로 매입한다. 양을 타깃으로 하는 완화에서는 설령 시장시세를 웃도는 가격이 제시되더라도 일본은행은 예정액에 도달할 때까지 살 수밖에 없기 때문에 결과적으로 '고가 매수'가 일어난다.

34. 黒田巌 전 일본은행 이사는 자신의 저서 《通貨·決済システムと金融危機》에서 "이러한 방식은 유동성의 조절이라기보다 일종의 소득이전이며, 재정 보조금에 가깝다고 말할 수 있다. 이런 것이 중앙은행의 역할인지 아닌지 앞으로도 광범위한 논의가 필요할 것"이라고 지적하였다.

35. 2015년 5월 기획국이 작성한 〈양적·질적 금융완화: 2년간의 효과검증〉에서.

36. 2015년 5월 15일 요미우리 국제경제간담회의 구로다 총재 강연에서.

37. 2015년 6월 4일 금융연구소 주최의 국제컨퍼런스 개회사에서.

38. 2016년 2월 금융시장국이 작성한 〈유럽의 마이너스 금리정책과 단기금융시장 동향〉에서.

39. 河野龍太郎 BNP파리바증권 수석 이코노미스트는 일본은행의 보유 비율이 2015년 말에 33.9%, 2016년말에 43.4%, 2017년말에 52.3%에 달할 것으로 추산하였다. S. Arslanalp & D. Botman(2015), "Portfolio Rebalancing in Japan: Constraints and Implications for Quantitative Easing"(IMF Working Papers), 일본경제연구센터, 〈2015년도 금융연구반 보고〉 ②개요에서.

40. 보고를 들은 OB는 "마이너스 금리는 양을 축소하는 과정에서 금리가 뛰지 않도록 하는 '역노逆櫓 역할을 한다"고 그 의도를 풀이하였다. '역노'는 배를 역방향으로도 자유자재로 진행시키기 위해 배 앞부분에 설치하는 노를 말한다.

41. 국채를 '1단위 더' 팔 경우에 입수할 수 있는 당좌예금에만 마이너스 금리를 적용하면, 그것을 기점으로 시장금리는 형성된다. 이 '한계원리'에 따라 우치다는 당초 마이너스 금리의 적용금액을 1엔까지 낮출 수 없을까 생각했다고 한다. 반면에 2단계 구조 하에서는 마이너스 금리의 적용대상이 큰 은행과 제로% 적용범위에 여유가 있는 은행 간에 근소한 금리차를 노린 자금거래가 이루어진다. 아마미야는 이를 '배출권 거래'와 같은 것이라고 설명하였다.

42. 2015년 12월 8일자《日本経済新聞》에서.

43. 2016년 1월 18일 참의원 예산위원회 회의록에서. 질문자는 당시 무소속 클럽 中西健治였다.

44. 구로다는 2016년 1월 21일의 참의원 결산위원회에서 "현시점에서는 마이너스 금리라는 것을 구체적으로 생각하는 것은 없습니다"라고 답변했다. 결정후의 회견에서 "총재가 앞으로 무슨 말을 해도 믿지 못하게 될 가능성이 있다"는 비판이 나왔지만, 구로다는 "다보스에 가기 전에 만일 추가완화를 한다면 어떤 옵션이 있는지 검토해 달라고 실무진에게 말했다. … 지시에 따라 옵션이 구체적으로 제시되었고, 그 구체안을 토대로 오늘 토의해 결정한 것이다"라고 해명하였다.

45. 정책결정회의 중 의장이 사무국에 '검토'를 지시하는 일. 양적완화나 2% 목표의 도입 등 신중을 기해야 할 정책 변경시 자주 사용되는 방법으로, 검토결과를 토대로 다음 회의에서 결의하는 경우가 많다.

46. 당좌예금 중 전년도 지급준비금 평균잔고에서 소요준비금을 뺀 '기초잔고'에는 플러스 0.1%, 소요준비금 등 '거시 가산잔고'에는 제로금리, 남는 '정책금리 잔고'에는 마이너스 0.1%가 각각 적용되었다.

47. 당시 기획 라인은 "3단계 구조를 매우 꼼꼼히 설계하는 조치를 취했기 때문에 괜찮다"며 그 성과에 강한 자신감을 갖고 있었다고 간부 중 한 명은 증언했다.

48. 木内登英는 퇴임후 출간한《金融政策の全論点》에서 구로다의 깜짝전략에 대해 "다른 중앙은행의 정책과는 맞지 않는, 시대의 흐름에 역행하는 것"이라고 통렬하게 비판하고 있다. 한편 구로다는 2019년 11월 29일의 중의원 재무금융위원회에서 "뭔가 서프라이즈를 노리고 그러한 일을 했다는 기억은 전혀 없습니다"라고 답변했다.

49. London Interbank Offered Rate(런던 은행간 거래 금리)의 약자. 금리 지표로서 세계적으로 널리 이용되어 왔지만, 리먼브라더스 쇼크가 발생한 다음 구미 은행에 의한 환율 부정조작이 발각되어 2021년말 폐지가 결정되었다. 그후 새로운 지표를 책정하기 위한 작업이 이루어지고 있다.

50. 2016년 3월 11일 금융기구국이 작성한〈마이너스 금리 도입후의 금융기관 행동〉에서.

51. 2016년 4월 28일 구로다 총재 기자회견 요지에서.

52. 금융시스템 리포트는 금융시스템 전체의 리스크를 분석 평가하는 보고서로 연 2회 공표된다. 2016년 4월호에서는 금융기관의 수익률 저하를 지적하며 "이런 추세가 길어지면 금융기관의 손실흡수력이나 위험 대처능력을 제약할 가능성이 있다"고 지적했다.

53. 추가완화에서는 ETF 매입액을 연간 3.3조 엔에서 6조 엔으로 늘려, 기업과 금융기

관의 달러 자금 조달지원책을 강화했다. ETF 매입에는 木内登英, 佐藤健裕 두 위원이 반대했다.

54. 심의위원에게 제출된 2016년 9월 2일 금융기구국이 작성한 〈마이너스 금리가 금융기관, 금융중개 기능에 미치는 영향〉에는 ① 대출채산의 악화, 유가증권 재투자 곤란화 등을 통한 당기순이익의 대폭 감소, ② 5년 이내 지역은행의 30% 이상, 신용금고의 70%에서 핵심업무의 순익 적자 발생, ③ 보험가치(보험계약에서 예상되는 미래수익의 현재가치)의 급속한 악화, ④ 은행 대출 시스템의 금리 보정작업 및 대출금리 제로 플로어 협상 부담의 비선형적 증대, ⑤ 마이너스 금리폭 확대에 따른 퇴직급여 채무의 증대 등 기업 부담의 가중. ⑥ GPIF 단기자금잔고 증대 문제 등이 거론되어 있다.

55. 2016년 9월 8일 나카소 부총재의 강연 요지, 같은 해 8월 4일 이와타 부총재의 기자회견 요지에서.

56. 합의체 방식은 고도의 전문지식을 의사결정에 반영할 수 있을 뿐 아니라 외부 압력을 분산해, 금융정책에 수반하는 이해관계를 신중하고 공정하게 조정할 수 있는 민주적 정통성이 담보된 기법으로 여겨지고 있다. 한편 책임소재가 불명확해지기 쉬워 의사결정에 시간이 걸리는 문제점이 지적된다.

57. 장단기금리 조작에는 木内登英, 佐藤健裕의 두 위원이 반대하였으며, '오버슈트형 커미트먼트'는 사토 위원이 반대하고, 기우치 위원이 대안을 냄으로써 부결되었다.

58. 2016년 9월 21일 구로다 총재의 기자회견 요지에서. 구로다는 취임 직후인 2013년 5월 22일의 기자회견에서는 "장기금리는 물가상승 기대나 경기에 대한 기대에 의해 좌우되는 면이 크다. 단기금리처럼 중앙은행이 완전히 통제할 수 있는 영역이 아니라는 것은 맞다"고 말했다

59. Yield Curve Control은 1942년부터 1951년까지 미국에서 실시된 예가 있다. FRB는 리먼브라더스 쇼크 후에 이 정책의 실시를 검토했다가 보류하였다.

60. 관계자에 의하면, 기획담당 간부는 OB에게서 "저런 정책을 시행하니 마음의 건강을 잘 유지하는구나" 하는 비아냥을 들었다고 한다. 기획 라인에 있던 한 명은 "중앙은행의 독립성이란 직원의 독립성은 아니다"고 했고, 또 다른 간부는 "정부와 뭔가 같이 하면 독립성에 어긋난다고 생각하는 대선배도 있는데, 그런 사고 자체가 독립성을 해친다"고 비판했다.

61. 2017년 1월 11일 '금융시장 패널 40회 기념 컨퍼런스'에서 있었던 雨宮正佳 이사의 강연 요지에서.

62. 2016년 9월 30일 '제3회 캐나다 은행, 일본은행 공동개최 워크숍' 구로다 총재의 인

사말 초역에서.

63. 이와타는 2014년 10월 28일 참의원 재정금융위원회에서 "깊이 반성하고 있다. 먼저 해명책임을 다하는 것이 선결이라는 게 진의였다"고 해명했다. 그는 또 2018년 1월 31일 마지막 기자회견에서는 "단순히 자금공급량을 늘리면 된다고 말한 적이 없다"며, "아직도 나에 대한 오해가 있다. 진의를 전달하는 것의 어려움을 지난 5년간 절감하고 있다"고 말했다.

64. 2016년 11월 15일자 《日本経済新聞》 인터뷰에서 하마다는 "내가 과거에 '디플레이션은 통화 현상'이라고 주장했던 것은 사실이다. 학자로서 이전에 말했던 것과 생각이 바뀌었음을 인정한다"며, 미국 논문을 소개 받고 "눈에 콩깍지가 씌었음을 깨달았다"고 말했다.

65. 2016년 12월 7일 이와타 부총재의 기자회견 요지에서.

66. 이와타는 자신의 저서 《日銀日記》에 "혼다는 (일본은행 총재의) 자질을 갖추고 있고, 금융정책에 관한 이해도 깊어, 두말할 여지 없는 총재 적임자라고, 나는 생각한다"고 썼다. 또, 2017년 11월 28일자 《朝日新聞》과의 인터뷰에서, "지금 정책의 연장으로는 2%를 실현하기 어렵다"며 혼다가 "만약 (총재로) 지명된다면 전력을 다해 2%를 목표로 할 것"이라고 말했다.

67. 2018년 4월 9일 참의원 결산위원회 회의록에서.

68. 리플레파의 片岡剛士 위원은 10년 이상의 장기국채 금리를 한층 인하하는 방향으로 오히려 금융완화를 강화해야 한다며 반대표를 던졌고, 原田泰 위원도 장기금리의 '어느 정도의 변동'을 용인하는 것은 시장조절 방침으로서 너무 애매하다며 반대했다.

69. 2018년 5월 22일 참의원 재정금융위원회 회의록에서.

70. 낙찰된 국채를 즉시 일본은행에 고가로 매각해 시세차익을 얻는 거래를 '일본은행 트레이드'라고 부른다. 노무라증권 홈페이지의 증권용어 해설집에는 "일본은행이 양적완화책으로 국채를 대량 매입하기 때문에, 전매 때까지 금리가 급상승(가격이 급락)하지 않으면 증권사는 확실히 이익을 얻을 수 있다"고 되어 있다.

71. 일본은행은 2004년부터 장기국채의 평가를 '저가법'(취득원가와 시가를 비교해 낮은 쪽으로 평가)에서 '상각원가법'으로 변경하였다. 상각원가법에서는 장부가와 액면가의 차액을 만기까지 매분기 균등하게 상각해, 이에 따른 손익을 국채 이자에 포함하는 형태로 계상한다.

72. 일본은행 OB 深尾光洋(무사시노대학 교수)가 2016년 3월에 공표한 〈양적완화, 마이너스 금리정책의 재정비용과 처리방법〉에 따르면, 국채 보유액 442조 엔, 평균 잔존기간

7년, 금리 상승폭 2%로 가정했을 경우의 손실액은 62조 엔으로, 일본은행이 부담 가능한 손실액 40조 엔을 넘는다고 한다. 그런데 2019년 9월말 시점의 국채 보유액은 469조 엔이고, 평균 잔존기간은 7년을 넘었다.

73. 2015년 10월 27일의 정책위원회 정례회의에 기획국이 제출한 자료에는 "출구국면에서는 보유국채 상환, 자금흡수 오퍼레이션의 활용, 초과준비금에 대한 부리금리 인상 등을 포함한 제반 대응으로 인해 수익이 하락하고, 상황에 따라서는 적자가 날 가능성도 있다"며, 수익이 상향될 수 있는 완화실시 국면에서 그 일부를 적립할 수 있도록 재무대신에게 검토를 요청한다고 적혀 있다. 이에 따라 재무성은 다음달에 일본은행법 시행령을 개정하였다.

74. 2016년 1월 22일 참의원 재정금융위원회에서 大塚拓 재무부대신은 현행법 하에서 일본은행에 대한 추가 출자는 불가능하다며, 일본은행 재무의 본연의 자세에 대해 "우선은 일본은행에서 검토되어야 한다"고 답변했다.

75. 木内登英는 《金融政策の全論点》에서 현행 정책에 대해 "국채 매입 페이스가 순조롭게 축소되고 정책의 지속성이 높아지는 것은 어디까지나 매우 운이 좋은 경우에 한하며, 반대로 장기금리의 상승 등에 따라 매입 페이스의 확대가 강요되는 리스크도 존재한다"고 지적하였다.

76. 2019년 6월 10일 참의원 결산위원회 회의록에서.

77. 2019년 7월 30일 정책결정회의는 대외공표문의 말미에 "앞으로 '물가안정 목표'를 향한 모멘텀이 훼손될 우려가 높아지는 경우에는 주저 없이 추가 금융완화 조치를 강구하겠다"고 덧붙여 엔고 압력에 대항했다.

78. 2019년 3월 12일 참의원 재정금융위원회 회의록에서.

79. 제54조는 정책위원회의 의결사항과 업무상황을 기록한 〈통화 및 금융 조절에 관한 보고서〉를 대략 반년에 한 번 국회에 제출해야 한다고 정하고 있다.

80. 2019년 11월 29일 중의원 재무금융위원회 회의록에서. 또한 2020년 7월 15일의 기자회견에서도, "10년을 시행하고 이루지 못한 것은, (2%) 목표 자체가 잘못된 것" 아니냐는 기자의 추궁에, 구로다는 "목표도 수단도 적절했지만, 여러 가지 사정과 상황에 의해 이런 사태가 계속되고 있다"고 힘들게 변명했다.

에필로그

1. 2020년 1월 21일 구로다 총재의 기자회견 요지에서.

2. 주요 6개국 중앙은행의 달러 자금 공급망은 리먼브라더스 쇼크 직후 창설되었다. 스와프 협정에 따라 각국 중앙은행은 FRB로부터 달러를 조달해 자국 금융기관에 공급한다.

3. '무제한 매입' 소식을 떠들썩하게 퍼뜨리는 한편 장기금리를 제로%로 유도하는 방침은 견지되었다. '80조 엔 목표'라는 표현이 삭제됨으로써, 매입 페이스를 장래에 떨어뜨리는 일도 가능해져 '출구 포석을 박은 것'이라는 견해도 일본은행 내에는 존재한다. 재무성 간부는 "필요하면 매입 속도를 늦출 수 있다. 양쪽을 모두 염두에 둔 결정일 것"이라고 풀이하였다.

4. https://www.brookings.edu/blog/ben-bernanke/2016/09/21/the-latest-from-the-bank-of-japan/

5. 2020년 5월 22일 아소 부총리 겸 재무상과 구로다 총재의 공동기자회견에서.

6. 2020년 5월 25일 아베 총리의 기자회견에서.

7. 예를 들어 외적 충격으로 엔화 가치가 급락할 경우 엔화 약세의 저지와 장기금리를 저금리로 유지하는 것 가운데 어느 쪽에 금융정책의 중심을 두느냐는 문제가 발생한다.

8. 회의록에 따르면 재무성의 발언은 당초 "가능한 한 빠른 시일 내에 2% 물가안정의 목표를 달성하기를 기대한다"로 되어 있었으나, 2015년 10월에 '2%'가 사라진 다음에는 "'물가안정 목표'의 실현을 위해 노력할 것을 기대한다"로 말이 바뀌었다.

9. 기자회견에서 아베는 지병인 궤양성대장염이 재발했다고 밝히고, "국민 여러분께서 맡겨주신 책임에 자신을 갖고 응할 수 있는 상태가 아니다"며 사의를 표명했다.

10. 2020년 2분기의 명목 GDP는 코로나19 사태의 영향으로 506조 6,420억 엔(연간 환산)으로 떨어졌다. 2019년 명목 GDP 대비로는 약 1.2배가 된다.

11. 2020년 9월 2일 자민당 총재선거 출마 기자회견에서.

12. 스가 정권 출범 2주후인 10월 1일 도쿄증권거래소에서 시스템 장애가 발생해 상장주식 등 모든 금융상품의 매매가 종일 정지되는 전대미문의 사태가 일어났다. 스가는 내각 출입 기자들과의 인터뷰에서 강한 유감을 표명하였다.

13. 이날 정책결정회의에서 재무성 대표의 발언도 "정부와의 연계 하에 일본은행이 지속적으로 신종 감염증 대응을 비롯한 필요한 조치를 적절히 강구하기를 기대한다"며 연계를 강화하는 방향으로 바뀌었다.

14. 스가와 구로다의 첫 회담은 9월 23일에 열렸다. 회담 종료후 구로다는 기자들에게 "정부와 일본은행이 충분히 의사소통하고 제대로 연계해 정책 운영을 해나가기로 했다"고 말했다.

15. '독립성' '자주성'의 경위에 대해서는 본문 49쪽 및 제1장 주 25 참조.

16. 사실 확인을 위해 구로다에게 인터뷰를 신청하는 한편, ① 일본은행법 개정시에 기대되었던 새로운 중앙은행상은 실현되었는지, ② 정상화 때마다 일어나는 정치와의 갈등을 피하기 위해 무엇이 필요한지, ③ 재정과의 연계에 '한도'가 있다면 그 기준은 무엇인지 등 6개 항목의 질문을 보냈으나, 2020년 10월 시점까지 답변을 받지 못했다.

相沢幸悦 《日本銀行論》 (NHK出版, 2013)

石井 茂 《山一證券の失敗》 (日本経済新聞出版社, 2017)

伊藤 茂 《動乱連立》(中央公論新社, 2001)

伊藤正直·大貫摩里·森田泰子 〈1990年代における金融政策運営について〉

《金融研究》 (2019년 4월)

岩田一政 《デフレとの闘い》 (日本経済新聞出版社, 2010)

岩田一政·左三川郁子 《金融正常化へのジレンマ》 (日本経済新聞出版社, 2018)

岩田規久男 《日銀日記》 (筑摩書房, 2018)

岩村 充 《金融政策に未来はあるか》 (岩波新書, 2018)

植田和男 《ゼロ金利との闘い》 (日本経済新聞社, 2005)

梅田雅信 《日銀の政策形成》 (東洋経済新報社, 2011)

ビル·エモット 《日はまた昇る》 (草思社, 2006)

緒方四十郎 《円と日銀》 (中公新書, 1996)

翁 邦雄 《日本銀行》 (ちくま新書, 2013)

──《金利と経済》 (ダイヤモンド社, 2017)

ティモシー·ガイトナー 《ガイトナー回顧録》 (日本経済新聞出版社, 2015)

桂木明夫 《リーマン·ブラザーズと世界経済を殺したのは誰か》 (講談社, 2010)

上川龍之進 《日本銀行と政治》 (中公新書, 2014)

軽部謙介·西野智彦 《検証 経済失政》 (岩波書店, 1999)

軽部謙介 《ドキュメント ゼロ金利》 (岩波書店, 2004)

──《官僚たちのアベノミクス》 (岩波新書, 2018)

──《ドキュメント 強権の経済政策》 (岩波新書, 2020)

川嶋稔哉·中林真幸 《1990年代末から2000年代における銀行不良債権処理の

進行》 (金融庁金融研究センター, 2014)

河谷禎昌 《最後の頭取》 (ダイヤモンド社, 2019)

木内登英 《異次元緩和の真実》 (日本経済新聞出版社, 2017)

―― 《金融政策の全論点》 (東洋経済新報社, 2018)

木下智博 《金融危機と対峙する'最後の貸し手'中央銀行》 (勁草書房、2018)

鯨岡 仁 《日銀と政治》 (朝日新聞出版, 2017)

黒田 巌 《通貨決済システムと金融危機》 (中央大学出版部, 2011)

黒田東彦 《通貨外交》 (東洋経済新報社, 2003)

―― 《財政金融政策の成功と失敗》 (日本評論社, 2005)

小峰隆夫 《平成の経済》 (日本経済新聞出版社, 2019)

小宮隆太郎・日本経済研究センター編 《金融政策論議の争点》 (日本経済新聞社, 2002)

清水功哉 《日銀はこうして金融政策を決めている》 (日本経済新聞社, 2004)

―― 《デフレ最終戦争》 (日本経済新聞出版社, 2016)

清水真人 《経済財政戦記》 (日本経済新聞出版社, 2007)

―― 《財務省と政治》 (中公新書, 2015)

白井さゆり 《超金融緩和からの脱却》 (日本経済新聞出版社, 2016)

白川方明 《現代の金融政策》 (日本経済新聞出版社, 2008)

―― 《中央銀行》 (東洋経済新報社, 2018)

須田美矢子 《リスクとの闘い》 (日本経済新聞出版社, 2014)

竹中平蔵 《構造改革の真実》 (日本経済新聞出版社, 2006)

田中素香 《ユーロ》 (岩波新書, 2010)

田邉昌徳 《令和金融論講座》 (武蔵野大学出版会, 2019)

ジョン・テイラー 《テロマネーを封鎖せよ》 (日経BP, 2007)

内藤純一 《戦略的金融システムの創造》 (中央公論新社, 2004)

中川幸次 《体験的金融政策論》 (日本経済新聞社, 1981)

中原伸之 《日銀はだれのものか》 (中央公論新社, 2006)

西野智彦 《検証 経済迷走》 (岩波書店, 2001)

―― 《検証 経済暗雲》 (岩波書店, 2003)

―― 《平成金融史》 (中公新書, 2019)

西村吉正 《金融行政の敗因》 (文春新書, 1999)

―― 《日本の金融制度改革》 (東洋経済新報社, 2003)

ベン・バーナンキ 《危機と決断(上)(下)》 (角川書店,2015)

―― 《リフレと金融政策》 (日本経済新聞社,2004)

浜田宏一 《アメリカは日本経済の復活を知っている》 (講談社,2012)

速水 優 《中央銀行の独立性と金融政策》 (東洋経済新報社,2004)

―― 《強い円 強い経済》 (東洋経済新報社,2005)

原 真人 《日本銀行'失敗の本質'》 (小学館新書,2019)

久山 稔 《平成・和歌山地域金融動乱史》 (文芸社,2013)

藤井良広 《縛られた金融政策》 (日本経済新聞社,2004)

藤原作弥 《カラムコラム 素顔の日銀総裁たち》 (日本経済新聞社,1991)

ポール・ボルカー 《ボルカー回顧録》 (日本経済新聞出版社,2019)

ヘンリー・ポールソン 《ポールソン回顧録》 (日本経済新聞出版社,2010)

増渕 稔 《信用機構局長の一五〇〇日》 (自費出版,2014)

待鳥聡史 《政治改革再考》 (新潮社,2020)

三重野康 《日本経済と中央銀行》 (東洋経済新報社,1995)

―― 《赤い夕陽のあとに》 (新潮社,1996)

―― 《利を見て義を思う》 (中央公論新社,2000)

―― 《あるセントラルバンカーの半生記》 (自費出版,2010)

三木谷良一・石垣健一 《中央銀行の独立性》 (東洋経済新報社,1998)

御厨 貴編 《変貌する日本政治》 (勁草書房,2009)

武藤英二・白川方明共編 《図説 日本銀行》 (財経詳報社,1993)

村松岐夫・奥野正寛編 《平成バブルの研究(上)形成編》 《同(下)崩壊編》
　(東洋経済新報社,2002)

村松岐夫編著 《平成バブル先送りの研究》 (東洋経済新報社,2005)

村山 治 《特捜検察 vs. 金融権力》 (朝日新聞社,2007)

森田長太郎 《経済学はどのように世界を歪めたのか》 (ダイヤモンド社,2019)

山家悠紀夫 《日本経済30年史》 (岩波新書,2019)

山脇岳志 《日本銀行の真実》 (ダイヤモンド社,1998)

吉野俊彦 《歴代日本銀行総裁論》 (講談社,2014)

朝日新聞経済部 《大蔵支配》 (朝日新聞社, 1997)

内閣府経済社会総合研究所 《バブル/デフレ期の日本経済と経済政策》 (2010)

日本銀行金融市場局 《日銀レビュー: 欧州におけるマイナス金利政策と短期金融市場の動向》 (2016년 2월)

日本銀行 《2003年度の金融調節》 《2005年度の金融市場調節》
《金融市場レポート》 《金融システムレポート》 (2004~)

日本銀行銀行論研究会編 《金融システムの再生にむけて》 (有斐閣, 2001)

日本銀行金融研究所 《金融研究》 第18巻第5号 (1999년 12월),
同 第19巻第3号 (2000년 9월)

日本経済研究センター編 《激論マイナス金利政策》 (日本経済新聞出版社, 2016)

日本経済新聞社編 《黒田日銀 超緩和の経済分析》 (日本経済新聞出版社, 2018)

預金保険機構 《預金保険機構年報》 (2013~)

Alan Ahearne, Joseph Gagnon, Jane Haltmaier & Steven Kamin, Preventing Deflation: Lessons from Japan's Experience in the 1990s, Board of Governors of the Federal Reserve System, 2002.

S. Arslanalp & D. Botman, "Portfolio Rebalancing in Japan: Constraints and Implications for Quantitative Easing," IMF Working Papers, 2015.

Benjamin Nelson & Misa Tanaka, "Dealing with a Banking Crisis: What Lessons Can Be Learned from Japan's Experience," Bank of England, 2014.

Hiroshi Nakaso, "The Financial Crisis in Japan During the 1990s: How the Bank of Japan Responded and the Lessons Learnt," Bank for International Settlements, 2001.

역자의 말

'잃어버린 20년' 혹은 '잃어버린 30년'이라고 하면 일본 경제를 떠올리는 사람이 많을 것이다. 승승장구하던 일본 경제는 1990년대부터 장기불황의 늪에 빠져들었다. 활력 잃은 일본 경제를 식어가는 '백색왜성' 같다고 자조한 일본인도 있었다.

희망이 보이지 않던 일본 경제를 재생시키겠다며 야심차게 등장한 정책이 아베노믹스였다. 2012년 총리가 된 아베 신조는 디플레이션의 악순환을 끊기 위해 상상을 초월한 대규모 양적완화와 재정 지출을 감행하였다. 거기에 행동대장으로 동원된 것은 일본은행이었다. 바주카포니 헬리콥터 머니니 하는 기묘한 행태로 돈을 뿌려대 아베가 재임한 7년 반 남짓한 기간 동안 일본은행의 총자산이 5배 이상 기형적으로 증가하였다. 일본은행이 돈을 풀면서 장기국채뿐 아니라 심지어 상장회사의 주식까지 매입한 까닭이다. 현재 일본은 2023년 6월 기준 GDP 대비 국가부채 비율이 224%로 세계 1위다.

아베노믹스는 한때 제법 효과를 발휘하는 듯했다. 하지만 단기적인 경기 부양에 그치면서 경제 구조의 변화를 가져오는 데는 실패했다. 최근 들어 소비 회복과 기록적인 엔저에 힘입어 나타난 경기 지표의 개선 조짐도 다시 주춤해지는 양상이다. 우에다 가즈오 신임 일본은행 총재는 마이너스 금리 기조를 계속 유지할 것이라고 밝혔다. 일본 경제나 물가를 둘러싼 불확실성이 여전히 높다는 이유에서다. 과도한 공적 자금 투입에 의한 국가부채는 앞으로 두고두고 일본 경제를 옥죄는 족쇄가 될 것이 틀림없다.

일본 정부가 이례적인 금융정책을 펼쳐나가는 과정에서 중앙은행은 어떤 역할을 했을까? 화폐를 찍어내고 통화를 관장하는 일본은행의 협조 없이는 이 같은 정책은 원초적으로 불가능하다. 따라서 선거라는 덫에서 헤어날 수 없는 정치권과 나름의 정책 기조를 유지하려는 재무성 그리고 일본은행 사이에 첩보전을 방불케 하는 드라마틱한 힘겨루기가 펼쳐졌을 것임은 짐작하기 어렵지 않다.

저자는 이야기의 실마리를 1998년 4월의 신일본은행법 시행에서부터 풀어간다. 법 개정으로 오랜 숙원이었던 금융정책 전결권을 갖게 된 일본은행은 샴페인을 터뜨리며 들떠 있었다. 바로 그 시점 전후에 굵직한 금융사들이 연이어 쓰러지면서 '독립'이라는 동아줄을 쥔 채 한편으로 정부와 정책공조를 펼쳐가야 하는 험난한 줄타기가 시작되었다. 양적완화를 비롯한 이례적인 금융정책은 이때 도입되었다. 일본 경제의 퇴행과 맞물려 점점 그 강도가 심화되다가 아베노믹스 시절에 총재를 맡은 구로다 하루히코 때에 그 절정을 이루게 된다.

저자는 이 책을 쓰기 위해 여러 명의 총리와 재무장관, 일본은행 총재에서부터 실무자에 이르는 수많은 사람을 인터뷰하고 공개, 비공개 내부자료와 개인 일기까지 망라해 사건을 재구성했다. 20년이 넘는 기간 동안의 취재노트를 바탕으로 감추어진 역사의 조각을 메우며 진실에 다가간 끈기와 열정에 고개가 숙여진다. 가히 다큐멘터리의 전범이라 할 만하거니와 연거푸 권위 있는 상을 수상한 것으로 그것은 충분히 증명되었다고 생각한다.

이 책은 우리에게도 시사하는 바가 크다. 한국 경제는 지금 그 어느 때보다 큰 어려움에 직면해 있다. 기업, 가계 할 것 없이 위기의 늪을 헤매는 가운데 특히 프로젝트 파이낸싱과 가계대출로 인한 금융권 위기론이 팽배해 있다. 부동산 거품에서 1990년대 일본의 버블을 연상하기도 한다. 위기의 순간 일본 중앙은행이 어떻게 판단하고 행동했는지 또한 일본정부의 정책적 과오는 무엇인지 깊이 연구하고 성찰할 필요가 있다.

이 책을 추천해 주고 여러 가지 조언과 감수의 수고를 아끼지 않은 이명준 선배께 감사드린다. 바쁜 일정 속에서 번역의 짐을 나누어 진(머리말, 프롤로그, 제1장 본문) 한승동 기자께도 감사한 마음을 전한다.

이상

침몰하는 일본은행?
기로에 선 중앙은행, 시련과 고뇌의 사반세기

2024년 2월 10일 초판 1쇄 찍음
2024년 2월 20일 초판 1쇄 펴냄

지은이   니시노 도모히코
옮긴이   한승동·이상
감 수   이명준
펴낸이   이상
펴낸곳   가갸날
주소   경기도 고양시 일산동구 강선로 49, 402호
전화   070.8806.4062
팩스   0303.3443.4062
이메일   gagyapub@naver.com
블로그   blog.naver.com/gagyapub
페이지   www.facebook.com/gagyapub
디자인   강소이
ISBN   979-11-87949-97-8 (03320)